在这里，我郑重宣布，党中央决定支持海南全岛建设自由贸易试验区，支持海南逐步探索、稳步推进中国特色自由贸易港建设，分步骤、分阶段建立自由贸易港政策和制度体系。这是党中央着眼于国际国内发展大局，深入研究、统筹考虑、科学谋划作出的重大决策，是彰显我国扩大对外开放、积极推动经济全球化决心的重大举措。

——习近平：《在庆祝海南建省办经济特区30周年大会上的讲话》（2018年4月13日）

走向中国特色
自由贸易港

十论学习习近平总书记“4·13”重要讲话精神

钟业昌 / 著

海南出版社
海口

图书在版编目（CIP）数据

走向中国特色自由贸易港：十论学习习近平总书记“4·13”重要讲话精神 / 钟业昌著. -- 海口：海南出版社，2019.7
（新时代海南发展研究丛书 / 钟业昌主编）
ISBN 978-7-5443-8715-6

Ⅰ.①走… Ⅱ.①钟… Ⅲ.①自由贸易区—研究—海南Ⅳ.①F752.866

中国版本图书馆 CIP 数据核字(2019)第 140391 号

书　　名	走向中国特色自由贸易港
作　　者	钟业昌
责任编辑	杨国祥
封面设计	张　明
印刷装订	桂林金山文化发展有限责任公司
出版发行	海南出版社
地　　址	海口市金盘建设三横路 2 号
邮　　编	570216
编辑电话	0898-68567076
经　　销	海南凤凰新华出版发行有限责任公司
网　　址	http://www.hncbs.cn
开　　本	787mm × 1092mm　1/16
印　　张	30.25
字　　数	375 千字
版　　次	2019 年 7 月第 1 版
印　　次	2019 年 7 月第 1 次印刷
书　　号	ISBN 978-7-5443-8715-6
定　　价	68.00 元

目　录

前　言

正是人间四月天，无限春风来海上。

2018年4月13日，中共中央总书记、国家主席、中央军委主席习近平出席庆祝海南建省办经济特区30周年大会并发表重要讲话，郑重宣布："党中央决定支持海南全岛建设自由贸易试验区，支持海南逐步探索、稳步推进中国特色自由贸易港建设，分步骤、分阶段建立自由贸易港政策和制度体系。"赋予海南经济特区改革开放新的使命，这是中国特色社会主义进入新时代的大背景下，习近平总书记亲自谋划、亲自部署、亲自推动、亲自宣布的重大国家战略。

在我国改革开放的重要历史节点上，海南经济特区又被隆重推向国家开放的最前沿。以习近平新时代中国特色社会主义思想为指导，推动海南成为新时代全面深化改革开放的新标杆、形成更高层次改革开放新格局、成为新时代中国特色社会主义新亮点的重大战略部署，由此在世界的共同见证下盛大启程。

"读你千遍也不厌倦，读你的感觉像春天。"作为一个连续关注和研究海南改革开放与发展问题近40年的理论工作者，这就是我全神贯注、全程聆听习近平总书记在庆祝海南建省办经济特区30周年大会上的重要讲话（简称习近平总书记"4·13"重要讲话）的最真实感受；并且我把这种前所未有的感受，第一时间与同事们进行了分享。

再进一步，由感性而理性，初步理解习近平总书记“4·13”重要讲话所蕴含和折射的全球视野、时代智慧、复兴谋略和民族情怀，这就是我2018年6月27日在《中国社会科学报》发表题为《新时代全面深化改革开放的宣言书　新起点全面深化改革开放动员会》中所说，深深感到习近平总书记的“4·13”重要讲话，是新时代全面深化改革开放的宣言书，宣示我国扩大对外开放、积极推动经济全球化的坚定信心；是新起点全面深化改革开放的动员令，动员举全国之力、聚四方之才推动国家重大战略实施；是欢迎全世界投资者到海南投资兴业的“路线图”，积极参与海南自由贸易港建设，共享中国发展机遇；是海南全体人民投身争创新时代中国特色社会主义生动范例的“施工图”，海南广大干部群众要不忘初心、牢记使命，保持历史耐心，发扬钉钉子精神，一张蓝图绘到底，一任接着一任干。只有真抓才能攻坚克难，只有实干才能梦想成真。

更进一步，随着学习研究的深入，我更加真切地感受到习近平总书记“4·13”重要讲话思想精深、视野雄阔、内涵丰富、指向鲜明，是推动海南成为新时代全面深化改革开放的新标杆、形成更高层次改革开放新格局、成为新时代中国特色社会主义新亮点的行动纲领，本书学习研究的就是习近平总书记关于海南全面深化改革开放、成为新时代全面深化改革开放的新标杆的新理念新思想新战略，且集中体现在习近平总书记对战略、优势、机遇、范例、开放、改革、前列、表率、中心、方向这十个问题的深刻论述中。

关于这十个问题，习近平总书记“4·13”重要讲话中有充分的论述，主要的思想是——**论战略**：海南全面深化改革开放是国家的重大战略，中央和国家有关部门要从全局高度出发，会同海南省做好顶层设计，坚持先谋后动，积极研究制定支持举措，共同推动各项政策落地见效。**论优势**：海南是我国最大的经济特区，地理位置独特，拥有全国最好的生态环境，同时又是相对独立的地理单元，具有成为全国改革开放试验田的独特优势。**论机遇：**党中央对海南改革开放发展寄予厚望，赋予海南经济特区改革开放新的重大责任和使命，也为海南深化改革开放注入了强大动力。这是海南发展面临的新的重大历史机遇。**论范例：**着力打造全面深化改革开放试验区、国家生态文明试验区、国际旅游消费中心、国家重大战略服务保障区，争创新时代中国特色社会主义生动范例，让海南成为展示中国风范、中国气派、中国形象的靓丽名片。**论开放：**海南要坚持开放为先，实行更加积极主动的开放战略，加快建立开放型经济新体制，推动形成全面开放新格局。**论改革：**海南要站在更高起点谋划和推进改革，下大气力破除体制机制弊端，不断解放和发展社会生产力。多出可复制可推广的经验，带动全国改革步伐。**论前列：**海南要坚决贯彻新发展理念，建设现代化经济体系，在推动经济高质量发展方面走在全国前列。**论表率：**海南要牢固树立和全面践行绿水青山就是金山银山的理念，在生态文明体制改革上先行一步，为全国生态文明建设作出表率。**论中心：**海南要坚持以人民为中心的发展思想，不断满足人民日益增长的美好生活需要，让改革发展成果更多更公平惠及人民。**论方向：**海南要坚持和加强党的全面领导，确保全面深化改革开放正确方向。坚持党的领导，全面从严治党，是改革开放取得成功的关键和根本。经济特区处于改革开放前沿，对全面加强党的领导和党的建设有着更高要求。

这“十论”简明扼要、易懂易记，是由“1+3+6”构成的一个有机整体。可从三个层面来看，“1”是指习近平总书记从政治高度，阐明海南全面深化改革开放是国家的重大战略，并对中央和国家有关部门提出明确要求，这就是“论战略”的内容；“3”是指习近平总书记从思想高度，阐明海南打造新时代全面深化改革开放的新标杆的独特优势、重大机遇和深远意义，这就是“论优势”“论机遇”“论范例”的内容；“6”是指习近平总书记从实践向度，对海南广大干部群众提出抢抓机遇、担当作为的六项要求，这就是“论开放”“论改革”“论前列”“论表率”“论中心”“论方向”的内容。

我们将习近平总书记2018年的“4·13”重要讲话和他2010年、2013年、2018年三次考察海南的重要讲话联系起来看，就会发现，除了2018年首次提出海南全面深化改革开放是国家的重大战略，因而“论战略”的内容是第一次提出之外，其他九个方面的论述都是一以贯之、一脉相承而又不断丰富、不断发展的，充分体现出习近平总书记对加快建设美好新海南、把海南更好发展起来的深入思考、系统谋划和精心部署、大力推动。

这是习近平总书记对十个方面问题的论述密度（“☆”表示对该问题有论述，“○”号表示对该问题没有论述）：

	2010	2013	2018
战略	○	○	☆
优势	☆	☆	☆
机遇	☆	☆	☆
范例	○	☆	☆
开放	☆	☆	☆
改革	☆	☆	☆
前列	☆	☆	☆
表率	☆	☆	☆
中心	☆	☆	☆
方向	☆	☆	☆

学习要往深里走。我是反复深入学习习近平总书记“4·13”重要讲话精神，再结合学习习近平总书记治国理政新理念新思想新战略，学习中央及国务院各部委为海南制定出台的“1+N”政策体系，学习海

南省委、省政府学习贯彻习近平总书记“4·13”重要讲话和中央12号文件精神所作出的一系列决策部署，学习习近平总书记2010年、2013年、2018年三次考察海南的重要讲话精神，学习习近平总书记在河北省正定县和福建省厦门市、宁德地区及浙江省等地领导地方工作的实践经验，而对习近平总书记“4·13”重要讲话的主要内容，概括提炼出以上十个方面的论述的。

由此，我又有了进一步的学习心得体会，就是深入学习研究习近平总书记“4·13”重要讲话精神，需要做到“六个结合”，这样才能使学习更加全面、系统、深入。

第一，与习近平总书记治国理政新理念新思想新战略相结合。

习近平总书记的系列重要讲话和治国理政的新理念新思想新战略，其内容集中体现在两卷本的《习近平谈治国理政》中，这是深入学习领会习近平新时代中国特色社会主义思想的权威教材。要学懂弄通习近平总书记“4·13”重要讲话，必须结合学习习近平总书记治国理政新理念新思想新战略来理解。比如说，习近平总书记要求海南争创新时代中国特色社会主义生动范例，让海南成为展示中国风范、中国气派、中国形象的靓丽名片，这既源于他对海南建设所取得成就的由衷高兴与美好畅想，又源于他对中国特色社会主义有着深刻理解与笃实力行。从习近平总书记对中国特色社会主义的深刻理解和科学阐述中，从海南在我国改革开放和社会主义现代化建设大局中具有特殊地位和重要作用的认识中，方能理解习近平总书记对海南的希望和嘱托的深刻含义，进而以争创新时代中国特色社会主义生动范例的光辉实践，对“我们要有这样的雄心壮志”做出最好的诠释。习近平总书记在党的十九大报告中强调，中国开放的大门不会关闭，只会越开越大。这是我国对世界的庄重承诺。而党中央决定支持海南全岛建设自由贸易试验区，支持海南逐步探索、稳步推进中国特色自由贸易港建设，就是兑现这种承诺的最好体现。因为，自由贸易港是当今世界最高水平的开放形态。海南全面深化改革开放是国家的重大战略，这也需要从自由贸易区战略是国家战略来加深理解。

第二，与中央12号文件和中央及国务院有关部门出台支持海南全面深化改革开放的文件精神相结合。

党中央对海南改革开放发展寄予厚望，研究制定发布了《中共中央 国务院关于支持海南全面深化改革开放的指导意见》（简称中央12号文件），赋予海南经济特区改革开放新的重大责任和使命，也为海南深化改革开放注入了强大动力。在此基础之上，中央有关部委和海南省共同推动出台了一系列配套实施方案，逐步形成了独具海南特色的“1+N”政策体系。其中，中央明确的第一批11个配套实施方案中，《中国（海南）自由贸易试验区总体方案》《海南省机构改革实施方案》《海南省创新驱动发展战略实施方案》《海南省建设国际旅游消费中心实施方案》《支持海南省全面深化改革开放有关财税政策的实施方案》等五个方案已印发实施，而自由贸易港政策和制度体系也正加快研究。中央和国家有关部委与海南省建立健全“中央统筹、部门支持、省抓落实”的工作机制，逐步形成推动海南全面深化改革开放走深走实的强大合力和强劲动力。中央成立推进海南全面深化改革开放领导小组，中共中央政治局常委、国务院副总理韩正担任组长，24个中央和国家部委相关负责人为领导小组成员，领导小组办公室设在国家发改委。财政部、交通运输部、农业农村部、科技部、自然资源部、生态环境部、公安部、人民银行、海关总署等部门针对海南积极推动制定一系列政策文件，全力推进海南全面深化改革开放各项工作，有力支持海南自由贸易试验区建设。深入结合党和国家的一系列重大决策部署来学习研究习近平总书记“4·13”重要讲话精神，才能真切感受到海南全岛建设自由贸易试验区和探索建设中国特色自由贸易港蹄疾步稳的良好开局和无比广阔的发展前景。

第三，与海南省委、省政府认真学习贯彻落实习近平总书记“4·13”重要讲话和中央12号文件精神的决策部署、创新举措及取得的良好效果相结合。

在习近平总书记“4·13”重要讲话发表之前，海南省委就把习近平总书记2013年关于“加快建设经济繁荣、社会文明、生态宜居、人民幸福的美好新海南”的重要指示，作为省第七次党代会报告的主题，对建设什么样的美好新海南、怎么样建设美好新海南和以什么样的精神状态建设美好新海南等问题作出全面部署，为海南全面深化改革开放国家重大战略的出台创造了良好条件。习近平总书记“4·13”重要讲话发表之后，在近一年的时间中，海南省委召开七届四次全会通过《中共海南省委关于深入学习贯彻习近平总书记在庆祝海南建省办经济特区30周年大会上的重要讲话精神和〈中共中央 国务院关于支持海南全面深化改革开放的指导意见〉的决定》，召开七届五次全会通过《海南省打赢脱贫攻坚战三年行动计划》和《海南省乡村振兴战略规划(2018—2022年)》，召开海南省六届人大二次会议表决通过《海南省第六届人民代表大会第二次会议关于政府工作报告的决议》，对深入学习贯彻落实习近平总书记“4·13”重要讲话和中央12号文件精神作出全面的安排。举办海南省领导干部深入学习习近平总书记“4·13”重要讲话精神专题培训班，海南省委书记刘赐贵作题为《关于深入学习习近平总书记“4·13”重要讲话精神的十点认识》的辅导报告，刘赐贵还在《求是》杂志发表《努力把海南建设成为新时代全面深化改革开放的新标杆》，在《人民日报》发表《努力成为新时代全面深化改革开放新标杆》的重要文章。海南全省上下学深悟透做实习近平总书记“4·13”重要讲话精神，根据讲话关于扩大开放、深化改革、发展高质量经济、加强生态文明建设、坚持以人民为中心的发展思想和加强党的全面领导等六项工作要求，紧紧围绕“三区一中心”（全面深化改革开放试验区、国家生态文明试验区、国际旅游消费中心、国家重大战略服务保障区）的战略定位，引导外资主要投向“三大领域”（旅游业、现代服务业、高新技术产业）、“五大平台”（国家南繁科研育种基地、国家热带农业科学中心、全球动植物种质资源引进中转基地、国家深海基地南方中心、航天领域重大科技创新基地）和“12个重点产业”（热带特色高效农业、互联网产业、医疗健康产业、现代物流业、海洋产业、金融服务业、会展业、教育文化体育产业等），实现了全岛建设自由贸易试验区和探索建设中国特色自由贸易港的“蹄疾步稳、开局良好”的发展局面。习近平总书记“4·13”重要讲话精神在海南落地生根，美好新海南建设前程似锦。

第四，与习近平总书记2010年、2013年、2018年三次考察海南的重要讲话精神相结合。

习近平总书记在“4·13”重要讲话中指出，海南是我国最大的经济特区，地理位置独特，拥有全国最好的生态环境，同时又是相对独立的地理单元，具有成为全国改革开放试验田的独特优势。而在2010年4月考察海南的重要讲话中，他就已经从后发优势、自身优势和区位优势，对建设国际旅游岛背景下的海南发展优势和产业发展趋势作出了全新的认识、判断和概括，指出良好的生态环境是建设国际旅游岛最突出的优势，要利用好海南面向东盟、背靠珠三角的区位优势；海南后发优势多、发展潜力大，海南是一个独立的地理单元等，这些是他后来论述海南独特优势的基础，也是他亲自谋划、亲自部署、亲自推动海南成为新时代全面深化改革开放的新标杆，全岛建设自由贸易试验区和探索建设中国特色自由贸易港的历史发端。2018年4月在海南考察时，习近平总书记又提出要求：“海南要充分利用地缘优势、资源优势、生态优势、政策优势，着力在体制机制创新和发展思路模式创新上下功夫，谱写美好海南新篇章。”学习习近平总书记“4·13”重要讲话精神，人们已经熟知海南要以发展旅游业、现代服务业、高新技术产业为主导，其实这是2010年习近平考察海南时就提出的要求。他当时就明确指出：海南要积极培育壮大优势产业、特色产业，形成与“国际旅游岛”定位相适应、以旅游业为龙头、以现代服务业为主导的特色经济结构，鼓励和引导外资投向旅游业、现代服务业等海南特色产业以及高新技术产业。因此，结合2010年、2013年、2018年三次考察海南的重要讲话精神来学习习近平总书记“4·13”重要讲话精神，才能深刻理解习近平总书记亲自谋划、亲自部署、亲自推动的海南全面深化改革开放重大国家战略的深刻背景、丰富内涵和时代意义，增强前行的思想自觉和行动自觉。

第五，与习近平总书记在河北省正定县、福建省厦门市和宁德地区及浙江省等地领导地方工作的实践经验相结合。

为海南确立旅游业、现代服务业、高新技术产业三大主导产业，是习近平总书记的“神来之笔”；但这不是从天上掉下来的，也不是头脑里固有的，是来源于他丰富的地方领导工作的实践经验。习近平重视对区域主导产业的实践与思考，在主政福建省宁德地区之时就为当地确立了“食品、轻纺、小型机电三大主导产业”。“什么是真正的优势？就是具有一种人无我有、人劣我优的条件。”青年时代在河北省正定县工作时，习近平就看到“认定优势，发挥优势，是加快商品生产发展的前提条件”，提出要“正确认识优势和劣势的关系”；到主政浙江省时，他又提出并大力实施依托优势而来的著名的“八八战略”。到中央工作后，在2010年第一次考察海南时就要求在发挥优势、突出特色上做文章，此后2013年、2018年两次考察海南时，又对海南的优势、最大的优势、最强的优势作出全面、准确、科学的判断，为海南在全国的改革开放和社会主义现代化建设全局中精细谋划、精准决策、精心部署，不断指明方向。从2010年4月提出“必须充分发挥海南对外开放排头兵的作用”，到2018年4月郑重宣布海南全岛建设自由贸易试验区和探索建设中国特色自由贸易港，习近平总书记谋划、部署、推动的这个重大国家战略，刚好整整八年；距习近平在厦门进行中国特色的自由港发展之路的最初探索，则已经是30多年。1985年，国务院批准将厦门经济特区范围扩大到全岛。这年夏天，习近平从河北南下厦门担任市委常委、常务副市长。1986年，习近平为一件事频频向北京专家求教，那就是探索建设自由港。这是他对中国特色的自由港发展之路的最初探索，在全国都具有很强的开创性。为确保海南全面深化改革开放正确方向，习近平总书记要求海南加强基层组织建设，把每一个基层党组织都打造成坚强的战斗堡垒。而对新时期党的基层组织工作的重要性，早在河北省正定县工作时习近平就有充分的认识。他说，要充分认识党的基层组织是党和党的领导机关联系人民群众的桥梁和纽带，是在社会基层中领导群众进行革命和建设的战斗堡垒。因此，结合习近平总书记在各地工作的实践经验来学习习近平总书记“4·13”重要讲话精神，更具有针对性，更能从中受到启发，坚定前行的方向和必胜的雄心。

第六，与国内外对海南打造新时代全面深化改革开放的新标杆的热切关注相结合。

党中央和习近平总书记如此重视海南，赋予海南经济特区改革开放新的使命，这是因为支持海南全面深化改革开放，有利于探索可复制可推广的经验，压茬拓展改革广度和深度，完善和发展中国特色社会主义制度；有利于我国主动参与和推动经济全球化进程，发展更高层次的开放型经济，加快推动形成全面开放新格局；有利于推动海南加快实现社会主义现代化，打造成新时代中国特色社会主义新亮点，彰显中国特色社会主义制度优越性，增强中华民族的凝聚力和向心力。

由于自由贸易港是当今世界最高水平的开放形态，习近平总书记要求，海南建设自由贸易港要体现中国特色，符合中国国情，符合海南发展定位，学习借鉴国际自由贸易港的先进经营方式、管理方法。他还表示，我们欢迎全世界投资者到海南投资兴业，积极参与海南自由贸易港建设，共享中国发展机遇，共享中国改革成果。正因为如此，海南全面深化改革开放是国家的重大战略一经宣布，迅即引起国内外的广泛关注并获得高度好评。海南一时成为舆论关注的热点。国企、民企、外企普遍看好海南，中国旅游集团总部、阿里巴巴区域总部中心等50家总部形态企业落户海南。27家世界500强企业和国际四大会计师事务所入驻海南。国际、国内各界如此反应热烈、热情参与和高度期待，让我们真切感受到习近平总书记亲自谋划、亲自部署、亲自推动、亲自宣布海南全岛建设自由贸易试验区和探索建设中国特色自由贸易港，是非常英明和极富远见的。因此，结合社会人士、媒体机构、企业组织等的热切关注来学习习近平总书记“4·13”重要讲话精神，更具有时代意义和未来价值。像马云万言书建言海南，提出海南不需要做中国的夏威夷，而是应该做21世纪的夏威夷或者22世纪的夏威夷，那也是富有远见的。

在学习研究习近平总书记“4·13”重要讲话精神中做到“六个结合”，本书在这方面做了初步的探索。全书以“10论76说”（“10章76目”）的框架，全面梳理和概括了习近平总书记三次在海南考察并发表2018年“4·13”重要讲话的主要结构和脉络；“76说”的标题，皆来源于习近平总书记的原话或原意，力求能更准确把握系列重要讲话的深刻内涵和对海南工作的明确要求。这“76说”都是习近平总书记关于海南工作的重要指示和具体要求的“金句”，其中2010年10条，2013年13条，2018年53条。

由此我也认识到，习近平总书记“4·13”重要讲话中的一系列重要论述，有这四大来源：一是来源于他深邃的治国理政思想，而“4·13”重要讲话又进一步丰富了这一思想；二是来源于他丰富的地方领导工作的实践经验，这些经验完全适用于加快美好新海南建设；三是来源于他对海南省情的准确把握，这种把握对于谋划海南全面深化改革开放、打造“三区一中心”具有十分重要的意义；四是来源于他对国内外形势的科学判断，这种判断正有力地推动海南成为新时代全面深化改革开放的新标杆，并由此彰显我国扩大对外开放、积极推动经济全球化的决心。

当然，本书的学习研究不限于“六个结合”。比如，还结合到海南30多年对外开放的光辉历程。在这个过程中，无论是宝贵的经验，还是深刻的教训，对于海南建设中国特色自由贸易港都是十分有意义的。

“喜悦的经典，美丽的句点。”以上这些，是我学习研究习近平总书记“4·13”重要讲话精神的初步体会。随着海南全面深化改革开放、全岛建设自由贸易试验区和探索建设中国特色自由贸易港波澜壮阔般向前推进，我们的学习还将有更进一步的收获，我们也将进一步深刻感受到习近平总书记“4·13”重要讲话的思想光芒，正闪耀在中华民族伟大复兴的历史征程上。

钟业昌

2019年3月20日于海口

第一章　论战略：海南全面深化改革开放是国家的重大战略

海南全面深化改革开放是国家的重大战略，必须举全国之力、聚四方之才。

中央和国家有关部门要从全局高度出发，会同海南省做好顶层设计，坚持先谋后动，积极研究制定支持举措，共同推动各项政策落地见效。

——习近平：《在庆祝海南建省办经济特区 30 周年大会上的讲话》（2018 年 4 月 13 日）

在中国特色社会主义进入新时代的大背景下，赋予海南经济特区改革开放新的使命，是习近平总书记亲自谋划、亲自部署、亲自推动的重大国家战略。党中央对海南改革开放发展寄予了厚望。习近平总书记从党和国家事业发展全局的高度，要求中央和国家有关部门从全局高度出发，会同海南省做好全面深化改革开放的顶层设计，共同推动各项政策落地见效。为了确保坚定自觉地把党中央、国务院的决策部署落到实处，中央确定建立健全“中央统筹、部门支持、省抓落实”的工作机制，同时在中央层面成立推进海南全面深化改革开放领导小组。推动海南成为新时代全面深化改革开放的新标杆的各项重大决策部署，就这样从上到下坚定有序地展开。

一、庆祝海南建省办经济特区30周年就是要为实现中国梦提供强大动力

2018年4月13日下午，庆祝海南建省办经济特区30周年大会在海南省人大会堂隆重举行。中共中央总书记、国家主席、中央军委主席习近平出席大会并发表重要讲话。来自海南省各界和我国其他四个经济特区的代表，聆听习近平总书记对新时代经济特区新定位的重要阐释，以及中央支持海南打造新时代全面深化改革开放的新标杆、争创新时代中国特色社会主义生动范例的谆谆嘱托。

一个省份成立30周年的庆典为何如此隆重热烈、举世瞩目？因为，历史总是在一些特殊年份给人们以汲取智慧、继续前行的力量。2018年是中国改革开放40周年，40年来的改革开放深刻改变着中国、影响着世界；2018年也是海南建省办经济特区30周年，30年后的海南已从一个落后的边陲海岛发展成为我国改革开放的重要窗口。在这样的特殊时间节点，“我们在这里隆重集会，庆祝海南建省办经济特区30周年，就是要充分肯定经济特区建设的历史功绩，深刻总结经济特区建设的宝贵经验，全面贯彻党的十九大精神和新时代中国特色社会主义思想，在新时代新起点上继续把全面深化改革推向前进，为实现‘两个一百年’奋斗目标、实现中华民族伟大复兴的中国梦提供强大动力”。[1] 习近平总书记在重要讲话的开篇，就向中外如此深刻地宣示庆祝海南建省办经济特区30周年的重大现实意义和深远历史意义。

---

[1] 习近平：《在庆祝海南建省办经济特区30周年大会上的讲话》（2018年4月13日）。

把庆祝海南建省办经济特区30周年的重大意义，上升到为实现"两个一百年"奋斗目标、实现中华民族伟大复兴的中国梦提供强大动力的高度来认识，足见其立意高远、思想深邃、意义非凡！

我们知道，"两个一百年"奋斗目标，第一个一百年是到中国共产党成立100年时全面建成小康社会；第二个一百年是到新中国成立100年时建成富强民主文明和谐美丽的社会主义现代化强国。

党的十五大报告首次提出"两个一百年"奋斗目标：到建党一百年时，使国民经济更加发展，各项制度更加完善；到世纪中叶建国一百年时，基本实现现代化，建成富强民主文明的社会主义国家。[1]

此后，党的十六大、十七大都对"两个一百年"奋斗目标作了强调和安排。党的十八大描绘了全面建成小康社会、加快推进社会主义现代化的宏伟蓝图，向中国人民发出了向实现"两个一百年"奋斗目标进军的时代号召："只要我们胸怀理想、坚定信念，不动摇、不懈怠、不折腾，顽强奋斗、艰苦奋斗、不懈奋斗，就一定能在中国共产党成立一百年时全面建成小康社会，就一定能在新中国成立一百年时建成富强民主文明和谐的社会主义现代化国家。"[2] 自此，"两个一百年"成为一个固定关键词，成为全国各族人民共同的奋斗目标。

党的十九大报告清晰擘画了全面建成社会主义现代化强国的时间表、路线图：在2020年全面建成小康社会、实现第一个百年奋斗目标的基础上，再奋斗15年，在2035年基本实现社会主义现代化。从2035年到本世纪中叶，在基本实现现代化的基础上，再奋斗15年，把

---

[1] 江泽民：《高举邓小平理论伟大旗帜，把建设有中国特色社会主义事业全面推向二十一世纪——在中国共产党第十五次全国代表大会上的报告》（1997年9月12日）。

[2] 胡锦涛：《坚定不移沿着中国特色社会主义道路前进，为全面建成小康社会而奋斗——在中国共产党第十八次全国代表大会上的报告》（2012年11月8日）。

我国建成富强民主文明和谐美丽的社会主义现代化强国。[1]

“没有一种担当，比肩负民族的前途命运更为伟大；没有一项使命，比实现人民的共同梦想更为崇高。”实现中华民族伟大复兴，是一个伟大梦想。这个伟大梦想，承载中华民族不懈奋斗的光辉历程，饱含中国共产党人不忘初心的历史情怀。在新的历史时代，伟大梦想是遥而可及的梦想。因为，经过长期努力奋斗，中国特色社会主义已经进入了新的时代，中华民族迎来了从站起来、富起来到强起来的伟大飞跃。这是我们的信心之源，力量之基。

实现伟大梦想，必须建设伟大工程。“四个伟大”理论和实践相结合，高度概括了党和人民在新时代的历史任务，更加明确了时代赋予当代中国共产党人的责任与使命担当。进行伟大斗争、建设伟大工程、推进伟大事业，共同构成了实现伟大梦想总目标的战略大支撑。进行伟大斗争、建设伟大工程、推进伟大事业，归根结底就是要实现伟大梦想，即实现中华民族伟大复兴的中国梦。党的建设新的伟大工程，是其他三个“伟大”实现的政治保证和有力保障，是“四个伟大”的关键所在，处于核心地位，起决定性作用。我们要积极响应习近平总书记的号召：“推进伟大工程，要结合伟大斗争、伟大事业、伟大梦想的实践来进行，确保党在世界形势深刻变化的历史进程中始终走在时代前列，在应对国内外各种风险和考验的历史进程中始终成为全国人民的主心骨，在坚持和发展中国特色社会主义的历史进程中始终成为坚强领导核心。”从而以党的坚强领导和顽强奋斗，激励全体中华儿女不断奋进，凝聚起同心共筑中国梦的磅礴力量。

对海南来说，在实现中华民族伟大复兴的伟大征途中，要不忘初

---

[1] 习近平：《决胜全面建成小康社会 夺取新时代中国特色社会主义伟大胜利——在中国共产党第十九次全国代表大会上的报告》（2017 年 10 月 18 日）。

心、牢记使命，坚决扛起建设社会主义现代化强国的海南担当、作出海南的贡献，加快建设经济繁荣、社会文明、生态宜居、人民幸福的美好新海南。早日实现海南人民的幸福家园、中华民族的四季花园、中外游客的度假天堂“三大愿景”，以争创中国特色社会主义实践范例的生动实践，成为展示我国构建人类命运共同体、实现中华民族伟大复兴中国梦的重要窗口。[1]

实现中华民族伟大复兴，就是中华民族近代以来最伟大的梦想。这个梦想，凝聚了几代中国人的夙愿，体现了中华民族和中国人民的整体利益，是每一个中华儿女的共同期盼。经过鸦片战争以来170多年的持续奋斗，中华民族伟大复兴展现出光明的前景。现在，我们比历史上任何时期都更接近中华民族伟大复兴的目标，比历史上任何时期都更有信心、有能力实现这个目标。[2]

党的十九大的主题是：“不忘初心，牢记使命，高举中国特色社会主义伟大旗帜，决胜全面建成小康社会，夺取新时代中国特色社会主义伟大胜利，为实现中华民族伟大复兴的中国梦不懈奋斗。”[3]中国共产党人的初心和使命，就是为中国人民谋幸福，为中华民族谋复兴。虽然我们现在比历史上任何时期都更接近、更有信心和能力实现中华民族伟大复兴的目标，但是中华民族伟大复兴，绝不是轻轻松松、敲锣打鼓就能实现的，必须准备付出更为艰巨、更为艰苦的努力。

在中国共产党团结带领全国各族人民继续朝着实现中华民族伟大复兴的宏伟目标奋勇前进的征途中，努力推动海南成为新时代全面深化改革开放的新标杆，形成更高层次改革开放新格局，这必将极大鼓

[1] 钟业昌：《海南要成为展示实现中华民族伟大复兴中国梦的重要窗口》，南海网2017年10月31日。

[2] 《习近平谈治国理政》，外文出版社，2014年版，第35—36页。

[3] 习近平：《决胜全面建成小康社会　夺取新时代中国特色社会主义伟大胜利——在中国共产党第十九次全国代表大会上的报告》（2017年10月18日）。

舞和动员全国各族人民，凝聚起新时代继续推进全面深化改革、实现中华民族伟大复兴的强大动力。

实现全面建成小康社会、建成富强民主文明和谐美丽的社会主义现代化国家的奋斗目标，实现中华民族伟大复兴的中国梦，就是要实现国家富强、民族振兴、人民幸福。海南全面深化改革开放，承载着新时代的美好希望，澎湃着新起点的强大动力。海南任重道远，海南前程似锦。

二、赋予经济特区新的历史使命

在庆祝海南建省办经济特区 30 周年大会上的重要讲话中，习近平总书记首先指出，兴办经济特区，是我们党和国家为推进改革开放和社会主义现代化建设作出的重大决策。1978 年 12 月，党的十一届三中全会作出把党和国家工作中心转移到经济建设上来、实行改革开放的历史性决策，动员全党全国各族人民为社会主义现代化建设进行新的长征。这是新中国成立以来我们党和国家历史上具有深远意义的伟大转折。为了推进改革开放和社会主义现代化建设，党中央决定兴办深圳、珠海、汕头、厦门四个经济特区，实行特殊政策和灵活措施，发挥对全国改革开放和社会主义现代化建设的重要窗口和示范作用。又指出，40 年来，深圳、珠海、汕头、厦门、海南五个经济特区不辱使命，在建设中国特色社会主义伟大历史进程中谱写了勇立潮头、开拓进取的壮丽篇章，在体制改革中发挥了“试验田”作用，在对外开放中发挥了重要“窗口”作用，为全国改革开放和社会主义现代化建设作出了重大贡献。

习近平总书记强调，海南等经济特区的成功实践，充分证明了党的十一届三中全会以来形成的党的基本理论、基本路线、基本方略是完全正确的，中国特色社会主义道路是实现社会主义现代化、创造人民美好生活的必由之路；充分证明了无论改什么、改到哪一步，都要坚持党的领导，确保党把方向、谋大局、定政策，确保党始终总揽全局、协调各方；充分证明了改革开放是决定当代中国命运的关键抉择，是当代中国发展进步的活力之源，是党和人民事业大踏步赶上时代的重要法宝，是坚持和发展中国特色社会主义、实现中华民族伟大复兴的必由之路；充分证明了党中央关于兴办经济特区的战略决策是完全正确的，在决胜全面建成小康社会、夺取新时代中国特色社会主义伟大胜利的征程上，经济特区不仅要继续办下去，而且要办得更好、办出水平；充分证明了人民是改革的主体，要坚持一切为了人民、一切依靠人民，发挥好广大人民群众的积极性、主动性、创造性，使广大人民群众成为推动改革开放的强大力量。

中国特色社会主义进入新时代，“新形势、新任务、新挑战，赋予经济特区新的历史使命，经济特区要不忘初心、牢记使命，在伟大斗争、伟大工程、伟大事业、伟大梦想中寻找新的方位，把握好新的战略定位”，为此，习近平总书记对经济特区提出新要求：

经济特区要成为改革开放的重要窗口。经济特区是我国最早对外开放的地区，是对外经济交流最活跃的地区，也是最能代表改革开放形象的地区。经济特区要继续发挥好改革开放的重要窗口作用，坚持打开国门搞建设，坚持引进来和走出去并重，同各国扩大双向贸易和投资往来，共建开放型世界经济。要大幅度放宽市场准入，扩大服务业特别是金融业对外开放，创造更有吸引力的投资环境。要加强国际人文交流，促进民心相通、文化相融。

经济特区要成为改革开放的试验平台。创办经济特区是我国改革开放的重要方法论，是经过实践检验推进改革开放行之有效的办法。先行先试是经济特区的一项重要职责，目的是探索改革开放的实现路径和实现形式，为全国改革开放探路开路。只有敢于走别人没有走过的路，才能收获别样的风景。经济特区要勇于扛起历史责任，适应国内外形势新变化，按照国家发展新要求，顺应人民新期待，发扬敢闯敢试、敢为人先、埋头苦干的特区精神，始终站在改革开放最前沿，在各方面体制机制改革方面先行先试、大胆探索，为全国提供更多可复制可推广的经验。

经济特区要成为改革开放的开拓者。经济特区的成功实践为中国特色社会主义理论形成和发展提供了丰富素材和鲜活经验。新形势下，坚持和发展中国特色社会主义仍然有许多重大课题需要探索实践，有许多新的领域需要开拓创新。当前，改革在很多领域突入了“无人区”，经济特区要坚持摸着石头过河，逢山开路，遇水架桥，在实践中求真知，在探索中找规律，不断形成新经验、深化新认识、贡献新方案。

经济特区要成为改革开放的实干家。空谈误国，实干兴邦。只有真抓才能攻坚克难，只有实干才能梦想成真。经济特区要坚定舍我其谁的信念、勇当尖兵的决心，保持爬坡过坎的压力感、奋勇向前的使命感、干事创业的责任感，积极培育崇尚实干的环境，务实求变、务实求新、务实求进，为实干者撑腰，为干事者鼓劲，以昂扬的精神状态推动改革不停顿、开放不止步。[1]

习近平总书记的重要讲话，深情回顾党和国家兴办经济特区的重大决策，充分肯定经济特区建设的历史功绩，深刻总结经济特区建设的宝贵经验，并以更高站位、更宽视野作出“经济特区不仅要继续办下去，而且要办得更好、办出水平”的庄重宣示，为我国经济特区擘画美好未来提供了遵循，激发起重整行装再出发的强大动力。讲话不但大大丰富了党的改革开放的创新理论，而且将极大地推动我国新时代改革开放的历史进程。

---

[1] 习近平：《在庆祝海南建省办经济特区 30 周年大会上的讲话》（2018 年 4 月 13 日）。

“只有敢于走别人没有走过的路，才能收获别样的风景。”对经济特区而言，新的战略定位是要成为改革开放的重要窗口、试验平台和开拓者、实干家。这也是面对新形势、新任务、新挑战，中央赋予经济特区的新历史使命。在新时代把经济特区办得更好、办出水平，必将为全国的改革开放提供更多可复制可推广的经验，为实现中华民族伟大复兴的中国梦凝聚起磅礴力量。

三、海南在我国改革开放和社会主义现代化建设大局中具有特殊地位和重要作用

庆祝海南建省办经济特区 30 周年，并以此为标志在新时代新起点继续把全面深化改革开放推向前进，这样的重大举措，为什么能够上升到为实现“两个一百年”奋斗目标、实现中华民族伟大复兴的中国梦提供强大动力的历史高度上来认识？这是因为，海南在我国改革开放和社会主义现代化建设大局中，具有特殊的地位和重要的作用。

习近平总书记在庆祝海南建省办经济特区 30 周年大会的重要讲话中精辟阐述：“海南是我国最大的经济特区，地理位置独特，拥有全国最好的生态环境，同时又是相对独立的地理单元，具有成为全国改革开放试验田的独特优势。海南在我国改革开放和社会主义现代化建设大局中具有特殊地位和重要作用。”[1]

海南岛由于国防战略地位十分重要，热带亚热带作物资源十分丰富，因而自解放以来，就一直在我国的国防建设和社会主义现代化建设中发挥着特殊而重要的战略作用。

新中国刚刚成立之时，面临着美帝国主义对我国进行封锁禁运的极为不利的国际环境。为了打破禁运，中央决定开发橡胶这一战略物

[1] 习近平：《在庆祝海南建省办经济特区 30 周年大会上的讲话》（2018 年 4 月 13 日）。

资。1951年中央人民政府政务院在《关于扩大培植橡胶树的决定》中指出：“橡胶为重要战略物资，美英帝国主义对我进行封锁，为保证国防及工业建设的需要，必须争取橡胶自给。”1959年，中央决定从该年到1962年内，动员30万人去开发海南岛，建立我国的橡胶基地。到1980年，海南岛的橡胶种植面积和干胶产量分别占全国的56%和70%，已初步建成了我国最大的天然橡胶生产基地，对我国国民经济的发展和国防建设作出了重要贡献，对海南本身的开发建设也产生了巨大作用。1980年7月24日，国务院批转的《海南岛问题座谈会纪要》对此作了这样的高度评价：“对社会主义事业作出了重要贡献。”除此之外，海南在其他热带、亚热带作物资源的开发，南繁育种及铁矿等矿产资源的开发上，也都有力地支持了全国的社会主义现代化建设。[1]

进入改革开放的新时期，党中央强调加快海南开发建设对社会主义现代化建设和完成祖国统一大业等都有重大的意义和深远的影响，指出：“在贯彻党的十二大精神，全面开创社会主义现代化建设新局面中，要把我们祖国这个宝岛建设得更加壮丽富饶，更多地提供国家需要的重要资源，更好地为开发南海石油服务。加快海南的开发建设，是全党全国的一项重要任务。它对于支援全国的四化建设，加强民族团结，巩固祖国南海国防，促进台湾回归、完成祖国统一大业，都具有重大意义。”又指出：“海南岛战略地位十分重要。开发建设好这个资源丰富的宝岛，对加强民族团结，实现国家四化，巩固南海国防都有重要的意义。中央决定加快海南的开发建设，在政策上放宽，给以较多的自主权。中央各有关部门要从人、财、物上积极给予必要的直接支持。”[2]

---

[1] 钟业昌：《全面认识开发建设海南经济特区的战略意义》，《海南日报》1990年12月6日、20日。

[2] 中共中央、国务院关于批转《加快海南岛开发建设问题讨论纪要》的通知（1983年4月1日），中发〔1983〕11号。

1987年党中央作出海南建省办经济特区的重大决策，也是基于“在海南岛实行特殊经济政策，建立经济管理新体制，把海南岛建设成全国最大的经济特区，是贯彻沿海经济发展战略，进一步扩大对外开放的重要措施，具有深远的意义”的重要判断：“海南岛地处南海前沿，战略地位十分重要，具有独特的资源优势，是我国的宝岛，又是著名的老革命根据地，有黎、苗等兄弟民族的聚居区。把这里的经济和文教科技事业尽快搞上去，对于实现社会主义现代化，加强民族团结，巩固国防，完成祖国统一大业，有着深远的意义。”[1]

“经过长期努力，中国特色社会主义进入了新时代，这是我国发展新的历史方位。”这是党的十九大报告作出的重大政治判断。“中国特色社会主义进入新时代，意味着近代以来久经磨难的中华民族迎来了从站起来、富起来到强起来的伟大飞跃，迎来了实现中华民族伟大复兴的光明前景；意味着科学社会主义在二十一世纪的中国焕发出强大生机活力，在世界上高高举起了中国特色社会主义伟大旗帜；意味着中国特色社会主义道路、理论、制度、文化不断发展，拓展了发展中国家走向现代化的途径，给世界上那些既希望加快发展又希望保持自身独立性的国家和民族提供了全新选择，为解决人类问题贡献了中国智慧和中国方案。”[2]

那么，中国特色社会主义进入新时代，站在新起点上推进的海南全面深化改革开放，在我国改革开放和社会主义现代化建设大局中具有的特殊地位和重要作用，又体现在哪里呢？就体现在中央所阐明的“三个有利于”的“重大意义”之中。

---

[1] 国务院批转《关于海南岛进一步对外开放加快经济开发建设的座谈会纪要》（1988年4月14日），国发〔1988〕24号。

[2] 习近平：《决胜全面建成小康社会　夺取新时代中国特色社会主义伟大胜利——在中国共产党第十九次全国代表大会上的报告》（2017年10月18日）。

这“三个有利于”就是：“在中国特色社会主义进入新时代的大背景下，赋予海南经济特区改革开放新的使命，是习近平总书记亲自谋划、亲自部署、亲自推动的重大国家战略，必将对构建我国改革开放新格局产生重大而深远影响。支持海南全面深化改革开放有利于探索可复制可推广的经验，压茬拓展改革广度和深度，完善和发展中国特色社会主义制度；有利于我国主动参与和推动经济全球化进程，发展更高层次的开放型经济，加快推动形成全面开放新格局；有利于推动海南加快实现社会主义现代化，打造成新时代中国特色社会主义新亮点，彰显中国特色社会主义制度优越性，增强中华民族的凝聚力和向心力。”[1]

可以说，这“三个有利于”中的每一个“有利于”，都说明推动海南全面深化改革开放这个重大国家战略，将对构建我国改革开放新格局、开创新时代中国特色社会主义新局面产生重大而深远影响，从而彰显海南在我国改革开放和社会主义现代化建设大局中所起作用的特殊性和重要性。

就“有利于探索可复制可推广的经验，压茬拓展改革广度和深度，完善和发展中国特色社会主义制度”而言，支持海南在坚持社会主义基本制度的前提下全面深化改革开放，构建出充满生机和活力的新体制，可以为完善和发展中国特色社会主义制度，推进国家治理体系和治理能力现代化作出新探索，使海南成为展示中国风范、中国气派、中国形象、中国制度、中国精神的靓丽名片。

就“有利于我国主动参与和推动经济全球化进程，发展更高层次的开放型经济，加快推动形成全面开放新格局”而言，海南全岛建成自由贸易试验区，突破我国现有自由贸易试验区规模和地理空间都较

[1] 《中共中央　国务院关于支持海南全面深化改革开放的指导意见》（2018年4月11日）。

小的局限，由此所带来的自由贸易规模和效应是已有自由贸易试验区无法比拟的，将更有利于发挥自由贸易试验区的功能和作用，更有利于统筹国内和国际两个发展大局。海南全岛建设自由贸易试验区，是构建我国全面深化改革开放新格局的重要载体和平台，也为海南全面深化改革开放取得新的突破提供了更大的舞台和空间。这项改革开放举措更具综合性，也有更为丰富的内涵，是国家扩大开放的大手笔。

就“有利于推动海南加快实现社会主义现代化，打造成新时代中国特色社会主义新亮点，彰显中国特色社会主义制度优越性，增强中华民族的凝聚力和向心力”而言，海南全面深化改革开放，本来就是党中央为彰显中国特色社会主义制度优越性作出的重大试验。从当今世界类似于海南地理单元类型的国家和地区，比如中国香港、澳门、台湾，新加坡，美国夏威夷、韩国济州岛等这些发展得比较好的区域来看，其基本实行的是资本主义制度。海南全岛建设自由贸易试验区和探索建设中国特色自由贸易港，将打造全球最高水平开放形态，必将成为新时代中国特色社会主义的新亮点，彰显出中国特色社会主义制度的优越性，促进祖国的和平统一进程。

正因为如此，党中央为海南全面深化改革开放确立了这样的重要指导思想：“全面贯彻党的十九大和十九届二中、三中全会精神，以习近平新时代中国特色社会主义思想为指导，坚持党的全面领导，坚持稳中求进工作总基调，坚持新发展理念，统筹推进‘五位一体’总体布局和协调推进‘四个全面’战略布局，以供给侧结构性改革为主线，赋予海南经济特区改革开放新使命，建设自由贸易试验区和中国特色自由贸易港，解放思想、大胆创新，着力在建设现代化经济体系、实现高水平对外开放、提升旅游消费水平、服务国家重大战略、加强社会治理、打造一流生态环境、完善人才发展制度等方面进行探索，在贯彻落实党的十九大的重大决策部署上走在前列，打造实践中国特色社会主义的生动范例，开创新时代中国特色社会主义新局面，为把我国建设成为富强民主文明和谐美丽的社会主义现代化强国作出更大贡献。”[1]

因此，从开创新时代中国特色社会主义新局面来说，“把海南好好发展起来，不仅仅算的是经济账，更重要的算的是政治账，就是要彰显中国特色社会主义制度的优越性，增强人们对中国特色社会主义的‘四个自信’，增强中华民族的凝聚力和向心力”[2]。

四、赋予海南经济特区改革开放新的重大责任和使命

习近平总书记在庆祝海南建省办经济特区 30 周年大会上的重要讲话中指出：“党中央对海南改革开放发展寄予厚望，最近研究制定了《关于支持海南全面深化改革开放的指导意见》，赋予海南经济特区改革开放新的重大责任和使命，也为海南深化改革开放注入了强大动力。这是海南发展面临的新的重大历史机遇。”[3]

党中央赋予海南经济特区改革开放新的重大责任和使命，其重大背景就体现在中央 12 号文件的重大宣示中：“海南建省和兴办经济特区是党中央着眼于我国改革开放和社会主义现代化建设全局作出的重大战略决策。2018 年是贯彻党的十九大精神的开局之年，是改革开放 40 周年，也是海南建省和兴办经济特区 30 周年。在新的历史条件下，为全面贯彻党的十九大精神和习近平总书记重要批示精神，更进一步凸显我国改革开放 40 年的重大意义，更进一步彰显党的十八大以来习

---

[1] 《中共中央 国务院关于支持海南全面深化改革开放的指导意见》（2018 年 4 月 11 日）。
[2] 刘赐贵：《关于深入学习习近平总书记“4·13”重要讲话精神的十点认识》（2018 年 10 月 13 日），《海南日报》2018 年 10 月 17 日。
[3] 习近平：《在庆祝海南建省办经济特区 30 周年大会上的讲话》（2018 年 4 月 13 日）。

近平总书记带领全国各族人民全面深化改革开放的重大意义，推动海南成为新时代全面深化改革开放的新标杆，形成更高层次改革开放新格局，探索实现更高质量、更有效率、更加公平、更可持续的发展，现提出以下意见。”[1]

党中央赋予海南经济特区改革开放新的重大责任和使命，其重大内容就集中体现在习近平总书记所宣告的战略大思路中：“着力打造全面深化改革开放试验区、国家生态文明试验区、国际旅游消费中心、国家重大战略服务保障区，争创新时代中国特色社会主义生动范例，让海南成为展示中国风范、中国气派、中国形象的靓丽名片。”[2]

以下就是党中央为海南所确立的全面深化改革开放的四大“战略定位”：

全面深化改革开放试验区。大力弘扬敢闯敢试、敢为人先、埋头苦干的特区精神，在经济体制改革和社会治理创新等方面先行先试。适应经济全球化新形势，实行更加积极主动的开放战略，探索建立开放型经济新体制，把海南打造成为我国面向太平洋和印度洋的重要对外开放门户。

国家生态文明试验区。牢固树立和践行绿水青山就是金山银山的理念，坚定不移走生产发展、生活富裕、生态良好的文明发展道路，推动形成人与自然和谐发展的现代化建设新格局，为推进全国生态文明建设探索新经验。

国际旅游消费中心。大力推进旅游消费领域对外开放，积极培育旅游消费新热点，下大气力提升服务质量和国际化水平，打造业态丰富、品牌集聚、环境舒适、特色鲜明的国际旅游消费胜地。

国家重大战略服务保障区。深度融入海洋强国、“一带一路”建

---

[1]　《中共中央　国务院关于支持海南全面深化改革开放的指导意见》（2018年4月11日）。

[2]　习近平：《在庆祝海南建省办经济特区30周年大会上的讲话》（2018年4月13日）。

设、军民融合发展等重大战略，全面加强支撑保障能力建设，切实履行好党中央赋予的重要使命，提升海南在国家战略格局中的地位和作用。[1]

这个我们简称为“三区一中心”的战略定位，体现的是习近平总书记和党中央赋予海南改革开放的新的重大责任和使命，让推动海南成为新时代全面深化改革开放的新标杆，形成更高层次改革开放新格局，有了清晰的前行路径和壮丽的奋斗目标。

如今深入学习贯彻习近平总书记“4·13”重要讲话和中央12号文件精神，紧紧围绕打造全面深化改革开放试验区、国家生态文明试验区、国际旅游消费中心和国家重大战略服务保障区的“三区一中心”战略定位，找准各自工作的着力点，做好服务国家重大战略的文章，已经成为海南广大干部群众的思想自觉和行动自觉。

比如，新设立的海口江东新区，就是按“三区一中心”定位打造的。2018年6月3日下午，中国（海南）自由贸易试验区海口江东新区新闻发布会在海口召开，宣布经海南省委、海南省政府深入调研、统筹规划，决定设立海口江东新区，努力建设成为中国（海南）自由贸易试验区的集中展示区。

设立江东新区是建设中国（海南）自由贸易试验区，逐步探索、稳步推进中国特色自由贸易港建设的重大举措。江东新区的战略定位紧紧围绕全面深化改革开放试验区、国家生态文明试验区、国际旅游消费中心、国家重大战略服务保障区的战略定位，在加快质量变革、效率变革、动力变革，提高全要素生产率，建立开放型生态型服务型产业体系等方面作表率，努力建设成为中国（海南）自由贸易试验区的集中展示区。根据战略定位，江东新区将建设全面深化改革开放试验

[1]《中共中央　国务院关于支持海南全面深化改革开放的指导意见》（2018年4月11日）。

区的创新区、建设国家生态文明试验区的展示区、建设国际旅游消费中心的体验区以及建设国家重大战略服务保障区的示范区。

江东新区坚持高起点规划、高标准建设，遵循“世界眼光、国际标准、海南特色、高点定位”，坚持“大视野、大思路、大手笔、大开合”工作思路，在海南省委、省政府的领导下，按照“两年出形象、三年出功能、七年基本成型”的时间表，全力加快推进规划建设。重点做好“四个打造”：打造世界一流的零碳新城；打造彰显中国文化海南特色的靓丽名片；打造城乡一体和谐共生的中国示范；打造全球领先的生态 CBD。

海口江东新区位于海口市东海岸区域，东起东寨港（海口行政边界），西至南渡江，北临东海岸线，南至绕城高速二期和 212 省道，总面积约 298 平方公里，分为东部生态功能区和西部产城融合区。

新闻发布会同时宣布正式启动海口江东新区概念性规划方案国际化招标工作，以确保集成世界一流规划设计机构、一流开发机构、一流施工单位，高起点规划、高标准设计、高品质建设生态化、国际化、人性化的江东新区，打造成为海南展示中国风范、中国气派、中国形象的重要窗口。[1]

五、海南全面深化改革开放是国家的重大战略

“新时代，海南要高举改革开放旗帜，创新思路、凝聚力量、突出特色、增创优势，努力成为新时代全面深化改革开放的新标杆，形成更高层次改革开放新格局。这是我们庆祝海南建省办经济特区 30 周年

[1] 《省委省政府决定设立海口江东新区 努力建设成为中国（海南）自贸区的集中展示区》，《海南日报》2018 年 6 月 4 日。

的最好方式，也是庆祝我国改革开放40周年的重大举措。”[1]党中央对海南全面深化改革开放作出重大部署，充分体现了我国在新时代新起点上继续把全面深化改革推向前进、形成更高层次改革开放新格局的坚定决心，为新时代改革开放再出发指明了前进方向。

与将国际旅游岛建设纳入或上升为国家战略所不同，新时代海南全面深化改革开放，一开始就作为重大国家战略出台。习近平总书记强调：“海南全面深化改革开放是国家的重大战略，必须举全国之力、聚四方之才。”[2]与重大国家战略相一致的必然要求是“举全国之力、聚四方之才”，这也是习近平总书记在庆祝海南建省办经济特区30周年大会上亲自向全国发出伟大号召的重要原因。

我们查阅习近平总书记的用语，发现只有当一项工作是全党全国的大事时，才用得上“举全国之力”这一措辞。比如，关于脱贫攻坚，习近平总书记在十九届中共中央政治局常委同中外记者见面时强调：“2020年，我们将全面建成小康社会。全面建成小康社会，一个也不能少；共同富裕路上，一个也不能掉队。我们将举全党全国之力，坚决完成脱贫攻坚任务，确保兑现我们的承诺。”[3]“举全国之力”来推进海南全面深化改革开放国家重大战略的实施，充分表明推动海南成为新时代全面深化改革开放的新标杆在习近平总书记心中有沉甸甸的分量。同时，“举全国之力”也是激励海南人民继续发扬敢闯敢试、敢为人先、埋头苦干的特区精神，在实现“两个一百年”奋斗目标、实现中华民族伟大复兴中国梦的新征程上，创造无愧于时代的新业绩的最强大的精神力量。

---

[1][2] 习近平：《在庆祝海南建省办经济特区30周年大会上的讲话》（2018年4月13日）。

[3] 《习近平总书记在十九届中共中央政治局常委同中外记者见面时的讲话》，中国网2017年10月25日。

海南全面深化改革开放是国家的重大战略，是以习近平同志为核心的党中央着眼于海南在我国改革开放和社会主义现代化建设大局中具有特殊地位和重要作用而作出的重大决策，意义十分重大，影响必将深远。

“海南全面深化改革开放是国家的重大战略”，其内容集中体现在习近平总书记在庆祝海南建省办经济特区30周年大会上的重要讲话中：“在这里，我郑重宣布，党中央决定支持海南全岛建设自由贸易试验区，支持海南逐步探索、稳步推进中国特色自由贸易港建设，分步骤、分阶段建立自由贸易港政策和制度体系。这是党中央着眼于国际国内发展大局，深入研究、统筹考虑、科学谋划作出的重大决策，是彰显我国扩大对外开放、积极推动经济全球化决心的重大举措。”[1]

“海南全面深化改革开放是国家的重大战略”，需要从自由贸易区战略是国家战略来深化认识。

加快实施自由贸易区战略，是我国新一轮对外开放的重要内容。党的十七大把自由贸易区建设上升为国家战略，党的十八大提出要加快实施自由贸易区战略。党的十八届三中全会提出要以周边为基础加快实施自由贸易区战略，形成面向全球的高标准自由贸易区网络。我们面对的是，全球范围内自由贸易区的数量不断增加，涵盖议题快速拓展，自由化水平显著提高。而我国经济发展进入新常态，外贸发展机遇和挑战并存，“引进来”“走出去”正面临新的发展形势。因此，加快实施自由贸易区战略是我国适应经济全球化新趋势的客观要求，是全面深化改革、构建开放型经济新体制的必然选择。习近平总书记深刻指出：“站在新的历史起点上，实现‘两个一百年’奋斗目标、实现中华民族伟大复兴的中国梦，必须适应经济全球化新趋势、准确判

[1] 习近平：《在庆祝海南建省办经济特区30周年大会上的讲话》（2018年4月13日）。

断国际形势新变化、深刻把握国内改革发展新要求，以更加积极有为的行动，推进更高水平的对外开放，加快实施自由贸易区战略，加快构建开放型经济新体制，以对外开放的主动赢得经济发展的主动、赢得国际竞争的主动。”[1]

党中央审时度势，在党的十九大报告中昭示要“探索建设自由贸易港”：“推动形成全面开放新格局。开放带来进步，封闭必然落后。中国开放的大门不会关闭，只会越开越大。要以‘一带一路’建设为重点，坚持引进来和走出去并重，遵循共商共建共享原则，加强创新能力开放合作，形成陆海内外联动、东西双向互济的开放格局。拓展对外贸易，培育贸易新业态新模式，推进贸易强国建设。实行高水平的贸易和投资自由化便利化政策，全面实行准入前国民待遇加负面清单管理制度，大幅度放宽市场准入，扩大服务业对外开放，保护外商投资合法权益。凡是在我国境内注册的企业，都要一视同仁、平等对待。优化区域开放布局，加大西部开放力度。赋予自由贸易试验区更大改革自主权，探索建设自由贸易港。创新对外投资方式，促进国际产能合作，形成面向全球的贸易、投融资、生产、服务网络，加快培育国际经济合作和竞争新优势。”[2]

“赋予自由贸易试验区更大改革自主权，探索建设自由贸易港”，这个改革开放重大政策的宣示，引起国内外的广泛关注和热烈期待，特别是自由贸易港花落谁家，一度成为国内外舆论关注的焦点。

上海由于区位优势明显、商业机会更多，筹划自由贸易港自然备受关注。“关于自由贸易港，我们就是按照中央部署，做好方案，现在只是在筹划阶段，最终方案必须经过中央批准后实施。”上海市委书记

---

[1] 《习近平谈治国理政》第二卷，外文出版社，2017 年版，第 99 页。

[2] 习近平：《决胜全面建成小康社会　夺取新时代中国特色社会主义伟大胜利——在中国共产党第十九次全国代表大会上的报告》（2017 年 10 月 18 日）。

韩正在十九大期间向媒体介绍上海自贸区建设时谈及自贸港筹划。十九大报告提出，赋予自由贸易试验区更大改革自主权，探索建设自由贸易港。“自由贸易港”成为十九大期间外媒关注的一大热词。

2017 年 10 月 23 日，路透社报道称，上海相关部门已形成了探索自由贸易港区建设的初步方案。中国正在制定上海自由贸易港的计划带动相关个股走高。彭博社当月 20 日称，此举能够给上海带来更多的商业机会，提高上海本地企业的业务份额，上海本地的国有企业结构调整也会随之加快。香港《大公报》认为这有助国家新一轮对外开放战略的实施。路透社在报道中指出，自由贸易港是指设在国家与地区境内、海关管理关卡之外的，允许境外货物、资金自由进出的港口区。

中国贸促会研究院国际投资研究部主任刘英奎告诉《环球时报》记者说，自由贸易港相比于中国目前已有的保税区和自由贸易试验区，其开放程度更高，开放力度更大。一般情况下会对进出口的绝大多数货物免除关税，实现货物自由流动，并最大程度简化出入港口的程序。除贸易外，自由贸易港还会在投资、外汇、金融等方面探索进一步开放的制度创新。

中国世贸组织研究会副会长、商务部研究院原院长霍建国在接受《环球时报》记者采访时说，上海作为航运中心位于中国东部沿海的中间位置，基础设施条件最好，自由贸易区的实践也最为成熟，因此上海率先建立中国第一个自由贸易港的机率也最高。“除上海外，厦门、宁波、天津等也属意于建设自由贸易港，沿海港口走向自由贸易港的突破，从而形成了中国贸易新一轮对外开放的标志。”

“上海如果成功实行自由贸易港制度，基于其突出的区位优势，背靠中国这个全球最大的货物贸易国家，可能会吸引整个东北亚的海运货物到此集结、转运，或者进行加工和仓储，这势必对日本神户、韩国釜山、中国台湾高雄等形成竞争压力，其冲击力或可进一步波及香港和新加坡。”

刘英奎认为，十九大报告中提及要推动形成全面开放新格局，实行高水平的贸易和投资自由便利化政策，探索建设自由贸易港因此意义重大。霍建国进一步分析说，公开信息上还没有显示中国自由贸易港的具体制度安排。“或者会分批次逐步落实。因为自由贸易港这一新生事物在中国的建设也不是一蹴而就的，需要在不断的探索中不断总结和完善。”

目前排名世界集装箱港口中转量第一、第二位的新加坡、香港地区，均实施自由港政策。香港一直奉行自由贸易政策，进出香港的货品无需缴付关税。企业在香港注册效率很高，只需要经过三个步骤就可以拿到公司执照。经网上提交申请成立公司，一般会于一个小时内获发有关证书；如以纸张方式提交申请发出有关证书需四个工作日。

同样作为自由贸易港的新加坡对注册资本要求宽松。新加坡公司法规定，设立公司最低注册资本为十万新元，实行认缴制，股东可随时决定提高注册资本和缴足资本，且只需在新加坡商业注册局填写表格和交纳费用即可。

另一个为世界瞩目的自由贸易港——迪拜港自由港区是世界上最大的自由港区。根据迪拜政府规定，自贸区内企业可享受100%外资拥有、50年免除所得税、期满后延长15年免税期、无个人所得税、进口完全免税、资本金和利润允许100%返还以及充足的廉价能源等政策。自贸区高效的招聘程序和高标准的行政支持对外资企业有极大吸引力。[1]

直到习近平总书记在庆祝海南建省办经济特区30周年大会上郑重宣布：“党中央决定支持海南全岛建设自由贸易试验区，支持海南逐步探索、稳步推进中国特色自由贸易港建设，分步骤、分阶段建立自

[1] 《外媒关注上海筹划自贸港：带来更多的就业机会》，《环球时报》2017年10月24日。

由贸易港政策和制度体系。”至此，世人引颈以待、猜测不断的“自由贸易港”花落海南，悬念解开。

习近平总书记接着指出：“这是党中央着眼于国际国内发展大局，深入研究、统筹考虑、科学谋划作出的重大决策，是彰显我国扩大对外开放、积极推动经济全球化决心的重大举措。”[1]

这是“党中央着眼于国际国内发展大局，深入研究、统筹考虑、科学谋划作出的重大决策”，这是“习近平总书记亲自谋划、亲自部署、亲自推动的重大国家战略”[2]。一个“重大决策”，一个“重大举措”，承托起“重大国家战略”沉甸甸的分量。

这个重大国家战略花落海南，其实也是有端倪的。从汪洋在《人民日报》上发表学习党的十九大报告的体会文章，到韩正出席十三届全国人大一次会议海南代表团全体会议，都传递了党中央和习近平总书记谋划、部署、推动海南探索建设中国特色自由贸易港的清晰信号。

党的十九大报告提出了三项重要举措：一是加大西部开放力度；二是赋予自贸试验区更大改革自主权；三是探索建设自由贸易港。就探索建设自由贸易港，中共中央政治局常委汪洋在文章中写道：“自由港是设在一国（地区）境内关外、货物资金人员进出自由、绝大多数商品免征关税的特定区域，是目前全球开放水平最高的特殊经济功能区。香港、新加坡、鹿特丹、迪拜都是比较典型的自由港。我国海岸线长，离岛资源丰富。探索建设中国特色的自由贸易港，打造开放层次更高、营商环境更优、辐射作用更强的开放新高地，对于促进开放型经济创新发展具有重要意义。”[3]文章把探索建设自由贸易港，与香港、新加坡、鹿特丹、迪拜等国际上比较典型的自由港联系起来，

---

[1] 习近平：《在庆祝海南建省办经济特区30周年大会上的讲话》（2018年4月13日）。

[2] 《中共中央　国务院关于支持海南全面深化改革开放的指导意见》（2018年4月11日）。

[3] 汪洋：《推动形成全面开放新格局》，《人民日报》2017年11月10日。

又与我国“离岛资源丰富”联系起来，而且是着眼于打造开放层次更高、营商环境更优、辐射作用更强的开放新高地，这样来看，“探索建设自由贸易港”也就非海南莫属了，甚至可说是为新时代海南全面深化改革开放量身定制的大开放模式。

2018年3月12日上午，在人民大会堂海南厅，中共中央政治局常委韩正出席十三届全国人大一次会议海南代表团全体会议，与代表们一起审议全国人大常委会工作报告。韩正说，海南在国家发展全局中地位作用更显重要，要以习近平新时代中国特色社会主义思想为指导，落实党中央决策部署和习近平总书记对海南发展的重要指示精神，以庆祝改革开放40周年和海南建省办经济特区30周年为契机，以国际旅游岛建设为总抓手，把保护生态环境放在优先位置，加快建设经济繁荣、社会文明、生态宜居、人民幸福的美好新海南。[1] 三个多月后，中共中央政治局常委、国务院副总理韩正以推进海南全面深化改革开放领导小组组长身份在海南省调研，并主持召开推进海南全面深化改革开放领导小组会议。

习近平总书记不但在海南亲自宣布“海南全面深化改革开放是国家的重大战略”，而且亲自推动这个重大国家战略实施的进程。

总的来看，一是尽快搭建海南全面深化改革开放的“四梁八柱”；二是在中央层面成立推进海南全面深化改革开放领导小组；三是落实“中央统筹、部门支持、省抓落实”的海南工作机制。

2018年11月5日，首届中国国际进口博览会在上海开幕。习近平总书记出席开幕式并发表主旨演讲，他在讲到“打造对外开放新高地”时指出：“中国将支持自由贸易试验区深化改革创新，持续深化差别

[1] 《韩正参加海南代表团审议时强调 落实党中央决策部署和习近平总书记对海南发展的重要指示精神 加快建设经济繁荣社会文明生态宜居人民幸福的美好新海南》，《海南日报》2018年3月13日。

化探索，加大压力测试，发挥自由贸易试验区改革开放试验田作用。中国将抓紧研究提出海南分步骤、分阶段建设自由贸易港政策和制度体系，加快探索建设中国特色自由贸易港进程。这是中国扩大对外开放的重大举措，将带动形成更高层次改革开放新格局。”[1]“抓紧”二字是明确的要求，这就有了中央深改委一次审议通过了关乎海南未来发展的五个重要文件。

2018 年 11 月 14 日下午，习近平总书记主持召开中央全面深化改革委员会第五次会议并发表重要讲话。他强调，庆祝改革开放 40 周年，要以新时代中国特色社会主义思想为指导，深刻总结改革开放光辉历程和宝贵经验，引导广大干部群众充分认识改革开放重大意义和伟大成就，增强“四个意识”，坚定“四个自信”，继续高举改革开放伟大旗帜，把握完善和发展中国特色社会主义制度、推进国家治理体系和治理能力现代化的总目标，不断把新时代改革开放继续推向前进。会议审议通过了《海南省创新驱动发展战略实施方案》《海南省建设国际旅游消费中心的实施方案》《关于支持海南全面深化改革开放有关财税政策的实施方案》《关于支持海南全面深化改革开放综合财力补助资金的管理办法》《关于调整海南离岛旅客免税购物政策工作方案》等文件。会议指出，党中央着眼于我国改革开放和社会主义现代化建设全局，赋予海南全面深化改革开放新的使命，支持海南建设全岛自由贸易试验区，逐步探索、稳步推进中国特色自由贸易港建设。要按照党中央决策部署，完善政策体系，做好各项实施方案编制工作，尽快把“四梁八柱”搭建起来。对海南实施创新驱动发展战略、建设国际旅游消费中心、加大财税支持力度、加强综合财力补助资金管理、

[1] 习近平：《共建创新包容的开放型世界经济——在首届中国国际进口博览会开幕式上的主旨演讲》（2018 年 11 月 5 日），《人民日报》2018 年 11 月 6 日。

调整离岛旅客免税购物政策，要统筹推进、抓好落实。[1]

2019 年 1 月 23 日，习近平总书记主持召开中央全面深化改革委员会第六次会议，审议通过了《国家生态文明试验区（海南）实施方案》《海南热带雨林国家公园体制试点方案》等文件。会议强调，党中央支持海南建设国家生态文明试验区，开展海南热带雨林国家公园体制试点，目的是要牢固树立和全面践行绿水青山就是金山银山理念，在资源环境生态条件好的地方先行先试，为全国生态文明建设积累经验。海南省要精心组织，明确任务，落实责任，抓出成效。中央和国家机关有关部门要做好协调指导支持工作。[2]

2019 年 2 月 25 日，习近平总书记主持召开中央全面依法治国委员会第二次会议并发表重要讲话。他强调，改革开放 40 年的经验告诉我们，做好改革发展稳定各项工作离不开法治，改革开放越深入越要强调法治。要完善法治建设规划，提高立法工作质量和效率，保障和服务改革发展，营造和谐稳定社会环境，加强涉外法治建设，为推进改革发展稳定工作营造良好法治环境。会议审议通过了《关于全面推进海南法治建设、支持海南全面深化改革开放的意见》等文件。[3]

习近平总书记曾就“关于中央成立全面深化改革领导小组”的必要性、重要性进行过说明，指出全面深化改革是一个复杂的系统工程，单靠某一个或某几个部门往往力不从心，这就需要建立更高层面的领导机制。中央成立全面深化改革领导小组，负责改革总体设计、统筹

---

[1]　《习近平主持召开中央全面深化改革委员会第五次会议强调 深刻总结改革开放伟大成就宝贵经验 不断把新时代改革开放继续推向前进》，《人民日报》2018 年 11 月 15 日。

[2]　《习近平主持召开中央全面深化改革委员会第六次会议强调 对标重要领域和关键环节改革继续啃硬骨头确保干一件成一件》，《人民日报》2019 年 1 月 24 日。

[3]　《习近平主持召开中央全面依法治国委员会第二次会议强调 完善法治建设规划提高立法工作质量效率 为推进改革发展稳定工作营造良好法治环境》，《人民日报》2019 年 2 月 26 日。

协调、整体推进、督促落实。这是为了更好发挥党总揽全局、协调各方的领导核心作用，保证改革顺利推进和各项改革任务落实。领导小组的主要职责是：统一部署全国性重大改革，统筹推进各领域改革，协调各方力量形成推进改革合力，加强督促检查，推动全面落实改革目标任务。[1] 因此，在中央层面成立推进海南全面深化改革开放领导小组，也应是出自同样的理由。只有建立更高层面的领导机制，才能有效确保海南全面深化改革开放这个重大国家战略的顺利推进。

2018 年 7 月 1 日至 3 日，中共中央政治局常委、国务院副总理、推进海南全面深化改革开放领导小组组长韩正在海南省调研并主持召开推进海南全面深化改革开放领导小组会议。这是韩正首次以推进海南全面深化改革开放领导小组组长的身份出现在中央媒体报道中。

韩正前往博鳌乐城国际医疗旅游先行区，调研先行区规划建设情况；到东寨港国家级自然保护区，实地察看红树林保护和生态修复情况；到海口江东新区，听取新区规划情况汇报；到海南省政务数据中心，了解大数据建设有关情况，与中心工作人员互动交流；走进中国科学院深海科学与工程研究所，考察装备研发和科技创新成果；在三亚南繁育制种基地，实地察看水稻田，了解农业育种情况；在洋浦经济开发区，调研区内大宗商品交易、港口物流产业发展情况，考察国投孚宝 30 万吨级油品码头运行情况。韩正还参观了海南建省办经济特区 30 周年成就展，考察博鳌亚洲论坛永久会址，出席海南省与中央企业战略合作协议签约仪式。

7 月 2 日下午，韩正在海口主持召开推进海南全面深化改革开放领导小组会议，学习贯彻习近平总书记重要讲话精神，审议有关文件，研究部署下一阶段重点工作。韩正表示，赋予海南经济特区改革开放

---

[1] 《习近平谈治国理政》，外文出版社，2014 年版，第 86 页。

新的使命，是习近平总书记亲自谋划、亲自部署、亲自推动的重大国家战略。要以习近平新时代中国特色社会主义思想为指导，全面贯彻落实党的十九大精神，站在党和国家事业发展全局的高度，深刻认识推进海南全面深化改革开放的重大意义，坚持稳中求进工作总基调，坚持新发展理念，推动海南成为新时代全面深化改革开放的新标杆。

韩正强调，要把握好新的战略定位，紧紧围绕建设全面深化改革开放试验区，扎实推进自贸试验区建设，逐步探索、稳步推进中国特色自由贸易港建设；紧紧围绕建设国家生态文明试验区，实行最严格的生态环境保护制度，为推进全国生态文明建设探索新经验；紧紧围绕建设国际旅游消费中心，深入推进国际旅游岛建设，积极培育旅游消费新业态、新热点；紧紧围绕建设国家重大战略服务保障区，全面加强支撑和保障能力建设。

韩正表示，海南省和各有关部门要增强“四个意识”，坚定“四个自信”，坚持和加强党的全面领导，建立健全工作推进机制，完善人才发展制度，坚持规划先行、规划引领，确保把党中央、国务院决策部署落到实处，开创海南改革开放和经济社会发展新局面。[1]

韩正在海南调研并主持召开推进海南全面深化改革开放领导小组会议，强调要把握好新的战略定位，推动海南成为新时代全面深化改革开放新标杆。读到这样的新闻消息，人们先是感到突然，然后就是振奋。在中央层面成立一个省的工作“领导小组”，这是史无前例的；小组的组长由中共中央政治局常委来兼任，也是史无前例的。由此可见，习近平总书记亲自谋划、亲自部署、亲自推进、亲自宣布的海南全面深化改革开放国家重大战略，起点之高、构想之缜密、格局之恢

[1] 《韩正在海南调研并主持召开推进海南全面深化改革开放领导小组会议时强调 把握好新的战略定位 推动海南成为新时代全面深化改革开放新标杆》，新华社海口 2018 年 7 月 4 日电。

宏，都是史无前例的。这是推动海南成为新时代全面深化改革开放的新标杆最强大的推动力。

2019 年 2 月 12 日，韩正到国家发展改革委调研并主持召开座谈会，强调立足大局全局狠抓贯彻落实，推动经济社会发展实现良好开局。他表示，要完善海南自贸试验区政策框架，研究推进中国特色自由贸易港建设的政策制度体系。[1]

六、中央和国家有关部门要从全局高度出发，共同推动海南各项政策落地见效

习近平总书记在庆祝海南建省办经济特区 30 周年大会上的重要讲话中指出："中央和国家有关部门要从全局高度出发，会同海南省做好顶层设计，坚持先谋后动，积极研究制定支持举措，共同推动各项政策落地见效。"[2] 这是习近平总书记从党和国家事业发展全局的高度，对中央和国家有关部门提出的明确要求。

"坚持从大局出发考虑问题"，是事关全面深化改革开放的一个重要问题。习近平总书记曾这样深刻阐述："全面深化改革是关系党和国家事业发展全局的重大战略部署，不是某个领域某个方面的单项改革。'不谋全局者，不足谋一域。'大家来自不同部门和单位，都要从全局看问题，首先要看提出的重大改革举措是否符合全局需要，是否有利于党和国家事业长远发展。要真正向前展望、超前思维、提前谋局。"[3]

为了有力统筹推进海南全面深化改革开放工作，党中央明确建立

---

[1] 《韩正在国家发展改革委调研并主持召开座谈会时强调 立足大局全局 狠抓贯彻落实 推动经济社会发展实现良好开局》，《人民日报》2019 年 2 月 13 日。

[2] 习近平：《在庆祝海南建省办经济特区 30 周年大会上的讲话》（2018 年 4 月 13 日）。

[3] 《习近平谈治国理政》，外文出版社，2014 年版，第 87—88 页。

海南全面深化改革开放的保障措施和工作机制：“毫不动摇加强党对改革开放的领导，进一步强化政策支持，建立健全‘中央统筹、部门支持、省抓落实’的工作机制，坚定自觉地把党中央、国务院的决策部署落到实处。”同时又明确要求：“研究建立重大问题协调机制，统筹推进海南全面深化改革开放工作。中央有关部门要真放真改真支持，切实贯彻落实本意见提出的各项任务和政策措施，会同海南省抓紧制定实施方案。国家发展改革委要加强综合协调，强化督促检查，适时组织对本意见实施情况进行评估，及时发现问题并提出整改建议，重大事项向党中央、国务院报告。”[1]把“中央有关部门要真放真改真支持”写进中央文件，可见党中央对海南全面深化改革开放的重视程度之高。

为了确保坚定自觉地把党中央、国务院关于海南全面深化改革开放的各项决策部署落到实处，党中央确立了“中央统筹、部门支持、省抓落实”的工作机制，这是一项重大决策、重大措施和重要工作安排。

中央和国家各部委与海南省建立健全“中央统筹、部门支持、省抓落实”的工作机制，逐步形成齐抓共管的合力。中央成立推进海南全面深化改革开放领导小组，韩正副总理担任组长，24个中央和国家部委相关负责人为领导小组成员，领导小组办公室设在国家发改委。[2]

海南省委提出：“完善狠抓落实的工作机制。严格落实各级党委、政府的主体责任，建立健全工作责任制，形成一级抓一级、层层抓落实工作机制。切实加强省委对全面深化改革开放的领导，省委全面深化改革开放委员会负有对全岛自由贸易试验区和中国特色自由贸易港建设的总体设计、统筹协调、整体推进、督促落实等职能。健全省部

[1] 《中共中央　国务院关于支持海南全面深化改革开放的指导意见》（2018年4月11日）。
[2] 海南省人民政府：《海南全面深化改革开放进展情况》（2018年12月14日）。

协调机制，加强与中央和国家有关部门协同协作，共同研究解决重大问题，推动改革任务落实。各级党委、人大、政府、政协及各有关部门要按照本决定要求，结合《关于贯彻落实习近平总书记在庆祝海南建省办经济特区30周年大会上的重要讲话和〈中共中央　国务院关于支持海南全面深化改革开放的指导意见〉的任务清单和责任分工》，研究制定条块结合、上下衔接的具体行动计划、工作方案，明确路线图、时间表。各市县各部门贯彻落实情况要及时向省委报告。建立健全改革督察制度，实现督察问责常态化、长效化，确保各项改革开放政策措施落地见效。”[1]

2018年4月以来，在《中共中央　国务院关于支持海南全面深化改革开放的指导意见》（即中央12号文件）的基础上，中央各部委和海南省共同推动出台了一系列配套实施方案，逐步形成了“1+N”政策体系。其中，中央明确的第一批11个配套实施方案中，《中国（海南）自由贸易试验区总体方案》《海南省机构改革实施方案》两个方案已印发；中央全面深化改革委员会第五次会议已审议通过了《海南省创新驱动发展战略实施方案》《海南省建设国际旅游消费中心的实施方案》《关于支持海南全面深化改革开放有关财税政策的实施方案》三个方案及两个配套文件。其他配套实施方案将陆续出台。

与此同时，财政部、交通运输部、农业农村部、科技部、自然资源部、生态环境部、公安部、人民银行、海关总署等部门针对海南积极推动制定一系列政策措施文件，全力推进海南全面深化改革开放各项工作，有力支持海南自贸试验区建设。交通运输部出台了《贯彻落实〈中共中央　国务院关于支持海南全面深化改革开放的指导意见〉的实

---

[1]　《中共海南省委关于深入学习贯彻习近平总书记在庆祝海南建省办经济特区30周年大会上的重要讲话精神和〈中共中央　国务院关于支持海南全面深化改革开放的指导意见〉的决定》，《海南日报》2018年5月14日。

施方案》。国家发改委、自然资源部印发了《关于建设海洋经济发展示范区的通知》。财政部印发了《关于支持海南全面深化改革开放有关财税政策的实施方案》《关于支持海南全面深化改革开放综合财力补助资金的管理办法》，并与海关总署、税务总局联合发布了《关于进一步调整海南离岛旅客免税购物政策的公告》。公安部公布自 2018 年 5 月 1 日起在海南实施 59 国人员入境旅游免签政策。商务部与海南省政府签署了《关于建立合作机制的框架协议》，建立了省部合作招商工作机制。工业和信息化部与海南省政府签署了《推进海南全面深化改革开放战略合作协议》。文化和旅游部同意将外资在海南试点设立经营演出经纪机构和演出场所经营单位审批权下放海南。国家市场监督管理局、国家药品监督管理局、国家知识产权局共同出台了《关于支持中国（海南）自由贸易试验区建设的若干意见》，提出推行以自主申报为主的登记制度改革等六类 24 项举措支持海南自贸试验区建设。人力资源社会保障部印发了《支持海南人力资源和社会保障事业全面深化改革开放的实施意见》。农业农村部印发了《贯彻落实〈中共中央　国务院关于支持海南全面深化改革开放的指导意见〉实施方案》。最高人民法院出台了《关于为海南全面深化改革开放提供司法服务和保障的意见》。中国气象局党组出台《贯彻落实〈中共中央　国务院关于支持海南全面深化改革开放的指导意见〉的实施意见》。国务院国资委和众多央企对海南建设自贸试验区也都给予大力支持，目前已有 16 家央企与我省签约，投资项目涉及基础设施等各个领域。中国农业发展银行还专门出台了《关于支持海南全面深化改革开放的意见》。[1]

“论战略”思想的影响，在 2019 年的全国两会上得到充分体现。

2019 年 3 月 9 日上午，十三届全国人大二次会议在梅地亚中心举

[1] 海南省人民政府：《海南全面深化改革开放进展情况》（2018 年 12 月 14 日）。

行记者会，本场记者会的主题是“促进形成强大国内市场 推动全方位对外开放”。中央广播电视总台央视记者问：社会各界都高度关注建设海南全岛自贸试验区和探索建设中国特色自由贸易港。请问商务部如何推进这项工作?

商务部部长钟山答：2018 年 4 月，习近平总书记在庆祝海南建省办经济特区 30 周年大会上宣布，支持海南全岛建设自由贸易试验区，支持海南逐步探索、稳步推进中国特色自由贸易港建设，这是党中央确定的重大战略，是新时代改革开放的重大举措。

2018 年 10 月，党中央、国务院批准了海南自贸试验区的总体方案。这个方案有几个特点：一是全岛整体开放。开放的面积达到 3.54 万平方公里，是全国最大的自贸试验区。建设这个自贸试验区，要以高水平的开放推进高质量的发展。二是全省协同改革。自贸试验区与行政区划一起，将整合全省范围内的各种资源，改革将更加系统、更加协调。三是全方位试点。一二三次产业全覆盖，不同区域协调联动，陆海统筹推进，可以形成多元的试点经验。从现在看，这个总体方案的实施是顺利的，像海南的种业、金融领域已对外开放，旅游入境免签 2018 年就新增了 33 个国家，已经形成了首批八项制度创新成果。2018 年，海南外贸增长 21%，外资增长 113%，成效是好的。

2019 年，要认真贯彻落实习近平总书记的重要指示精神，坚持新发展理念，坚持高质量发展，要全力推动自由贸易试验区的建设和提出探索自贸港建设的政策和制度体系。

在自贸试验区方面，重点是全力推动总体方案的落实。一是进一步扩大国际航运、旅游、专业服务等领域的开放。二是支持医疗健康、国际会展等产业加快发展，吸引更多创新主体。三是在贸易投资便利化、政府监管等方面，赋予海南自贸试验区更大改革自主权。建设海南自贸试验区，要始终坚持新发展理念，决不能以牺牲环境为代价。

在探索建设中国特色自由贸易港方面，将按照习近平总书记分步骤、分阶段建设的要求，研究提出自由贸易港的政策和制度体系。自由贸易港是当今世界最高水平的开放形态，海南建设自由贸易港，要突出中国特色，符合中国国情，符合海南发展定位，同时也要学习借鉴国际自由贸易港的先进经营方式和管理方法。

海南自由贸易试验区的建设已经全面展开。欢迎大家到海南投资兴业，也欢迎媒体朋友到海南走一走、看一看，感受一下海南的新变化。[1]

2019年3月9日下午，十三届全国人大二次会议新闻中心在梅地亚中心新闻发布厅举行记者会，邀请国务院国资委主任肖亚庆，副主任翁杰明，秘书长、新闻发言人彭华岗就“国有企业改革发展”相关问题回答中外记者提问。海南广播电视总台融媒体记者问：海南正在积极推进自由贸易试验区和中国特色自由贸易港的建设。请问肖主任，国有企业如何更好地参与海南自贸区港的建设？在哪些领域和项目上会有何作为？

肖亚庆答：谢谢您的提问。海南自由贸易试验区和中国特色自由贸易港的建设是中央确定的重大战略，我们坚决拥护，坚决贯彻落实。我也多次去海南，看到海南省委省政府贯彻落实中央决策、贯彻落实习近平总书记视察海南的重要讲话精神，态度坚决，措施有力，现在很多方面已见到了可喜的成效。中央企业一直认真贯彻落实习近平总书记的重要讲话精神，贯彻落实中央的重大决策，按照党中央、国务院的战略部署，不断加强和海南省在各个方面的战略合作，也包括您刚才讲的投资项目，也包括一些民生项目，更包括未来长期发展的战

[1] 商务部答记者问：海南全岛整体开放，将成为全国最大自贸试验区，文汇客户端2019年3月9日。

略性项目的合作。这既是中央企业市场化的一个选择，更是他们看到了海南未来战略发展的机遇。他们是助力海南的发展，更是在寻找自己未来长远发展的战略机会。所以作为国资委，我们支持中央企业进一步加强同海南在各方面的合作。我想，随着工作的深入推进和进一步展开，必将结出更多的硕果。[1]

机遇垂青海南。2018 年，是史上名副其实的“海南年”。用海南媒体人的话说，2018 年，海南用“里程碑”来标注。习近平总书记亲临海南视察，出席庆祝海南建省办经济特区 30 周年大会并发表重要讲话，赋予海南改革开放新的历史使命，为海南带来千载难逢的发展机遇。2018 年，海南又用“不平凡”来定义。顶住经济下行压力，忍住房地产调控阵痛……海南保持历史耐心，稳扎稳打、奋发进取，为自由贸易试验区和中国特色自由贸易港建设起好了步子、积蓄了力量。[2]

2018 年从 4 月的博鳌到 12 月底的北京，习近平总书记至少六次讲到海南，让海南不断“刷屏”，惊喜连连。

2018 年 4 月 10 日，习近平总书记在博鳌亚洲论坛 2018 年年会开幕式上的主旨演讲中深情地说：“仲春时节的海南，山青海碧，日暖风轻。在这个美好的季节里，各国嘉宾汇聚一堂，出席博鳌亚洲论坛 2018 年年会。海南有一首民歌唱道：‘久久不见久久见，久久见过还想见。’今天，有机会在此同各位新老朋友见面，我感到十分高兴。”习近平被誉为“中国故事第一讲解人”，“久久不见久久见”，一句充满温情的开场白，不但一下子拉近中外宾朋的心，也让《久久不见久久见》这首海南方言民歌，风靡世界，好评如潮。

习近平总书记指出：“历史，总是在一些特殊年份给人们以汲取

[1] 肖亚庆：国资委支持中央企业进一步加强同海南在各方面的合作，海南在线 2019 年 3 月 9 日。

[2] 况昌勋：《向着梦想奋力奔跑》，《海南日报》2019 年 3 月 2 日。

智慧、继续前行的力量。2018 年是中国改革开放 40 周年，也是海南建省办经济特区 30 周年。海南省可谓‘因改革开放而生，因改革开放而兴’。改革开放以来，海南从一个较为封闭落后的边陲岛屿，发展成为中国最开放、最具活力的地区之一，经济社会发展取得巨大成就。”“一滴水可以反映出太阳的光辉，一个地方可以体现一个国家的风貌。海南发展是中国 40 年改革开放的一个重要历史见证。”[1] 此“滴水论”，给人们留下了深刻的印象，也留下了美好的想象。

2018 年 4 月 13 日，习近平总书记在庆祝海南建省办经济特区 30 周年大会上的重要讲话中说：“在这里，我郑重宣布，党中央决定支持海南全岛建设自由贸易试验区，支持海南逐步探索、稳步推进中国特色自由贸易港建设，分步骤、分阶段建立自由贸易港政策和制度体系。这是党中央着眼于国际国内发展大局，深入研究、统筹考虑、科学谋划作出的重大决策，是彰显我国扩大对外开放、积极推动经济全球化决心的重大举措。”[2]

2018 年 11 月 5 日，习近平总书记在首届中国国际进口博览会开幕式上的主旨演讲中强调：“中国将支持自由贸易试验区深化改革创新，持续深化差别化探索，加大压力测试，发挥自由贸易试验区改革开放试验田作用。中国将抓紧研究提出海南分步骤、分阶段建设自由贸易港政策和制度体系，加快探索建设中国特色自由贸易港进程。这是中国扩大对外开放的重大举措，将带动形成更高层次改革开放新格局。”[3]

2018 年 11 月 14 日，习近平总书记主持召开中央全面深化改革委

---

[1] 习近平：《开放共创繁荣 创新引领未来——在博鳌亚洲论坛 2018 年年会开幕式上的主旨演讲》（2018 年 4 月 10 日），《人民日报》2018 年 4 月 11 日。

[2] 习近平：《在庆祝海南建省办经济特区 30 周年大会上的讲话》（2018 年 4 月 13 日）。

[3] 习近平：《共建创新包容的开放型世界经济——在首届中国国际进口博览会开幕式上的主旨演讲》（2018 年 11 月 5 日），《人民日报》2018 年 11 月 6 日。

员会第五次会议，审议通过了关乎海南未来发展的五个重要文件，就是《海南省创新驱动发展战略实施方案》《海南省建设国际旅游消费中心的实施方案》《关于支持海南全面深化改革开放有关财税政策的实施方案》《关于支持海南全面深化改革开放综合财力补助资金的管理办法》《关于调整海南离岛旅客免税购物政策工作方案》。[1]

2018 年 12 月 18 日，习近平总书记在庆祝改革开放 40 周年大会上的重要讲话中又指出："艰难困苦，玉汝于成。40 年来，我们解放思想、实事求是，大胆地试、勇敢地改，干出了一片新天地。从实行家庭联产承包、乡镇企业异军突起、取消农业税牧业税和特产税到农村承包地'三权'分置、打赢脱贫攻坚战、实施乡村振兴战略，从兴办深圳等经济特区、沿海沿边沿江沿线和内陆中心城市对外开放到加入世界贸易组织、共建'一带一路'、设立自由贸易试验区、谋划中国特色自由贸易港、成功举办首届中国国际进口博览会……使改革开放成为当代中国最显著的特征、最壮丽的气象。"[2]

"谋划中国特色自由贸易港"，海南打造新时代全面深化改革开放的新标杆，在党和国家事业中摆在很高的位置。

2018 年的最后一天，习近平总书记通过中央广播电视总台和互联网，发表了 2019 年新年贺词。贺词中说："这一年，我们隆重庆祝改革开放 40 周年，对党和国家机构进行了系统性、整体性、重构性的改革，推出 100 多项重要改革举措，举办首届中国国际进口博览会，启动建设海南自由贸易试验区。世界看到了改革开放的中国加速度，看到了将改革开放进行到底的中国决心。我们改革的脚步不会停滞，开放

---

[1] 《习近平主持召开中央全面深化改革委员会第五次会议强调　深刻总结改革开放伟大成就宝贵经验　不断把新时代改革开放继续推向前进》，《人民日报》2018 年 11 月 15 日。

[2] 习近平：《在庆祝改革开放 40 周年大会上的讲话》（2018 年 12 月 18 日），《人民日报》2018 年 12 月 19 日。

的大门只会越开越大。”[1]

这一年，启动建设海南自由贸易试验区！这是重如千钧的宣言！所宣示的是中国改革开放再出发的国家战略、国家决心！

在十三届全国人大二次会议上，国务院总理李克强回顾 2018 年工作时又指出，改革开放取得新突破，“首届中国国际进口博览会成功举办，海南自贸试验区启动建设”。[2]

这是在中国改革开放 40 周年的关键节点上，党中央作出的扩大对外开放、积极推动经济全球化的重大举措，是中国以更大的决心推动改革开放、实现中华民族伟大复兴的庄严宣示！

正因为如此，“海南全境建设自贸区并探索实行自由贸易港政策”被人民日报社评选为 2018 年国内十大新闻之一：“4 月 14 日，《中共中央国务院关于支持海南全面深化改革开放的指导意见》发布，要求坚持全方位对外开放，按照先行先试、风险可控、分步推进、突出特色的原则，第一步，在海南全境建设自由贸易试验区，赋予其现行自由贸易试验区试点政策；第二步，探索实行符合海南发展定位的自由贸易港政策。作为当今世界最高水平的开放形态，自由贸易港在海南的首发落地，不仅意味着海南拥有了大胆试、大胆闯、自主改的更大权限，更意味着中国在打造高水平开放形态上迈出了坚实一步。”[3]

而“设立海南自贸区彰显扩大对外开放决心”，同样也被新华社评为 2018 年国内十大新闻之一：“4 月 13 日，在庆祝海南建省办经济特区 30 周年之际，党中央决定支持海南全岛建设自由贸易试验区，支持海南逐步探索、稳步推进中国特色自由贸易港建设，并随后发布《关

---

[1] 《国家主席习近平发表 2019 年新年贺词》，《人民日报》2019 年 1 月 1 日。

[2] 李克强：《政府工作报告——2019 年 3 月 5 日在第十三届全国人民代表大会第二次会议上》，《人民日报》2019 年 3 月 17 日。

[3] 《2018 年国内十大新闻》，《人民日报》2018 年 12 月 29 日。

于支持海南全面深化改革开放的指导意见》；10月，《中国（海南）自由贸易试验区总体方案》公布。至此，全国12个自贸区组成改革开放的‘新雁阵’，引领中国更高水平对外开放的进程。”[1]

国内两大媒体对新闻价值的选取各有侧重，但无不把中央支持海南全岛建设自由贸易试验区，逐步探索、稳步推进中国特色自由贸易港建设，标记为中国在打造高水平开放形态上所迈出的坚实一步，彰显中国扩大对外开放的坚定决心，也从一个侧面反映了海南在国家发展大局中的地位越来越重要了。

[1]《新华社评出2018年国内十大新闻》，新华社北京2018年12月29日。

第二章　论优势：
海南具有成为全国改革开放试验田的独特优势

海南是我国最大的经济特区，地理位置独特，拥有全国最好的生态环境，同时又是相对独立的地理单元，具有成为全国改革开放试验田的独特优势。

——习近平：《在庆祝海南建省办经济特区30周年大会上的讲话》（2018年4月13日）

“什么是真正的优势？就是具有一种人无我有、人劣我优的条件。”青年时代在河北省正定任县委书记时，习近平就看到“认定优势，发挥优势，是加快商品生产发展的前提条件”，提出要“正确认识优势和劣势的关系”；主政浙江省时，他又提出并大力实施依托“优势”而形成的著名的“八八战略”；到中央工作后，更以丰富的“优势+战略”的地方领导实践经验，放眼全国发展大局，在2010年至2018年三次考察海南的过程中，对海南的优势、最大的优势、最强的优势作出全面、准确、科学的判断，为海南在全国的改革开放和社会主义现代化建设全局中精细谋划、精准决策、精心部署，不断指明前进方向和提供发展动力。

一、海南要在发挥优势、突出特色上做文章

2009年12月31日，《国务院关于推进海南国际旅游岛建设发展的若干意见》（国发〔2009〕44号）发布，标志着海南国际旅游岛建设正式上升为国家战略，这也意味着海南自1988年建省办经济特区之后，又迎来了难得的发展机遇。

就在备受国内外关注的海南国际旅游岛建设拉开序幕的时候，2010年4月，时任中共中央政治局常委、中央书记处书记、国家副主席习近平在出席博鳌亚洲论坛2010年年会后对海南进行考察，他强调要发挥后发优势、立足自身优势、用好区位优势，推动海南经济社会又好又快发展。

当时，海南国际旅游岛建设正处于起步阶段，因此，习近平在考察讲话中要求海南“加快完善规划编制工作”，指出：“这对于搞好海南国际旅游岛建设十分重要。你们要按照《国务院关于推进海南国际旅游岛建设发展的若干意见》对海南的战略定位，准确把握国际国内发展的大趋势，积极引入先进的发展理念，按照高品位、有特色的要求，借鉴国内外先进经验，认真做好国际旅游岛建设规划，在发挥优势、突出特色上做文章。要立足当前、着眼长远，城乡统筹、全岛统筹，突出重点、整体推进，控制好开发节奏和时序，优化发展布局和资源配置，努力提高资源的整体利用效率。”[1]

《国务院关于推进海南国际旅游岛建设发展的若干意见》对海南有六大战略定位，即成为我国旅游业改革创新的试验区、世界一流的海岛休闲度假旅游目的地、全国生态文明建设示范区、国际经济合作和

---

[1]　《习近平同志在海南考察时的讲话》（2010年4月13日）。

文化交流的重要平台、南海资源开发和服务基地、国家热带现代农业基地。[1] 这是党中央、国务院从全局的高度赋予海南的新使命，是对海南改革发展的新要求，进一步明确和提升了海南在我国改革发展总体格局中的地位和作用。

在河北省正定县工作时，习近平就要求“要把主要精力放在党的路线、方针、政策的贯彻执行上，自觉地在政治上同党中央保持一致”[2]。到中央工作后，他第一次到海南考察指导工作，就聚焦中央决策的国际旅游岛建设，充分体现了同党中央保持一致的政治自觉，而海南要“在发挥优势、突出特色上做文章”，是他对海南如何立足自身优势、谋划加快经济发展提出的总要求。

习近平的这次考察调研，也是他八年后在庆祝海南建省办经济特区 30 周年大会上的重要讲话中指出国际旅游岛是海南的一张重要名片、要使海南国际旅游岛这张名片更亮更出彩的重要认知基础。

中央明确指出：“充分发挥海南的区位和资源优势，建设海南国际旅游岛，打造有国际竞争力的旅游胜地，是海南加快发展现代服务业，实现经济社会又好又快发展的重大举措，对全国调整优化经济结构和转变发展方式具有重要示范作用。”[3] 这表明，中央作出建设海南国际旅游岛的重大决策，是基于充分发挥海南的各种优势，以实现海南经济社会的又好又快发展。

海南为什么要建设、为什么能够建设国际旅游岛？就是因为有如下这些明显的比较优势：一是区位优势。海南岛位于东亚和东南亚的中心位置，靠近国际海运主航道，地处热带，拥有沿海、沿边、岛屿等

---

[1] [3] 《国务院关于推进海南国际旅游岛建设发展的若干意见》（2009 年 12 月 31 日），《海南日报》2010 年 1 月 5 日。

[2] 习近平：《县委一班人要遵守六项规定》（1983 年 12 月 6 日），载《知之深　爱之切》，河北人民出版社，2015 年版，第 105 页。

地缘优势，地理位置和气候条件具备发展旅游业和现代服务业的良好条件。二是资源优势。海南富集海、岛、山、河，资源丰富多样、组合度好，在相对较小的范围内集中了滨海沙滩、热带雨林、珍稀动植物、火山与溶洞、地热温泉、宜人气候、洁净空气、民族风情等丰富的自然资源和人文资源。三是体制优势。海南岛是我国最大的经济特区，全省实行省直管市县的行政管理体制，中央赋予了特区立法权，尤其在国际旅游岛建设发展方面给予了一系列先行先试的政策支持。四是生态优势。2009 年海南岛森林覆盖率达到 59.2%，天然草原面积 142.5 万亩，空气质量总体优良、基本保持国家一级水平，82.8%的河流和 88.9%的湖库水质达到或优于国家地表水 III 类标准，86.7%的近岸海域海水水质符合国家一、二类标准。五是产业优势。热带特色农业优势凸显，依托本地优势资源的新型工业初具规模，海洋经济发展前景广阔，以旅游业为龙头的现代服务业已经成为海南经济的重要支柱产业。[1]

按照“在发挥优势、突出特色上做文章”这个总要求，习近平又给海南提出了具体的工作要求，就是海南要充分发挥后发优势，发展新型工业。

习近平指出：“中央明确指出，海南要‘充分利用本地优势资源，集约发展新型工业’，这就要求海南不追求传统工业化目标，不破坏资源、不污染环境、不搞低水平重复建设，而是要充分发挥后发优势，提高资源利用率，打造、延长产业链，培育新型工业产业集群；充分发挥工业园区、工业走廊的集聚效应，集中布局，不搞遍地开花，大力推行资源综合利用，促进产业集约化和生态化。你们要坚持‘有所为、有所不为’的原则，按照中央要求坚持走新型工业化道路，积极发展科

[1] 《海南国际旅游岛建设发展规划纲要（2010—2020）》（2010 年 6 月 8 日）。

技含量高、带动能力强、污染排放低、综合效益好的产业，实现工业跨越式发展。”[1]

“充分利用本地优势资源，集约发展新型工业”，这是《国务院关于推进海南国际旅游岛建设发展的若干意见》中所确定的。根据这个要求，习近平指示海南要认真贯彻落实，在坚持“三不”（不破坏资源、不污染环境、不搞低水平重复建设）原则的前提下，充分发挥后发优势，通过提高资源利用率，打造、延长产业链，培育新型工业产业集群；发挥集聚效应，通过集中布局，大力推行资源综合利用，促进产业集约化和生态化。

习近平还指出：“从某种意义上讲，现代经济是品牌经济，有品牌才有市场，有品牌才有竞争力，你们要推进品牌战略，立足自身优势，发展壮大传统品牌，努力培育新的品牌，不断增强海南经济的国际竞争力。”[2]

现代经济是品牌经济这个论述，是习近平放大延伸了他主政浙江时提出的思想观点。他当时指出，品牌是一个企业技术能力、管理水平和文化层次乃至整体素质的综合体现。从一定意义上说，品牌就是效益，就是竞争力，就是附加值。世界上许多知名企业也往往把品牌发展作为企业开拓市场的优先战略。我们要坚定不移地走品牌发展之路，引导企业确立品牌意识，培育品牌、提升品牌、经营品牌、延伸品牌，做到无牌贴牌变有牌，有牌变名牌，培育更多的中国驰名商标和名牌产品，努力创造若干世界名牌，努力打造“品牌大省”。[3]

习近平为什么如此看重、又如此看准海南的优势？这与他青年时

---

[1] [2] 《习近平同志在海南考察时的讲话》（2010年4月13日）。

[3] 习近平：《努力打造“品牌大省”》（2005年1月7日），载《之江新语》，浙江人民出版社，2007年版，第99页。

代两次来海南的经历有关，又与他具有丰富的地方领导实践经验有关，更与他要谋划海南改革开放和现代化建设的长远之计有关。“论优势”只是一种“暖身”。

1978年8月，当时在清华大学读书的习近平利用暑假时间参加社会实践，曾随同主政广东的父亲习仲勋到过海南。[1]

2018年4月13日，海南省迎来了30岁生日。30年前，1988年4月13日，习仲勋作为大会执行主席，主持了七届全国人大一次会议闭幕会。这次大会决定设立海南省，建立海南经济特区。30年后的同一天，正在海南考察的习近平总书记，出席庆祝海南建省办经济特区30周年大会并发表重要讲话，代表党中央向海南送上了30岁生日的深情祝福，并对海南在新的更高起点上全面深化改革开放提出殷殷期望。1979年，习近平也曾来过海南。当时海南隶属广东，习近平的父亲习仲勋在广东主持工作。当时在清华大学就读的习近平，常利用寒暑假时间到广东看望父亲。1979年1月15日至24日，习仲勋陪同叶剑英视察榆林海军基地、三亚、万宁兴隆华侨农场等地，习近平参加了这次视察。当时的海南，还是一个贫穷落后的封闭海岛，当年建设者筚路蓝缕、以启山林，开发建设海南的冲天干劲，给年轻的习近平留下深刻印象。2018年全国“两会”期间，习近平在广东代表团特别谈及这段往事。他回忆道，1979年寒假到广东，随父亲到海南陪同叶帅调研。再到海南，对比今昔之变，习近平不禁感慨：“这个确实是沧桑巨变。”[1]

---

[1] 《〈习仲勋画传〉曝光珍贵照片：与童年习近平合照》，《京华时报》2014年12月10日。

[2] 《习近平与海南跨越40年的深情故事》，“新华视点”微博2018年4月14日。

二、良好的生态环境是建设国际旅游岛最突出的优势

2010年4月，习近平在海南考察调研的重要讲话中指出：“坚持生态建设和文化建设并举，保持海南国际旅游岛的高品位。良好的生态环境是建设国际旅游岛最突出的优势和最大的本钱。一些到过美国夏威夷的人说，与同纬度的夏威夷相比较，海南的生态、环境、植被、气候、空气、阳光、沙滩、海水的质量并不逊色。中央要求把海南建设成为‘全国生态文明示范区’，这对海南生态文明建设提出了新的更高要求。”[1]

海南早就被人称为“东方夏威夷”。借用已到过夏威夷的人的说法，强调海南的生态、环境、植被、气候、空气、阳光、沙滩、海水的质量并不比夏威夷逊色，充分表达了习近平对海南的喜爱和赞美之情。

阿里巴巴集团董事局主席马云后来提出，海南不需要做中国的夏威夷，而是应该做21世纪的夏威夷或者22世纪的夏威夷，这是富有前瞻性的认知。

2019年1月12日下午，海南省人民政府企业家咨询会议成立大会暨第一届年会（第一次会议）在三亚召开。会议同意马云、马化腾、梁建章、宁高宁、周其仁五人正式成为首届咨询会议成员，全体成员推选马云担任咨询会议主席，马化腾担任咨询会议副主席。马云作为咨询会议首任主席，在会上做了精彩的发言，从定位、人才引进、营商环境以及数字化建设等方面，对海南自由贸易区（港）建设提出了自己的看法和建议。作为世界知名的互联网企业“大佬”，马云有着自己的独特见解。他说，关于海南自由贸易区（港）建设，第一个定位是要

[1] 《习近平同志在海南考察时的讲话》（2010年4月13日）。

围绕健康和快乐。如果在中国有一个地方与习总书记所说的“人民对美好生活的向往”相匹配的话，那就是海南。因为海南健康和快乐都有，它的自然条件得天独厚，老天爷赏脸，老天爷给饭吃。海南的先天优势在中国要找出第二个这样的区域，那还真没有。另外就是国家的政策支持。像超级医院、进口药制度等这些都是海南的后发优势。未来中国会出现两个问题，一个是人口老龄化导致的健康问题，一个是思想健康问题，所以健康快乐的地方是钱真正应该去的地方。马云说，他觉得，海南不需要做中国的夏威夷，而是应该做 21 世纪的夏威夷或者 22 世纪的夏威夷。我们绝对不能以环境为代价来发展海南，要让水更清、天更蓝。这块宝地，全中国就这么一个，要真正去思考上世纪夏威夷，是怎样在全世界吸引了无数的人；这个世纪的夏威夷和下一个世纪的夏威夷应该怎么打造。[1]

2013 年 4 月，习近平总书记再次到海南考察时，又以印尼巴厘岛和新加坡为例，要求海南加快发展高水平旅游业。他指出，加快发展高水平旅游业，是建设国际旅游岛的客观要求。发展旅游业，既要抓硬件，更要抓软件。近年来，海南陆续建成一批重点旅游景区景点，服务设施不断完善，硬件建设明显加强。相比之下，旅游业软环境建设需要倍加重视。例如规划问题，发展旅游业要坚持规划先行。印尼巴厘岛，其旅游规划最大的特点是使街道、民宅、村落浑然一体，岛上所有新的城市建筑都具有“巴厘岛特征”，印尼文化在这里得到了充分展示。海南可以借鉴国外经验，把旅游线路的组合、旅游宾馆饭店的布局、旅游景区景点的开发建设与海岛所具有的特色旅游资源结合起来，促进旅游资源与旅游产品有机融合。周到服务和精细化管理是

[1]　《马云万言书建言海南自贸区港建设：建设数字自贸港，争取自产和进口都免税》，《21 世纪经济报道》2019 年 1 月 14 日。

旅游开发取得成功的关键因素，各方面人的素质又是办好服务业的核心。在这方面，国外也有许多成功案例。像新加坡，全国就是一个旅游岛，服务质量好，行业管理严格，商家和市民都很讲诚信，政府管理和服务也很到位。要借鉴先进经验，下大气力提高旅游业服务质量，提高服务业管理水平，做到诚实守信、童叟无欺。这不仅关系到海南的形象，而且是旅游营销推介的最大亮点。[1]

这是明确要求海南要对标印尼巴厘岛、新加坡的经验，来提高旅游业的发展水平，视野非常开阔，富有远见。

根据这样的要求，海南后来做了一件很有意义的事，就是明确农村建房“不得高过椰子树”，规定：“加强村镇规划和宅基地管理，弘扬特色乡土田园文化，农村新建住房高度不得超过椰子树，使建筑、道路与自然景观浑然一体、和谐相融。”[2]

为何要用椰子树的高度对标新建住房的高度呢？到底这背后又蕴含着怎样的玄机？海南省委书记刘赐贵解释说，“不高过椰子树”是一种形象表述，在工作方案中可以明确具体高度，一般不超过三层、高度不超过 12 米，目的是让农村建筑融入椰林山水，避免千村一面。[3]

刘赐贵后来又指出：“科学管用的规划是乡村振兴的路线图、施工图和时间表。我们按照中央总体部署，以海南省总体规划为依据，出台《海南乡村振兴战略规划（2018—2022 年）》。加强村庄建设风貌管控，留住当地特有的地域环境、文化特色、建筑风格等‘基因’，不搞千镇一面、千村一面，引导形成特色乡村风貌，推动乡村朝着‘小

[1] 习近平：《在海南考察工作结束时的重要讲话》（2013 年 4 月 10 日）。

[2] 《中共海南省委关于进一步加强生态文明建设 谱写美丽中国海南篇章的决定》（2017 年 9 月 22 日 中国共产党海南省第七届委员会第二次全体会议通过），《海南日报》2017 年 9 月 25 日。

[3] 《村民建房“不得高过椰子树”，为啥？海南省委书记给出解释》，《21 世纪经济报道》2017 年 9 月 24 日。

而精、精而美’方向发展。加强对乡村建筑高度、体量等管控，特色产业小镇建筑不得高于 20 米，农村新建住房不高过椰子树（原则上不高于 12 米）。严格实行逢建必报制度，在全省全面铺开农村居民建房规划报建工作。”[1]

其实，地球上规定“房屋不能高过椰子树”的地方，已经有夏威夷的考爱岛以及闻名世界的巴厘岛。考爱岛位于整个夏威夷群岛的西北角，当年詹姆士船长发现夏威夷时，就是在这座小岛上登陆的。这可能是所有岛屿中最人迹罕至的一个，被当地人称为“花园小岛”。似乎从最初的开发设定上，当地人就没打算开发这一座小岛。因为《岛屿建设条例》上有一个很奇怪的规定，那就是“任何建筑物都不能高过椰子树”。这也是在考爱岛上绝对找不到超过四层楼高的房子，以及《阿凡达》《加勒比海盗 4》等多部电影都把摄影基地选在了这里的原因。巴厘岛也有一条铁打的规定：建房不能高于椰子树。据说这是为了避免触怒神明。任何来到巴厘岛的人，如果站在高出印度洋几十米的海岸前，将目光越过印度教寺庙海神庙眺望大海，都会异口同声地赞誉这样的风景真的很美。

三、要利用好海南面向东盟、背靠珠三角的区位优势

在 2010 年 4 月考察海南的重要讲话中，习近平又指出，建设海南国际旅游岛，“要利用好海南面向东盟、背靠珠三角的区位优势，积极参与中国—东盟自由贸易区建设，提高贸易和投资便利化程度，进一步改善对外开放的政策环境和服务环境”[2]，这是明确要求海南要

[1] 刘赐贵：《扎实推进乡村振兴战略 加快建设美好新海南》，《人民日报》2018 年 3 月 26 日。
[2] 《习近平同志在海南考察时的讲话》（2010 年 4 月 13 日）。

利用好区位优势，谋划好对外开放。

而2013年4月习近平总书记在海南考察的重要讲话中，又特别强调海南具有面向东盟最前沿的区位优势，指出“海南对外开放基础较好，具有面向东盟最前沿的区位优势”[1]。海南这一突出的区位优势，今天来看，正是打造我国面向太平洋和印度洋的重要对外开放门户的有利的“天然条件”。

再到2018年4月在庆祝海南建省办经济特区30周年大会的重要讲话中，习近平总书记又强调：“海南是我国最大的经济特区，地理位置独特，拥有全国最好的生态环境，同时又是相对独立的地理单元，具有成为全国改革开放试验田的独特优势。”[2]

由此可见，从后发优势、自身优势到区位优势，2010年4月习近平考察海南的重要讲话，对建设国际旅游岛背景下的海南发展优势和产业发展实际，就作了全新的认识、判断和概括。这些是他后来论述海南最强优势、独特优势的基础，也是他亲自谋划、亲自部署、亲自推动海南全面深化改革开放，全岛建设自由贸易试验区，逐步探索、稳步推进中国特色自由贸易港建设的历史发端。

四、海南后发优势多、发展潜力大

2013年4月8日至10日，习近平总书记在出席博鳌亚洲论坛2013年年会有关活动后，到琼海、三亚等地深入渔港、特色农业产业园、国际邮轮港考察调研。他强调，海南作为全国最大经济特区，后发优势多，发展潜力大，要以国际旅游岛建设为总抓手，闯出一条跨越式发展路

[1] 习近平：《在海南考察工作结束时的重要讲话》（2013年4月10日）。
[2] 习近平：《在庆祝海南建省办经济特区30周年大会上的讲话》（2018年4月13日）。

子来，争创中国特色社会主义实践范例，谱写美丽中国海南篇章。[1]

习近平总书记在海南考察工作结束时发表重要讲话，指出："海南地处祖国最南端，是国家南大门，地理位置重要。把海南建设好，把祖国南大门守卫好，政治责任重大，是光荣的使命。由于客观原因，海南发展起步要晚些，但后发优势多、发展潜力大，具有许多独特的亮丽名片，如全国最大的经济特区、博鳌亚洲论坛永久举办地、国际旅游岛、洋浦开发区、热带农产品主产区等，这每一张名片都蕴藏着深厚发展潜力、孕育着重要发展生机，都可以做出一篇大文章、好文章。"[2] 习近平强调海南是国家南大门，地理位置重要，要把海南建设好，把祖国南大门守卫好。这是五年后他在海南提出打造"国家重大战略服务保障区"的重要思想基础。

习近平总书记再次强调海南后发优势多、发展潜力大，特别是指出海南有全国最大的经济特区、博鳌亚洲论坛永久举办地、国际旅游岛、洋浦开发区、热带农产品主产区等许多独特的亮丽名片，每一张名片都蕴藏着深厚发展潜力、孕育着重要发展生机，都可以做出一篇大文章、好文章。从这段"名片论"看，习近平总书记充分表达了他对祖国宝岛海南的无比热爱，对海南的发展寄予了深切厚望，更表明他在深入思考、亲自谋划海南的"大文章""好文章"。

名片本是新朋友互相认识、自我介绍的最好工具。交换名片是商业交往的第一个标准官式动作。而"名片"用于推介一个地方，则是因为它浓缩了这个地方最美好的元素，让人过目不忘、记忆深刻。

"高铁是我国装备制造的一张亮丽的名片。"党的十八大以来，习近平总书记出访的足迹遍及五大洲，高铁、核电、大熊猫、青花瓷等一

[1] 《习近平在海南考察时强调　加快国际旅游岛建设 谱写美丽中国海南篇》，新华社海口2013年4月10日电。

[2] 习近平：《在海南考察工作结束时的重要讲话》（2013年4月10日）。

张张“中国名片”，也随之闪耀全球。习近平作为中国故事的“主讲人”，他透过这些“国家名片”，让全世界看到了一个活力盎然、和平友善、开放包容的中国。“高铁动车体现了中国装备制造业水平，在‘走出去’‘一带一路’建设方面也是‘抢手货’，是一张亮丽的名片。”[1] 习近平称赞说。高铁成为习近平总书记向国际社会主推的“中国名片”之一。

习近平被人们赞誉为“中国故事第一讲解人”。党的十八大以来，他大力推介“中国名片”，向世界讲好中国故事；他为海南讲故事，海南作为一个地方，应是他唯一推介的中国“地方名片”，这充分表现了习近平对海南的喜爱和赞美。而海南，经过他一次又一次精心推介，不断走向世界，享誉全球。

五、海南是一个独立的地理单元

在 2013 年 4 月考察海南的重要讲话中，习近平总书记又特别强调海南具有面向东盟最前沿的区位优势。他指出：“海南对外开放基础较好，具有面向东盟最前沿的区位优势，又是一个独立的地理单元，应该在开放方面先走一步。希望你们积极探索，也希望中央有关部门和你们一道研究，实施更加开放的投资、贸易、旅游等政策，为全国发展开放型经济提供新鲜经验。”[2] 这是习近平总书记对海南独特优势的深度观察与深刻阐述。指出海南具有面向东盟最前沿的区位优势和独立的地理单元，这也表明他在思考谋划海南如何在开放方面“先走一步”。

说到“先走一步”，那是广东改革开放最初的“代用词”和“流行

[1] 《习近平：高铁动车在“一带一路”建设方面也是抢手货》，央广网 2015 年 7 月 17 日。
[2] 习近平：《在海南考察工作结束时的重要讲话》（2013 年 4 月 10 日）。

语”。美国著名学者傅高义就曾以所著《先行一步——改革中的广东》而享誉一时，在国内有不少拥趸。

1979年4月3日，广东省委第一书记习仲勋带着广东5600万人民的殷切希望，赴京参加中央工作会议。这次会议的中心内容是讨论经济调整问题。习仲勋担任中南组召集人。在这次会议上，他指出海南岛可以多搞橡胶，为国家多作贡献；他又提出给广东放权的要求，“希望中央给点权，让广东先走一步，放手干”[1]。中央工作会议正式讨论了广东和福建省的提议，并作出关于充分发挥广东、福建两省的有利条件和在深圳、珠海、汕头、厦门等地试办出口特区的决定。这一决定，极大地鼓舞了与会的习仲勋。他要随从的省委副秘书长张汉青“打电话给省委、省革委，把党中央批准广东在改革经济管理体制方面先走一步的消息传回来，以便作好必要的准备”[2]。

习仲勋为广东要权，给广东争取到“先走一步”的特殊政策，给了广东一个巨大的发展契机。而习仲勋也要求海南“先走一步”。

1980年6月23日至26日上午，习仲勋连续主持召开广东省委常委会议，就如何解决海南的发展方针、体制和场社关系的问题，听取广东省农垦总局、海南区党委、海南黎族苗族自治州委和广东省其他部门的汇报，研究向中央汇报的意见。在6月24日上午的会议中，海南区党委负责人汇报开发海南问题，提出初步设想：围绕发挥优势，加快建设；以橡胶为重点，尽快建成热带作物区。这时，习仲勋插话指出：“广东搞‘四化’，中央让先走一步，海南也要先走一步。”[3]

---

[1] 《中央工作会议简报》（中南组）（5）（1979年4月8日）。

[2] 张汉青：《习仲勋在广东改革开放中》，载《习仲勋革命生涯》，中共党史出版社、中国文史出版社，2002年版，第550页。

[3] 广东省委办公厅第一秘书处：《省委常委会议决定事项》（第31次会议）（1980年6月27日），广东省档案馆藏。

自2013年4月考察海南整整五年之后，习近平总书记谋划的海南开放“先走一步”的“谜底”揭开了。2018年4月13日，他在海南郑重宣布：“党中央决定支持海南全岛建设自由贸易试验区，支持海南逐步探索、稳步推进中国特色自由贸易港建设，分步骤、分阶段建立自由贸易港政策和制度体系。”他同时指出：“海南是我国最大的经济特区，地理位置独特，拥有全国最好的生态环境，同时又是相对独立的地理单元，具有成为全国改革开放试验田的独特优势。”[1] 如此强调海南岛是“相对独立的地理单元”，并由此要求“在开放方面先走一步”，体现的是习近平总书记的博大情怀与远大眼光。

历史上一直将海南岛与祖国大陆隔海相望的状况，称之为“孤悬海外”。解放以来，海南岛一直被当作独立的地理经济单元来研究、对待。有人说，广东省内经济区不管划分为多少个，海南岛总是划分为一个完整的经济区。因为，一条琼州海峡（地理界线）使其孤悬海外，具有相对独立而自然的完整性，又向为一个行政区，而促使它很自然地形成特殊、独立的经济区，关键的还是在于她还有极为独特、丰富的自然资源。[2] 直到改革开放新时期，“孤悬海外”才被“独立的地理单元”的说法所替代。

在1979年4月的中央工作会议上，广东省委第一书记习仲勋在小组会上多次讲了广东的情况和经济工作中存在的问题，他后来说：“我说我们省委讨论过，这次来开会，希望中央给点权，让广东能够充分利用自己的有利条件在四个现代化中先走一步。我还讲：如果广东是一个‘独立国家’（这当然是借用的话），可能几年就搞上去了，但是在现在的体制下，就不容易上去。我这话，中央领导同志很重视。

[1] 习近平：《在庆祝海南建省办经济特区30周年大会上的讲话》（2018年4月13日）。

[2] 钟业昌：《也论开发“银三角”》，《港澳经济》1985年第10期。

党中央对我们广东的工作极为关心和支持，批准了广东省委关于在四个现代化中让广东先行一步的要求，同意广东搞一个新的体制。”[1]借用“独立国家”的话，所表达的是想尽快把广东经济搞上去的迫切心情。

在那个时代，国务委员谷牧对海南怀有同样的心情。他认为虽然不能叫海南是“独立王国”，但海南还是“孤悬海外”，应该比内地特殊点。那是 1983 年 12 月 5 日，谷牧在听取海南区负责人汇报工作后指出：“特区是新事新办，特事特办。将来你成立一级政府，整个管理体制怎么样，拿出个方案来。你们孤悬海外，本身是一个实体，为什么不比内地特殊点。过去落后，现在就应该从自己的实际出发，少一点老框框。你们强调成立什么公司、富铁矿成立开发公司、体制等三个问题今天没有谈透。不能叫你们是独立王国，独立王国是贬词。我现在还这样认为，生产体制，一是有利于发展生产，二是符合社会主义方向，怎么干都行，怕什么。”[2]就在谷牧讲到“不能叫你们是独立王国，独立王国是贬词”时，海南行政区负责人插话说：“可以叫独立的地理单元。”

海南之“孤悬海外”，历史上多有所言。如明嘉靖二十九年（1550年）三月癸酉，提督两广右侍郎欧阳必进言：“琼州孤悬海外，所属十三州县地大且远，蛮黎蟠据其间，数持吏短长为变，非一副使所能弹压，请增设分守一人于儋州，参将一人于崖州，而复设一守备于琼州感恩，以为声援。”[3]自清迄民国，此说甚为流行，几乎到了凡言海南岛必以“孤悬海外”相称的地步。如孙中山 1912 年领衔发布的

[1] 习仲勋：《在省委四届三次常委扩大会议上的讲话》（1979 年 5 月 26 日）。
[2] 中共广东省委办公厅：《中央对广东工作指示汇编（一九八三年——一九八五年）》，第 85 页。
[3] 《大明世宗肃皇帝实录》卷 358，第 9076 页。

《琼州改设行省理由书》开篇就说：“窃琼州一岛，孤悬海外，面积十万方里，人口数百万。其位置在北纬十八度二十二分，东瞰小吕宋，西连东京湾，南接安南，北倚雷州半岛。”[1] 到了改革开放初期，以当时人们的地理知识，再以“孤悬海外”称海南已经显得不合时宜；至于“独立王国”的说法更是不妥当，于是衍生出了“独立的地理单元”这个带有一定学术性的用语，来恰当地描述海南的地理特征。

党中央决定海南建省办全国最大经济特区，也考虑到海南独特的地理优势，并表述为“与大陆相隔的地理特点”，指出：“海南岛地处南海前沿，战略地位十分重要，具有独特的资源优势，是我国的宝岛，又是著名的老革命根据地，有黎、苗等兄弟民族的聚居区。把这里的经济和文教科技事业尽快搞上去，对于实现社会主义现代化，加强民族团结，巩固国防，完成祖国统一大业，有着深远的意义。建国以来，海南经济建设得到加强，特别是党的十一届三中全会以后，海南贯彻执行中央关于以对外开放促岛内开发的方针，经济发展势头良好。中央和国务院最近提出，海南建省以后，实行比现行经济特区更加灵活的政策，进一步放宽搞活，加快开发建设的步伐。这是顺应国内外形势的正确决策，是贯彻落实党的十三大精神的重要步骤，也符合海南有琼州海峡与大陆相隔的地理特点。”[2]

相对独立的地理单元，永远给人以无限遐想。

周其仁是我国著名经济学家，他在接受《今日海南》记者专访谈到“海南有条件进行一场伟大的试验”时，就多次谈及海南独特的地理条件。

在全国开放型经济体系建设再加码的背景下，海南要如何利用自

[1] 孙中山：《琼州改设行省理由书》，《孙中山全集》第二卷，中华书局，2006 年第 2 版，第 563 页。

[2] 《关于海南岛进一步对外开放加快经济开发建设的座谈会纪要》（1987 年 12 月 11 日）。

身优势实现“超车”？从目标概念走向制度设计，探索建设中国特色自贸港有哪些“可为”？“咨询会上，沈晓明省长给出的议题是‘海南如何在全球资源格局当中找准定位，加快全岛自贸试验区和中国特色自贸港的建设’。这个议题有难度，观察世界上那些在自己所在国家、所在区域，甚至在全球都发挥了特殊作用的地理单元，可以发现没有哪个是由单一因素决定的。”周其仁对记者说。

以美国夏威夷为例，“太平洋上沙白水清的岛屿很多，只要投资基础设施，都可能成为国际旅游热点，那为什么迄今为止夏威夷旅游仍能拔得头筹？”在周其仁看来，夏威夷在国际旅游业中的突出地位，并不仅仅由其自然地理特征决定。“比如美国太平洋舰队司令部设在夏威夷，这就带动当地基础设施建设，同时也为夏威夷提供了其他太平洋岛屿难以相匹的安全保障。1941 年日本突袭珍珠港以及此后美国正式参战，让夏威夷有了其他太平洋岛屿所没有的历史地位。当然，自然地理位置对夏威夷的经济发展也起到重要影响，譬如它孤悬海外，除了旅游度假，其他产业不容易发展起来。”

“再看养老产业，总的来说，冬季气候温暖的地方都适合发展养老，像美国加州南部、德克萨斯州、佛罗里达州等地都适合，但为什么佛罗里达州的养老业更突出？这与当地历史人文因素——南美拉丁语系人口大量积聚密切相关。我国台湾省也适合发展旅游、养老，但台湾并没有高度依赖旅游养老，因为两岸统一尚未完成，庞大的大陆养老需求不容易落地宝岛，而抓住美日欧产业转移机遇，加之台湾人力资本和企业家的奋斗精神，台湾微电子等工业却很有竞争力。”周其仁认为，这样来看，全球所有地理单元过往的成功经验，海南都可以参照，但最后还是要结合海南本土实际。

“沈晓明省长讲了房地产依赖、人才短缺、物价偏高三个‘痛点’，这是海南的现实问题。今天，海南仍需当心后发焦虑，但也不必‘一朝被蛇咬，十年怕井绳’。”周其仁坚信，“后发也有后发的好处，假如当年海南开发得特别早，那么按照当时流行的环保意识，很可能海南的生态环境就覆水难收了。所以，首先要研究那些先发展起来地理单元的经验教训，认真地根据海南的实际情况消化吸收；然后，仔细研究在后发的条件下还有哪些‘可为’，并通过实践经验总结、战略和政策设计以及制度安排等来加速海南发展。这个机遇是存在的。”

“建设自贸试验区和中国特色自贸港是国家对海南的战略定位，这里就蕴藏着很多‘可为’因素。”海南省政府首届企业家咨询会议上，对于海南加快自贸试验区和中国特色自贸港建设，周其仁提议，进一步找准海南在全球资源配置中的定位，加大开放的深度和广度，率先在全岛实行零关税、低成本，利用岛内岛外制度差，在医疗、教育、知识产权转化、南繁育种研究等方面培育竞争优势。

在这条渐进开放的路上，中国已经探索了40年，国内市场和国际市场进一步打通。但周其仁认为，仍有一些没有完成的题目需要在进一步开放的过程中加以解决，比如全球范围内的要素流动、不当壁垒的进一步降低以及敏感领域的继续开放。“这些只能通过被证明成功可取的办法——选一些地方率先走一步，验证效果之后再进一步开放。海南作为一个相对独立的地理单元，恰恰在这方面具有得天独厚的优势。”周其仁指出，历史的经验已经证明，大国的开放不可能是一条坦途，反之，这条路存在诸多困难，面临监管能力与开放水平的悖论。

“开放离不开配套的监管。而实施有效监管是有成本的，一个地方有效监管的成本低，开放程度就可以比较高；反之，监管跟不上，开放只是空谈。从这点看，海南作为相对独立的地理单元，有可能实施较低成本的有效监管，所以就有可能率先实现较高程度的开放。这样看，国家选择海南探索中国特色自贸港是有其道理的。”周其仁指出，既然海南肩负着国家战略探索的使命，那就一定要探索到位，千万不可浅尝辄止。“要尽可能争取把海南同内地的‘体制差’拉到最大，把在内地目前还不可能搞的开放措施放在海南先行先试。”

“海南进一步开放是国家战略需要。”专访过程中，周其仁多次强调海南进一步开放的重要意义。“因此，在建设自贸试验区和中国特色自贸港的过程中，海南不能只着眼于全岛 900 多万人，一定要选准更大范围的服务对象。”

“咨询会上，沈晓明省长谈到的一个痛点是人才问题。人才为什么而来？来了做什么？如果只是服务海南 900 多万的人口，那这个市场是很小的，也不需要那么多人才；但如果在海南要做的事情是服务于全中国 13 亿多的人口，乃至东南亚、印度部分地区，那么服务对象就会扩至二三十亿人口，就会驱动人才纷至沓来。”周其仁对记者说，经济开放的试验有了内容，创新自然会生成。他以旅游产业为例，“仔细研究中国旅游产业，很多潜力没有挖掘出来，最明显的就是我国入境游客量还不大，这其中既有历史文化的影响，也有人为因素。”他举例说，现在许多外国人来中国旅游休闲度假都会遇到支付不便的问题，那么正在加快建设国际旅游消费中心的海南能不能率先为落地的外国人开通手机支付？再如，作为国际旅游岛的海南能不能率先在所有涉外旅游方面配置双语或多语种的语言服务？

“再如科技成果转化。去年 9 月，我到瑞典斯德哥尔摩的一所医学院访问。当地规定，用国家科研经费赞助得到的专利成果归科学家个人或其团队。当时我们嘀咕，那岂不是国有资产流失？人家的解答是，科研专利要转化成产业才有经济收益，一旦成功转化，哪个产业国家不收税？相比极低的转化率和奇高的转化成本，究竟哪一种办法更利国利民利科研，海南是不是可以试试科研成果转化的‘瑞典办法’？”周其仁提出。

在周其仁看来，在中国特色自贸港建设过程中，可以考虑把像这样在内地由于体制机制等问题不容易搞起来、但又有必要去尝试的改革放在海南先试，利用岛内外的体制差，率先在更广阔的服务市场形成竞争力，实现更多“可为”。“毕竟作为一个相对独立封闭的地理单元，海南面对的风险要比内地低许多。”

他继续举例说，“教育方面，许多国人在努力把孩子送到国外的中学，可不可以引进这些国际知名学校落地海南？医疗方面，内地优质医疗服务资源严重不足，很多人甚至‘打飞的’去国外看病体检，可不可以给外国合格医生、合格护士以及合格医院在海南合法行医权，如果其能够在海南这片土地上得到‘认定’，比如为900多万海南人民提供一定时段的医疗服务，就可以到内地行医？南繁方面，可不可以大胆引进国际先进种子公司，在海南研发？类似的还有制药、金融等方面的服务，都可以考虑充分利用自贸港‘境内关外’的条件，发展一切内地及周边国家市场需要、又适合在海南发展的行当，既加快南海经济社会发展，又为全国近一步开放探路。”周其仁一再表示说：“大家对海南的预期很高。从大轮廓看，海南有条件进行一场伟大的试验！”[1]

六、青山绿水、碧海蓝天是海南建设国际旅游岛最强的优势

在2013年4月考察海南时发表的重要讲话中，习近平总书记还突出强调了建设国际旅游岛是海南发展的最强的比较优势。他指出：“当前和今后一个时期，海南发展的总抓手就是加快建设国际旅游岛。这是中央作出的重大决策，也是海南发展的最大机遇和最强的比较优

[1] 《省政府首届企业家咨询会议成员周其仁教授接受本刊记者独家专访：“海南有条件进行一场伟大的试验!”》，《今日海南》2019年第2期。

势。”他强调：“青山绿水、碧海蓝天是海南建设国际旅游岛最强的优势和最大的本钱，是一笔既买不来也借不到的宝贵财富，必须倍加珍爱、精心呵护。”[1] 这些重要论述，抓住了海南优势的“核心点”，对海南的生态文明建设具有十分重要的指导意义。

“云散月明谁点缀？天容海色本澄清。”“飞泉泻万仞，舞鹤双低昂。”“丹荔破玉肤，黄柑溢芳津。”2013 年 4 月在海南调研时谈起海南的生态，习近平引用了苏东坡的这三句诗。习近平对海南的生态环境不吝赞美之辞，称在海南可大口呼吸新鲜空气，“何其幸福”。习近平还指出，这次来到海南的外国元首和政要，无一不向他赞美海南岛绮丽的自然风光。他进一步指出“加强生态环境保护，谱写美丽中国的海南篇章”。习近平指出，青山绿水、碧海蓝天是建设国际旅游岛的最大本钱，必须倍加珍爱、精心呵护。“13 亿中国人需要有环境优美、适宜度假的地方，海南的同志在保护生态环境方面责任重大，使命光荣。”习近平希望海南处理好发展和保护的关系，着力在“增绿”“护蓝”上下功夫，为全国生态文明建设当个表率，为子孙后代留下可持续发展的“绿色银行”。[2]

“云散月明谁点缀？天容海色本澄清。”出自《苏东坡全集》后集第七卷，诗题为《六月二十日夜渡海》。当时苏东坡结束贬谪生涯，遇赦北还，启程渡海，乃有感而作。全诗是：“参横斗转欲三更，苦雨终风也解晴。云散月明谁点缀，天容海色本澄清。空余鲁叟乘桴意，粗识轩辕奏乐声。九死南荒吾不恨，兹游奇绝冠平生。”青天碧海，高空明月，浮云散尽，气象庄严阔大，是以壮丽的大自然境象为基调，从景物写到心境、度量、胸襟；高天大海，本极澄澈明丽，云遮雾罩，终将散

[1] 习近平：《在海南考察工作结束时的重要讲话》（2013 年 4 月 10 日）。

[2] 《美丽篇章藉春风——习近平总书记考察海南纪实》，《海南日报》2013 年 4 月 13 日。

去，高迈刚正的人格，也和海容天色一般高度吻合。

“飞泉泻万仞，舞鹤双低昂”，出自苏轼的《和陶拟古》组诗。高低飞翔的鹤与飞流而下的瀑泉，灵动流丽，充满生命的活力。前面几句是“稍喜海南州，自古无战场。奇峰望黎母，何异嵩与邙。”是说海南景色旖旎，奇峰重峦，与中原的名山大川一样壮丽多姿，是苏轼谪琼期间的作品。习近平总书记引用该诗句，是对海南大自然景色的由衷赞美。

“丹荔破玉肤，黄柑溢芳津”，也是苏轼在海南期间的作品，出自《和癸卯岁始春怀古田舍（之二)》，是对海南民俗、风物的赞美，字里行间，仿佛充溢着佳果美物的奇异芬芳。[1]

五年之后，习近平总书记在庆祝海南建省办经济特区30周年大会上的重要讲话中明确提出，海南要“建设自由贸易试验区和中国特色自由贸易港，发挥自身优势，大胆探索创新，着力打造全面深化改革开放试验区、国家生态文明试验区、国际旅游消费中心、国家重大战略服务保障区”[2]，由此回望，习近平总书记2013年4月在海南的考察，是他推动海南全面深化改革开放、打造“三区一中心”的重要环节。

海南“充分发挥生态环境、经济特区、国际旅游岛‘三大优势’，主动适应经济发展新常态，有效应对各种风险挑战，经济社会发展取得重大成就，国际旅游岛建设迈出坚实步伐”；“我省有全国最好的生态环境、全国最大的经济特区和全国唯一的省域国际旅游岛‘三大优势’，还有‘一带一路’战略支点的区位优势，有南海资源、热带资源等资源优势，有博鳌亚洲论坛的政商对话平台优势，有全省实行‘多规合一’‘一张蓝图干到底’的体制机制等优势，这些优势正加速转

[1] 伍立杨：《殷殷期望 寄意深远——学习、解读习总书记引用的古典名句佳句》，《海南日报》2013年4月14日。

[2] 习近平：《在庆祝海南建省办经济特区30周年大会上的讲话》（2018年4月13日）。

化为发展优势”，要通过不懈努力，实现全省人民的幸福家园、中华民族的四季花园、中外游客的度假天堂“三大愿景”。[1]

海南有许多得天独厚的资源和优势，为什么要聚焦于拥有全国最好的生态环境、全国最大经济特区、全国唯一省域国际旅游岛这“三大优势”呢？这是海南省委通过学习领会习近平总书记2013年考察海南的重要讲话和《国务院关于推进海南国际旅游岛建设发展的若干意见》精神所提炼概括出来的。把海南放在时代坐标和全国视野中，集纳和提炼生态环境、经济特区和国际旅游岛“三大优势”，充分展现了海南独具特色的优势，也是海南发展的核心优势和最强优势。

概括、提炼和聚焦这“三大优势”，对海南的重要意义在于如下三方面：一是明确生态环境是海南发展的最大优势和生命线。必须坚持在保护中发展，在发展中保护。严守生态红线，促进经济社会发展与人口、资源、环境相协调，实现人与自然和谐共生。着力打造现代服务业、热带特色高效农业、新型工业等绿色低碳特色产业体系，加快建设全国生态文明示范区，形成经济社会发展与生态环境保护互促共赢的良好局面。二是明确经济特区是中央在改革开放的总体布局中赋予海南的历史使命和责任担当。继续发扬经济特区敢闯敢试、敢为人先、埋头苦干的精神，擦亮特区品牌，凸显特区特色，锐意改革，勇于创新，继续不断放大政策效应和释放改革开放红利，在打造更具活力的体制机制、拓展更加开放的发展局面上走在全国前列，充分调动广大干部群众的积极性，通过锲而不舍、艰苦奋斗创造美好未来。三是明确建设国际旅游岛是海南的最大机遇和最强比较优势。以国际旅游岛建设为总抓手，用好、用足、用活国际旅游岛特殊政策，以更大的

---

[1] 刘赐贵：《凝心聚力　奋力拼搏　加快建设经济繁荣社会文明生态宜居人民幸福的美好新海南——在中国共产党海南省第七次代表大会上的报告》（2017年4月25日），《海南日报》2017年5月2日。

力度解放思想、深化改革、扩大开放，在省域“多规合一”改革试点、新一轮农垦改革、行政审批制度改革、司法体制改革、农村综合改革、科技体制改革、财税金融体制改革、投融资体制改革等方面取得更大进展，推动优化空间布局和经济结构，着力打造“一带一路”战略支点、推进建设基本公共服务均等化先行区，争创中国特色社会主义实践范例，谱写美丽中国海南篇章。[1]

概括、提炼和聚焦这“三大优势”，对于统一海南广大干部群众的思想认识，为高起点谋划和推进海南全面深化改革开放奠定了良好的思想基础，创造了良好的舆论条件。

全省人民的幸福家园、中华民族的四季花园、中外游客的度假天堂这“三大愿景”，是基于对“三大优势”充分认识、深刻把握所确立的海南发展愿景。“三大愿景”源于对“三大优势”认识的深化与提升，立足“三大优势”，力行“三大愿景”，“美好新海南”就会变成美好的大现实。“三大愿景”的提出，描绘了海南人民追求美好生活的蓝图，也向世人展示出海南长远发展的光明前景，极大地激发了海南人民干事创业的动力。

海南的这些工作，得到了习近平总书记的充分肯定。2018 年 4 月，他在海南考察时强调，全面贯彻党的十九大和十九届二中、三中全会精神，统筹推进“五位一体”总体布局、协调推进“四个全面”战略布局，以更高的站位、更宽的视野、更大的力度谋划和推进改革开放，充分发挥生态环境、经济特区、国际旅游岛的优势，真抓实干加快建设美好新海南。[2]

---

[1] 《海南省国民经济和社会发展第十三个五年规划纲要（摘要）》（海南省第五届人民代表大会第四次会议审议通过），《海南日报》2016 年 3 月 29 日。

[2] 《习近平在海南考察时强调 以更高站位更宽视野推进改革开放 真抓实干加快建设美好新海南》，新华社海口 2018 年 4 月 13 日电。

七、加快建设经济繁荣、社会文明、生态宜居、人民幸福的美好新海南

海南的优势很多，发展的潜力很大，这样的基本判断，让习近平总书记对海南寄予了厚望，提出加快建设经济繁荣、社会文明、生态宜居、人民幸福的美好新海南的宏伟愿景。他深情地说："现在，海南发展势头很好。希望海南的同志全面贯彻落实党的十八大和十八届一中、二中全会精神，以邓小平理论、'三个代表'重要思想、科学发展观为指导，凝心聚力，锐意进取，埋头苦干，实施好国际旅游岛建设发展规划，利用好各项政策优势，加快建设经济繁荣、社会文明、生态宜居、人民幸福的美好新海南。"[1] 从此，海南开启了建设美好新海南的新征程。

中共海南省委决定把习近平总书记关于"加快建设经济繁荣、社会文明、生态宜居、人民幸福的美好新海南"的重要指示，作为省第七次党代会报告的主题，并为四句话、16 个字的美好新海南建设目标注入内容。

海南省委书记刘赐贵在报告中谈到"今后五年的奋斗目标"时说，2013 年 4 月习近平总书记视察海南时，提出了"加快建设经济繁荣、社会文明、生态宜居、人民幸福的美好新海南"的重要指示，为新形势下海南发展指明了方向；十八大以来，以习近平同志为核心的党中央提出了治国理政新理念新思想新战略，确立了稳中求进工作总基调，形成了以新发展理念为指导、以供给侧结构性改革为主线的政策体系，为我们提供了行动指南；国家实施"一带一路"战略和海洋强国战略，

---

[1] 习近平：《在海南考察工作结束时的重要讲话》（2013 年 4 月 10 日）。

为我们进一步扩大对外开放和加快发展海洋经济带来宝贵机遇；全球服务贸易快速发展和国内服务消费需求剧增，为海南提供了广阔的市场空间。我省有全国最好的生态环境、全国最大的经济特区和全国唯一的省域国际旅游岛“三大优势”，还有“一带一路”战略支点的区位优势，有南海资源、热带资源等资源优势，有博鳌亚洲论坛的政商对话平台优势，有全省实行“多规合一”“一张蓝图干到底”的体制机制等优势，这些优势正加速转化为发展优势；持续推进12个重点产业、六类产业园区、“五网”基础设施、“美丽海南百镇千村”、生态环境综合治理、行政服务“极简审批”试点等，积蓄了强大的发展后劲和内生动力；全省各级领导干部作风明显转变，驾驭复杂局面、创新引领发展的能力不断增强，海南加快发展的态势已经形成。

今后五年，奋斗的主要目标是：

经济繁荣。供给侧结构性改革取得重要突破，12个重点产业成形成势，服务型开放型生态型经济充分发展，创新创业涌动，市场活力迸发，实现更高质量、更有效率、更加公平、更可持续的发展。产业结构趋近20∶20∶60，主要经济指标增速高于全国平均水平，到2020年地区生产总值、城乡居民人均收入比2010年翻一番以上，与全国同步全面建成小康社会。

社会文明。社会治理体系和治理能力现代化水平明显提高，民主法制更加健全，法治政府基本建成，司法公信力显著增强；社会主义核心价值观深入人心，居民诚实守信、勤劳守法、团结友善、热情好客，文明程度大幅提升，建成一批全国文明城市、卫生城市；党内政治生活更加严格规范，政治生态风清气正，党风政风民风持续向好。

生态宜居。生态文明建设领跑全国，森林覆盖率保持在62%以上，大气、水体和近海海域等环境质量保持全国领先水平；能源资源利用效率大幅提高，生态优势得到充分发挥；全域旅游格局基本形成，美丽海南建设成效显著，成为大花园、大景区，成为宜居宜业宜游宜养的生态岛、健康岛、长寿岛。

人民幸福。基本公共服务均等化水平走在全国前列，教育、科技、文化、卫生、体育、公共安全等发展主要指标达到全国中等偏上水平，社会保障体系更加完善，居民就业更加充分、居住条件更加舒适、出行更加便捷，食品药品质量安全，城乡居民收入差距缩小，现行标准下农村贫困人口如期全部脱贫。[1]

历史总是在不断传承接力中跨越，铿锵前行。

1987 年 12 月，在海南建省办经济特区热潮中，曾任广东省委第一书记的习仲勋到海南考察工作。他看到海南发生了很大的变化，到处都在探索促进改革和建设的路子，感到很高兴。他由衷地向海南人民发出为建设新海南而努力奋斗的号召。12 月 31 日下午，习仲勋看望了榆亚驻军指战员，并与当地党政军负责人举行座谈会，共迎新年佳节。在座谈会上，习仲勋希望海南的党政军民进一步加强团结，认真贯彻落实党的十三大精神和中央关于建设海南的各项方针政策，解放思想，实事求是，艰苦创业，为建设新海南而努力奋斗。[2] 之后，习仲勋在通什市（今五指山市）参观民族博物馆时，挥笔题词："加强民族大团结，开发建设新海南。"[3]

海南建省，圆了海南人民的百年梦想；海南办全国最大的经济特区，更是让海南从国防前线变成开放的前沿。从这个意义上理解，习仲勋提出的"建设新海南"是真正具有时代意义的历史命题，寄托了

---

[1] 刘赐贵：《凝心聚力　奋力拼搏　加快建设经济繁荣社会文明生态宜居人民幸福的美好新海南——在中国共产党海南省第七次代表大会上的报告》（2017 年 4 月 25 日），《海南日报》2017 年 5 月 2 日。

[2] 《习仲勋同三亚军民欢度元旦》，《海南日报》1988 年 1 月 2 日。

[3] 《习仲勋同志在我区考察工作　勉励各级领导和广大干部群众艰苦创业，加快改革开放的步伐，使海南的经济建设获得新的历史性的发展》，《海南日报》1988 年 1 月 7 日。

他对加快海南经济建设的美好的愿望。

这就不难理解，为建设新海南而努力奋斗，为什么能成为新生的海南省全体党员和全省人民的共识。1988 年 9 月 1 日，中共海南省第一次党代会报告发出号召：“海南建省办大特区，机遇与挑战同在，希望与困难并存，每个有事业心、有责任感、有理想、有抱负的人，都应当积极地站在改革开放的前列，解放思想，团结奋斗，为放胆发展生产力，全面开创海南特区建设的新局面，为建设一个繁荣、安定、优美、富裕的新海南而奋斗！”[1]

历时四天的中国共产党海南省第一次代表大会，在圆满完成了各项议程后，于 9 月 4 日下午胜利闭幕。大会号召，全省共产党员要坚持社会主义初级阶段党的基本路线，在省委的领导下，紧紧围绕放胆发展生产力这一根本任务，解放思想，振奋精神，同心同德，艰苦创业，团结全省各族人民，为开创海南特区建设的新局面，为建设一个繁荣、安定、优美、富裕的新海南而奋斗！[2]

从建设繁荣、安定、优美、富裕的新海南，到建设经济繁荣、社会文明、生态宜居、人民幸福的美好新海南，海南在历史的接力赛中奔跑，在跨越 30 年的伟大历程中走进了新时代。

2018 年 2 月 2 日下午，以“新时代的中国：美好新海南 共享新机遇”为主题的外交部海南全球推介活动在北京举行。当天的推介活动是外交部在中国共产党第十九次全国代表大会胜利闭幕后的首场推介活动，也是海南纪念建省办经济特区 30 周年的首场重要活动，吸引了 160 多个国家的驻华使节、国际组织驻华代表及工商界代表、中外专家学者和媒体记者等 500 余人出席。出席嘉宾的国别以及驻华使节、高级

---

[1] 许士杰：《放胆发展生产力，开创海南特区建设的新局面》（1988 年 9 月 1 日），《海南日报》1988 年 9 月 7 日。

[2] 《中国共产党海南省第一次代表大会胜利闭幕》，《海南日报》1988 年 9 月 5 日。

外交官、境外媒体人数和总人数均创历次外交部省区市全球推介活动之最。

“几乎所有建交国都来了，全世界都来了。”王毅表示，这是2018年第一场外交部全球推介活动。习近平总书记在党的十九大上宣布，中国特色社会主义进入新时代。我们今后将以“新时代的中国”作为推介活动主题，以更加务实创新、丰富多彩的内容和形式，更好地服务地方发展，更好地把中国新一轮发展与世界共同发展相结合。

王毅说，2018年是中国改革开放40周年，也是海南建省办经济特区30周年。改革开放不仅深刻改变了中国，也深刻改变了世界。特别是过去五年，在以习近平同志为核心的党中央坚强领导下，中国全面深化改革不断提速、多点突破、纵深推进，为中国未来持续健康稳定发展打下了坚实基础。中国全面深化改革的步伐不会停止，扩大开放的大门不会关闭。进入新时代的中国将不断推出力度更大、领域更广的改革开放举措，与各国共建“一带一路”，加速共同发展，造福各国人民。中国将从2018年起举办国际进口博览会，这是中国扩大对外开放的又一项创举，充分体现了中国致力于构建开放型世界经济的坚定决心。

王毅说，海南是中国最大的经济特区，也是唯一的省级经济特区。30年来，海南人民发扬敢闯敢试、敢为人先的特区精神，建成了首屈一指的国际旅游岛、热带农业基地、医疗旅游先行区。一年一度的博鳌亚洲论坛年会是海南的亮丽名片、国家的著名品牌、中国与亚洲和世界各国的互动平台。2018年春天，各方将再度云集博鳌，围绕“开放创新的亚洲，繁荣发展的世界”主题，发出共同声音，提出亚洲方案。相信进入新时代的海南将以更加开放的胸襟，欢迎五洲宾朋共商发展大计，共享繁荣成果。

王毅在致辞中还不遗余力地为海南宣传推介，他充满激情地说：“来自海南的同事告诉我，‘来到海南岛，身体会更好’。今天面对各国使节，我再加一句话，那就是‘结交海南岛，未来会更好’！”

海南省委书记刘赐贵在讲话中围绕“新时代、新优势、新目标、新机遇”四个“新”向中外嘉宾详细介绍了海南。他说，“我们处在新时代”，党的十九大作出中国特色社会主义进入新时代的重大战略判断，开启全面建设社会主义现代化强国的新征程，这为海南深化与各国交流合作提供了坚实的支撑和最好的舞台。“我们拥有新优势”，海南拥有中国最好的生态环境、中国最大的经济特区、中国唯一的省域国际旅游岛“三大优势”。当前，海南在国家改革开放大局中的战略地位更加重要，国家也将以更大力度支持海南先行先试、大胆探索，为建设社会主义现代化强国作出新的贡献。“发展有新目标”，在新的历史时期，海南将以习近平新时代中国特色社会主义思想为指引，充分发挥“三大优势”，全面推动新一轮改革开放。具体说来，就是要实现经济繁荣、社会文明、生态宜居、人民幸福，努力实现海南人民的幸福家园、中华民族的四季花园、中外游客的度假天堂“三大愿景”，成为展示中国构建人类命运共同体、实现中华民族伟大复兴中国梦的重要窗口。

“新，更意味着新机遇。”刘赐贵热情邀请各位嘉宾与海南共享发展新机遇、共享美好新生活：共同推动海南与各国的空中、海上航线互联互通；在旅游、热带农业、会议展览、医疗健康、互联网、高新技术、海洋经济、文化体育等方面深化产业合作；在生态保护和人文、教育、扶贫、公益慈善、科技交流等方面加强合作，在人心相通、命运相连中实现更好发展。[1]

正当海南人民以加快建设国际旅游岛为总抓手，发挥“三大优势”，改革创新、开拓实干，确保如期全面建成小康社会，争创中国特

---

[1] 《新时代的中国：美好新海南　共享新机遇　外交部海南全球推介活动在京举行》，《海南日报》2018 年 2 月 3 日。

色社会主义实践范例，谱写美丽中国海南篇章，加快建设经济繁荣、社会文明、生态宜居、人民幸福的美好新海南的时候，2018 年 4 月 11 日至 13 日，习近平总书记来到海南考察工作，他提出以更高站位更宽视野推进改革开放，真抓实干加快建设美好新海南。他强调，全面贯彻党的十九大和十九届二中、三中全会精神，统筹推进“五位一体”总体布局、协调推进“四个全面”战略布局，以更高的站位、更宽的视野、更大的力度谋划和推进改革开放，充分发挥生态环境、经济特区、国际旅游岛的优势，真抓实干加快建设美好新海南。[1]

2018 年 4 月 13 日上午，习近平来到位于海口市的海南省博物馆，参观海南建省办经济特区 30 周年成就展。一张张照片，一幅幅图表，一件件实物，记述了海南 30 年来特别是党的十八大以来在改革开放和社会主义现代化建设方面的成就。习近平不时驻足观看，边走边问，详细了解海南建省以来的发展历程。他强调，贯彻落实党中央决策部署，不是喊口号，要经过深入调研，结合当地实际，形成符合党中央精神的行之有效的具体举措。他深情对大家说，海南建省办经济特区 30 年来，从一个欠发达的边陲海岛发展成为我国最大的经济特区和驰名中外的国际旅游岛，改革开放实现重大突破，经济社会发展取得巨大成就，充分证明党中央关于海南建省办经济特区的决策是正确的。2018 年是改革开放 40 周年，我们要总结经验、乘势而上，在新起点上推动改革开放实现新突破。海南要充分利用地缘优势、资源优势、生态优势、政策优势，着力在体制机制创新和发展思路模式创新上下功夫，谱写美好海南新篇章。[2]

概括海南应充分利用的地缘优势、资源优势、生态优势、政策优

---

[1] [2]　《习近平在海南考察时强调 以更高站位更宽视野推进改革开放 真抓实干加快建设美好新海南》，新华社海口 2018 年 4 月 13 日电。

势等四大优势，要求以更高的站位、更宽的视野、更大的力度谋划和推进海南的改革开放，习近平总书记的新理念新要求，体现在随即发布的《中共中央 国务院关于支持海南全面深化改革开放的指导意见》之中。党中央为海南人民擘画了发展目标，确定了到本世纪中叶建成经济繁荣、社会文明、生态宜居、人民幸福的美好新海南的“时间表”和“路线图”，这就是：

到2020年，与全国同步实现全面建成小康社会目标，确保现行标准下农村贫困人口实现脱贫，贫困县全部摘帽；自由贸易试验区建设取得重要进展，国际开放度显著提高；公共服务体系更加健全，人民群众获得感明显增强；生态文明制度基本建立，生态环境质量持续保持全国一流水平。

到2025年，经济增长质量和效益显著提高；自由贸易港制度初步建立，营商环境达到国内一流水平；民主法制更加健全，治理体系和治理能力现代化水平明显提高；公共服务水平和质量达到国内先进水平，基本公共服务均等化基本实现；生态环境质量继续保持全国领先水平。

到2035年，在社会主义现代化建设上走在全国前列；自由贸易港的制度体系和运作模式更加成熟，营商环境跻身全球前列；人民生活更为宽裕，全体人民共同富裕迈出坚实步伐，优质公共服务和创新创业环境达到国际先进水平；生态环境质量和资源利用效率居于世界领先水平；现代社会治理格局基本形成，社会充满活力又和谐有序。

到本世纪中叶，率先实现社会主义现代化，形成高度市场化、国际化、法治化、现代化的制度体系，成为综合竞争力和文化影响力领先的地区，全体人民共同富裕基本实现，建成经济繁荣、社会文明、生态宜居、人民幸福的美好新海南。[1]

---

[1] 《中共中央 国务院关于支持海南全面深化改革开放的指导意见》（2018年4月11日）。

八、海南具有成为全国改革开放试验田的独特优势

2018 年 4 月 13 日，习近平总书记在庆祝海南建省办经济特区 30 周年大会上发表讲话时指出：“海南是我国最大的经济特区，地理位置独特，拥有全国最好的生态环境，同时又是相对独立的地理单元，具有成为全国改革开放试验田的独特优势。海南在我国改革开放和社会主义现代化建设大局中具有特殊地位和重要作用。”[1]

在 2010 年和 2013 年两次阐述海南优势的基础上，习近平总书记这次则以地理位置独特的优势概说，强调海南地缘的新优势，并第一次把这种新优势同“全国改革开放试验田”联系起来，为海南全面深化改革开放、打造全面深化改革开放试验区国家重大战略的出台，作了很好的“学理”铺垫。

海南岛的地理位置独特，往国内看是相对劣势，人流、物流等运输距离较远、运输成本高，但是往国外看尤其往东南亚地区、往 21 世纪海上丝绸之路沿线看，怎么看都是优势，尤其在推动贸易和投资自由化便利化、推动经济全球化、推动亚太自由贸易区建设的时代大背景下，这更是具有了新的优势。这种地理条件随着中国成为世界第二大经济体、经济越来越国际化，它的重要性也就越来越凸显出来。

习近平总书记在庆祝海南建省办经济特区 30 周年大会上的重要讲话中郑重宣布：“党中央决定支持海南全岛建设自由贸易试验区，支持海南逐步探索、稳步推进中国特色自由贸易港建设，分步骤、分阶段建立自由贸易港政策和制度体系。这是党中央着眼于国际国内发展大局，深入研究、统筹考虑、科学谋划作出的重大决策，是彰显我国

---

[1] 习近平：《在庆祝海南建省办经济特区 30 周年大会上的讲话》（2018 年 4 月 13 日）。

扩大对外开放、积极推动经济全球化决心的重大举措。”[1] 至此，习近平总书记在党的十九大上提出“赋予自由贸易试验区更大改革自主权，探索建设自由贸易港”的重大战略设想终于落地，正是面朝大海，春暖海南。

自由贸易港是当今世界最高水平的开放形态，全国有改革开放经验的地区很多，想建设自由贸易港的地区也更多，为什么自由贸易港这个“香饽饽”花落海南？原因与海南“地理位置独特”密切相关。

在海南省省长沈晓明看来，主要是三个原因：第一，海南有改革开放的基因。海南因改革开放而生，因改革开放而兴。30 年的改革开放，使海南从一个边陲海岛发展成为改革开放的重要窗口。如果对其他地方来说，改革开放是为了发展的需要，而对于四面环海的孤岛海南来说，改革开放则是生存的需要。因此，改革开放已经深入到海南的每一个细胞，海南的改革开放基因与生俱来。第二，海南有独特的区位优势。如果我们看中国地图，海南偏居一隅、孤悬海外，但如果站在地球仪前，我们会惊喜地发现，海南恰恰处于世界的中央。海南四通八达，是海上丝绸之路的重要节点、连接太平洋和印度洋的门户。第三，海南是相对独立的地理单元。海南是一个离岛，具有建设自由贸易港的先天条件。所谓“只有管得住、才能放得开”，独立的地理单元为“管得住”创造了独一无二的有利条件。因此，习近平总书记说“海南具有成为全国改革开放试验田的独特优势”。也正因为如此，中央给海南的最新定位是：全面深化改革开放的试验区、国家生态文明试验区、国际旅游消费中心、国家重大战略服务保障区，我们简称为“三区一中心”。[2]

---

[1] 习近平：《在庆祝海南建省办经济特区 30 周年大会上的讲话》（2018 年 4 月 13 日）。

[2] 《海南省省长沈晓明在 2018 年海南省“聚四方之才”招聘会的演讲全文》，南海网 2018 年 11 月 10 日。

社会人士对传闻已久的自由贸易港落地海南，都表示出理解与赞成。在他们看来，自由贸易港是设在一国（地区）境内关外、货物资金人员进出自由、绝大多数商品免征关税的特定区域，是目前全球开放水平最高的特殊经济功能区。中国香港、新加坡、荷兰鹿特丹、阿联酋迪拜都是比较典型的自由港。自 1547 年意大利建立世界上第一个自由港以来，全球自由贸易区发展迅速，业务领域也由对外贸易为主，衍生出加工业和仓储、物流、金融及旅游等其他服务产业。从中国香港和新加坡的经验来看，自由贸易港最基本的功能，是要实现贸易自由。通过离岸贸易和转口贸易，在生产国和消费国之间建立第三方的角色，并借用第三方的土地完成加工制造存储销售运输等行为。在监管方式上，实行“一线放开、二线管住”，也就是“海关后撤”到二线，自由港内部成为“境内关外”。这也是自由贸易港和自贸区、保税区的最大区别。

2013 年 9 月 29 日，中国（上海）自由贸易试验区正式成立，随后的五年时间，自贸区在中国内地普遍推广，探索“准入前国民待遇 + 负面清单”新模式的使命基本完成。但要实现更大力度的改革开放，自贸区所能承载的资源还是有限，一个范围更大、开放力度更大的区域是必须的，于是，十九大报告中提出了“探索建设自由贸易港”，这也是中国首次提出自贸港的概念。一直作为“领头羊”的上海，于 2017 年 11 月 6 日公布了自由贸易港的方案细则，打响自贸港发展“第一枪”，包括浙江、福建、辽宁、天津等在内的省市，也都纷纷提出申报建设自由贸易港。海南，以其独特的地理环境等优势成为建设自由贸易港的最佳目标之一。

为什么是海南？首先，区位因素占优。海南作为最接近东南亚各国的省份之一，以自贸港连接东南亚国家，是其重要布局之一，也是海上丝绸之路的战略性支点。在中美贸易战的背景下，中国与东盟的贸易额一直保持较高的增速，两者之间的贸易额占世界贸易的13%，涵盖11个国家、19亿人口，市场空间巨大。而海南自由贸易港的建立，将更加巩固这一优势。其次，海南“孤岛”区位更适合建设自由贸易港。自由贸易港，不只是贸易政策的开放，金融开放将是重中之重。目前世界上的离岸金融中心，都与海南有着同样的“孤岛”区位，只要政策允许，海南也可借新一轮金融开放，尝试建设离岸金融中心。与大陆的区位隔离，这种天然因素也让海南拥有建设大规模开放试验区的土壤。北有雄安新区的改革试验田，南有海南的自由贸易港最大开放试验区，两者将承担起新一轮改革开放的重任。因此，海南的未来，不仅仅是国际旅游岛，借此轮政策优势，更可能成为中国的开放试验田、最大的开放前沿阵地。[1]

海外舆论对此同样表示赞赏，给予高度评价。新加坡国立大学东亚研究所高级研究员余虹认为，中国国家主席习近平在考察海南省时的讲话标志着围绕建设中国国内首个自由贸易港的城市竞争画上句号，最终海南脱颖而出，获得中央政府背书，获准建立中国第一个自由贸易港。以土地面积来看，海南将成为世界最大的自由贸易港，远超过中国香港、新加坡、阿联酋迪拜和荷兰鹿特丹。探索建设海南自由贸易港，展现了中国政府通过实际政策举措，来继续推进国内改革、扩大国内市场对外开放和推动经济全球化的决心。海南自由贸易港将成为中国打造对外开放型经济的新高地和大试验平台。

随着中国经济进入新常态，经济发展逐步由侧重数量型增长，转向强调质量型增长的阶段，以此提升中国经济发展的可持续性、创造力和竞争力。实现中国经济可持续发展，必须寻找新的动能，探索建设自由贸易港，承担着帮助寻找中国经济新的增长动能和增强竞争力

---

[1] 《海南自贸港落地！中国最大开放阵地诞生！》，原创：老船长米筐投资 2018-04-14，https://chuansongme.com/n/2293404152019。

的重大使命。在自由贸易港推行小范围但真正有深度和力度的改革举措，作为中国深化对外开放和打造开放新格局的试验田和风险压力测试区。此外，中国急需通过制定与国际标准接轨，并具有高水平的贸易便利化和投资自由化的政策举措，培育竞争力新优势，努力构建全面开放的中国经济新格局。在这一背景下，探索建设自由贸易港摆上重要的国家议程。比起保税区或自由贸易试验区，自由贸易港是更为自由和更加开放的特殊区域。自由贸易港是目前国际自由度最高、运营内容最为广泛，以及设立条件最为严格的海关特殊监管区域。

对中国而言，将通过探索建设自由贸易港，来逐步化解多年发展中所积累起来的种种矛盾和挑战，实现高质量可持续发展。实现中国经济高质量发展，必须打造高附加值的产业经济，吸引更多国际优质资本和先进技术流入中国。要实现这一切，就需要平台和试验田。成功的自由贸易港应该通过监管体制和法治下运营的创新，成为土地、人才、金融、技术和机制制度五大资本汇聚之地。建设海南自由贸易港就是要承担这样的使命任务，引领国家未来发展。可以预期，谋划建设自由贸易港，将是继 1978 年推行改革开放政策和 2001 年加入世界贸易组织以来，中国坚定推进国家改革和对外开放的又一次重大历史性变革。[1]

对海南建设中国特色自由贸易港的决定，外媒认为是“安全战略的需要”，而国内专家认为是“中国的后花园”，其着眼点也都在于海南的独特的地理位置和优势条件。

《环球时报》综合外媒报道说，新加坡《联合早报》称，作为自贸区的“升级版”，海南自由贸易港的定位是以发展旅游业、现代服务业和高新技术产业为主导，不以转口贸易和加工制造为重点。因此，海

[1] 余虹：《海南自贸港建设与新加坡的经验启示》，《联合早报》2018 年 12 月 14 日。

南自由贸易港不能以复制中国香港或新加坡模式为目的，而是要找准和发展包括旅游业、海洋渔业等在内的现有自身优势，为中国下一步开放现代服务业提供可借鉴的经验。马来西亚《今日自由大马》称，海南可能成为中国主导世界电动汽车大规模实际应用的关键测试场，这将让海南岛保持绿色生活方式。彭博社称，有关新能源汽车的规定，会让比亚迪等环保型汽车生产商受益。

香港《南华早报》称，3.4 万平方公里的海南岛位于南海西北端，西面是越南，东面是菲律宾，是军事重地。中国正在那里建设自己的“珍珠港”，彰显海南不断提升的战略和地理重要性。“安全战略的需要?”德国全球新闻网指出，中国战略正在向南移，海南建立自由港，可以拉动中国与国际，尤其与东南亚经济的连接。观察家认为海南自由贸易港也有军事安全的需要，海南地位加强，其向南海地区的辐射力也会加强。

清华大学经济外交研究中心主任何茂春对《环球时报》记者说，香港、澳门对海南被定位为自由贸易港的担心实在大可不必。相比香港，海南根本不具备物流上的优势，很难取代香港贸易中心和航运中心的地位。大规模发展博彩业也不适合中国国情。事实上，发展贸易港所带来的竞争确实难以避免，但海南未来的发展方向与其自身的资源条件有关。“作为全国保护生态环境的模范和标杆，我认为海南自由贸易港的定位更趋向于中国的后花园——即以旅游和购物为主。”何茂春说，海南发展成为自由贸易港对中国的对外开放政策大有裨益。今后不仅是海南，中国的中部、西部、北部都将逐渐开放，从而在未来形成全方位的开放格局。[1]

[1] 《开放经济的试验田，自贸港口的升级版——世界猜想海南未来什么样?》，环球网 2018 年 4 月 17 日。

由河北省正定县“半城郊型”路子的探索，到浙江省“八八战略”的实施，再到海南经济特区探索建设中国特色自由贸易港，从一县路子、一省战略到一国方略，我们可以看出习近平总书记的谋划是思想精深、思路精密、思考精细，不断体现新作为，不断谱写新篇章。

1979 年从清华大学毕业后，习近平到国务院办公厅、中央军委办公厅工作。1982 年，当一些年轻人开始下海经商、出国留学的时候，他却主动放弃北京的优越条件，来到河北正定县任职。[1] 先是任县委副书记，1983 年至 1985 年任县委书记。

在正定，习近平通过科学分析和充分阐述该县优势，开拓干部群众的视野，确立符合地方实际的发展思路。

习近平当时提出，正定多种经营要有一个大发展。这方面，1983 年初见成效了，家庭种植、养殖业，特别是其中的鸡、兔养殖有很大发展；养牛有较大潜力，无论是原料还是市场，前景都很广阔；蘑菇、草莓等种植项目也有潜力可挖；两河滩的改造，已全面展开，林果的发展是乐观的。但是要清醒地看到，比起山区、沿湖海江河的地区，人家的优势比我们大，我们的资源不如人家丰富，我们的传统项目不如人家多。所以说，“一种二养”还不是正定县真正的优势。

“什么是真正的优势？就是具有一种人无我有、人劣我优的条件。所以说，除在种养方面仍需做出种种努力（包括疏通流通渠道等）来大力发展外，若要实现两个目标，还要考虑别的出路。”根据这样的“真正的优势”观，习近平提出出路在于大上工副业。他说，靠城市吃城市，靠铁路吃铁路，发展商品经济，上工业项目。他分析说，正定县上工业有许多别人不能比的优势，与外地一些经济繁荣地区条件也相

[1] 《“人民群众是我们力量的源泉”——记中共中央总书记习近平》，新华社北京 2012 年 12 月 23 日电，引自《习近平谈治国理政》，外文出版社，2014 年版，第 430 页。

近（当然比不了广东，也不如江苏、山东），这优势表现在以下几方面：一是交通发达。有京广、石德两条铁路干线；有若干条公路干线和支线。二是能源供应情况算是好的。不久将建成11万千瓦电站，可以缓解当前用电紧张状况；煤炭供应也较好，比南方优越得多；油的供应虽紧张，但这是全国普遍存在的问题。总之，能源的供应对我县工业发展起着保证作用。三是靠近城市。距石家庄市15公里，距北京市270公里，距天津市也不太远，发展经济协作渠道多。人家靠山吃山，靠水吃水，我们要靠城市吃城市。四是剩余劳力多。目前，正定县长年在石家庄市干活的人已近万人。全县20万劳力，有5至10万从事农业种植业足矣，其余可搞多种经营，搞工业、商业。一方面发展多种经营需要剩余劳力，另一方面剩余劳力要找出路，既是条件也是目的，离土不离乡嘛！五是工业利润大、产值高。要想翻两番，还得靠工业。[1]

习近平进而提出要“正确认识优势和劣势的关系”。他指出：“所谓优势，就是自己的长处。正确地认识和发挥自己的长处，可以达到事半功倍的效果。所以，认定优势，发挥优势，是加快商品生产发展的前提条件。”习近平说，优势是客观的、发展变化的，这里有个如何正确认识、合理利用和不断发展的问题。拿正定县“人多地少”这一点来说，用单一粮食经营的观点看待它，它就是个劣势，而用“农工商”综合经营的观点看待它，它又是个优势。地少，但生产水平高，粮棉生产仍大有可为；人多，加之靠近城市、交通发达，正可以向生产的深度和广度进军。可见，看问题角度不同，结论完全相反。认定优势还有个合理开发利用问题。拿两河滩来说，无疑是正定县一大资源优势。但过去却用作开荒造田，发展粮食，不但投资大、用工多，效益不高，

[1] 习近平：《人才对发展经济的作用不可估量》（1984年4月25日），载《知之深　爱之切》，河北人民出版社，2015年版，第42—43页。

而且因破坏了自然植被，还加剧了风沙灾害。现在，我们以林还林，大力发展速生丰产林和果树，这才开始使荒滩变成宝滩。可见，优势利用不合理反而会变成劣势。另外，优势也不是一成不变的，它需要发展和提高，这突出表现在技术和产品上。正定县有五项省优质产品，固然是优势，但在竞争激烈的情况下，如果不千方百计继续提高质量，一旦外地同类产品经过努力超过了我们，就会被人家从优势地位上挤下来。总之，优势问题是发展商品生产过程中必须始终加以注意的重大问题。

习近平指出，发挥优势总的方针是：立足农村，依托城市，开拓广阔的农村市场，积极为我国社会主义事业做贡献。根据这个方针，应着重发展那些有利于发挥本地资源优势，市场容量大、劳动密集型、耗能低、适应原材料和市场分散等特点的产品。从正定县的具体情况看，发展的方向应当是：一要加快两河滩的开发利用，充分发挥开发性贷款作用，争取明后两年（1984 年、1985 年）开发完，重点发展苹果和梨，兼上其他杂果。二要在农副产品深加工上大做文章，像食品、副食品加工业，棉籽、玉米、花生等综合利用，以及饲料加工业，都大有可为。彻底改变出卖原料的做法，通过多层次的深加工增值，使农民富裕起来。三要突出奶牛、奶羊、肉牛、肉羊和瘦肉型猪为养殖业发展重点，鸡、兔等养殖稳定发展，千方百计培育、引进优良品种，努力提高科学喂养、管理水平，紧紧跟上饲料加工、供应工作。四要依托城市，积极发展小化工、服装、建材和为大工业服务的来料加工项目，以及劳务、建筑、运输等行业。一些拳头产品要形成系列化、专业化生产。[1]

---

[1] 习近平：《正确处理发展商品经济的六个关系》（1983 年 12 月 22 日），载《知之深　爱之切》，河北人民出版社，2015 版，第 113—114 页。

正是正确认识了优势和劣势的关系，习近平谋划正定走“半城郊型”经济的发展路子。1984年，他在县委工作会议上说，去年，我们把经济工作重心基本上转移到了商品生产上来，实现转移之后，“走什么路”“如何起飞”的问题就摆在面前。通过学习中央一号文件，总结几年来的实践，参考外地经验，县委经过反复讨论、认真研究后认为，正定县适宜走“半城郊型”经济的发展路子。

习近平指出，所谓“半城郊型”经济，顾名思义就是它既具有“城郊型”经济依托于城市、商品生产比较发达、城乡联系比较密切、工农结合比较紧密的某些特点，又具有一般农村经济的某些特点，是两类经济结合的中间型经济。正定县虽行政区划不属城市郊区，在国家计划、方针政策、领导体制等方面不具有城郊的优势，但是正定县有优越的地理位置，毗邻石家庄市，交通发达，市场广阔，人多地少，劳力充裕，文化技术基础较好，又具备很多发展“城郊型”经济的有利条件。因此，要积极研究探索发展“半城郊型”经济的新路子。

习近平说，发展“半城郊型”经济，一方面要把正定毗连城市的各种优势充分挖掘出来、利用起来，依托城市、服务城市，起到为城市拾遗补缺的作用，促进经济发展；另一方面要立足本地资源和条件，搞好农工商综合经营，获取较高的经济效益。不丢城、不误乡，利城富乡。

为了实现这一发展设想，习近平提出要采取以下几项措施：第一，树立社会主义大农业思想，建立合理的、平衡发展的经济结构。第二，强化发展商品生产的手段，抓好信息，搞活流通，加强协作和联营。第三，培养“致富群”，发挥致富样板作用。第四，继续做好人才开发工作。[1]

---

[1] 习近平：《正定适宜走“半城郊型”经济的发展路子》（1984年2月8日），载《知之深　爱之切》，河北人民出版社，2015年版，第122—128页。

如果说，习近平在正定县探索发展“半城郊型”经济的新路子还只是初步探索的话，那么，他在浙江省提出并实施著名的“八八战略”就是深入实践了。

在浙江主政时，习近平更注重发挥比较优势的作用。他指出，从浙江省农业资源紧缺和发挥比较优势的实际出发，提高农业综合生产能力、建设现代农业的主攻方向是：以绿色消费需求为导向，以农业工业化和经济生态化理念为指导，以提高农业市场竞争力和可持续发展能力为核心，深入推进农业结构的战略性调整，大力发展高效生态农业。高效生态农业是对效益农业的进一步提升，是增加农民收入的重要途径，也是充分发挥浙江省比较优势，加快农业现代化建设的必然要求。高效生态农业是集约化经营与生态化生产有机耦合的现代农业。它以绿色消费需求为导向，以提高农业市场竞争力和可持续发展能力为核心，兼有高投入、高产出、高效益与可持续发展的双重特征，它既区别于高投入、高产出、高劳动生产率的石油农业，也区别于偏重维护自然生态平衡和放弃高投入、高产出目标的自然生态农业，符合浙江资源禀赋实际，也符合现代农业的发展趋势。所谓高效，就是要体现发展农业能够使农民致富的要求；所谓生态，就是要体现农业既能提供绿色安全农产品又可持续发展的要求。[1]

习近平善于发现优势、概括优势、阐释优势，并把优势转化为发展思路、发展招数、发展举措。“八八战略”就是这方面的集中体现。

在主政浙江期间，习近平领导制定出让浙江在经济上与上海一争高低的“八八战略”，得到普遍支持，被评价为是他的一大政绩。“八八战略”就是由“八个优势”，及由此生成的“八项举措”。

---

[1] 习近平：《大力发展高效生态农业》（2005 年 1 月 17 日），载《之江新语》，浙江人民出版社，2007 年版，第 109 页。

2003年7月10日，在浙江省委十一届四次全会的报告中，习近平围绕加快全面建设小康社会、提前基本实现社会主义现代化的目标，紧密联系浙江的优势和特点，作出了“发挥八个方面的优势”“推进八个方面的举措”的决策部署。一是进一步发挥浙江的体制机制优势，大力推动以公有制为主体的多种所有制经济共同发展，不断完善社会主义市场经济体制。二是进一步发挥浙江的区位优势，主动接轨上海、积极参与长江三角洲地区合作与交流，不断提高对内对外开放水平。三是进一步发挥浙江的块状特色产业优势，加快先进制造业基地建设，走新型工业化道路。四是进一步发挥浙江的城乡协调发展优势，加快推进城乡一体化。五是进一步发挥浙江的生态优势，创建生态省，打造“绿色浙江”。六是进一步发挥浙江的山海资源优势，大力发展海洋经济，推动欠发达地区跨越式发展，努力使海洋经济和欠发达地区的发展成为浙江经济新的增长点。七是进一步发挥浙江的环境优势，积极推进以“五大百亿”工程为主要内容的重点建设，切实加强法治建设、信用建设和机关效能建设。八是进一步发挥浙江的人文优势，积极推进科教兴省、人才强省，加快建设文化大省。这个决策部署后来被简称为“八八战略”。[1]

“八八战略”虽是一个省域层面的战略，但体现出主政者具有世界眼光和战略思维，具有总揽全局、统筹布局的能力和定力，具有放眼全局谋一域、把握形势谋大事的气概。第一个“八”所指的“八个优势”，并非单纯指已经体现出来的优势，而是将已经显现出来的优势进一步发挥好，将潜在的优势变为现实的优势，对于一些劣势通过努力转化为优势，或者避开劣势，体现了正确认识优势和劣势关系的要求。

---

[1] 习近平：《干在实处　走在前列——推进浙江新发展的思考与实践》，中共中央党校出版社，2006年版，第3—4页。

第二个“八”是指八个方面的举措，是针对进一步发挥、培育和转化优势提出的。通过实施这些举措，推动经济社会发展增创新优势、再上新台阶。

我们看到，“八八战略”开辟了中国特色社会主义在浙江生动实践的新境界，成为了引领浙江发展的总纲领。

习近平到中央工作后，他把从县委书记到省委书记累积的“优势+战略”的丰富的地方实践经验，用于精心指导和亲自谋划美好新海南的建设。历经八年，海南全面深化改革开放、打造新时代全面深化改革开放的新标杆的国家重大战略，终于在新时代破茧而出，绽放海之南，激荡海内外。

第三章 论机遇：海南发展面临新的重大历史机遇

党中央对海南改革开放发展寄予厚望，最近研究制定了《关于支持海南全面深化改革开放的指导意见》，赋予海南经济特区改革开放新的重大责任和使命，也为海南深化改革开放注入了强大动力。这是海南发展面临的新的重大历史机遇。

——习近平：《在庆祝海南建省办经济特区 30 周年大会上的讲话》（2018 年 4 月 13 日）

在地方工作期间，习近平都极为重视把握新机遇，提出抢抓战略机遇期要有历史紧迫感，甚至把困难当作机遇，无不彰显抢抓机遇的“精气神”。到中央工作后，习近平在三次考察海南的过程中都指出海南所面临的发展机遇，要求海南要认识机遇、抓住机遇，推动经济持续健康发展。尤其是 2018 年，海南被赋予经济特区改革开放新的使命，是习近平总书记亲自谋划、亲自部署、亲自推动的重大国家战略，为海南深化改革开放注入了强大动力，这是海南发展面临的新的重大历史机遇。在“增创优势”的历史机遇面前，海南深刻汲取历史教训，奋起抢抓千载难逢的重大历史新机遇，实现了全岛建设自由贸易试验区蹄疾步稳的良好开局。

一、设省划定经济特区：海南前所未有的发展机遇

1988年4月13日上午，第七届全国人民代表大会第一次会议在人民大会堂举行闭幕会。上午9时，大会执行主席、七届全国人大常委会副委员长习仲勋宣布开会。

出席这次会议的2900多名代表，以举手表决的方式，通过了国务院关于设立海南省的决定：

一、批准设立海南省，撤销海南行政区。海南省人民政府驻海口市。

二、海南省管辖海口市、三亚市、通什市、琼山县、琼海县、文昌县、万宁县、屯昌县、定安县、澄迈县、临高县、儋县、保亭黎族苗族自治县、琼中黎族苗族自治县、白沙黎族自治县、陵水黎族自治县、昌江黎族自治县、乐东黎族自治县、东方黎族自治县和西沙群岛、南沙群岛、中沙群岛的岛礁及其海域。[1]

紧接着，代表们再次举手表决，通过了关于建立海南经济特区的决议：

一、划定海南岛为海南经济特区。

二、授权海南省人民代表大会及其常务委员会，根据海南经济特区的具体情况和实际需要，遵循国家有关法律、全国人民代表大会及其常务委员会有关决定和国务院有关行政法规的原则制定法规，在海

[1]　《七届全国人大一次会议关于设立海南省的决定》（1988年4月13日第七届全国人民代表大会第一次会议通过）。

南经济特区实施，并报全国人民代表大会常务委员会和国务院备案。[1]

1988年4月建省办全国最大的经济特区，让地处边陲海疆、国防前哨的海南岛，一跃成为开放前沿、建设热土，迎来了开发建设的历史新纪元。

时间过去了整整30年，2018年4月13日，习近平总书记在庆祝海南建省办经济特区30周年大会上发表重要讲话，他深情回忆说，1987年，邓小平同志会见外宾时说：“我们正在搞一个更大的特区，这就是海南岛经济特区。海南岛和台湾的面积差不多”，“海南岛好好发展起来，是很了不起的”。根据党中央决策，1988年4月，七届全国人大一次会议正式批准设立海南省，划定海南岛为经济特区。从此，海南这个祖国美丽的海岛获得了前所未有的发展机遇，进入了深化改革、扩大开放的历史新阶段。[2] 用“前所未有的发展机遇”来描述建省办经济特区给海南带来的历史机遇，是最恰当不过的了。

正如当年民政部部长崔乃夫受国务院的委托就国务院关于设立海南省的议案所作说明指出的那样，加速海南的开发建设，对于改善海南人民的物质、文化生活，加强民族团结，巩固国防，支援全国建设，促进祖国统一，都具有重大意义。作为加快海南开发建设的重大步骤，国务院建议撤销海南行政区，将其所辖区域从广东省划出来，单独建立海南省。海南建省后，由中央直接领导，有利于集中全国力量支援海南；有利于海南实行更加开放、灵活的政策；有利于简政放权，减少中间环节，提高办事效率。[3]

海南前所未有的发展机遇，可以从海南建省办大特区的重大意义

---

[1] 《七届全国人大一次会议关于建立海南经济特区的决议》（1988年4月13日第七届全国人民代表大会第一次会议通过）。

[2] 习近平：《在庆祝海南建省办经济特区30周年大会上的讲话》（2018年4月13日）。

[3] 《海南日报》1987年8月29日。

来理解。对此，海南首任省委书记许士杰深有体会。自海南筹备建省以来，一些朋友常问他，海南建省有什么重要意义？1988 年 5 月 6 日，许士杰在香港《文汇报》和旅港海南同胞庆祝海南省成立活动筹备委员会组织的“海南发展计划研讨会”上就此发言，概括地说明了“关于海南建省办大特区的意义”。

许士杰说，海南岛是我国第二大岛，连同南海诸岛，面积 34000 多平方公里，环海南岛海岸线 1528 公里，是我国最南端的一部分领土、领海，地理位置非常重要。矿产、热作、水产、旅游资源比较丰富，气候温和，雨水丰沛，是我国热带经济作物的主要生产基地。海南岛现有 615 万人口，其中少数民族 95 万人。解放以后，海南各族人民在中国共产党的领导下，为建设宝岛作出了重要贡献，海南的经济、文化及其他各项事业都有了很大发展。特别是党的十一届三中全会以来，海南的建设速度加快了。但是，由于受到许多条件的限制，其中主要是体制上和政策上的原因，海南岛的优势还没有充分发挥出来，与其他沿海地区相比，海南还有较大差距，但发展潜力很大。

近几年来，为了加快海南建设的步伐，国务院已采取了一系列措施，但仍不能适应形势发展的要求。为了进一步开发和加快建设海南，国务院向全国人民代表大会建议撤销海南行政区，将其所辖区域从广东省划出来，单独设立海南省。经过一段时间的筹备工作，1988 年 4 月 13 日，七届全国人大一次会议通过了设立海南省的决定和建立海南经济特区的决议。从此，海南省正式诞生了。

海南建省，最重要的任务是发展生产力，加快海南岛的开发建设。

海南设省，建经济特区，有利于集中全国力量支援海南。海南省在中央直接领导下，可以直接同中央各部门挂钩，由中央直接安排投资和建设项目，海南省可以直接和全国各省、市平等往来，发展横向经济联合，吸收内地的资金、技术，加快开发建设速度。

海南设省、办经济特区，可以比较独立自主地实行比其他经济特区现行规定更加放宽的政策，经济管理体制也可以更为灵活，创造好的投资环境，拓展对外贸易，扩大对外经济技术合作和交流，加速开发建设。

海南建省，可以理顺内部关系，中央和广东省在海南的企业、事业单位划归海南省管理，形成一个完整的指挥系统，可以统一规划，统一开发，统一管理，省直接领导市、县，同时进行政治、经济体制改革，设置精干的政府机构，多办经济实体。这样，可以减少中间环节，提高办事效率。

由于海南有琼州海峡与大陆相隔的地理特点，有利于实行更加开放、灵活的政策。经济特区行之有效的方式可以采用，凡是国际上通行的经济技术合作的好办法、世界各国发展生产力的好经验，都可以采用。

总之，海南设省，建设全国最大的经济特区，是我国进一步扩大对外开放的重要措施，对加快海南的经济和文教科技事业的发展，对于改善人民的物质文化生活，实现社会主义现代化，加强民族团结，巩固国防，完成祖国统一大业，都有着积极的作用。[1]

这种前所未有的发展机遇的来临，让海南在中国共产党的领导下，发生了伟大的历史性转变。据建省办特区之初的观察，有三大历史性转变：一是，一部分黎族苗族居住地区已从带有原始社会特点的经济形态，跨入了社会主义的经济形态，走上各民族共同发展繁荣的新阶段。二是，由过去的国家非重点建设地区，变为必将走在全国前列的大经济特区，正在从过去的自然经济、半自然经济、“产品经济”的传统经济形态，向以发展外向型经济为主要特征的大特区经济形态转变。三

[1] 中共海南省委体制改革研究室（政策研究室）编印：《方针 政策 法规 战略——关于海南建省、办大特区文件资料汇编之一》，第154—157页。

是，由过去的行政区变为具有更大自主权、统一管理体制的省。[1] 这“三大转变”，在海南发展史上具有“飞跃式”的历史变革意义。

二、建设国际旅游岛纳入国家战略：海南发展难得的历史机遇

2009 年 12 月 31 日，《国务院关于推进海南国际旅游岛建设发展的若干意见》（国发〔2009〕44 号）印发，这标志着海南国际旅游岛建设正式纳入国家战略，意味着海南自 1988 年建省办经济特区之后，又迎来了一次新的发展机遇。

四个多月后，2010 年 4 月习近平到海南考察并发表重要讲话，指出：“把海南建设成为国际旅游岛已经正式纳入国家发展战略，为海南走出一条符合科学发展观要求、具有鲜明海南特色的发展道路指明了方向，也为海南的发展提供了难得的历史机遇。你们一定要紧紧抓住这个机遇。”[2] “难得的历史机遇”，这个判断精辟，用语精准；“一定要紧紧抓住这个机遇”，这个要求迫切，情真意切。

国家出台的《国务院关于推进海南国际旅游岛建设发展的若干意见》，坚持以科学发展观为统领，紧紧围绕国际旅游岛建设目标，对海南的生态文明建设、产业发展、基础设施建设、社会事业建设等各个领域提出了方向和要求，并从投融资、财税、开放、土地等方面给予海南许多特殊政策支持，为海南走出一条符合科学发展观要求、具有鲜明海南特色的发展道路指明了方向。这是继建省办经济特区之后，中央对海南发展给予的力度最大、范围最广的一次支持，为海南的发展提供了难得的历史机遇，为加快海南发展创造了十分有利的条件。

---

[1] 许士杰：《在海南解放四十周年纪念大会上的讲话》（1990 年 4 月 30 日），《海南日报》1990 年 5 月 1 日。

[2] 《习近平同志在海南考察时的讲话》（2010 年 4 月 13 日）。

海南牢记嘱咐，紧紧抓住建设国际旅游岛这个难得的历史机遇，使经济得到较快的发展。2013 年 4 月习近平总书记再次来海南考察工作时，对海南的发展给予了充分的肯定，并明确指出：“当前和今后一个时期，海南发展的总抓手就是加快建设国际旅游岛。这是中央作出的重大决策，也是海南发展的最大机遇和最强的比较优势。”[1]

由于各种原因，海南的发展还不够理想。这些原因，习近平总书记曾经作了客观准确的分析。他这样指出：“海南经济基础仍较薄弱，经济结构和产业结构比较单一，市场发育不充分，服务业结构不合理，以传统服务业为主的格局尚未改变。”[2] 精准概括和指出海南存在这些深层次问题，也表明习近平总书记在深入思考海南发展的重大问题，在谋划海南更长远的发展之策，让海南终于迎来了“新的重大历史机遇”。

三、赋予改革开放新的重大责任和使命：海南发展面临新的重大历史机遇

2018 年 4 月 13 日，习近平总书记在庆祝海南建省办经济特区 30 周年大会上的重要讲话中指出：“新时代，海南要高举改革开放旗帜，创新思路、凝聚力量、突出特色、增创优势，努力成为新时代全面深化改革开放的新标杆，形成更高层次改革开放新格局。这是我们庆祝海南建省办经济特区 30 周年的最好方式，也是庆祝我国改革开放 40 周年的重大举措。”

习近平总书记指出：“党中央对海南改革开放发展寄予厚望，最近研究制定了《关于支持海南全面深化改革开放的指导意见》，赋予海南经济特区改革开放新的重大责任和使命，也为海南深化改革开放注

---

[1] [2] 习近平：《在海南考察工作结束时的重要讲话》（2013 年 4 月 10 日）。

入了强大动力。这是海南发展面临的新的重大历史机遇。”

习近平总书记在会上郑重宣布：“党中央决定支持海南全岛建设自由贸易试验区，支持海南逐步探索、稳步推进中国特色自由贸易港建设，分步骤、分阶段建立自由贸易港政策和制度体系。这是党中央着眼于国际国内发展大局，深入研究、统筹考虑、科学谋划作出的重大决策，是彰显我国扩大对外开放、积极推动经济全球化决心的重大举措。”[1] 这个重磅新闻，宣示的是我国扩大对外开放、积极推动经济全球化的无比坚定的信心和决心。

第二天（4 月 14 日），新华社受权发布中共中央、国务院“最近研究制定”的《关于支持海南全面深化改革开放的指导意见》（以下简称《意见》）（中发〔2018〕12 号），《意见》开宗明义：“海南建省和兴办经济特区是党中央着眼于我国改革开放和社会主义现代化建设全局作出的重大战略决策。2018 年是贯彻党的十九大精神的开局之年，是改革开放 40 周年，也是海南建省和兴办经济特区 30 周年。在新的历史条件下，为全面贯彻党的十九大精神和习近平总书记重要批示精神，更进一步凸显我国改革开放 40 年的重大意义，更进一步彰显党的十八大以来习近平总书记带领全国各族人民全面深化改革开放的重大意义，推动海南成为新时代全面深化改革开放的新标杆，形成更高层次改革开放新格局，探索实现更高质量、更有效率、更加公平、更可持续的发展，现提出以下意见。”

《意见》分为十部分：一、重大意义；二、总体要求；三、建设现代化经济体系；四、推动形成全面开放新格局；五、创新促进国际旅游消费中心建设的体制机制；六、服务和融入国家重大战略；七、加强和创新社会治理；八、加快生态文明体制改革；九、完善人才发展

[1] 习近平：《在庆祝海南建省办经济特区 30 周年大会上的讲话》（2018 年 4 月 13 日）。

制度；十、保障措施。

《意见》共 31 条：①指导思想；②战略定位；③基本原则；④发展目标；⑤深化供给侧结构性改革；⑥实施创新驱动发展战略；⑦深入推进经济体制改革；⑧提高基础设施网络化智能化水平；⑨高标准高质量建设自由贸易试验区；⑩探索建设中国特色自由贸易港；⑪加强风险防控体系建设；⑫拓展旅游消费发展空间；⑬提升旅游消费服务质量；⑭大力推进旅游消费国际化；⑮加强南海维权和开发服务保障能力建设；⑯深化对外交往与合作；⑰推进军民融合深度发展；⑱加强区域合作交流互动；⑲健全改善民生长效机制；⑳打造共建共治共享的社会治理格局；㉑深化行政体制改革；㉒完善生态文明制度体系；㉓构建国土空间开发保护制度；㉔推动形成绿色生产生活方式；㉕创新人才培养支持机制；㉖构建更加开放的引才机制；㉗建设高素质专业化干部队伍；㉘全面提升人才服务水平；㉙加强党的领导；㉚强化政策保障；㉛完善实施机制。[1]

支持海南全岛建设自由贸易试验区，支持海南逐步探索、稳步推进中国特色自由贸易港建设，这是党中央着眼于国际国内发展大局，深入研究、统筹考虑、科学谋划作出的重大决策，是用实际行动向世界表明，中国作出了进一步扩大开放的重大选择，中国开放的大门不会关闭，只会越开越大，中国将一以贯之地扎实推动贸易投资自由化便利化。

随着习近平总书记“4·13”重要讲话的发表和中央 12 号文件的出台，海南被推向打造成为新时代全面深化改革开放的新标杆的历史高位，迎来了发展的新的重大历史机遇。

海南发展面临新的重大历史机遇，集中体现为党中央决定举全国

---

[1]《中共中央　国务院关于支持海南全面深化改革开放的指导意见》（2018 年 4 月 11 日）。

之力把海南打造成“三区一中心”，支持全岛建设自由贸易试验区和探索建设中国特色自由贸易港，推动海南成为新时代全面深化改革开放的新标杆，争创新时代中国特色社会主义生动范例，让海南成为展示中国风范、中国气派、中国形象的靓丽名片。

海南新的重大历史机遇在哪里？海南省委主要领导的理解是，集中体现在中央举全国之力把海南打造成“三区一中心”的战略定位上。具体体现在支持海南高标准高质量建设全岛自由贸易试验区、探索建设中国特色自由贸易港，推动形成全面开放新格局上；具体体现在支持海南以发展旅游业、现代服务业、高新技术产业为主导，推动服务贸易加快发展，建设现代化经济体系上；具体体现在支持海南积极培育旅游消费新业态、新热点，提升高端旅游消费水平，建设国际旅游消费中心上；具体体现在支持海南深度融入海洋强国、“一带一路”建设、军民融合发展等重大战略，建设国家重大战略服务保障区上；具体体现在支持海南完善公共服务体系，加强和创新社会管理上；具体体现在支持海南建设国家生态文明试验区，谱写美丽中国海南篇章上；具体体现在支持海南实行更加积极、更加开放、更加有效的人才政策上。[1]

海南新的重大历史机遇在哪里？专家学者的看法是，新时代赋予海南改革开放新的历史使命，这主要包括七个方面：

一是建设国家全面深化改革开放试验区。在新时代，海南探索推动基于现代化美丽海南的治理体系和治理能力，拓展中国特色社会主义道路的体制创新和路径选择，实现解放思想和改革开放相互激荡、观念创新和实践探索相互促进、“摸着石头过河”和顶层设计相互补

[1] 刘赐贵：《关于深入学习习近平总书记“4·13”重要讲话精神的十点认识》（2018 年 10 月 13 日），《海南日报》2018 年 10 月 17 日。

充、务实求索与全方位合作相互支撑，创造海南改革开放新模式。在党中央、国务院的坚强领导下，海南将以更加精准施策的独到眼光、更加协调配套的到位措施、更加绿色环保的低碳行动，推动新一轮更高水平的开放，深化更高标准的改革，实现更高质量的发展，努力把海南打造成经济更加平衡充分、社会更加开放包容、生活更加现代智慧的美丽家园。

二是构建中国特色海南实践的开放型经济新体制。核心是要在海南探索建立促进要素全球有序自由流动、资源国际高效配置、世界市场深度融合、公平开放竞争有序的现代市场体系，形成与国际高标准投资贸易规则相适应的管理方式，打造全方位开放新格局，营造竞争有序的市场环境、透明高效的政务环境、公平正义的法治环境和合作共赢的人文环境。海南应尽快落实习近平总书记在博鳌宣布的大幅放宽市场准入、改善投资环境、加强知识产权保护、主动扩大进口等对外开放重大举措，将海南建设成为立足亚洲、面向世界、促进合作、开放多元的国际会议中心和对外交往重大活动基地。

三是打造面向太平洋和印度洋的重要对外开放门户。海南地处我国对外开放的前沿，是建设21世纪海上丝绸之路和海洋经济合作的战略支点，具备建设面向东南亚、覆盖华南的航空航运综合枢纽、经济走廊的条件，可以与北部湾经济区和粤港澳大湾区形成区域优势互补、合作互动、互利共赢多赢的合作关系。打造这一重要门户，需要多管齐下采取有效措施，包括：支持相关国家港口、海运及物流仓储等设施能力建设；扩大农产品、热带植物、水果、蔬菜、花卉等特色农产品合作，积极推动木材、天然橡胶等资源合作开发；推进区域金融和货币合作；鼓励文化、旅游、建筑、软件、研发设计等服务贸易；提高贸易和投资自由化便利化水平。

四是探索建立中国特色自由贸易港。自由贸易港是设在一国（地区）境内关外、货物资金人员进出自由、绝大多数商品免征关税的特定区域，是目前全球开放水平最高的特殊经济功能区。党的十九大提出，赋予自贸试验区更大改革自主权，探索建设自由贸易港。海南作为全国最大的经济特区，新时代又赋予海南改革开放新使命，探索建立中国特色自由贸易港具有重要意义。海南率先建设自由贸易港，需要从实际出发，分步骤、分阶段做好能力建设、制度建设、跨境各类基础设施网络建设三项重要准备工作。第一步是建立全域自由贸易试验区。这是一项重大制度创新，要着眼于复制推广已有的自贸试验区改革创新成果，推动自贸试验区新一轮改革开放的先行先试，提高自贸试验区建设的质量和效益，形成更多制度创新成果。第二步是探索建设中国特色自由贸易港。根据海南的发展定位和发展需要，形成中国特色的自由贸易港模式，学习借鉴我国香港和新加坡等国际自由港的先进经验，打造开放层次更高、营商环境更优、辐射作用更强的开放新高地。

五是建设基于现代化经济体系和高质量发展的国际旅游消费中心。习近平总书记在博鳌宣布实施大幅放宽服务业的市场准入，将打开海南国际旅游消费中心建设的新局面。要创造科技创新、体制创新、文化创新的国际旅游消费中心，绿色旅游、绿色金融、绿色设施的国际旅游消费中心，机会共享、过程共享、结果共享的旅游消费中心。推动互联网、大数据、人工智能和实体经济深度融合，在中高端消费、创新引领、绿色低碳、共享经济、现代供应链、人力资本服务等领域培育新增长点、形成新动能。创造高标准、强服务、重治理的开放环境，培育旅游消费新业态、新热点和新模式，发展高品质、多样性、个性化和国际化的现代旅游业和高端服务业。

六是建设 21 世纪海上丝绸之路的重要战略支点。海南无论是推动全域自由贸易试验区建设，还是建设中国特色自由贸易港，都必须具备优越的区位条件、完备设施、良好的旅游和服务产业基础、优质营商环境、聚集全球人才、开放环境、宜居生态等软硬条件。这些综合优势的培育和形成，有利于海南成为21世纪海上丝绸之路重要战略支点。

七是加强重大风险防控体系建设。海南作为未来开放层次更高、营商环境更优、辐射作用更强的开放新高地，必须防范和化解重大风险。面对逆全球化、以邻为壑、贸易保护主义倾向，面对大国之间发生政治经济对抗的风险，面对世界新科技和产业革命对就业的替代，海南要把握历史规律，认清世界大势，坚持和平发展与合作，最终实现共赢多赢。海南打造国际旅游消费中心可能面临经济、政治、文化、人文和社会风险，需要秉持开放包容的理念，尊重不同宗教、文化和社会制度，构建跨境的金融、创新、人才的合作网络，推动绿色发展、包容发展和平衡发展。[1]

海南新的重大历史机遇在哪里？外媒的解读是，中共中央总书记习近平画了一个更大的圈。1979年，那是一个春天，有一位老人在中国的南海边画了一个圈……”这首曾经非常流行的歌被视为中国改革开放的代表曲，歌词中的老人就是邓小平，他画的那个圈已从当年的渔村变成今天的深圳——一个象征着改革开放成功的大都市。近40年后，中共中央总书记习近平画了一个更大的圈，要把整个海南省打造成全球最大的自由贸易区。官媒解读说，这是习近平下的一步大棋，是中国改革开放再出发。

《中共中央　国务院关于支持海南全面深化改革开放的指导意见》对海南作出了四大战略定位：全面深化改革开放试验区，中国面向太平洋和印度洋的重要对外开放门户；国家生态文明试验区；国际旅游消费中心，打造国际旅游消费胜地；国家重大战略服务保障区，深度

[1] 张燕生：《新时代赋予海南改革开放新的历史使命》，《人民日报》2018年4月14日。

融入“一带一路”建设、军民融合发展等重大战略，提升海南在国家战略格局中的地位和作用。

《意见》也为海南规划了“四步走”的发展目标：到 2020 年，与全国同步实现全面建成小康社会目标；到 2025 年，自由贸易港制度初步建立，营商环境达到国内一流水平；到 2035 年，自由贸易港的制度体系和运作模式更加成熟，营商环境跻身全球前列；到本世纪中叶，率先实现社会主义现代化，形成高度市场化、国际化、法治化、现代化的制度体系。

《意见》要求海南按照先行先试、风险可控、分步推进、突出特色的原则，分两步在海南推动形成全面开放新格局：第一步是在海南全境建设自由贸易试验区，赋予其现行自由贸易试验区试点政策；第二步是探索实行符合海南发展定位的自由贸易港政策。在具体措施上，海南将实施更加开放便利的离岛免税购物政策；开通跨国邮轮旅游航线；推进西沙旅游资源开发，稳步开放海岛游等等。

外媒观察到，整体上看，这次习近平宣布海南全岛建设自由贸易试验区，打造自由贸易港，打破了中国高层此前在一省、市内划定几个片区的自贸区形式，意味着海南自由贸易试验区和自由贸易港将不同于一般的开放口岸，而是要打造开放层次更高、营商环境更优、辐射作用更强的开放新高地。可以说，这是习近平在具体兑现他稍早前宣布的一系列扩大开放新措施。

对于中国改革开放而言，打造海南自由贸易试验区更重要的是在制度、体制和机制改革上走出一条新路。按照习近平的话说，就是要以制度创新为核心，“在破除体制机制弊端、调整深层次利益格局上再啃下一些硬骨头”。

根据世界银行对各经济体营商环境的调查，香港排世界第六，中国内地（上海、北京）只排第 78，差距十分明显。造成差距的原因显然包括政治经济体制、政府的效率与廉洁度以及法治环境等。

中共中央近期发布深化党和国家机构改革方案，提出一整套力度空前的党政军群系统改革方案，并在3月结束的“两会”上开始实施，目的就是要破除制度、体制和机制弊端，实现习近平强调的国家治理体系和治理能力的现代化。

而雄心勃勃的海南自贸试验区、海南自由贸易港建设能否如期推进并达成设计目标，犹如当年深圳特区能否成为展示中国改革开放的窗口一样，也将成为检验中国的政治经济体制是否继续适应时代发展的标准。[1]

四、海南广大干部群众要抓住机遇

习近平总书记在庆祝海南建省办经济特区30周年大会上的重要讲话中要求：“海南广大干部群众要抓住机遇、再接再厉，全面贯彻党的十九大精神，以新时代中国特色社会主义思想为指导，坚持稳中求进工作总基调，增强‘四个意识’，坚定‘四个自信’，坚持新发展理念，统筹推进‘五位一体’总体布局和协调推进‘四个全面’战略布局，以供给侧结构性改革为主线，建设自由贸易试验区和中国特色自由贸易港，发挥自身优势，大胆探索创新，着力打造全面深化改革开放试验区、国家生态文明试验区、国际旅游消费中心、国家重大战略服务保障区，争创新时代中国特色社会主义生动范例，让海南成为展示中国风范、中国气派、中国形象的靓丽名片。”[2]

在我国改革开放新的重要关口，赋予海南全岛建设自由贸易试验

---

[1] 于泽远：《习近平画了一个更大的圈》，《联合早报》2018年4月16日。

[2] 习近平：《在庆祝海南建省办经济特区30周年大会上的讲话》（2018年4月13日）。

区和逐步探索、稳步推进中国特色自由贸易港建设的重大责任和使命，这是习近平总书记和党中央着眼于国际国内发展大局，深入研究、统筹考虑、科学谋划作出的重大决策，是彰显我国扩大对外开放、积极推动经济全球化决心的重大举措，是“中国开放的大门不会关闭，只会越开越大”庄重承诺的又一有力印证。这也向海南提出如何抓住千载难逢的重大发展机遇，破除岛屿省份发展面临的体制机制障碍，充分发挥全国最大经济特区的改革开放试验平台作用，为全国提供更多可复制可推广的经验，以实际行动回报习近平总书记的厚爱、不负党中央的重托的重要问题。

习近平总书记曾经指出：“我国是经济全球化的积极参与者和坚定支持者，也是重要建设者和主要受益者。我国经济发展进入新常态，妥善应对我国经济社会发展中面临的困难和挑战，更加需要扩大对外开放。‘机者如神，难遇易失。’我们必须审时度势，努力在经济全球化中抢占先机、赢得主动。”[1]

“机者如神，难遇易失。”这值得海南广大干部群众掂量铭记，奋起抢抓新机遇，赢得发展的主动。

于国家而言，赋予海南经济特区改革开放新的使命，是习近平总书记亲自谋划、亲自部署、亲自推动的重大国家战略，向世界宣示了我国扩大对外开放、积极推进经济全球化的决心，必将有力推动优化区域发展战略布局、构建全方位开放新格局，把海南打造成为面向太平洋和印度洋的重要对外开放门户，推动南海和平稳定发展、落实共建“一带一路”倡议，对彰显中国特色社会主义制度的巨大优势与蓬勃生机、实现“两个一百年”奋斗目标和中华民族伟大复兴中国梦，对构建人类命运共同体，都具有重大而深远的意义。

---

[1] 《习近平谈治国理政》第二卷，外文出版社，2017 年版，第 99—101 页。

于海南而言，习近平总书记“4·13”重要讲话和中央 12 号文件是指导海南全面深化改革开放的纲领性文献，为海南破除体制机制障碍、追赶先进发达地区、实现跨越发展提供了千载难逢的重大机遇和最强有力的政策支持，是推动海南从“好好发展起来”到“更好发展起来”的根本遵循。我们必须倍加珍惜时机、乘势而上，学习贯彻好习近平总书记“4·13”重要讲话和中央 12 号文件精神，加快建设经济繁荣、社会文明、生态宜居、人民幸福的美好新海南。

于个人而言，这就是在新时代建功立业，实现人生价值、理想和抱负的最好舞台。人生能有几回搏？习近平总书记和党中央赋予了海南这么好的历史机遇，我们能有机会参与其中，是一种幸运。如果我们不能勇挑重担、迎难而上、奋发有为，浪费和错失了这个历史机遇，就会愧对习近平总书记和党中央，愧对这个伟大的新时代，愧对我们的子孙后代！我们决不能留下这样的人生遗憾！[1]

如何才能抓住这次海南发展面临的新的重大历史机遇？刘赐贵指出，这需要认真汲取海南“大起大落”的深刻教训，举一反三，坚决防止空喊口号、纸上谈兵，不切实际、头脑发热，朝令夕改、决策摇摆，等待观望、无所作为，投机取巧、一夜暴富等五种不良倾向，努力去把握好、运用好千载难逢的发展机遇。一要吃透中央精神。一定要原原本本、反反复复、入脑入心地学习习近平总书记“4·13”重要讲话。因为只有吃透中央精神、时刻对标对表，搞清楚“干成什么样”“怎么干”，我们才不会想着一口气吃个胖子、不会想当然、不会走弯路、不会错失良机，才能始终确保正确方向。二要崇尚实干。邓小平同志曾说，不干，半点马克思主义都没有。事业一定是靠干出来的，海南自由贸易试验区和中国特色自由贸易港，靠喊是喊不出来的，关键靠干。

---

[1] 《刘赐贵同志在海南省委七届四次全会上的总结讲话》（2018 年 5 月 13 日），《海南日报》2018 年 5 月 15 日。

各级党员干部要立行立做、尽职尽责抓好贯彻落实。三要谋定而后动。海南建设自由贸易试验区和中国特色自由贸易港是一项长期的、开创性的工作，不可能轻轻松松、敲锣打鼓实现的，一定要对前进路上的困难和挑战有足够清醒认识。各级党委（党组）要保持战略定力，谋划推进工作、出台措施一定要对标党中央和习近平总书记要求，对标中央 12 号文件和 11 个配套实施方案，想明白后再干，既不抢跑，也不拖延。四要坚决果敢抓落实。习近平总书记“4·13”重要讲话中的具体要求和中央 12 号文件，我们细化分解了 350 多项任务，并召开海南省委七届四次全会出台了 46 条决定，等等，这些都必须不折不扣地执行，不能犹犹豫豫，不能合意的就执行、不合意的就不执行，或者新官不理旧账，变来变去，造成干部群众无所适从，延误宝贵发展时机。五要主动作为，敢闯敢试。不能习惯“等靠要”，也不能习惯于中央给政策，一定要主动对号入座认领任务，主动思考谋划、调查研究，主动攻坚克难、改革创新，以积极进取赢得未来。六要保持历史耐心，埋头苦干。各级党员干部要有“功成不必在我”的精神境界和“功成必定有我”的历史担当，发扬钉钉子的精神，多做打基础、利长远的工作。要按照推进海南全面深化改革开放领导小组第一次会议精神，具体在人才、产业体系、营商环境、“五网”基础设施、乡村振兴、脱贫攻坚、生态环境、教育文化卫生、维稳、社会治理、干部队伍、党的建设等 12 个方面打牢基础，以脚踏实地、埋头苦干的新气象、新作为，努力创造新业绩、形成新标杆。[1]

回顾海南的开放历史，从 1980 年国务院批转《海南岛问题座谈会纪要》，赋予海南准特区地位，到 1988 年海南建省办经济特区，再到 2009 年年底开始建设国际旅游岛，在这些重大历史机遇中，海南的发

[1] 刘赐贵：《关于深入学习习近平总书记“4·13”重要讲话精神的十点认识》（2018 年 10 月 13 日），《海南日报》2018 年 10 月 17 日。

展取得了很大的成绩，但离中央的要求、离海南人民的期望、离中国唯一省级经济特区的定位，还有一定的差距，有一些经验教训值得汲取。回顾海南经历的“大起大落”，主要有三次：第一次是“汽车走私事件”、第二次是房地产泡沫、第三次是海南国际旅游岛建设初期房价大涨。如何认真汲取海南“大起大落”的深刻教训？刘赐贵说，这三次“大起大落”值得我们反思：为什么海南在改革开放刚刚起步，就发生震动全国的汽车走私事件？为什么一次次的政策利好都被一些投机者当成赚快钱的机会，急功近利？这些弯路从表面上看是投机和外部的冲击，但根子是对中央政策的理解不深、掌握不准、落实不到位。当前，党中央和习近平总书记赋予海南全面深化改革开放新的重大责任和使命，在国内外掀起了“海南热”，我们面临千载难逢的发展机遇。如何把握好这次机遇、运用好这些政策，是对海南各级领导干部的重大考验。[1]

认真汲取海南“大起大落”的历史教训，这对高质量建设自由贸易试验区和探索建设中国特色自由贸易港，意义十分重大。看到机遇并不等于抓住了机遇，拥有机遇也不等于用好了机遇，这方面海南是经历过多次深刻教训的。

回顾海南改革开放的历史，我们可以看到，海南有过抓住机遇、乘势而上的辉煌篇章，比如抓住股份制改造的机遇推进基础设施建设，抓住经济结构调整的机遇实施“一省两地”发展战略，抓住国际金融危机中国家扩大内需的机遇推进大项目建设，等等。但是，毋庸讳言，海南在发展历程中同样有过不少痛失机遇、贻误发展的沉痛教训。就大的方面而言，1985 年的“汽车事件”，使海南岛的开发建设如同疾行的列车戛然而止，让时任广东省委第一书记的任仲夷 1983 年发出的海

[1] 刘赐贵：《关于深入学习习近平总书记“4·13”重要讲话精神的十点认识》（2018 年 10 月 13 日），《海南日报》2018 年 10 月 17 日。

南“一年起步，二年跑步，三年飞步”的预言，成为可供我们缅怀的精神记忆；1989年的“洋浦风波”，几乎成为海南丧失机遇的代名词。1993年3月17日，《中国青年报》在《机遇意味着什么?》的大字标题下，依次发表该报记者采写的三篇文章《洋浦，曾经失去》《深圳，面临挑战》和《上海，一个话题》。《洋浦，曾经失去》一文说，洋浦风波已是旧闻，但由于“洋浦风波”使洋浦开发至少失去了三年时间。面对全国风起云涌的土地批租开发热，洋浦只有满脸苦笑。也是自那时起，“机遇”对于海南人来说，真正是“别有一番滋味在心头”。“一个洋浦的成功，就可以超过深圳”，这曾经是我们的豪言壮语。1992年邓小平南方谈话带来改革开放新热潮，但是不久随着“泡沫经济”的出现，很快使海南陷入了“三年低迷”，自1995年开始，海南的经济增长率连续三年都低于全国的平均水平。也就是从那时起，泛起“特区神话”破灭的说法。

“天与不取，反受其咎；时至不迎，反遭其殃。”我们很不情愿地以屡次错失机遇的代价，为古诗添注脚。

区域发展的实践告诉我们一个道理，历史提供的每一次难得的发展机遇，都会形成一个残酷的选择机制。在这个机制的作用下，有强烈的机遇意识，就能抓住机遇，迅速发展起来；同样，如果机遇意识缺失，懈怠以对，就必然错失良机，使发展一蹶不振，造成历史性的被动，遗恨千古。

这方面，邓小平同志为我们树起了标杆。他高度重视抓住机遇、加快发展。1992年在视察南方时说：“能发展就不要阻挡，有条件的地方要尽可能搞快点”，“低速度就等于停步，甚至等于后退。要抓住机会，现在就是好机会。我就担心丧失机会。不抓呀，看到的机会就丢掉了，时间一晃就过去了”。也是在这次谈话中，他提出了“台阶式”的发展理论，就是“看起来我们的发展，总是要在某一个阶段，抓住时机，加速搞几年，发现问题及时加以治理，尔后继续前进。”这告诉我们，抓住机遇，加快发展，就能实现隔几年上一个台阶。这里，抓机遇是发展的前提，上台阶是发展的结果，实质就是抓住机遇，加快发展。

可以这样说，机遇意识是改革开放以来中国共产党人倡导和树立起来的最重要的发展理念之一，是邓小平理论的重要成果，是更新观念过程中形成的最管用的，也是国家和人民受益最大的一个观念。

邓小平关于抓住机遇的思想在事关海南发展的重大问题上也有生动体现。1989 年 4 月，正当“洋浦风波”在国内沸沸扬扬之时，邓小平在关于洋浦问题的报告上明确批示：“我最近了解情况后，认为海南省委的决策是正确的，机会难得，不宜拖延，但须向党外不同意者说清楚。手续要迅速周全。”“机会难得，不宜拖延”这八个字，生动体现了邓小平对迅速发展海南的紧迫心情及强烈的抓住机遇的意识。

时间到了 2007 年，国务院总理温家宝在 3 月 9 日全国“两会”海南代表团审议会上，这样指出：“中央对海南是关心的……有些事不能再拖了，能办一件我们就尽快办一件，能多办几件就多办几件。”又一个“不能再拖”，道出了总理对海南发展因“拖”而滞后的缺憾之意，也反映了总理对加快海南发展的迫切之情，闻之足以令人震撼、发人深省！[1]

五、欢迎全世界投资者共享中国发展机遇

2018 年 4 月 10 日，习近平总书记在博鳌亚洲论坛 2018 年年会开幕式上发表题为《开放共创繁荣 创新引领未来》的主旨演讲，他庄严宣示：“综合研判世界发展大势，经济全球化是不可逆转的时代潮流。正是基于这样的判断，我在中共十九大报告中强调，中国坚持对外开

[1] 钟业昌：《对海南“黄金机遇期”的应有认识》，《海南日报》2011 年 7 月 7 日。

放的基本国策，坚持打开国门搞建设。我要明确告诉大家，中国开放的大门不会关闭，只会越开越大！”

同时，他郑重宣布，在扩大开放方面，中国将采取以下重大举措。第一，大幅度放宽市场准入。2018 年，将推出几项有标志意义的举措。第二，创造更有吸引力的投资环境。2018 年上半年，将完成修订外商投资负面清单工作，全面落实准入前国民待遇加负面清单管理制度。第三，加强知识产权保护。2018 年，将重新组建国家知识产权局，完善执法力量，加大执法力度，把违法成本显著提上去，把法律威慑作用充分发挥出来。第四，主动扩大进口。内需是中国经济发展的基本动力，也是满足人民日益增长的美好生活需要的必然要求。2018 年 11 月，将在上海举办首届中国国际进口博览会。这不是一般性的会展，而是主动开放市场的重大政策宣示和行动。欢迎各国朋友来华参加。

习近平总书记指出：“我想强调的是，我刚才宣布的这些对外开放重大举措，我们将尽快使之落地，宜早不宜迟，宜快不宜慢，努力让开放成果及早惠及中国企业和人民，及早惠及世界各国企业和人民。我相信，经过努力，中国金融业竞争力将明显提升，资本市场将持续健康发展，现代产业体系建设将加快推进，中国市场环境将大大改善，知识产权将得到有力保护，中国对外开放一定会打开一个全新的局面。”[1]

接着，4 月 13 日，习近平总书记在庆祝海南建省办经济特区 30 周年大会上的重要讲话中指出：“自由贸易港是当今世界最高水平的开放形态。海南建设自由贸易港要体现中国特色，符合中国国情，符合海南发展定位，学习借鉴国际自由贸易港的先进经营方式、管理方法。”他由此郑重发出号召：“我们欢迎全世界投资者到海南投资兴业，积极参

[1] 习近平：《开放共创繁荣 创新引领未来——在博鳌亚洲论坛 2018 年年会开幕式上的主旨演讲》（2018 年 4 月 10 日，海南博鳌）。

[2] 习近平：《在庆祝海南建省办经济特区 30 周年大会上的讲话》（2018 年 4 月 13 日）。

与海南自由贸易港建设，共享中国发展机遇、共享中国改革成果。[2]

这都充分表明了中国不断扩大对外开放的决心与信心。全方位开放的海南，热忱欢迎来自全世界的投资者！

以海南自由贸易港建设为契机，中国将继续扩大开放、加强合作，与世界共享中国发展机遇、共享中国改革成果。打造新时代全面深化改革开放的新标杆，形成更高层次改革开放新格局，中国必将为世界经济的发展注入强大动能、作出新的贡献。

党中央决定支持海南逐步探索、稳步推进中国特色自由贸易港建设的消息自公布以来，已在国际社会引发广泛关注。海外观察人士认为，这一重大举措在打造中国高水平开放新标杆的同时，将在贸易、投资和市场等方面发挥地区辐射力，提升亚洲整体开放水平。

从地理位置上看，海南是面对太平洋和印度洋的重要开放门户，是连接东北亚和东南亚的区域中心，明显的区位优势构成在此建设中国特色自贸港的有利条件。

日本爱知大学国际中国学研究中心客座研究员李博表示，海南是海上丝绸之路的重要支点，海南自贸港建设将发挥其对周边国家和地区的辐射带动作用以及对亚太市场开放的模范作用。

中国—东盟合作正是当前亚太区域合作中最为成功和最具活力的典范，海南作为中国以海洋联接东盟地区的最前沿，近年来，双方经贸合作发展迅速。官方数据显示，2017 年海南与东盟贸易额约 215 亿元人民币，占海南对外贸易总值的近三分之一，同比增长 1.5 倍。

与东盟贸易的成功有效抬升了海南自贸港的魅力，让更多亚洲国家在此看到经贸机遇。泰国商业部长颂提拉表示，海南自贸港的建设有利于中国—东盟之间的合作，有利于发展战略对接。

马尔代夫中国贸易和文化协会副主席萨乌德表示，海南自贸港不仅将造福中国，更将造福整个亚洲。未来海南可凭借更为优惠的关税政策、更加成熟的离岸业务体系等吸引更多亚洲地区投资者，从而带动整个地区的商贸往来。

自由贸易港是当今世界最高水平的开放形态，而且中国是世界第二大经济体、最大货物贸易国。分析人士表示，海南自贸港将给亚洲国家提供一个在中国这个巨大市场投资兴业、参与“一带一路”建设的机会，推动实现互利共赢。

巴基斯坦经济学家、拉瓦尔品第工商业协会董事会成员希迈尔·达乌德说，建设海南自贸港是一个既能吸引投资，又能与世界分享发展经验的有益举措，通过加强双向贸易合作共赢共享。德意志银行中国首席经济学家张智威认为，自贸港发展起来后有望带动东南亚资本流入海南。

世界银行高级经济学家曾智华指出，中国自由贸易港的推出将以更开放更自由的营商环境和高效优质的基础设施，吸引更多高附加值的科技和服务型企业到中国投资。

越南智库战略与国际发展研究中心主任阮玉长表示，中国自贸港有助于连接“一带一路”各国的基础设施体系。未来形成法治化、国际化、便利化的营商环境和公平开放统一高效的市场环境后，海南自贸港更将长期保有吸引力。

相关政策显示，海南自由贸易港建设要体现中国特色，符合海南发展定位，学习借鉴国际自由贸易港建设经验，不以转口贸易和加工制造为重点，而以发展旅游业、现代服务业和高新技术产业为主导。这意味着旅游业、服务业和创新产业的市场开放将是海南自由贸易港建设的重点。

作为国际旅游岛，2017 年海南入境游客量达到 111.94 万人次，同比增长 49.5%，提前三年完成接待境外游客百万人次目标。同年，海南服务业增加值占 GDP 的比重为 55.7%，高出全国 4.1 个百分点；服务业对经济增长的贡献率为79.5%，高出全国20.7个百分点。从数据来看，旅游业和服务业已为海南履行新使命奠定了坚实基础。

菲律宾雅典耀大学中国问题专家卢西奥·皮特洛说，中国批准59国免签新政正式落地海南，将进一步促进海南与周边国家和地区的旅游和人文交流。此外，海南还是一年一度的博鳌亚洲论坛年会举办地，优越的地理位置、重要的国际交往平台和丰厚的经济资源都将极大地改变海南面貌，助推其成为地区增长的新推手和商业链接的新平台。

海南是中国最年轻的省份。萨乌德表示，30多年来中国经济特区的发展经验，愈加开放的经济政策，以及目前中国和其他亚洲国家在共建“一带一路”过程中日益加深的商贸关系，都将确保具有中国特色的海南自由贸易港成为促使亚洲地区更加开放、包容、联通的催化剂。[1]

2018年11月30日，海南全省引进外资工作会议召开，会议深入学习贯彻习近平总书记“4·13”重要讲话、“11·5”重要讲话和中央12号文件精神，落实中国（海南）自由贸易试验区总体方案，研究部署吸引外资举措。海南省委书记刘赐贵在会上强调，全省各级党委、政府和广大党员干部要从党和国家事业发展大局出发，增强“四个意识”、坚定“四个自信”、践行“两个维护”，主动作为、创新实干，坚决落实引进外资十大举措，加快建成与国际投资和贸易规则相衔接的制度体系，营造法治化、国际化、便利化的营商环境，吸引全世界投资者来海南投资兴业，努力开创引进外资工作新局面。

会议明确海南省引进外资工作的主要目标是：力争今后一个时期全省实际利用外资逐年翻番，世界500强、行业领军企业、地区总部项目比重不断提高，涉外服务贸易加快发展，外贸新模式新业态大量涌

[1] 《中国自贸港建设将提升亚洲开放水平——海外人士热议中国开放辐射力》，新华社2018年5月21日电。

现，建成与国际投资和贸易规则相衔接的制度体系，营造法治化、国际化、便利化的营商环境，国际开放度显著提升。

刘赐贵指出，习近平总书记在“4·13”重要讲话中，亲自向全世界投资者发出邀请，欢迎他们到海南投资兴业，积极参与海南自由贸易港建设，共享中国发展机遇、共享中国改革成果。这充分彰显了以习近平同志为核心的党中央推动更高水平开放、推动建设开放型经济的责任和担当，体现了对海南的关心厚爱，也为我们招商引资指明了方向。大力引进外资助推海南自由贸易试验区和中国特色自由贸易港建设，是构建我国开放型经济的重要举措，有利于向全世界彰显我国全面深化改革开放的坚定信心和决心，有利于利用外资先进技术和管理经验建设现代化经济体系，有利于最大限度打破束缚生产力发展的一切障碍和壁垒，有利于海南更好更快适应经济全球化，有利于加快形成法治化、国际化、便利化的营商环境。要充分认识大力吸引全世界投资者到海南投资兴业对于海南省全面深化改革开放、加快建设美好新海南的重要意义，以高度的责任感、紧迫感把这项工作抓牢抓实，抓出成效。

为实现上述目标，刘赐贵强调，必须紧紧围绕“三区一中心”战略定位，引导外资主要投向旅游业、现代服务业、高新技术产业“三大领域”，国家南繁科研育种基地、国家热带农业科学中心、全球动植物种质资源引进中转基地、国家深海基地南方中心、航天领域重大科技创新基地“五大平台”，热带特色高效农业、互联网产业、医疗健康产业、现代物流业、海洋产业、金融服务业、会展业、教育文化体育产业等“12个重点产业”。

刘赐贵要求，坚决落实大力引进外资的十大举措：一是加强领导明确责任；二是完善“五网”基础设施；三是建立健全与国际接轨的投资促进机制；四是充分利用海南独特优势招商；五是创新干部出国

(境）考察招商方式；六是建立健全第三方招商机制；七是结合具体项目制定相应政策；八是优化投资环境；九是创新金融管理服务；十是充分发挥各方面积极性。

刘赐贵强调，过去中国吸引外资主要靠优惠政策，现在要更多靠改善投资环境。投资环境说到底就是营商环境，营商环境好，企业就会纷至沓来；营商环境差，企业就会避而远之。外资企业尤其重视资金的配置绩效和安全预期，对营商环境的好坏极为敏感。建设自由贸易试验区和中国特色自由贸易港，必须拥有国际一流营商环境。要参照国际贸易“单一窗口”的做法，创新设立国际投资“单一窗口”，为外商投资提供最简化、最优质的服务，全面深入实施准入前国民待遇加负面清单管理制度，最大限度减少申请设立外资企业的时间成本，加快建立完善外国人投资咨询服务机制，尽快完善国际化招商平台，推广双语服务、办事公开目录和服务指南、标识标牌等。要着力提升国际化服务水平，大力引进涉外律师、会计、仲裁、公证、知识产权、多语种翻译等专业机构和专业人才，提升相关专业服务水平，加快国际公寓、家政服务、文化娱乐等配套设施建设，加快引进国际优质教育和医疗资源，构建具有国际竞争力的外国人才政策体系，营造更加和谐稳定的公共安全和社会治安环境。要在有效识别和防范系统性金融风险的前提下，大力推动建立自由贸易账户体系等一系列金融自由化便利化政策有效实施。还要压实工作责任，严格督查问责，对不会作为、不愿作为、不敢担当、推诿扯皮、吃拿卡要、不给好处不办事、给了好处乱办事的行为坚决“零容忍”。全省所有窗口服务单位、业务部门和每个公职人员都要在引进外资上勇当先锋、做好表率，树立海南良好形象。[1]

---

[1] 《刘赐贵在全省引进外贸工作会议上要求 坚决落实十大举措 营造一流营商环境 吸引全世界投资者来海南投资兴业》，《海南日报》2018 年 12 月 1 日。

新时代的海南，全省上下奋起直追抢抓千载难逢的重大历史机遇，并体现在“一天当三天用”的喜人成果上。

2018 年 12 月 14 日下午，国务院新闻办公室举行新闻发布会，发布海南全面深化改革开放进展情况。4 月以来，海南全省上下以“一天当三天用”的干劲，深入学习贯彻习近平总书记“4·13”重要讲话和中央 12 号文件精神，加快实施《中国（海南）自由贸易试验区总体方案》，高标准高质量建设自由贸易试验区，短短八个月时间推动一批重点工作取得了初步成效，实现了良好开局。以下是八项进展情况。

启动了一批先导性重点项目。海南省委、省政府对标习近平总书记“4·13”重要讲话、中央 12 号文件要求和自贸试验区总体方案，按照“明、短、快”的原则，梳理出 12 个先导性项目。一是推进海南自由贸易账户（HNFT）体系建设，将于 2019 年 1 月 1 日开始上线运行。二是高起点建设海南特色国际贸易“单一窗口”管理制度，在“单一窗口”全国统一标准版运行的基础上，对标国际贸易“单一窗口”3.0 版的功能建设规划和运营管理模式，力争在 2019 年 4 月初步建成。三是深化空域精细化管理改革，民航海南空管分局三亚区域管制中心于 2018 年 11 月 15 日正式接管湛江高空空域的交通管制。四是引进 Hello Kitty（凯蒂猫）等多个世界著名品牌游乐园项目。五是谋划举办海南岛国际电影节，首届电影节于 2018 年 12 月 9—16 日在三亚举行。六是推进全球动植物种质资源引进中转基地建设。七是推进国家南繁科研育种基地建设。八是设立海口江东新区，启动规划三亚中央商务区 CBD 建设，发展总部经济。九是推进深海科技城（大学城）建设。十是启动设立海南热带雨林国家公园。十一是提升大数据中心功能，建立全天候、实时性的人流、物流、资金流进出岛信息管理系统。十二是加快启动“禁塑”工作。2018 年 11 月 28 日，海南自贸试验区建设项目第一批 100 个项目在海口集中开工，总投资 236 亿元，同年 12 月 28 日还将开工、签约一批重大项目，无论是规模，还是质量，都将更进一步提升。

着力打造法治化、国际化、便利化营商环境。把优化营商环境作为重中之重，对标世界银行标准，制定了《海南省优化营商环境行动纲要（2018—2019年)》，提出40条创新、务实举措。结合省域“多规合一”改革试点，大力推行极简审批，改革经验正由生态软件园等三个试点园区向全省园区推广。海南省委召开了民营企业座谈会、全省引进外资工作会议，提出了优化营商环境吸引外企来琼投资的十大政策举措，并包括推出设立海南省国际经济发展局法定机构等多项改革措施。

开展“百日大招商（项目)”活动。截至2018年11月30日，已完成重点项目公司注册97个，包括已开业或开工建设51个；外商重点投资项目45个，已注册项目公司16个，已开业或开工建设项目八个。研究制定了《关于促进总部经济发展的工作意见》和《海南省总部企业认定管理办法》，先后举办两轮与央企集中签约活动，共有16家央企与海南省签署战略合作协议，大唐集团国际贸易总部等20家总部企业落户海南。中国旅游集团已于2018年9月12日将总部迁入海口。2018年1—11月新设外资企业同比增长71.4%，实际利用外资同比增长74.1%，货物贸易进出口同比增长18.6%。截至2018年11月30日，全省市场主体突破74万户。2018年4月以来，全省新增市场主体超过10万户，同比增长23.1%，其中新增私营企业3.8万户，同比增长64%。

深入推进“百万人才进海南”行动计划。海南省委七届四次全会审议通过《百万人才进海南行动计划（2018—2025年)》，并出台人才落户政策、高层次人才配偶就业安置实施办法等配套文件，组建人才发展局，成立省级人才服务“一站式”平台，以更具活力的人才体制机制“聚四方之才”。截至2018年12月3日，累计受理人才落户申请29251件（已审批办结26863人，其中申请人才引进20754人，随迁

6109人)。截至2018年12月4日，受理外国人来华工作许可申请2283件。同年5月中旬以来，各用人单位已引进三万多名人才，其中高层次人才700多人。

形成了一批制度创新成果。坚持以问题为导向，狠抓体制机制改革创新，初步推出了“极简审批”改革、构建政府“智慧大脑”、施工图审市场化和“多审合一”、博鳌超级医院——共享医院新模式、博鳌乐城国际医疗旅游先行区药品进口监管模式创新、海口海关开展关税保证保险担保通关业务、全面推行天然橡胶价格收入保险等一批制度创新成果。

有效调控房地产市场。加快构建房地产调控机制。在2017年实行商品住宅区域限购的基础上，2018年4月实施了全域限购，严格限贷和限制转让，严格落实量价调控目标，有效防止炒房炒地和房价大起大落。海南商品住宅销售对象已由岛外居民为主转变为本地居民和引进人才为主。

进一步提升旅游国际化水平。2018年5月1日起实施59国人员入境旅游免签政策，从5月1日至11月30日，59国免签入境旅客210585人次，同比增长13.3%。同年10月15日，上海复星集团与英国全球知名旅游集团托马斯库克联合注册的中外合资旅行社正式落户三亚。中国南方航空公司7月份开通了三亚至伦敦国际航线，这是海南到西欧的第一条直达航线。2018年以来执飞境外航线达73条。截至11月30日，海南省口岸入境总人数104.62万人次，同比增长16.6%。财政部、海关总署、税务总局共同发布了《关于进一步调整海南离岛旅客免税购物政策的公告》，2018年12月1日起已正式实施，明确将离岛旅客每人每年累计免税购物限额从原先的1.6万元增加到3万元，且消费不限次数；同时扩大了免税商品范围，增加部分家用医疗器械商品，在离岛免税商品清单中增加视力训练仪、助听器、矫形固定器械、家用呼吸支持设备（非生命支持），每人每次限购两件；并对岛内外居民旅客实行相同免税购物政策。此外，国家同意在海口市内增设一家离岛免税店以及在博鳌新设一家离岛免税店，乘轮船离岛旅客享受离岛免税政策，这两项政策正按程序报批。这些调整将进一步释放消费潜力，促进海南国际旅游消费中心建设。

生态文明建设取得积极进展。牢固树立绿水青山就是金山银山的理念，加快建设国家生态文明试验区。2018 年 1—11 月全省空气质量优良天数比例为 98.3%。一是建立高标准发展指标体系。二是搞好规划管控、风貌管控。三是谋划国土空间开发保护格局。四是严控机动车污染。中央要求海南加快推广新能源汽车和节能环保汽车，海南省率先提出全域推广清洁能源汽车。2018 年 1—11 月，全省累计推广清洁能源汽车 3 万辆，占保有量的 2.5%，其中推广新能源汽车 1.9 万辆。力争于 2030 年在全国率先实现全域汽车清洁能源化。

虽然这 8 个月来海南全面深化改革开放取得一定成绩，但海南产业基础薄弱、市场主体少、人才缺乏，要完成中央赋予的改革开放的重大责任和使命依然任重而道远。下一步将扎实抓好各项政策的落地实施，注重打牢基础补齐短板，加快推进国家南繁科研育种基地、国家热带农业科学中心、全球动植物种质资源引进中转基地、国家深海基地南方中心、航天领域重大科技创新基地建设，打造一流的营商环境，补齐医疗、教育等领域短板，积极吸引市场主体及人才。[1]

六、机遇属于勇于创新、永不自满者

2018 年 4 月 13 日，习近平总书记在庆祝海南建省办经济特区 30

[1] 海南省人民政府：《海南全面深化改革开放进展情况》（2018 年 12 月 14 日）。

周年大会上发表重要讲话，他在讲话的最后谆谆教诲海南的广大干部群众：“历史从不眷顾因循守旧、满足现状者，机遇属于勇于创新、永不自满者。一切伟大成就都是接续奋斗的结果，一切伟大事业都需要在继往开来中推进。历代经济特区建设者以他们的智慧、勇气、汗水书写了辉煌篇章。今天，海南广大干部群众要不忘初心、牢记使命，以‘功成不必在我’的精神境界和‘功成必定有我’的历史担当，保持历史耐心，发扬钉钉子精神，一张蓝图绘到底，一任接着一任干，在实现‘两个一百年’奋斗目标、实现中华民族伟大复兴中国梦的新征程上努力创造无愧于时代的新业绩！”[1]

“历史从不眷顾因循守旧、满足现状者，机遇属于勇于创新、永不自满者。”习近平总书记为什么这么看重机遇、反复要求海南抓住机遇呢？这里要特别回望的是，他在福建省宁德地区及浙江省工作期间，就极为重视把握新机遇，充分阐述了抢抓战略机遇期要有历史紧迫感的思想，甚至提出把困难当作机遇，无不彰显抢抓机遇的“精气神”。

1988年10月，习近平接受《经济日报》记者采访时谈的就是把握住新的机遇，他认为治理整顿向我们提供了新机遇。

记者问：在采访中，听到当地干部、群众有一些议论，认为宁德地区沿海的“黄土地”前段时间由于种种原因没能赶上经济大发展的“末班车”，现在想上又逢“收”了，因此，有些人感叹生不逢时，地区领导对此是怎么看的？

习近平答：当前国家抓治理整顿，对宁德地区经济的发展势头确有影响。但我们也看到，治理整顿对经济不发达的地区同样是不可缺少的。过去强调宁德地区是前线，建国近40年来国家对这里的投资仅占全省投资总额的4%，经济基础相当薄弱。不过，基建规模虽然不

[1] 习近平：《在庆祝海南建省办经济特区30周年大会上的讲话》（2018年4月13日）。

大，但小中有热，小中有乱。盲目投资，思路不清，急于求成等不符合经济规律的现象也不同程度地存在，这是发展经济的障碍。所以，有必要抓治理整顿。但是，我想强调的一点是，治理整顿不是改革要收、要停，而是为深化改革创造良好条件，是为了使经济更顺利、更健康地发展。所以，治理整顿对本地区的经济不但不会产生消极的影响，而且给我们经济不发达地区提供了发展的新机遇。宁德地区主要是山区，工业基础差，但农业不差，可以说是念“山海经”、发展大农业的好地方。目前中央抓降温消肿，强调全党全国都要重视农业、加强农业，政策会对我们发展农业体现倾斜；所以，对我们这个地区的发展是个新机遇。正是基于这种认识，我们制定本地区的发展战略总体还是以发展农业为主，充分开发山海资源，先把农业这个基础培养起来，发挥好乡镇企业和林、茶、果以及水产品生产这三个方面的优势，使广大农民通过发展现代大农业脱贫致富，进行基本的积累，稳步发展适合当地条件的生产体系。[1]

此后，在接受《福建论坛》记者采访“对于治理经济环境有何想法”的问题时，习近平又说，治理经济环境实际上是给闽东提供了一次机遇。中央精神（而不是有的人所片面理解的急刹车）是有利于经济相对落后地区的生产力发展的。攀比速度、规模，闽东是承受不了的。中央精神使闽东能够扬长避短，利用治理、整顿的好机会，促使我区经济稳步协调地发展。中央提出要保的农业、能源、交通、通讯、科技、教育、人民生活必需品、原材料工业恰好是闽东的薄弱环节，也是闽东需要加强的方面。我们正好借治理、整顿的机会，促进生产要素的优化组合，促进产业结构的合理调整。[2]

到主政浙江时，习近平又提出抢抓战略机遇期要有历史紧迫感。

[1] 习近平：《把握住新的机遇》（1988 年 10 月），《经济日报》1988 年 10 月 21 日。
[2] 习近平：《对闽东经济发展的思考》（1989 年 1 月），《福建论坛》1989 年第 3 期。

他说，战略机遇期由国际国内各种因素综合而成，是有利于经济社会发展的一个特定历史时期。能否把战略机遇期提供的可能性变为现实性，主要取决于人的主观能动性特别是宏观的战略决策。新世纪头20年，对我国来说，是经济社会发展的“加速期”和社会主义市场经济体制的“成熟期”。紧紧抓住和用好这一重要的战略机遇期，我们就可以在日益激烈的综合国力竞争中牢牢掌握主动权，从而实现中华民族的伟大复兴。

习近平指出，20年的重要战略机遇期易失难得，稍纵即逝。不是错过了前五年还有后15年，而是赶不上这个时间表，耽误了前五年就没有后15年的机会和境遇，失之交臂，悔之晚矣。对新世纪头20年的重要战略机遇期，我们一定要有一种强烈的历史紧迫感。只有抓得早、抓得紧、抓得实、用得好，才能抢占先机，赢得优势，扩大实施“八八战略”的各项成果，实现加快浙江全面建设小康社会、提前基本实现现代化的目标。[1]

此时，《瞭望》杂志也刊文，深刻分析“海南大特区为何强不起来”，原因居然是——“14年来的最大教训：多次错过了最佳战略机遇期”。

作为沿海五大经济特区之一的海南省，是我国最大的特区，其陆地面积是其他四个特区的数十倍，而且又是全国最大的海洋省，资源十分富饶，生态环境优越。然而，海南建省办特区14年后的今天，无论发展速度还是经济实力，都远不如其他四个特区。原因何在？一些专家和实际工作者认为：一再错过最佳战略机遇期，是海南办特区14年来最大的教训。

最大特区走在特区最后，逾八成市县未能涨工资，有的还要借债发工资。原属广东省的海南岛，经过近14年办特区大开放带动大开

---

[1] 习近平：《抢抓战略机遇期要有历史紧迫感》（2004年3月18日），载《之江新语》，浙江人民出版社，2007年版，第36页。

发，社会经济形势日新月异，到2001年底统计，全岛国内生产总值达到566亿元，比办特区前增长83倍。但是与其他四个特区横向比较，海南就相形见绌了。论陆地面积，海南特区是深圳、珠海、汕头、厦门四个特区之和的42倍，而2001年的国内生产总值仅为深圳的1/4多一点。海南的经济增长速度在特区中也是最慢的，其他特区的城乡人均收入都远远高于全国，而海南80%以上的市县不但没能按照国家的要求涨工资，有的还靠借债发工资。许多当地干部把海南特区戏称为“海南特困区”。目前其他四个特区以及珠江三角洲、长江三角洲已经成为世界瞩目的“制造业中心”，正在雄心勃勃地构筑“世界经济版图上的中国高地”，照此下去，被“制造业中心”边缘化的海南岛势必与其他四个特区的差距越拉越大。

海南经济特区大而不强的现象是多种因素造成的。许多专家学者认为，海南岛办特区较迟，且基础差、起点低，然而独特的优势也是很明显的，关键在于没有抓住最佳战略机遇期，并出现一系列重大失误，教训十分深刻。

“泡沫经济”、思想解放不到位、重陆轻海，是这三大失误导致海南痛失发展良机。

一是投资导向失误，造成“泡沫经济”。海南创办全国最大的特区，独具魅力，因而最初几年，海南就吸纳海内外资金400多亿元，投资力度很大；而且出现过“十万人才过琼州海峡”的可喜景象。但是，由于特区政府缺乏正确的产业发展导向，大批资金一齐投向房地产开发狂潮，形成了“经济泡沫”，致使海南的资源优势没能“开发”成为经济发展实力。

二是思想解放不到位，错过了最佳时机。平心而论，中央赋予海南省的不少特殊政策是其他特区没有的，从而为海南发展后来居上创造了政策和体制优势。然而，由于种种原因，特别是因为思想解放不到位，致使中央赋予海南的政策优势和体制优势并没有在最佳机遇期内充分发挥出来，最典型的就是洋浦经济开发区。洋浦是国内最早提出让外商投资成片开发的地区，但由于陷入“爱国”与“卖国”的争论，错过了吸引外资的最佳时机，变成了令中央与海南省为之头痛的“最大半拉子工程”。而浦东、大连、苏州等一批经济开发区都在洋浦之后相继“冒”出来，办得红红火火，成为当地经济发展的“亮点”。

三是“重陆轻海”，将最大的优势变成了最大的“劣势”。不少干部群众痛心地说：“海南大特区，特就特在‘大海’上，忽略掉海字，海南就只有南（难）了！”的确，海南省管辖占全国海域面积2/3的南海，最大的资源优势是海洋。邓小平当年提出创建海南岛经济特区的战略时，强调的很重要的一条就是要开发南海的丰富资源。因此，加快开发南海，本应是海南特区发展的“重中之重”。可惜，海南从一开始并没有这样做，因而14年之后这个海洋大省的海洋开发文章尚未破题，更谈不上什么海洋经济强省。论海域，海南比山东、广东、福建、浙江、江苏、辽宁、广西七个海洋大省（区）都大得多，而论海洋经济实力，海南比其中任何一个省（区）都要小。2000年的统计表明，山东、广东、浙江、江苏、广西、福建、辽宁等七个省（区）的海域面积之和仅为海南省的一半，而海洋渔业的总产量、总产值却是海南的38倍和32倍。海南省的海洋经济甚至不如山东省的一个荣成市（县级市）。更令人痛心的是，南海周边国家大肆抢占开发我南海油气和水产资源的行为愈演愈烈。这些国家对南海的抢占开发，恰恰是从海南建省办特区之后才大规模行动的，如今都已经取得明显效益。而在海南省管辖的南海“三沙”（西沙、中沙、南沙）至今未竖起一座井架，未生产一滴石油（气）。[1]

[1] 《海南大特区为何强不起来》，转引自《羊城晚报》2003年1月21日。

习近平又从市场竞争的角度，指出机遇总是垂青勇于竞争的人。他说，市场竞争是一个动态过程，如果稍有懈怠，原有的先发优势就会削弱，已有的比较优势也会失去。随着市场经济体制改革不断深入和我国加入世贸组织后进一步扩大开放，全国各地特别是一些周边地区招商引资活动异常活跃，高招迭出；开拓国际市场力度不断加大，出口增速明显加快。浙江省在对外开放中能不能充分发挥好现有比较优势，就看我们的竞争意识强不强，看我们的工作力度大不大，看我们的工作做得实不实。机遇总是垂青勇于竞争的人。面对激烈的市场竞争，我们绝不能有丝毫懈怠，不能满足于现状，一定要有谦虚的态度，树立不进则退、慢进也是退的竞争意识，清醒认识形势，顺应扩大开放的趋势，站在全局和战略的高度，正确把握时代发展的趋势，努力从国际国内形势的相互联系中把握发展方向，从国际国内条件的相互转化中用好发展机遇，从国际国内资源的优势互补中创造发展条件，从国际国内因素的综合作用中掌握发展全局，进一步增强工作主动性和创造性，在扩大对外开放上，花更大的力气，作更大的努力，牢牢把握发展的主动权，努力争创浙江省对外开放新优势。[1]

习近平还专论把困难当作机遇，阐述的是同主政宁德时提出的治理整顿提供了发展的新机遇一样的道理。他说，当前，在一些地方的领导干部中，存在着畏难情绪，感到宏观调控加强，要素供给紧张了，特别是严格执行领导责任追究制，工作压力越来越大了。在这种情况下，如何正确引导广大干部认清形势，统一思想，振奋精神，迎难而上，是一个十分重要的问题。

习近平指出，经过改革开放20多年的发展，浙江经济社会发展正

[1] 习近平：《机遇总是垂青勇于竞争的人》（2004年5月1日），载《之江新语》，浙江人民出版社，2007年版，第47页。

进入一个新的关键时期。要保持经济持续、快速、协调、健康发展，我们客观上面临着一些困难。面对困难，有两种态度，一种是只看到挑战的一面，看不到机遇，被困难吓倒，止步不前；另一种是既看到挑战，更看到机遇，勇敢地迎接挑战，化压力为动力，克难攻坚，奋勇向前。

习近平强调，在困难面前，各级领导干部不应该消极畏难，无所作为，更不能怨天尤人，而应该坚定信心，千方百计克服困难。要视困难为考验，把挑战当机遇，变被动为主动。困难是一道坎，是一道分水岭。就像鲤鱼跳龙门，跳过去就是一片新天地，进入一种新境界。当前挑战与机遇并存，但是，机遇始终大于挑战。我们要坚决贯彻中央宏观调控政策，把加强宏观调控作为调整结构、深化改革、转变增长方式的一个重要机遇，进一步苦练内功，大力推进科技进步，更加重视人才作用，坚持“走出去”战略，不断扩大发展空间，最大限度地调动一切积极因素，坚定不移地把中央的有关政策措施落实到位，努力促进浙江全面、协调、可持续发展。[1]

历史的教训要认真汲取。对新时代的海南来说，要把握好发展机遇，努力创造新业绩、形成新标杆。海南发展的重大机遇集中体现在中央对海南全岛建设自由贸易试验区、探索建设中国特色自由贸易港的支持和“打造全面深化改革开放试验区、国家生态文明试验区、国际旅游消费中心、国家重大战略服务保障区”的战略定位上。要坚决吃透中央精神，时刻对标对表，始终保持正确方向；坚决崇尚实干，立行立做、尽职尽责贯彻落实好中央各项决策部署；坚决谋定而后动，保持战略定力；坚决主动作为、敢闯敢试，精心谋划、深入调研，攻坚克难、改革创新；坚决保持历史耐心，多做打基础、利长远的工作，努

[1] 习近平：《要把困难当作机遇》（2004 年 6 月 14 日），载《之江新语》，浙江人民出版社，2007 年版，第 58—59 页。

力创造新业绩、形成新标杆。[1]

“历史从不眷顾因循守旧、满足现状者，机遇属于勇于创新、永不自满者。”2018年是海南历史上具有里程碑意义的一年，也是全省上下奋发进取极不平凡的一年。习近平总书记亲临海南视察，出席庆祝海南建省办经济特区30周年大会并发表重要讲话，中央出台12号文件及配套实施方案，赋予海南改革开放新的历史使命；习近平总书记在出席首届进博会、庆祝改革开放40周年大会、中央经济工作会议和发表2019年新年贺词时又都提到海南、推介海南，为海南带来了千载难逢的历史机遇。一年来，全省上下凝心聚力、只争朝夕、奋发图强，坚决推动党中央和习近平总书记各项决策部署在海南落地生根，干事创业氛围空前浓厚。“1+N”政策体系初步形成，主要经济指标保持较快增速，旅游、互联网、医疗健康等重点产业实现两位数增长，利用外资、进出口额等增速名列全国前茅，高质量发展迈出坚实步伐。主动严控房地产、百日大招商、百万人才进海南等重点工作成效显著，生态质量、营商环境持续改善，城乡居民收入稳步提高，发展效益和潜能正在不断积聚。全面深化改革开放实现良好开局，发展势头蒸蒸日上，各界对海南发展前景空前看好、充满信心。[2]

[1] 刘赐贵：《努力成为新时代全面深化改革开放新标杆》，《人民日报》2018年10月29日。

[2] 刘赐贵：《万众一心狠抓落实——在省六届人大二次会议闭幕会上的讲话》（2019年1月31日），《海南日报》2019年2月1日。

第四章　论范例：海南要争创新时代中国特色社会主义生动范例

建设自由贸易试验区和中国特色自由贸易港，发挥自身优势，大胆探索创新，着力打造全面深化改革开放试验区、国家生态文明试验区、国际旅游消费中心、国家重大战略服务保障区，争创新时代中国特色社会主义生动范例，让海南成为展示中国风范、中国气派、中国形象的靓丽名片。

——习近平：《在庆祝海南建省办经济特区30周年大会上的讲话》（2018年4月13日）

“争创新时代中国特色社会主义生动范例，让海南成为展示中国风范、中国气派、中国形象的靓丽名片。”习近平总书记对海南的殷切希望和深沉嘱托，源于他对中国特色社会主义的深刻理解与笃实力行，源于他对海南建设所取得成就的由衷高兴与美好畅想。我们要从习近平总书记对中国特色社会主义的深刻理解和科学阐述中，从海南在我国改革开放和社会主义现代化建设大局中具有特殊地位和重要作用的认识中，来深刻理解习近平总书记希望和嘱托的深层含义，以争创新时代中国特色社会主义生动范例的光辉实践，让“我们要有这样的雄心壮志”有最好的诠释。

一、海南要争创中国特色社会主义实践范例

海南要成为实践中国特色社会主义的生动范例，这是2013年4月习近平总书记在海南考察工作时就提出的要求。

在这之前，习近平还只是要求海南在生态文明建设上发挥示范性作用。他指出：“要在‘增绿’‘减排’上下功夫，采取多种综合措施，使海南的青山更绿、海水更蓝、沙滩更美、资源永续利用，在生态文明建设上走在全国前列，发挥示范性作用。”[1]

到2013年4月，习近平总书记在考察海南时发表重要讲话，指示海南“办好经济特区，争创中国特色社会主义实践范例”。他强调：“1987年，邓小平同志曾经说过，我们正在搞一个更大的特区，这就是海南岛经济特区，海南岛和台湾的面积差不多，海南岛好好发展起来，是很了不起的。邓小平同志拿海南同台湾比较，意味深长。海南和台湾是祖国的两大宝岛，台湾3.62万平方公里、2332万人，海南3.54万平方公里、901万人，人文、资源多有相似之处。如果把海南岛好好发展起来，中国特色社会主义就很有说服力，就能够增强人们对中国特色社会主义的信心，也就能促进祖国和平统一进程。”

习近平总书记要求：“海南的同志一定要埋头苦干、奋起直追，使海南成为实践中国特色社会主义的生动范例，我们要有这样的雄心壮志。”[2]

再到2018年4月，在庆祝海南建省办经济特区30周年大会上的重

[1] 《习近平同志在海南考察时的讲话》（2010年4月13日）。
[2] 习近平：《在海南考察工作结束时的重要讲话》（2013年4月10日）。

要讲话中，习近平总书记又明确要求："争创新时代中国特色社会主义生动范例，让海南成为展示中国风范、中国气派、中国形象的靓丽名片"。[1]

从希望海南"争创中国特色社会主义实践范例"，"使海南成为实践中国特色社会主义的生动范例"，到要求海南"争创新时代中国特色社会主义生动范例"，这与习近平对中国特色社会主义有着深刻理解与笃实力行密切相关。"中国特色社会主义"这面伟大旗帜，在习近平总书记心中重逾千钧，坚如磐石。

"2007 年，经过多年基层和地方工作历练的习近平，当选中共中央政治局常委，担任中央书记处书记，兼任中央党校校长。他随后担任了中华人民共和国副主席和中央军委副主席。"[2] 我们在学习研究中发现，习近平到中央工作之后，对中国特色社会主义的论述在他所有论述中占有十分重要的突出位置。

2008 年 3 月 1 日，兼任中央党校校长的习近平在中央党校春季学期开学典礼上讲话的内容就是他关于中国特色社会主义理论体系的学习体会和认识。他说，我们党在领导中国革命、建设、改革的长期实践中，把马克思列宁主义基本原理同中国具体实际和时代特征相结合，不断推进马克思主义中国化，实现了两次历史性飞跃。第一次飞跃发生在新民主主义革命时期，中国共产党人经过反复探索，在总结成功和失败经验的基础上，找到了农村包围城市、最后夺取全国胜利的有中国特色的革命道路，并在革命胜利后积极探索适合我国国情的社会主义建设道路，形成了被实践证明了的关于中国革命和建设的正确的理论原则和经验总结——毛泽东思想。第二次飞跃发生在党的十一届

[1] 习近平：《在庆祝海南建省办经济特区 30 周年大会上的讲话》（2018 年 4 月 13 日）。

[2] 《"人民群众是我们力量的源泉"——记中共中央总书记习近平》，新华社北京 2012 年 12 月 23 日电，转引自《习近平谈治国理政》，外文出版社，2014 年版，第 425 页。

三中全会以后，中国共产党人在总结我国经验和研究国际形势的基础上，开辟了中国特色社会主义道路，形成了被实践证明了的关于在中国建设、巩固和发展社会主义的正确的理论原则和经验总结，这就是中国特色社会主义理论体系。

习近平进一步解释说，中国特色社会主义作为新时期以来我们党继续推进马克思主义中国化的伟大历史性创造，体现在实践上，就是开辟了中国特色社会主义道路；体现在理论上，就是形成了中国特色社会主义理论体系；体现在政治上，就是要高举中国特色社会主义伟大旗帜。[1]

对中国特色社会主义道路，习近平总书记有“四个走出来”的著名科学论断，由此阐明这条道路的产生具有深厚的历史渊源和广泛的现实基础，这也反映出他对这一重大理论与现实问题的深入思考、反复思考、系统思考。

在中国共产党成立 92 周年纪念日前夕，2013 年 6 月 25 日，中共中央政治局就中国特色社会主义理论和实践进行第七次集体学习。习近平总书记在主持学习时强调，历史是最好的教科书。学习党史、国史，是坚持和发展中国特色社会主义、把党和国家各项事业继续推向前进的必修课。这门功课不仅必修，而且必须修好。要继续加强对党史、国史的学习，在对历史的深入思考中做好现实工作、更好走向未来，不断交出坚持和发展中国特色社会主义的合格答卷。

习近平总书记指出，我们说的道路自信、理论自信、制度自信，来源于实践、来源于人民、来源于真理。中国特色社会主义这条道路来之不易，它是在改革开放 30 多年的伟大实践中走出来的，是在中华人民共和国成立 60 多年的持续探索中走出来的，是在对近代以来 170 多

---

[1] 中共中央党校校务委员会：《习近平党校十九讲》，中共中央党校出版社，2014 年版，第 3—4 页。

年中华民族发展历程的深刻总结中走出来的，是在对中华民族5000多年悠久文明的传承中走出来的，具有深厚的历史渊源和广泛的现实基础。我们要在深入把握中国特色社会主义的科学性和真理性的基础上增强自信，在领导人民推进改革开放和社会主义现代化建设的进程中继续开拓，按照党的十八大提出的坚持和发展中国特色社会主义的基本要求，不断开创中国特色社会主义事业新局面。[1]

党的十九大召开的前夕，习近平总书记提出中国特色社会主义是改革开放以来党的全部理论和实践的主题，并聚焦于这样的高度，进一步阐述高举中国特色社会主义伟大旗帜的时代意义。他强调："中国特色社会主义是改革开放以来党的全部理论和实践的主题，全党必须高举中国特色社会主义伟大旗帜，牢固树立中国特色社会主义道路自信、理论自信、制度自信、文化自信，确保党和国家事业始终沿着正确方向胜利前进。"[2]

中国特色社会主义，是中国共产党和中国人民历尽千辛万苦、付出巨大代价取得的根本成就。从党的十三大起，历次党的全国代表大会报告标题都有"中国特色社会主义"这个主题词。党的十九大立足时代和全局的高度，着眼中国特色社会主义事业长远发展，郑重地提出习近平新时代中国特色社会主义思想，并把这一思想确立为中国共产党的指导思想，实现了党的指导思想的又一次与时俱进。而坚持和发展中国特色社会主义，是习近平新时代中国特色社会主义思想的核心要义。习近平总书记强调，党的十八大以来，党中央团结带领全党

[1]　《习近平在中共中央政治局第七次集体学习时强调 在对历史的深入思考中更好走向未来 交出发展中国特色社会主义合格答卷》，《人民日报》2013年6月27日。

[2]　《习近平在省部级主要领导干部"学习习近平总书记重要讲话精神，迎接党的十九大"专题研讨班开班式上发表重要讲话强调 高举中国特色社会主义伟大旗帜 为决胜全面小康社会实现中国梦而奋斗》，《人民日报》2017年7月28日。

全国各族人民，全面审视国际国内新的形势，通过总结实践、展望未来，深刻回答了新时代坚持和发展什么样的中国特色社会主义、怎样坚持和发展中国特色社会主义这个重大时代课题，形成了新时代中国特色社会主义思想，坚持统筹推进“五位一体”总体布局、协调推进“四个全面”战略布局，坚持稳中求进工作总基调，对党和国家各方面工作提出一系列新理念新思想新战略，推动党和国家事业发生历史性变革、取得历史性成就，中国特色社会主义进入了新时代。[1]

从习近平对坚持和发展中国特色社会主义的深入思考、系统阐述，来认识他要求海南成为实践中国特色社会主义的生动范例，可见中国特色社会主义在他心中的位置是何等的重要、海南争创新时代中国特色社会主义生动范例在他心中的位置是何等的重要。“海南的同志一定要埋头苦干、奋起直追，使海南成为实践中国特色社会主义的生动范例，我们要有这样的雄心壮志”，这真是语重心长、语重千钧的教诲啊！

习近平总书记的重要讲话，进一步明确了海南在我国改革开放全局中的独特地位和作用，体现了新一届党中央对海南的巨大关怀，为新形势下海南深化改革开放、加快科学发展指明了方向，注入了强大动力。习近平总书记在讲话中，明确要求我们争创中国特色社会主义实践范例，谱写美丽中国海南篇章，这与邓小平同志提议海南建省办经济特区的战略设计一脉相承，其核心要义就是以海南科学发展的生动实践，进一步彰显中国特色社会主义的道路自信、理论自信和制度自信。这是以习近平同志为总书记的新一届党中央对海南提出的新的更高要求、赋予的新的重要使命，是当前和今后一个时期指导海南各项工作的行动纲领，对于推动海南科学发展、绿色崛起，全面加快国际旅游岛建设具有

[1] 习近平：《在庆祝改革开放40周年大会上的讲话》（2018年12月18日），《人民日报》2018年12月19日。

极其重大的现实意义和深远的历史意义。[1]

二、邓小平同志拿海南同台湾比较，意味深长

2013 年 4 月，习近平总书记在海南考察时发表讲话指出："1987 年，邓小平同志曾经说过，我们正在搞一个更大的特区，这就是海南岛经济特区，海南岛和台湾的面积差不多，海南岛好好发展起来，是很了不起的。"习近平所引用的邓小平同志的话，是邓小平 1987 年 6 月 12 日在北京对应邀来访的南斯拉夫共产主义者联盟中央主席团委员科罗舍茨所说的："我们正在搞一个更大的特区，这就是海南岛经济特区。海南岛和台湾面积差不多，那里有许多资源，有富铁矿，有石油天然气，还有橡胶和别的热带亚热带作物。海南岛好好发展起来，是很了不起的。"[2]

习近平总书记深有感触地说："邓小平同志拿海南同台湾比较，意味深长。海南和台湾是祖国的两大宝岛，台湾 3. 62 万平方公里、2332 万人，海南 3. 54 万平方公里、901 万人，人文、资源多有相似之处。如果把海南岛好好发展起来，中国特色社会主义就很有说服力，就能够增强人们对中国特色社会主义的信心，也就能促进祖国和平统一进程。"[3]

2018 年 4 月，习近平总书记在庆祝海南建省办经济特区 30 周年大会上的重要讲话中再次引用了邓小平的这段讲话，他同时还引用了邓小平有关海南的另一段谈话："1984 年，邓小平同志在视察深圳、珠海、厦门经济特区后提出：'我们还要开发海南岛，如果能把海南岛

[1]　《中共海南省委关于学习贯彻落实习近平总书记视察海南重要讲话精神的决定》（2013 年 7 月 26 日中国共产党海南省第六届委员会第四次全体会议通过），《海南日报》2013 年 8 月 5 日。

[2]　《邓小平文选》第三卷，人民出版社，1993 年版，第 239 页。

[3]　习近平：《在海南考察工作结束时的重要讲话》（2013 年 4 月 10 日）。

的经济迅速发展起来，那就是很大的胜利。’” [1]

我们都知道，“胜利”是指在斗争或竞赛中打败对方，“很了不起”也是赞美别人的用语。“如果能把海南岛的经济迅速发展起来，那就是很大的胜利”，“海南岛好好发展起来，是很了不起的”。对邓小平所说的“很大的胜利”的“胜利”和“很了不起的”的“很了不起”所蕴含的深刻含义到底是什么？社会上一直都存在不同的“猜想”。习近平总书记对此作了精辟阐述：“如果把海南岛好好发展起来，中国特色社会主义就很有说服力，就能够增强人们对中国特色社会主义的信心，也就能促进祖国和平统一进程。”这句话深刻阐明了把海南岛好好发展起来，对增强中国特色社会主义说服力和促进祖国和平统一进程具有双重意义。

邓小平同志拿海南同台湾比较的“意味深长”之处，也就是习近平总书记明确提出使海南成为实践中国特色社会主义的生动范例的重要原因。在庆祝海南建省办经济特区30周年大会上的重要讲话中，他进一步指出：“如果海南岛更好发展起来，中国特色社会主义就更有说服力，更能够增强人们对中国特色社会主义的信心。” [2] “更好发展起来”“更有说服力”和“更能够增强”，连续三个“更”字再一次把“意味深长”的含义阐述得透彻明亮，催人奋进。

回想当年邓小平同志拿海南与台湾比较，其实就是希望海南通过好好发展起来赶上台湾，以证明社会主义制度的优越性，以促进祖国和平统一的历史进程。

1980年1月16日，邓小平在著名的《目前的形势和任务》讲话中提出20世纪80年代要做的主要是三件事。第一件事，是在国际事务中反对霸权主义，维护世界和平。第二件事，是台湾归回祖国，实现祖国

[1] [2] 习近平：《在庆祝海南建省办经济特区30周年大会上的讲话》（2018年4月13日）。

统一。第三件事，要加紧经济建设，就是加紧四个现代化建设。邓小平强调："三件事的核心是现代化建设。这是我们解决国际问题、国内问题的最主要的条件。一切决定于我们自己的事情干得好不好。我们在国际事务中起的作用的大小，要看我们自己经济建设成就的大小。如果我们国家发展了，更加兴旺发达了，我们在国际事务中的作用就会大。现在我们在国际事务中起的作用并不小，但是，如果我们的物质基础、物质力量强大起来，起的作用就会更大。台湾归回祖国、祖国统一的实现，归根到底还是要我们把自己的事情搞好。我们政治上和经济制度上比台湾优越，经济发展上也要比台湾有一定程度的优越，没有这一点不行。四个现代化搞好了，经济发展了，我们实现统一的力量就不同了。所以，在国际事务中反对霸权主义，台湾归回祖国、实现祖国统一，归根到底，都要求我们的经济建设搞好。当然，其他许多事情都要搞好，但是主要是必须把经济建设搞好。"[1]

"台湾归回祖国、祖国统一的实现，归根到底还是要我们把自己的事情搞好。我们政治上和经济制度上比台湾优越，经济发展上也要比台湾有一定程度的优越，没有这一点不行。"这是千真万确的道理。

邓小平又指出："社会主义的优越性归根到底要体现在它的生产力比资本主义发展得更快一些、更高一些，并且在发展生产力的基础上不断改善人民的物质文化生活。"[2] 邓小平还指出："我们一定要、也一定能拿今后的大量事实来证明，社会主义制度优于资本主义制度。这要表现在许多方面，但首先要表现在经济发展速度和效果方面。没有这一条，再吹牛也没有用。"[3] 因为要拿"大量事实"来证明社会

[1]《邓小平文选》（一九七五—一九八二年），人民出版社，1983年版，第204—205页。

[2]《邓小平文选》第三卷，人民出版社，1993年版，第63页。

[3]《邓小平文选》（一九七五—一九八二年），人民出版社，1983年版，第215页。

主义制度优于资本主义制度，历史就这样选择了海南。邓小平这就指出：“我们还要开发海南岛，如果能把海南岛的经济迅速发展起来，那就是很大的胜利。”[1]

值得注意的是，邓小平1984年说的这段讲话的原文是：“如果用20年时间把海南岛的经济发展到台湾的水平，那就是很大的胜利。”[2]八年后的1992年，邓小平视察南方时又以同样的思维提出了这样的雄心壮志：广东“要上几个台阶，力争用20年的时间赶上亚洲‘四小龙’”。[3]

为什么1984年邓小平有关海南20年赶台湾的讲话内容不见了呢？原国务委员谷牧后来解释说：“那年3月召开沿海部分城市座谈会，我先作了个引导性的讲话。到会的地区和部门的同志，绝大多数都赞同我讲的内容。唯有海南到会的负责干部不太满意。我讲完休会时，他们就提出：为什么不讲海南20年赶台湾。在当年2月14日（钟按：应为2月24日）小平同志找中央几位领导同志谈特区和开放工作时，确曾讲过如果用20年时间把海南岛的经济发展到台湾的水平，那就是很大的胜利。在我的讲话中的确没有引用这些话，这不是无意的疏漏，而是有意暂且不提。小平同志那篇重要谈话，开宗明义地说明他讲些意见，‘请大家讨论一下’。”谷牧接着解释说：“关于开放沿海城市、扩大厦门特区，党中央和国务院领导同志讨论了，决定要办；而海南用20年发展到台湾的水平这件事并未讨论，我怎么好讲，而且用‘赶台湾’这种说法来表示就更不准确了。我牢记总结1958年大跃进的教训时，周恩来同志对我们说过：毛主席的谈话，有时是征求意见性的，不能以为件件都是主席的决定。我对小平同志讲的这一句话，就是按

[1]《邓小平文选》第三卷，人民出版社，1993年版，第52页。

[2] 中共广东省委办公厅：《中央对广东工作指示汇编（一九八三——一九八五年）》，第126页。

[3]《邓小平文选》第三卷，人民出版社，1993年版，第375页。

周总理这次讲话的精神去对待的。我认为小平同志的话意在强调加强海南开发建设，但是20年内发展到台湾的经济水平是桩很大、很复杂的事情，要经过认真分析主客观条件，详细论证，才能组织实施。海南这位负责干部大概是想用小平同志的这句话，促进各方面支持海南的工作，用意是好的，但要求急了，不可行。后来小平同志那篇谈话公开发表时，也没再提这句话。”[1]

于是，邓小平的这个重要谈话后来就修改为：“我们还要开发海南岛，如果能把海南岛的经济发展起来，那就是很大的胜利。”[2]等到1993年邓小平逐篇审定《邓小平文选》第三卷时，又将“如果能把海南岛的经济发展起来”改为“如果能把海南岛的经济迅速发展起来”，即增加了“迅速”两字，这也充分体现了邓小平对加快海南岛经济发展的热切盼望、热切期待的心情。

1987年6月12日，邓小平在北京对应邀来访的南斯拉夫共产主义者联盟中央主席团委员科罗舍茨告诉建立海南岛经济特区这个消息时，仍不忘拿海南与台湾联系比较说：“我们正在搞一个更大的特区，这就是海南岛经济特区。海南岛和台湾的面积差不多，那里有许多资源，有富铁矿，有石油天然气，还有橡胶和别的热带亚热带作物。海南岛好好发展起来，是很了不起的。”

至此，改革开放的基因已深植海南。“海南省因改革开放而生，也因改革开放而兴。1988年，党中央批准海南建省办经济特区。30年来，海南省切实履行党中央、国务院赋予的历史使命，大胆创新、奋勇拼搏，推动经济社会发展取得重大成就，把一个边陲海岛发展成为我国改革开放的重要窗口，实现了翻天覆地的变化，为全国提供了宝

[1]《谷牧回忆录》，中央文献出版社，2009年版，第408—409页。

[2] 邓小平：《建设有中国特色的社会主义》，人民出版社，1984年版，第26页。

贵经验。实践证明，党中央关于海南建省和兴办经济特区的决策是完全正确的。”[1]

海南是在很落后的条件下进行经济特区建设的，如果能在较短的时间内实现经济起飞，无疑将是社会主义制度优越性的最具体最生动的表现。这也是邓小平决定在海南办全国最大经济特区的初衷。

我们回过头来看，解放以后，中国共产党的领导人拿海南与台湾进行比较，最早的是习仲勋。此后，谷牧、胡耀邦、邓小平、王震、万里等中央领导人又陆续拿海南与台湾比较。

1978 年 11 月，中央工作会议在北京召开。11 月 16 日，广东省委第二书记（12 月 11 日改任第一书记）习仲勋在会上作工作汇报，当中专门讲到“开发海南”问题。他说：“海南岛的面积三万二千二百多平方公里，比台湾才少三千平方公里，人口不及台湾三分之一，自然条件比台湾要好，又是革命老根据地，但目前经济建设落后，市场紧张，群众生活贫困，这不能不值得我们深思。”深思的结果，就是“建议国家把海南的开发作为重点，大力发展橡胶、剑麻等热带作物”，“当前压在海南头上的粮食账，每年约两亿斤。所以，我们设想：在今后几年内请国家专门调拨一些粮食给海南，在这个期间内，尽快把大广坝水库修建起来，把西南部那片荒地办成谷物和热带作物农场”，“建场后，如果用四十万亩种水稻，每亩如收获八百斤稻谷，总共就是三亿多斤粮食，海南今后无论是建设用粮或战备用粮，都可以解决。这样放手开发海南，有朝一日打起仗来也好，就有了可靠的物质基础”。[2]

习仲勋从土地面积大小、人口数量多少、自然条件优劣和经济发

[1] 《中共中央 国务院关于支持海南全面深化改革开放的指导意见》（2018 年 4 月 11 日）。

[2] 习仲勋：《广东的建设如何大干快上》，载《习仲勋文选》，中央文献出版社，1995 年版，第 283—284 页。

展水平差异等方面，将海南和台湾进行联系比较，对把加快海南岛的开发建设摆上国家重要议事日程，对后来的海南建省办大特区，都起到思想认识上的铺垫作用和对实际工作的推动作用。[1]

经习仲勋与广东省委的积极努力，1980年6月30日至7月11日，中央在北京召开了海南岛问题座谈会。7月24日，国务院批转《海南岛问题座谈会纪要》，当中写着："海南岛是我国少有的热带宝地之一，面积同台湾岛相近，全岛农林牧用地三千多万亩，沿海渔场面积七万八千平方海里，矿产和盐业资源也很丰富。"[2] 这是中央文件首次将海南岛与台湾联系起来的记录。

"今年是海南建省办经济特区30周年，在邓小平、习仲勋等老一辈革命家的推动下，在党中央的亲切关怀下，海南从封闭落后的边陲海岛一跃成为中国最大的经济特区和唯一的省域国际旅游岛，走上改革图强、开放发展的宽广道路。"[3] 这是高度肯定了习仲勋对海南改革开放所作出的重大历史贡献。

自从习仲勋在1978年11月的中央工作会议上比较海南岛与台湾，并发出"不能不值得我们深思"的感慨后，从中央领导、地方领导到专家学者都经常拿海南与台湾进行比较，而且都将加快海南的开发建设与解决台湾问题联系起来，都看到海南岛好好发展起来，对促进祖国和平统一进程有很重大的意义。

1982年年底，海南行政区负责人雷宇在海南区直属机关领导干部第二期读书班和海南党校第三期轮训班上作报告，他结合学习党的十

[1] 中共海南省委：《但开风气 情系宝岛——纪念习仲勋同志诞辰100周年》（2013年10月15日），《海南日报》2013年10月16日。

[2] 国务院批转《海南岛问题座谈会纪要》（1980年7月24日），国发〔1980〕202号。

[3] 刘赐贵：《坚定不移加快建设美好新海南——在省六届人大一次会议闭幕会上的讲话》（2018年1月31日），《海南日报》2018年2月1日。

二大文件，谈海南“翻两番”问题。邓小平在十二大上的开幕词中指出“加紧社会主义现代化建设，争取实现包括台湾在内的祖国统一，反对霸权主义、维护世界和平，是我国人民在80年代的三大任务”，并强调“这三大任务中，核心是经济建设，它是解决国际国内问题的基础”，极其深刻地阐明了经济建设的重要作用。雷宇联系邓小平的这段话说，离开了经济建设，要解决国内的教育问题、就业问题、住宅问题，以及实现社会更加安定、建设高度的社会主义精神文明等问题，都是很难办到的。我国在世界上是个大国，又是一个发展中的国家。我们在国际事务中起的作用的大小，要看我们自己经济发展的快慢、大小，如果我们国家发展了，更加兴旺发达了，我们在国际事务中所起的作用就会更大。同时，实现台湾在内的祖国统一，也不能离开经济建设。我们在政治和经济制度上比台湾优越，经济发展也理所当然要比台湾快才对。否则，社会主义制度的优越性，就会受到一定损害。当然，海南和台湾有许多不可比的因素，台湾经济带有许多半殖民地的色彩，贫富悬殊。但是，我们必须清醒地看到，海南是共产党领导，是社会主义制度，比之资本主义制度有无比的优越性，如果我们的经济长期搞不上去，政治上就会遭到严重损害。叶委员长去年国庆节前对台湾当局讲了和谈的九条方针，在台湾人民当中引起了很大反响，海峡两岸的炎黄子孙都希望祖国实现统一。但台湾有些人也担心，怕统一后会影响他们的生活。如果我们的经济建设搞得快些，搞得好些，就会使这些人在事实面前解除疑虑，这对统一祖国也是一个贡献。可见，实现翻两番不仅仅是经济问题，也是一个政治问题。[1]

1983年1月21日，国务委员谷牧在海南说：“海南岛是中国第二

---

[1] 雷宇：《团结起来，努力开创海南岛社会主义现代化建设的新局面》，《海南日报》1982年12月22日。

大岛，有些资源条件比第一大岛台湾省还好。但是，经济发展不快。多年来的工农业总产值的人均水平，占全国倒数第几位；比全省的平均水平差距也不小。”[1] 1 月 25 日，他在讲到开发海南的重要性时又指出：“海南岛的开发和建设，关系到台湾回归祖国的问题。”[2] 12 月 1 日，在海南岛东方县八所接受记者采访时，谷牧又指出：“海南是我国的第二大岛。由于种种原因，经济发展比较缓慢，至今还处在这么个落后状态，内外都不满意。台湾也是我国的一个大岛，面积比海南大那么一点，人口比海南岛多。那个岛是蒋介石、蒋经国管的，30 多年来发展比较快。虽然，她有过去日本侵占时期留下的基础，但不管怎么说，她的经济发展比我们要快得多。今年初，中央决心加快海南的开发建设。这不只是个经济问题，对巩固国防，实现祖国统一也关系重大。”[3] 这是谷牧对记者发表的谈话，是公开比较了海南与台湾，其中表达了对加快海南岛开发建设重大意义的认识，就是“不只是个经济问题，对巩固国防，实现祖国统一也关系重大”。

1983 年 2 月，中共中央总书记胡耀邦在海南考察。2 月 11 日，他在听取区党委关于海南岛开发建设问题的工作汇报时指出，海南各族人民在党的领导下，艰苦奋斗，做出了很大成绩，特别是三中全会后，海南和全省、全国一样，认真贯彻执行了三中全会的路线，变化很大，这都不成问题。但就 32 年的发展来看，对我们的成绩不能估计过高。不管哪一方面，距离人民的希望还差得很远，我们的经济实力与政治地位很不相称。海南的地理条件和台湾差不多，但经济是 1∶14，你们

[1] 中共广东省委办公厅：《中央对广东工作指示汇编（一九八三——一九八五年）》，第 6 页。

[2] 海南区党委研究室：《关于加快开发建设海南岛问题文件、资料汇编》（一），1983 年 9 月，第 83 页。

[3] 海南区党委研究室：《关于加快开发建设海南岛问题文件、资料汇编》（三），1984 年 7 月，第 33 页。

心里有这笔账，是很大的一笔账。18 年要接近台湾，要翻多少番？（答：四番）那是赶不上的。（国家计委副主任甘子玉：台湾现在平均国民收入是 2600 美元）再加个 18 年能不能赶上呢？用这个东西来判断是非，一是不要否定我们的成绩；二是离人民的希望还差得远。中央给你们政策，希望海南尽快富裕起来，但能不能尽快富裕起来，还要靠广大干部的努力。这个要公开和干部讲。[1] 由这段谈话看出，胡耀邦当时是同广东省和海南行政区负责人讨论“赶台湾”的问题。要不怎么说“你们心里有这笔账”？更何况还有海南与台湾的经济差距是“1 : 14”的量化指标。而之所以说“18 年要接近台湾”，那是因为当时说此话时 20 世纪只剩下 18 年了。

这时，《海南日报》发表文章直接阐述这样的观点：“加快开发建设海南岛，必将进一步显示出社会主义制度的优越性，从而增强华侨的向心力，促进台湾回归。社会主义制度由于实现了生产资料公有制和实行按劳分配的原则，这就打破了束缚生产力发展的桎梏，必然要创造出资本主义制度所不可比拟的劳动生产率和经济建设的高速度。然而，社会主义制度的确立，只是为生产力的飞速发展提供了可能性，要把这种可能性变为现实性，还需要我们去艰苦努力，把社会主义制度的优越性充分发挥出来。我国有两个大岛，一个是台湾，一个是海南，她们的自然条件差不多，是‘姐妹岛’。由于历史造成的原因，这两个大岛，一个是资本主义世界，一个是社会主义天下；一个是国民党统治，一个是共产党领导。这两个大岛开发建设的水平和速度，实际上是两种社会制度、两个政党之间的对比和竞赛。如果我们能够在不太长的时间内，把海南岛建设得更加繁荣富强，那么，我们就为社

---

[1] 中共广东省委办公厅：《中央对广东工作指示汇编（一九八三— 一九八五年）》，第 26—27 页。

会主义制度的优越性提供了有力的佐证。那时，热爱家乡的祖籍海南的 120 多万海外赤子就会更加向往社会主义祖国，台湾同胞和各界人士要求回到祖国怀抱的愿望就会更加强烈，祖国统一的历史进程就会大大加快。”[1]

1985 年 1 月 22 日至 27 日，中共中央政治局委员、国务院副总理万里在视察海南岛时对当地负责同志说：“海南岛条件不比台湾差，然而发展比台湾大大落后了，不是一般的落后。什么原因？第一，这里始终处在前线，我们长期以阶级斗争为纲，经济建设注意不够，投资少。台湾的基础比较好，海南原来基础差，解放后有很大的进步，很大的成绩，但比较起来仍然显得落后。第二，长期的封闭，闭岛锁岛，虽然有华侨众多的好条件，有邻近港澳的好条件，但没有利用这些优势。再一个原因就是这里的经济指导方针不对头，没有因地制宜。过去的许多政策不符合实际，没有按照这里的自然规律、经济规律办事，把一些‘左’的、不实事求是的东西用到这里。所以必须进行改革，充分发挥宝岛的优势。”[2] 在这段话的前面，万里还表达了这样一个观点：“赶台湾，是个号召，是鼓你们的劲的，这个事情一下子是不可能办到的，但要鼓劲。海南岛比台湾条件好，然而比台湾大大地落后了，不是一般地落后。”[3]

万里的这个谈话精辟深刻，他正视海南与台湾的发展差距、海南“赶台湾”的发展命题，无论是台湾迅速发展或是海南十分落后的原因，他都分析得很透彻，很有说服力。而把“赶台湾”理解为一个鼓劲

---

[1] 谭可诚、梁振球、冯学敏：《加快开发建设海南岛的战略意义》，《海南日报》1983 年 5 月 20 日。

[2] 《万里文选》，人民出版社，1995 年版，第 401 页。

[3] 中共广东省委办公厅：《中央对广东工作指示汇编（一九八三— 一九八五年）》，第 285 页。

的口号，也有其独到之处。邓小平作为一个伟大的政治家，非常善于从政治角度谈问题，他这样说过：“在经济问题上，我是个外行，也讲了一些话，都是从政治角度讲的。”[1] 这虽然是邓小平的谦虚之词，却也说出其谈话的特点。正是“赶台湾”这个政治性很强的鼓劲口号，唤醒了沉睡千百年的海南岛，开启了加快开发建设的历史新纪元。

1986 年 10 月 5 日至 11 日，中共中央顾问委员会副主任王震在海南考察。王震充分肯定海南实行对外开放以来所取得的成就，勉励全岛广大干部群众和农垦职工继续发扬艰苦创业精神，发挥宝岛优势，为加快海南岛的开发建设作出新的贡献。他鲜明地指出：“我们要有雄心壮志，要把我们的海南岛建设好，要赶上台湾。我们不仅要完成祖国统一的任务，还要争取世界和平。我们中国要强盛起来，这就是增加了世界和平的力量。这是我们的三大任务呵！用句老话说，国家兴亡，匹夫有责。中国有十亿多炎黄子孙，世界兴亡，中华民族也有这个责任。我们只有强盛起来，才能对世界和平作出更大的贡献。”[2]

接着在 1987 年 6 月 12 日发生的事就广为人知了。当天邓小平在北京告诉对应邀来访的南斯拉夫共产主义者联盟中央主席团委员科罗舍茨说：“我们正在搞一个更大的特区，这就是海南岛经济特区。海南岛和台湾面积差不多，那里有许多资源，有富铁矿，有石油天然气，还有橡胶和别的热带亚热带作物。海南岛好好发展起来，是很了不起的。”[3]

再看广东及北京的专家张震、方生的“专论”。

张震在 1985 年这样自问自答：“海南岛要在 20 年内，赶上台湾目前发展水平，有可能吗？我的立论是有可能。我的根据是：首先我们

[1]　《邓小平文选》第三卷，人民出版社，1993 年版，第 77 页。

[2]　中共广东省委办公厅：《中央对广东工作指示汇编（一九八六年—一九八七年）》，第 165—166 页。

[3]　《邓小平文选》第三卷，人民出版社，1993 年版，第 239 页。

有社会主义制度的优越性，党中央的重视和10亿人民作后盾；二是海南有得天独厚的地理条件和丰富的自然资源，有580.7万勤劳勇敢的人民；三是有130多万海外侨胞的支援，加上有国际上剩余游资可以吸收利用，只要大力开展对外经济贸易活动，引进先进技术和设备，采用有利的各种形式，把海南的优势和国内外市场与国际市场有机地结合起来，可以预料，海南经济飞跃，是大有希望的。不可否认，难度很大，问题很多。因此，有赖于更加特殊，更加开放政策的实施，有赖于适应开放政策上一系列体制的改革。”[1] 这充分表达了作者的良好愿望和坚定信心。

方生在1988年则是深度思考和分析了为什么社会主义的海南落后于实行资本主义的台湾的原因，并回答海南能不能赶上台湾的问题。

他说，谈到海南，人们很自然地会联想起台湾。海南是我国仅次于台湾的第二大岛（前者面积为3.4万平方公里，后者为3.6万平方公里），自然条件大同小异。新中国成立以来的30多年间，海南无论在经济还是文化方面都有所发展，人民生活也得到一定改善。但和台湾相比，还是比较落后的。1986年台湾人均国民生产总值为3748美元，海南只有208美元，相差近20倍；同年，台湾出口总值为398亿美元，海南只有3840万美元；台湾每百人中有7.3人具有大专以上文化水平，海南只有0.35人。这一差距不能不发人深思：既然条件相近，为什么社会主义的海南却落后于实行资本主义的台湾？海南能不能赶上台湾？要回答这个问题必须简略回顾一下历史。日本侵占台湾整整50年，它出于殖民主义的利益，经过长期经营，在基础设施、工农业生产以及文化教育等方面，都打下了较好的基础，而当时的海南则基本上没有现代工业，只有单一的落后农业。1949年国民党政府逃离大陆，带走

[1] 张震：《对开发海南一些战略问题的探讨》，《广东社会科学》1985年第1期。

了大量资金、设备和人才。后来美国又给台湾为数可观的起着“输血”作用的经济援助，并且还向台湾大量投资，接着日本资本也涌入台湾。据估计，30多年间仅美日向台湾的投资就达250亿美元。再来看看海南。它地处国防前哨，按理应该加强作为国防建设基础的经济建设，但我们却在“防止突然袭击”战略思想的影响下，实际上放弃了建设工作。从1951年到1986年底，累计全民所有制单位固定资产投资不到90亿元。国家对海南经济实际是拿得多，给得少。可以说，这是出现差距的一个根本原因。同时，我们不能不看到，台湾当局近20年来对台湾所实行的某些政策措施，在处理农业、轻工业和重工业相互关系，以及发展外向型经济方面所取得的成就，也促进了台湾经济的发展。相形之下，我们经济相对落后，和我们长期以来所实行的闭关锁岛、对外隔绝的战略方针和传统的经济政治体制，不无关系。

方生指出，政策是生命。中央决定海南建省，实行更加开放、更加特殊、更加优惠的政策，并赋予海南更大的自主权，正是要端正战略指导思想，破除旧体制，实行新体制，解放长期被束缚的生产力，加速海南的开发和建设。只要政策对头，坚持安定团结，踏踏实实地工作，加快海南的发展，逐步缩小和台湾的差距，并最终赶上台湾是可能的。深圳经济特区的实践证明，只有坚持开放，坚持改革，落后可以变为先进，后来可以居上。同时，也要清醒地看到，海南和台湾在经济发展上差距毕竟很大，赶上台湾并非轻而易举，没有长期不懈的努力，不经过较长的过程，是难以达到的。是否可以设想，作为第一步，经过20年或更长一点的时间，达到人均国民生产总值2000美元以上，即相当于台湾80年代初的水平。然后在这个基础上，继续努力，迎头赶上。

方生还说：“早在1979年初，香港一些厂商就组团前往海南考察，发现这里得天独厚的自然条件，是香港企业界投资的理想地方，曾向邓小平建议成立海南特区。”[1] 但未知此言所据何在。

至此，我们就可以读懂 2013 年 4 月习近平总书记在海南和大家一起重温邓小平 1987 年 6 月 12 日会见外宾时的谈话——“我们正在搞一个更大的特区，这就是海南岛经济特区……海南岛好好发展起来，是很了不起的”的全部意义；深刻理解习近平总书记所强调的“从中央决定海南建省办经济特区开始，我们就决心把海南岛好好发展起来。海南的同志一定要埋头苦干、奋起直追，使海南成为实践中国特色社会主义的生动范例，我们要有这样的雄心壮志”的重大意义。

习近平总书记出席庆祝海南建省办经济特区 30 周年大会，并发表重要讲话，郑重宣布：“党中央决定支持海南全岛建设自由贸易试验区，支持海南逐步探索、稳步推进中国特色自由贸易港建设，分步骤、分阶段建立自由贸易港政策和制度体系。”[2] 这是在中国特色社会主义进入新时代的大背景下，习近平总书记赋予海南经济特区改革开放新的使命，必将对构建我国改革开放新格局产生重大而深远影响，也将为海南全面深化改革开放、形成更高层次改革开放新格局注入强大动力。

在谋划海南探索建设中国特色自由贸易港的同时，习近平总书记还谋划探索“两制”台湾方案。

2019 年 1 月 2 日上午，《告台湾同胞书》发表 40 周年纪念会在人民大会堂隆重举行。习近平出席纪念会并发表重要讲话，他在讲话中郑重提出：“探索‘两制’台湾方案，丰富和平统一实践。‘和平统一、一国两制’是实现国家统一的最佳方式，体现了海纳百川、有容乃大的中华智慧，既充分考虑台湾现实情况，又有利于统一后台湾长

[1] 方生：《把海南建设成为全国最大的经济特区》，《经济理论与经济管理》1988 年第 4 期。

[2] 习近平：《在庆祝海南建省办经济特区 30 周年大会上的讲话》（2018 年 4 月 13 日）。

治久安。‘一国两制’在台湾的具体实现形式会充分考虑台湾现实情况，会充分吸收两岸各界意见和建议，会充分照顾到台湾同胞利益和感情。两岸同胞是一家人，两岸的事是两岸同胞的家里事，当然也应该由家里人商量着办。和平统一，是平等协商、共议统一。两岸双方应该本着对民族、对后世负责的态度，凝聚智慧，发挥创意，聚同化异，争取早日解决政治对立，实现台海持久和平，达成国家统一愿景，让我们的子孙后代在祥和、安宁、繁荣、尊严的共同家园中生活成长。在一个中国原则基础上，台湾任何政党、团体同我们的交往都不存在障碍。以对话取代对抗、以合作取代争斗、以双赢取代零和，两岸关系才能行稳致远。我们郑重倡议，在坚持‘九二共识’、反对‘台独’的共同政治基础上，两岸各政党、各界别推举代表性人士，就两岸关系和民族未来开展广泛深入的民主协商，就推动两岸关系和平发展达成制度性安排。”[1]

完全可以预见，探索建设中国特色自由贸易港，探索“两制”台湾方案，历史将以对我国两大岛进行“两个探索”的独特方式，为实现中华民族伟大复兴的中国梦构筑灿烂的前景和美好的未来。

三、使海南成为实践中国特色社会主义的生动范例，我们要有这样的雄心壮志

2013 年 4 月，习近平总书记在海南考察结束时发表重要讲话说：“从现在的情况看，经过 20 多年开发建设，海南与台湾的发展差距已相对缩小。1987 年到 2012 年，地区生产总值差距由 58 倍缩小为 10 倍（2012 年海南是 453. 95 亿美元，台湾是 4740. 89 亿美元），进出口总额

[1] 《出席〈告台湾同胞书〉发表 40 周年纪念会并发表重要讲话 习近平：探索“两制”台湾方案》，《人民日报》海外版 2019 年 1 月 3 日。

差距由303倍缩小为39倍（2012年海南是143.3亿美元，台湾是5716.54亿美元）。台湾早在上世纪六七十年代就抓住国际产业转移的机会完成了工业化。与之相比，海南开发建设起步晚、起点低，取得这样的成绩殊为不易。”[1]

习近平在福建工作了17年多，对台湾情况非常了解，被台湾媒体视为“最了解台湾的大陆领导人”，因此比较起海南与台湾发展的差距来也是“轻车熟路”。

习近平总书记指出：“应该说，从中央决定海南建省办经济特区开始，我们就决心把海南岛好好发展起来。海南的同志一定要埋头苦干、奋起直追，使海南成为实践中国特色社会主义的生动范例，我们要有这样的雄心壮志。”[2]

学习贯彻习近平总书记重要讲话精神，努力使海南成为实践中国特色社会主义的生动范例，实现雄心壮志，海南提出：要实施更加主动的开放战略，争创发展开放型服务业的实践范例；加大城乡统筹发展力度，争创特色城镇化的实践范例；大力保障和改善民生，争创基本公共服务均等化的实践范例；加强生态环境保护，争创生态文明建设的实践范例；深化行政管理体制改革，转变政府职能，争创规范、高效、优质政府服务的实践范例；坚持富岛与强军相统一，争创军地军民融合式发展的实践范例。[3]

习近平总书记要求“海南的同志一定要埋头苦干”，“我们要有这样的雄心壮志”，让人立即想到邓小平1992年视察南方谈话时说到的雄心壮志：“从国际经验来看，一些国家在发展过程中，都曾经有过高

[1][2] 习近平：《在海南考察工作结束时的重要讲话》（2013年4月10日）。

[3] 《中共海南省委六届四次全会号召　深入学习贯彻落实习总书记重要讲精神　以争创范例的实践交出满意答卷》，《海南日报》2013年7月27日。

速发展时期，或若干高速发展阶段。日本、南朝鲜、东南亚一些国家和地区，就是如此。现在，我们国内条件具备，国际环境有利，再加上发挥社会主义制度能够集中力量办大事的优势，在今后的现代化建设长过程中，出现若干个发展速度比较快、效益比较好的阶段，是必要的，也是能够办到的，我们就是要有这个雄心壮志！”[1]

“雄心壮志”这四个铿锵有力的字，表达的是老一辈无产阶级革命家的理想、情怀和品格。王震 1986 年 10 月在海南就说：“我们要有雄心壮志，要把我们的海南岛建设好，要赶上台湾。”[2]

习近平总书记曾深情地说，在他的一生中，对他帮助最大的，“一是革命老前辈，一是我那陕北的老乡们”[3]。革命老前辈思想的影响和感召，就是一种帮助。

由重温邓小平的谈话，感受“邓小平同志拿海南同台湾比较，意味深长”，进而提出使海南成为实践中国特色社会主义的生动范例的“雄心壮志”，一方面体现出习近平总书记对邓小平同志的衷心敬爱，另一方面体现出他对中国特色社会主义的坚定信念。

习近平总书记在纪念邓小平同志诞辰 110 周年座谈会上说：“邓小平同志强调：‘改革开放胆子要大一些，敢于试验，不能像小脚女人一样。看准了的，就大胆地试，大胆地闯’，‘走不出一条新路，就干不出新的事业’。邓小平同志第一次比较系统地初步回答了在中国这样经济文化比较落后的国家如何建设社会主义、如何巩固和发展社会主义的一系列基本问题，深刻揭示了社会主义的本质，实现了马克思主义同中国实际相结合的又一次历史性飞跃。邓小平同志的南方谈话，

[1] 《邓小平文选》第三卷，人民出版社，1993 年版，第 377 页。

[2] 中共广东省委办公厅：《中央对广东工作指示汇编（一九八六年—一九八七年）》，第 165 页。

[3] 《“人民群众是我们力量的源泉”——记中共中央总书记习近平》，新华社北京 2012 年 12 月 23 日电，引自《习近平谈治国理政》，外文出版社，2014 年版，第 430 页。

从理论上深刻回答了长期困扰和束缚人们思想的许多重大问题，推动改革开放和社会主义现代化建设进入新阶段。正是在邓小平同志倡导和支持下，改革大潮汇聚成时代洪流，使中国人民的面貌、社会主义中国的面貌、中国共产党的面貌发生了历史性变化。”[1]

我们还看到，习近平的“雄心壮志”在主政河北省正定县时就已经显露出来了。

当时习近平主持起草、审定的一个文件，以中共正定县委《关于改进领导作风的几项规定》（正发［1983］42号）印发。规定共六项：一是总揽全局，抓大事；二是反对官衙作风，注重工作实效；三是搞好“一班人”团结，维护县委领导的统一；四是以身作则，不搞不正之风；五是加强学习，不断提高领导水平；六是树立雄心壮志，为四化争先创优。其中，第六项“树立雄心壮志，为四化争先创优”的具体规定是：“在四化建设中，每个领导成员都要以拼搏精神，开拓前进。在国内找出各类同行业的先进典型，发愤比学赶超，力争使自己分管的工作在全区、全省、全国居于先进地位，为振兴正定、建设四化贡献力量。”[2]

习近平还提出，要有雄心壮志，使所领导的社队，使全县能成为繁荣富庶的地方。他这样说：“我们必须增强竞争意识。有些同志老是习惯于‘纵’着比、回头看，数自己的脚印，沾沾自喜于自己的变化。回头看是必要的，但是更重要的是向前看，向自己的左右看，要‘横’着比，比比国内的先进水平，比比世界的先进水平，找找自己的差距。相比之下，我们有什么理由满足现状呢？在‘千帆竞发，百舸争流’的形势下，不进则退，一定要警惕，不要被时代淘汰，要竞争，要有

[1]《习近平谈治国理政》第二卷，外文出版社，2017年版，第8页。

[2] 习近平：《县委一班人要遵守六项规定》（1983年12月6日），载《知之深　爱之切》，河北人民出版社，2015年版，第105—107页。

雄心壮志，使我们所领导的社队，使全县能成为繁荣富庶的地方。”[1]

四、海南经济特区取得的成就是改革开放以来我国实现历史性变革、取得历史性成就的一个生动缩影

从希望海南“争创中国特色社会主义实践范例”，“使海南成为实践中国特色社会主义的生动范例”，到要求海南“争创新时代中国特色社会主义生动范例”，这又源于习近平总书记对海南建设所取得成就的由衷高兴与美好畅想。

习近平每次考察海南，都为海南的发展感到高兴。这也是他要求海南争创新时代中国特色社会主义生动范例的实践根源和信心来源。

2010 年 4 月，习近平在海南考察时深有感触，几天的所见所闻使他感受到海南建省 22 年来发生的巨大变化。特别是党的十七大以来，海南认真贯彻党的十七大，十七届三中、四中全会的精神，坚决执行中央应对国际金融危机冲击的决策部署和一系列方针政策，采取有力措施保增长、保民生、保稳定，国民经济实现了平稳较快发展，人民生活水平有了较大提高，改革开放取得重要进展，学习实践科学发展观活动取得明显成效，党的建设得到新的加强，全省呈现出经济发展、社会稳定、民族团结的良好局面。2009 年，全省生产总值比上年增长了 11.7%，地方一般预算收入比上年增长 23%，城镇居民人均可支配收入 13751 元，农村居民人均纯收入 4744 元，分别比上年增长 9.6% 和 9.2%。[2]

2013 年 4 月 10 日，在海南考察工作的习近平总书记听取了海南省

---

[1] 习近平：《正确处理发展商品经济的六个关系》（1983 年 12 月 22 日），载《知之深　爱之切》，河北人民出版社，2015 年版，第 112 页。

[2] 《习近平同志在海南考察时的讲话》（2010 年 4 月 13 日）。

委和省政府的工作汇报，充分肯定了海南近年来抓住国际旅游岛建设机遇，贯彻落实中央决策部署，着力调结构、转方式、惠民生、保稳定，经济社会发展所取得的新的重大成就。他说："这是我到中央工作后第二次来海南。2010 年 4 月那次来，也是出席博鳌亚洲论坛年会开幕式，还就海南国际旅游岛建设、加强和改进新形势下党的建设进行调研。这两天，我们到琼海、三亚等地，看了海上民兵连、渔港、特色农业产业、国际邮轮码头等……所见所闻使我对海南改革发展情况有了进一步了解。国际旅游岛建设纳入国家战略以来，海南抓住机遇，贯彻落实中央决策部署，着力调结构、转方式、惠民生、保稳定，经济社会发展取得新的重大成就。2010 年至 2012 年，全省经济年均增长 12. 3%；人均地区生产总值一年上一个台阶，2010 年超过 3000 美元，2011 年超过 4000 美元，2012 年超过 5000 美元；进出口总额年均增长 17.2%；旅游总收入年均增长 21.4%；地方公共财政收入年均增长 32%；城镇居民人均可支配收入和农民人均纯收入分别年均增长 15%、16%，社会主义经济建设、政治建设、文化建设、社会建设、生态文明建设和党的建设全面推进。今年以来，各项主要经济指标继续呈良好发展态势。这些成绩的取得，是省委和省政府团结带领全省干部群众奋发进取的结果。看到琼州大地发生了新变化，甚感欣慰。中央对海南的工作是满意的。"[1]

在这次讲话中，习近平总书记分析了海南的优势和当前的机遇，为海南下一步的发展指明了方向。

习近平和大家一起重温了 1987 年邓小平会见外宾时的谈话："我们正在搞一个更大的特区，这就是海南岛经济特区……海南岛好好发展起来，是很了不起的。"早在 1979 年，习近平就曾陪同父亲——时任

[1] 习近平：《在海南考察工作结束时的重要讲话》（2013 年 4 月 10 日）。

广东省委第一书记的习仲勋来过海南，回忆当时的海南，对比今天的发展，他认为海南发生了“沧桑巨变”。习近平表示，“看到琼州大地发生了新变化，甚感欣慰”。

习近平语重心长地说，从中央决定海南建省办经济特区开始，我们就决心把海南岛好好发展起来，海南的同志一定要埋头苦干、奋起直追，使海南成为实践中国特色社会主义的生动范例，我们要有这样的雄心壮志。他希望海南实施好科学发展、绿色崛起的战略，努力走出具有海南特色的科学发展之路。习近平强调，当前和今后一个时期，海南发展的总抓手就是加快建设国际旅游岛，这是中央作出的重大决策，也是海南的最大机遇和最强比较优势，要以更大的力度解放思想、深化改革、扩大开放，充分调动广大干部群众的积极性，通过锲而不舍、艰苦奋斗创造美好未来。[1]

2018年4月10日，习近平总书记在博鳌亚洲论坛2018年年会开幕式上发表主旨演讲，他说：“历史，总是在一些特殊年份给人们以汲取智慧、继续前行的力量。2018年是中国改革开放40周年，也是海南建省办经济特区30周年。海南省可谓‘因改革开放而生，因改革开放而兴’。改革开放以来，海南从一个较为封闭落后的边陲岛屿，发展成为中国最开放、最具活力的地区之一，经济社会发展取得巨大成就。”

习近平总书记赞美说：“一滴水可以反映出太阳的光辉，一个地方可以体现一个国家的风貌。海南发展是中国40年改革开放的一个重要历史见证。”[2]

2018年4月13日，习近平总书记在庆祝海南建省办经济特区30周年大会上发表重要讲话时指出，30年来，在党中央坚强领导和全国

---

[1] 《美丽篇章藉春风——习近平总书记考察海南纪实》，《海南日报》2013年4月13日。

[2] 习近平：《开放共创繁荣　创新引领未来——在博鳌亚洲论坛2018年年会开幕式上的主旨演讲》（2018年4月10日，海南博鳌）。

大力支持下，海南经济特区坚持锐意改革，勇于突破传统经济体制束缚，经济社会发展取得了令人瞩目的成绩。1987 年，海南地区生产总值仅有 57.28 亿元，地方财政收入不到三个亿。到 2017 年，海南地区生产总值达到 4462.5 亿元，人均地区生产总值 7179 美元，地方一般公共预算收入 674 亿元，地区生产总值、人均生产总值、地方财政收入分别增长 21.8 倍、14.3 倍、226.8 倍，现代服务业、热带农业、新型工业迅速成长，交通、电力、水利、通信等基础设施日趋完备。改革开放取得重要突破，在农垦体制改革、“多规合一”改革、省直管市县的行政管理体制改革、航权开放等方面走在全国前列。国际交流合作空前扩大，成功举办了 18 届博鳌亚洲论坛年会。在全国率先建设生态省，大气和水体质量保持领先水平。人民生活明显改善，教育、卫生、文化等社会事业加快发展，城乡面貌发生深刻变化。经过 30 年不懈努力，海南已从一个边陲海岛发展成为我国改革开放的重要窗口。

习近平总书记进一步评价说：“海南经济特区是我国经济特区的一个生动缩影，海南经济特区取得的成就是改革开放以来我国实现历史性变革、取得历史性成就的一个生动缩影。”[1] 这两个“生动缩影”，充分肯定了海南经济特区发展的巨大成就及重大意义。

这些“生动缩影”，在 2018 年 11 月 13 日于北京国家博物馆开幕的“伟大的变革——庆祝改革开放 40 周年大型展览”中得到充分展现。这个大型展览全方位、立体化地展现了改革开放 40 年来特别是党的十八大以来，党和国家事业取得的历史性成就、发生的历史性变革。椰风海韵的三亚市亚龙湾，硕果累累的国家南繁科研育种基地，庄重大气的金砖国家领导人第三次会晤会场，繁忙有序的南海神狐海域可燃冰试采作业平台等众多海南元素，在各个展区中闪耀光芒，反映了海

[1] 习近平：《在庆祝海南建省办经济特区 30 周年大会上的讲话》（2018 年 4 月 13 日）。

南作为我国改革开放重要窗口的崭新形象，凸显了海南广大干部群众勇立时代潮头的动人风采。海南多项改革开放成果出现在大型国家展上，充分说明了海南经济特区是我国经济特区的一个生动缩影，海南经济特区取得的成就是改革开放以来我国实现历史性变革、取得历史性成就的一个生动缩影。

海南，因改革开放而生，因改革开放而兴。她之所以能从一个边陲海岛发展成为我国改革开放的重要窗口，正是得益于深化改革、扩大开放，得益于30年来的大胆探索、开拓进取。如今，海南发展正迎来新的重大历史机遇。全岛建设自由贸易试验区，是党中央对海南改革开放“试验田”的高度认可；瞄准自由贸易港这一当今世界最高水平的开放形态，是时代赋予海南的重大责任和使命。以更高的站位、更宽的视野、更大的力度谋划和推进改革开放，着力打造全面深化改革开放试验区、国家生态文明试验区、国际旅游消费中心、国家重大战略服务保障区，海南必将成为展示中国风范、中国气派、中国形象的靓丽名片。

五、如果海南岛更好发展起来，中国特色社会主义就更有说服力

中国特色社会主义进入新时代，历史再一次选择海南。习近平总书记在庆祝海南建省办经济特区30周年大会上的重要讲话中指出：“三十而立，蓄势待发。党中央从决定设立海南经济特区开始，就决心把海南岛好好发展起来。如果海南岛更好发展起来，中国特色社会主义就更有说服力，更能够增强人们对中国特色社会主义的信心。”[1]

---

[1] 习近平：《在庆祝海南建省办经济特区30周年大会上的讲话》（2018年4月13日）。

而五年前在海南，习近平总书记就这样深刻指出：“如果把海南岛好好发展起来，中国特色社会主义就很有说服力，就能够增强人们对中国特色社会主义的信心，也就能促进祖国和平统一进程。”[1]

在邓小平阐述“社会主义的优越性归根到底要体现在它的生产力比资本主义发展得更快一些、更高一些”[2]的那个时代，习近平的真切感受是：社会主义的优越性，只有在生产力的解放中，在国力的快速增强中，在人民生活的极大改善中，在与外部世界日益广泛的交往中才能得以最充分体现。中国的成功点，恰在于我们重视经济建设的话说得早，事做得快，业立得牢。试看今日之域中，中国之所以成为地位稳靠、说话响亮的重要国家，正在于她坚持改革开放，获得了世人瞩目的经济发展。[3]

支持海南全面深化改革开放，“有利于推动海南加快实现社会主义现代化，打造成新时代中国特色社会主义新亮点，彰显中国特色社会主义制度优越性，增强中华民族的凝聚力和向心力”，[4]这也是党中央所希望的。

从“我们要有雄心壮志”到“我们要有这样的雄心壮志”，从“好好发展起来”到“更好发展起来”，新时代全面深化改革开放的海南必将开创新时代中国特色社会主义新局面，让中国特色社会主义更有说服力！

当前中国经济与世界经济已深度融合，要保持中国经济持续健康发展，必须继续坚持对外开放的基本国策，更加自觉地树立全球视野，更加积极地统筹国内和国际两个大局，实施全方位的对外开放。

---

[1] 习近平：《在海南考察工作结束时的重要讲话》（2013年4月10日）。

[2] 《邓小平文选》第三卷，人民出版社，1993年版，第63页。

[3] 习近平：《摆脱贫困·跋》，载《摆脱贫困》，福建人民出版社，1992年版，第215页。

[4] 《中共中央　国务院关于支持海南全面深化改革开放的指导意见》（2018年4月11日）。

改革开放是决定当代中国命运的关键一招，实际上，它也是决定实现“两个一百年”奋斗目标、实现中华民族伟大复兴的关键一招。

30 年前，党中央作出海南建省办经济特区的重大战略决策是完全正确的。海南面积只有 3.5 万平方公里，人口不足 1000 万，在全国来说是一个小省。但人们说，大有大的威风，小有小的志气。海南建省办经济特区 30 年，切实履行党中央和国务院赋予的历史使命，大胆创新、奋勇拼搏，经济社会发展取得了重大成就，实现了翻天覆地的变化，成为全国改革开放的重要窗口，也为全国改革开放提供了宝贵经验。

人们也看到，海南地理位置独特，又是相对独立的地理单元，人口规模和经济体量适中，相对而言，对改革开放进程中可能出现的风险比较容易把控，具有成为全国改革开放“试验田”的独特优势。在新的历史条件下，赋予海南新的历史使命，就是要让海南继续肩负起“试验田”的使命，充分发扬敢闯敢试、敢为人先、埋头苦干的特区精神，在更宽领域、更深层次的改革开放实践中先行试验，形成并提供更多可复制可推广的经验。

在改革开放 40 周年、海南建省办经济特区 30 周年之际，党中央决定推进海南全面深化改革开放，就是要让海南重整行装再出发，激扬经济特区精神，擦亮经济特区品牌，当好全国改革开放的“试验田”，争当新时代改革开放排头兵，成为全国深化改革开放的一个新标杆，把经济更好发展起来，让中国特色社会主义更有说服力。

拿海南与台湾比，境外媒体也看到所隐含的意义。

外媒认为，2018 年是海南建省及设立特区 30 周年，习近平提到中共中央、国务院《关于支持海南全面深化改革开放的指导意见》，不仅是送给海南的大礼，亦是对内地的经济特区政策作一次总结、更新。

外媒认为，选择海南这个最大的特区而非一直被认为是特区代表的深圳来作这一总结，别有意味，既标志着中国的特区升级由城市向广阔的地区扩展，也意味着海南未来的发展被赋予更新的意义。习近平在讲话中特别引述邓小平在1987年会见外宾时所说，“我们正在搞一个更大的特区，这就是海南岛经济特区。海南岛和台湾的面积差不多”，“海南岛好好发展起来，是很了不起的”。将海南与台湾相提并论，其中似乎也暗含以海南赶超台湾来促进两岸统一的意思，耐人寻味。

外媒说，中央将首个自贸港设在海南，其中的一项考虑就是海南现时经济仍较落后，2017年，海南的人均地区生产总值才7179美元，虽然较30年前增长了14.3倍，但与内地平均9000美元的水准仍有差距，与台湾的差距更大。但正是由于海南是一张白纸，发展的挥洒空间才更大，正是由于海南几乎没有重工业，制造业亦很少，空气、土地、水源都少污染，可以走一条与内地截然不同的新型发展道路。由此观之，海南的短处恰恰是她的优势。[1]

六、海南要争创新时代中国特色社会主义生动范例

2018年4月13日，习近平总书记在庆祝海南建省办经济特区30周年大会上的重要讲话中要求：“海南广大干部群众要抓住机遇、再接再厉，全面贯彻党的十九大精神，以新时代中国特色社会主义思想为指导，坚持稳中求进工作总基调，增强‘四个意识’，坚定‘四个自信’，坚持新发展理念，统筹推进‘五位一体’总体布局和协调推进‘四个全面’战略布局，以供给侧结构性改革为主线，建设自由贸易试验区和中国特色自由贸易港，发挥自身优势，大胆探索创新，着力打造全面深化改革开放试验区、国家生态文明试验区、国际旅游消费中

[1]　《海南岛建自贸港　改革开放升级版》，《明报》2018年4月15日社论。

心、国家重大战略服务保障区，争创新时代中国特色社会主义生动范例，让海南成为展示中国风范、中国气派、中国形象的靓丽名片。”[1]

这是中国特色社会主义进入新时代，习近平总书记对将海南打造成我国全面深化改革开放新标杆的总要求、总部署和总动员。

第二天（2018 年 4 月 14 日）发布的《中共中央　国务院关于支持海南全面深化改革开放的指导意见》（2018 年 4 月 11 日），为海南规划了“三区一中心”的战略定位：

全面深化改革开放试验区。大力弘扬敢闯敢试、敢为人先、埋头苦干的特区精神，在经济体制改革和社会治理创新等方面先行先试。适应经济全球化新形势，实行更加积极主动的开放战略，探索建立开放型经济新体制，把海南打造成为我国面向太平洋和印度洋的重要对外开放门户。

国家生态文明试验区。牢固树立和践行绿水青山就是金山银山的理念，坚定不移走生产发展、生活富裕、生态良好的文明发展道路，推动形成人与自然和谐发展的现代化建设新格局，为推进全国生态文明建设探索新经验。

国际旅游消费中心。大力推进旅游消费领域对外开放，积极培育旅游消费新热点，下大气力提升服务质量和国际化水平，打造业态丰富、品牌集聚、环境舒适、特色鲜明的国际旅游消费胜地。

国家重大战略服务保障区。深度融入海洋强国、“一带一路”建设、军民融合发展等重大战略，全面加强支撑保障能力建设，切实履行好党中央赋予的重要使命，提升海南在国家战略格局中的地位和作用。[2]

海南如何争创新时代中国特色社会主义生动范例？刘赐贵指出，

---

[1] 习近平：《在庆祝海南建省办经济特区 30 周年大会上的讲话》（2018 年 4 月 13 日）。

[2] 《中共中央　国务院关于支持海南全面深化改革开放的指导意见》（2018 年 4 月 11 日）。

要在守住底线的前提下，坚持全球视野，对标国际通行规则，结合海南自身优势，重点在以下六个方面争创新时代中国特色社会主义生动范例。

一是在生态文明建设方面。生态环境是我们的最大特色与优势，最有条件争创生动范例。我们要牢记习近平总书记嘱托，始终把保护生态作为重大政治责任，以最严的措施，确保生态环境只能更好、不能变差，以最好的资源吸引最好的投资，把最好的资源变成百姓共享的福祉，真正把绿水青山变成百姓的金山银山，建设全世界生态最好、环境最美的自由贸易试验区和中国特色自由贸易港。

二是在房地产调控方面。防止炒房不仅是经济问题、发展问题、民生问题，更是政治问题，也是对我们执政能力和水平的检验。要不折不扣贯彻落实习近平总书记重要批示精神，坚决防范炒房炒地投机行为，实行最严格的节约用地制度，完善住房保障和供应体系，妥善解决好本地居民住房问题，构建房地产调控长效机制。

三是在营造一流营商环境方面。对标国内一流、全球前列，始终把优化营商环境作为重要任务，既抓硬件环境，又抓制度改革创新，积极构建与国际投资贸易规则相接轨的体制机制。

四是在全面融入“一带一路”战略、建设21世纪海上丝绸之路重要战略支点方面。要深度谋划利用好博鳌亚洲论坛和海外侨胞、琼籍乡亲遍布世界等优势，加强同“一带一路”沿线国家和地区务实合作，深化区域合作交流，努力建设泛南海经济合作圈。

五是在欠发达地区走出一条高水平开放高质量发展路子方面。要深化供给侧结构性改革，在扩大开放中培育壮大重点产业，打造国际旅游消费中心，大力实施创新驱动发展战略和乡村振兴战略，不断培育新产业新动能。

六是在打造廉洁政府方面。要以改革创新精神加强廉洁政府建设，制定公职人员行为规范和具体规章，建立健全不敢腐、不能腐、不想腐的长效机制，努力实现干部清正、政府清廉、政治清明。[1]

刘赐贵表示，要坚持发扬特区精神，争创新时代中国特色社会主义生动范例。习近平总书记两次视察海南都对海南寄予厚望，要求海南争创“生动范例”。我们必须站在党和国家事业发展的战略高度，重点在以下六个方面争创新时代中国特色社会主义生动范例：以最严的措施确保生态环境只能更好、不能变差，努力建设生态最好、环境最美的自由贸易试验区和中国特色自由贸易港；坚决防范炒房炒地投机行为，完善住房保障和供应体系，妥善解决本地居民住房问题，构建房地产调控长效机制；积极构建与国际投资贸易规则相接轨的体制机制，营造一流营商环境；加强同“一带一路”参与国家和地区务实合作，深化区域合作交流，努力建设泛南海经济合作圈；培育壮大重点产业，打造国际旅游消费中心，实施创新驱动发展战略和乡村振兴战略，走出一条欠发达地区高水平开放、高质量发展路子；建立健全不敢腐、不能腐、不想腐的长效机制，努力实现干部清正、政府清廉、政治清明。[2]

[1] 刘赐贵：《关于深入学习习近平总书记“4·13”重要讲话精神的十点认识》（2018 年 10 月 13 日），《海南日报》2018 年 10 月 17 日。

[2] 刘赐贵：《努力成为新时代全面深化改革开放新标杆》，《人民日报》2018 年 10 月 29 日。

第五章 论开放：海南要实行更加积极主动的开放战略

海南要坚持开放为先，实行更加积极主动的开放战略，加快建立开放型经济新体制，推动形成全面开放新格局。

——习近平：《在庆祝海南建省办经济特区30周年大会上的讲话》（2018年4月13日）

海南因改革开放而生，海南因改革开放而兴——这是习近平总书记心目中的海南。从提出必须充分发挥海南对外开放排头兵的作用，到希望海南为全国发展开放型经济提供新鲜经验，无不彰显他对海南开放的十分关注和深远谋划。在厦门进行中国特色的自由港发展之路最初探索30多年之后，一声“党中央决定支持海南全岛建设自由贸易试验区，支持海南逐步探索、稳步推进中国特色自由贸易港建设”的郑重宣告，更是把海南推向国家开放的最前沿。在习近平总书记提出的海南全岛建设自由贸易试验区要以制度创新为核心，海南建设自由贸易港要体现中国特色、符合中国国情、符合海南发展定位，海南要以发展旅游业、现代服务业、高新技术产业为主导，海南要在建设21

世纪海上丝绸之路重要战略支点上迈出更加坚实的步伐等系列重要论述指引下，海南正加快建立开放型经济新体制，推动尽快形成全面开放新格局。

一、建设海南国际旅游岛，必须充分发挥海南对外开放排头兵的作用

2010年4月13日，习近平在海南考察时发表重要讲话强调：“建设海南国际旅游岛，必须充分发挥海南对外开放排头兵的作用，要利用好博鳌亚洲论坛这个平台，拓展对外开放空间，推进与港澳台地区、环北部湾经济合作。要利用好海南面向东盟、背靠珠三角的区位优势，积极参与中国—东盟自由贸易区建设，提高贸易和投资便利化程度，进一步改善对外开放的政策环境和服务环境；要优化外资结构，增强洋浦保税港区、海口综合保税区的吸引力和国际竞争力；鼓励和引导外资投向旅游业、现代服务业等海南特色产业以及高新技术产业。要积极培育国际会展品牌，优化会展发展环境。”[1]

因为是在海南就搞好国际旅游岛建设等问题进行调研，所以习近平提出一个很重要的思想，就是“建设海南国际旅游岛，必须充分发挥海南对外开放排头兵的作用”。一方面指出海南处于我国对外开放的排头兵位置，另一方面要求在建设国际旅游岛的过程中必须充分发挥海南对外开放排头兵的作用。因此，他给海南提出五大任务：一是利用好博鳌亚洲论坛这个平台，拓展对外开放空间，推进与港澳台地区、环北部湾经济合作；二是利用好海南面向东盟、背靠珠三角的区位优势，积极参与中国—东盟自由贸易区建设，提高贸易和投资便利化程度，进一步改善对外开放的政策环境和服务环境；三是要优化外资结

[1] 《习近平同志在海南考察时的讲话》（2010年4月13日）。

构，增强洋浦保税港区、海口综合保税区的吸引力和国际竞争力；四是鼓励和引导外资投向旅游业、现代服务业等海南特色产业以及高新技术产业；五是要积极培育国际会展品牌，优化会展发展环境。

这五大任务，实际上也就是海南发挥“对外开放排头兵”作用的五项工作清单。反映出的是习近平对做好海南对外开放工作、促进国际旅游岛建设的深度思考和最初谋划。

博鳌亚洲论坛（Boao Forum for Asia，缩写为 BFA），由 25 个亚洲国家和澳大利亚共同发起，于 2001 年 2 月 27 日在海南省琼海市位于万泉河入海口的博鳌镇召开大会，正式宣布成立。博鳌亚洲论坛是第一个把总部设在中国的国际会议组织，为非官方、非营利性、定期、定址的国际组织，是为政府、企业及专家学者等提供的一个共商经济、社会、环境及其他相关问题的高层对话平台。海南博鳌为博鳌亚洲论坛总部的永久所在地。

习近平对博鳌亚洲论坛非常重视，他在 2010 年年会开幕式上的演讲中高度评价说：“博鳌亚洲论坛是在人类社会跨入 21 世纪时应运而生的。论坛成立九年来，立足亚洲、面向世界，为增进亚洲各国人民相互了解和相互交流发挥了积极作用，为促进亚洲和世界的和平与发展作出了重要贡献。”[1]

在这次考察过程中，习近平还指出，把海南建设成国际旅游岛，一个重要内涵是通过结构调整发展区域特色经济，这就要把转变发展方式、实现科学发展的根本要求与本地实际紧密结合起来，加快推进产业结构调整，形成与国际旅游岛定位相适应的产业格局。[2]

---

[1] 习近平：《携手推进亚洲绿色发展和可持续发展——在博鳌亚洲论坛 2010 年年会开幕式上的演讲》（2010 年 4 月 10 日，海南博鳌），《海南日报》2010 年 4 月 11 日。

[2] 《习近平在海南调研时强调　切实加强和改进党的建设　推动经济发展方式加快转变》，《人民日报》2010 年 4 月 14 日。

如今来看这些重要论述，回味“在中国特色社会主义进入新时代的大背景下，赋予海南经济特区改革开放新的使命，是习近平总书记亲自谋划、亲自部署、亲自推动的重大国家战略”[1]，可以说2010年4月在海南考察时的重要讲话，是习近平总书记亲自谋划海南全面深化改革开放这一新时代重大国家战略的雏形。

第一，他要求海南要利用好博鳌亚洲论坛这个平台，拓展对外开放空间，推进与港澳台地区、环北部湾经济合作。提高对外开放的水平，需要利用好各种平台。早在浙江工作时，习近平就重视利用平台的作用，他指出：“我们提出北接上海、东引台资，就是要更好地利用上海这一对外开放的平台，承接国际产业转移，吸引外商落户，吸引外资投入，扩大对外贸易，不断提高对外开放水平。”[2]

第二，他要求利用好海南面向东盟、背靠珠三角的区位优势，积极参与中国—东盟自由贸易区建设，提高贸易和投资便利化程度，进一步改善对外开放的政策环境和服务环境。这也是今天党中央对海南的战略定位之一：“国际经济合作和文化交流的重要平台。发挥海南对外开放排头兵的作用，依托博鳌亚洲论坛的品牌优势，全方位开展区域性、国际性经贸文化交流活动以及高层次的外交外事活动，使海南成为我国立足亚洲、面向世界的重要国际交往平台。”[3]

第三，他提出“鼓励和引导外资投向旅游业、现代服务业等海南特色产业以及高新技术产业”。这与他八年后在庆祝海南建省办经济特区30周年大会上的重要讲话要求，即“海南发展不能以转口贸易和加工

---

[1] 《中共中央 国务院关于支持海南全面深化改革开放的指导意见》（2018年4月11日）。

[2] 习近平：《两条腿走路好》（2003年8月12日），载《之江新语》，浙江人民出版社，2007年版，第15页。

[3] 《国务院关于推进海南国际旅游岛建设发展的若干意见》（2009年12月31日）。

制造为重点，而要以发展旅游业、现代服务业、高新技术产业为主导"[1]，是完全一致的。严实思路，经久不变。

在 2010 年 4 月，习近平提出海南要积极培育国际会展品牌，优化会展发展环境，也是符合海南发展实际而又富有远见的。后来会展业被列入海南重点发展的 12 大产业之一，如今发展势头良好，会展业品牌效应凸显。

二、希望海南积极探索，为全国发展开放型经济提供新鲜经验

2013 年 4 月 10 日，习近平总书记在海南考察工作结束时发表重要讲话，指出："我曾说过，改革开放是决定当代中国命运的关键一招，是决定实现'两个一百年'奋斗目标的关键一招。当然，改革开放也是发展海南的关键一招。希望你们发扬经济特区敢闯敢试、敢为人先的精神，在打造更具活力的体制机制、拓展更加开放的发展局面上走在全国前列。"又指出："海南对外开放基础较好，具有面向东盟最前沿的区位优势，又是一个独立的地理单元，应该在开放方面先走一步。希望你们积极探索，也希望中央有关部门和你们一道研究，实施更加开放的投资、贸易、旅游等政策，为全国发展开放型经济提供新鲜经验。"[2]

从这些论述看，习近平总书记对海南改革开放的谋划又比 2010 年前进了一大步。他从理论上阐述"改革开放也是发展海南的关键一招"；他概括指出"敢闯敢试、敢为人先"的特区精神；他要求海南"在打造更具活力的体制机制、拓展更加开放的发展局面上走在全国前列"；他不但指出"海南对外开放基础较好"，而且强调海南"具有面向东盟最前沿的区位优势，又是一个独立的地理单元，应该在开放方面

---

[1] 习近平：《在庆祝海南建省办经济特区 30 周年大会上的讲话》（2018 年 4 月 13 日）。

[2] 习近平：《在海南考察工作结束时的重要讲话》（2013 年 4 月 10 日）。

先走一步”；他希望海南“积极探索”，同时也希望中央有关部门与海南一道研究，“实施更加开放的投资、贸易、旅游等政策，为全国发展开放型经济提供新鲜经验”。

从这次考察海南的行程中，也可看出习近平总书记对海南的对外开放工作十分关心，并精心谋划，明确要求。

邮轮港，是海南对外开放的一个重要窗口。2013 年 4 月 10 日上午，习近平来到三亚凤凰岛国际邮轮港。这是我国第一座可停靠八万吨邮轮的国际码头。习近平视察了海关、边检、检验检疫等岗位和出入境办证窗口，同旅客们亲切交谈。邮轮、游艇产业是海南的朝阳产业。随着海南国际旅游岛建设步伐的加快，邮轮、游艇产业迅速崛起。2012 年，海南进出境邮轮 172 艘次，进出境人员 26 万人次。开放的海南正逐步与国际接轨。

习近平强调，改革开放是发展海南的关键一招，希望海南发扬经济特区敢闯敢试、敢为人先的精神，在打造更具活力的体制机制、拓展更加开放的发展局面上走在全国前列。要勇于冲破思想观念的束缚和利益固化的藩篱，在完善基本经济制度和深化收入分配制度改革、行政管理体制改革、行政审批制度改革、财税金融体制改革、城乡发展一体化改革等方面取得更大进展，为海南发展注入强劲动力。

习近平指出，海南对外开放基础较好，具有面向东盟最前沿的区位优势，又是一个独立的地理单元，应该在开放方面先走一步，希望海南积极探索，实施更加开放的投资、贸易、旅游等政策，为全国发展开放型经济提供新鲜经验。[1]

海南省委作出学习贯彻落实习近平总书记视察海南重要讲话精神的决定，指出改革开放是发展海南的关键一招，海南要坚定不移推进

[1]　《美丽篇章藉春风——习近平总书记考察海南纪实》，《海南日报》2013 年 4 月 13 日。

改革开放。建设国际旅游岛，要十分注重提升国际化水平；要以新时期特区人的勇气担当，解放思想，突破一切束缚发展的体制机制障碍；要进一步发挥博鳌亚洲论坛、毗邻东南亚等优势，在服务国家总体外交、参与“一带一路”战略中发挥更大作用，实现更大作为；全方位提升以旅游业为龙头的现代服务业的国际化水平，努力打造世界一流的国际旅游目的地。

海南要发扬经济特区敢闯敢试、敢为人先的精神，勇于冲破思想观念的束缚和利益固化的藩篱，着力打造更具活力的体制机制，拓展更加开放的发展局面。用足用好洋浦保税港区、海口综合保税区的政策，大力发展投资贸易、仓储物流、加工出口、航运集散、金融服务、高效便捷的监管等高水平的开放经济和服务体系，打造海南对外开放的新高地。要按照把海南建成国际经济合作和文化交流重要平台的定位，充分发挥博鳌亚洲论坛、中非合作圆桌会议的国际影响力，积极服务国家总体外交和对外开放战略。深化行政管理体制改革，转变政府职能，正确处理政府与市场的关系，发挥市场在资源配置中的基础性作用。进一步深化重点领域、关键环节的改革创新，在完善省直管市县体制、农垦体制改革、文化体制改革、医药卫生体制改革和国有林场改革等方面取得更大进展，不断增强科学发展、绿色崛起的内生动力和活力。[1]

三、海南要加快建立开放型经济新体制，推动形成全面开放新格局

中国特色社会主义进入新时代，海南迎来具有里程碑意义的历史

[1] 《中共海南省委关于学习贯彻落实习近平总书记视察海南重要讲话精神的决定》（2013 年 7 月 26 日中国共产党海南省第六届委员会第四次全体会议通过），《海南日报》2013 年 8 月 5 日。

性时刻。

2018 年 4 月 13 日，习近平总书记出席庆祝海南建省办经济特区 30 周年大会并发表重要讲话，指出：“海南要坚持开放为先，实行更加积极主动的开放战略，加快建立开放型经济新体制，推动形成全面开放新格局。”习近平紧接着说：“在这里，我郑重宣布，党中央决定支持海南全岛建设自由贸易试验区，支持海南逐步探索、稳步推进中国特色自由贸易港建设，分步骤、分阶段建立自由贸易港政策和制度体系。”习近平又强调：“这是党中央着眼于国际国内发展大局，深入研究、统筹考虑、科学谋划作出的重大决策，是彰显我国扩大对外开放、积极推动经济全球化决心的重大举措。”[1]

海南要加快建立开放型经济新体制，推动形成全面开放新格局，这不是一般的工作要求，而是国家的重大决策、重大举措。

党中央擘画的这个重大决策、重大举措，放在贸易保护主义抬头的背景下来观察，彰显了中国推进经济全球化的坚定信心和大国担当。正如习近平总书记所阐明的：“经济全球化是社会生产力发展的客观要求和科技进步的必然结果。经济全球化为世界经济增长提供了强劲动力，促进了商品和资本流动、科技和文明进步、各国人民交往，符合各国共同利益。当前，世界经济仍然面临诸多复杂挑战，新增长动能缺乏，增长分化加剧。把困扰世界的问题简单归咎于经济全球化，搞贸易和投资保护主义，想人为让世界经济退回到孤立的旧时代，不符合历史潮流。正确的选择是，充分利用一切机遇，合作应对一切挑战。”[2]

这个重大决策、重大举措，体现出在全球化的大背景下中国积极倡导合作共赢的发展理念，彰显了中国坚持对外开放的坚定决心和大国担当。正如习近平总书记所指出的：“我在党的十九大报告中强调，

[1][2] 习近平：《在庆祝海南建省办经济特区 30 周年大会上的讲话》（2018 年 4 月 13 日）。

中国开放的大门不会关闭，只会越开越大。这是我们对世界的庄重承诺。要坚持对外开放的基本国策，奉行互利共赢的开放战略，遵守和维护世界贸易规则体系，推动经济全球化朝着更加开放、包容、普惠、平衡、共赢的方向发展，让经济全球化进程更有活力、更加包容、更可持续，让不同国家、不同阶层、不同人群共享经济全球化的好处。”[1]

谋划、部署、推动海南加快建立开放型经济新体制，形成全面开放新格局这样的国家重大决策、重大举措的“谜底”随之揭开：“在中国特色社会主义进入新时代的大背景下，赋予海南经济特区改革开放新的使命，是习近平总书记亲自谋划、亲自部署、亲自推动的重大国家战略，必将对构建我国改革开放新格局产生重大而深远影响。”[2]

这个大“谜底”也记录在2018年4月14日的《人民日报》上：“2018年是中国改革开放40周年，海南建省办经济特区30周年。在这一特殊而重要的时点，赋予海南经济特区改革开放新的使命，是习近平总书记亲自谋划、亲自部署、亲自推动的重大国家战略。”[3]

从2010年4月提出“必须充分发挥海南对外开放排头兵的作用”，到2018年4月郑重宣布在海南全岛建设自由贸易试验区和探索建设中国特色自由贸易港，习近平总书记谋划、部署、推动的这个重大国家战略，刚好整整八年。

而习近平在厦门开始的中国特色的自由港发展之路的最初探索，至此已经是30多年了。

1984年1月24日至2月17日，时任中央政治局常委、中顾委主任邓小平由王震、杨尚昆陪同，到深圳、中山、珠海、广州、厦门、上海等地，主要视察了经济特区和国家重点建设工程，沿途就对外开放、

[1] 习近平：《在庆祝海南建省办经济特区30周年大会上的讲话》（2018年4月13日）。

[2] 《中共中央　国务院关于支持海南全面深化改革开放的指导意见》（2018年4月11日）。

[3] 张燕生：《新时代赋予海南改革开放新的历史使命》，《人民日报》2018年4月14日。

利用外资、引进技术、办好特区、加快经济建设等问题作了十分重要的指示。邓小平充分肯定了办经济特区的正确决策和经济特区所取得的成就，并在1月26日为深圳经济特区题词：“深圳的发展和经验证明，我们建立经济特区的政策是正确的。”邓小平1月29日又为珠海题词：“珠海经济特区好。”2月9日在厦门视察时，他又写了“把经济特区办得更快些更好些”的题词。

回京后，邓小平于2月24日邀请中央领导同志谈话，进一步阐述了这些问题。其中，他在专门谈到“关于扩大厦门特区”时说：“福建厦门特区划那么一点地方，小了。他们那里先搞机场、港口等基础设施是对的，但地方划的太小，那么小，算不了什么特区。要把整个厦门岛搞成特区，那里的设防地带可以划出来。有位华侨三年前建议厦门岛搞成自由港。叫不叫自由港可以再研究，但可以考虑在厦门实行自由港的某些政策。这在国际上是有先例的。搞了特区，只要资金可以自由出入，外商、华侨就会来投资。我看这不会失败，肯定益处很大。”[1]

邓小平的这个重要谈话，开启了中国人的“自由港”梦。不只是厦门，海南岛等地也都开始做起“自由港”梦来。

为研究贯彻落实邓小平2月24日关于办好经济特区和增加对外开放城市的重要指示精神，3月26日至4月6日，沿海部分城市座谈会在北京召开。会议作出了扩大特区范围，进一步开放天津、上海、大连、秦皇岛、烟台、青岛、连云港、南通、宁波、温州、福州、广州、湛江、北海14个沿海港口城市和海南岛的决定。

就在沿海部分城市座谈会上，王震的书面发言中有这样一句话：“厦门岛、鼓浪屿和海南岛为自由港经济特区，我是赞成的。”[2] 这句

---

[1] 中共广东省委办公厅：《中央对广东工作指示汇编（一九八三年——一九八五年）》，第125页。

[2] 海南区党委研究室：《关于加快开发建设海南岛问题文件、资料汇编》（三），1984年7月，第60页。

话中，厦门岛、鼓浪屿为自由港经济特区这个提议既是华侨向邓小平提出的，也是项南向邓小平建言的。

1984 年 2 月，王震陪同邓小平视察厦门市和正在建设中的厦门特区。在游艇上，王震特意把陪同视察的福建省委第一书记项南安排在邓小平身边就坐，项南推辞："应该您坐在小平同志身边。"王震爽朗地笑道："是你汇报工作，又不是我汇报嘛，他听力不好，你坐近点说话方便些。"接着，王震又补充一句："我替你帮腔。"项南汇报说："厦门特区实际上只有 2.5 平方公里，实在太小了，太束缚手脚了，即使很快全部建成，也没有多大意义。""你们的意思是……"邓小平注视着他。"把特区扩大到全岛，"项南回答，"使整个厦门岛都开放，这对引进外资和先进技术，对改造全岛的老企业，都可以起到更好的作用。"邓小平一边听，一边查看地图，然后平静地说："我看可以，这没得啥子问题嘛。"在场的省市领导听了这句话，都松了一口气，王震也会心地笑了。项南接着说："现在台湾人到大陆，都不是直来直去，要从香港或日本绕道而来，这太麻烦了。如果把离台湾、金门最近的厦门变成自由港，实行进出自由，这对海峡两岸中国人的交往，会起到很大的促进作用。"王震听了以后，马上表态："应该考虑这个问题。"邓小平若有所思地问："那么自由港要实行哪些主要政策呢?"在场的几位同志议论了一下，回答道："人员可以自由来往，货币自由兑换，货物自由进出。"[1]"人员可以自由来往，货币自由兑换，货物自由进出"，这"三个自由"是对自由港概念最早也是最通俗的解释，是海南人后来念兹在兹地对实行更加开放政策的最大诉求，直到如今。

此后不久，国务院正式决定，把厦门经济特区的范围从 2.5 平方公里扩大到整个厦门岛，并实行自由港的某些政策。

[1]《王震传》（下），当代中国出版社，2001 年版，第 208 页。

习近平作为厦门经济特区初创时期的领导者、拓荒者、建设者，他与广大经济特区建设者并肩奋斗，开启了一系列改革开放、经济建设、环境保护、文化遗产保护等方面的生动实践，取得了丰硕的成果。凝结其中的科学理念、宝贵经验和优良作风，至今仍指引着这座城市破浪前行。

1985年，国务院批准将厦门经济特区范围扩大到全岛。这年夏天，习近平从河北南下赴厦门履新，担任市委常委、常务副市长。1986年，习近平为一件事频频向北京专家求教，那就是探索建设自由港。

习近平到厦门工作时，正是国务院刚刚批复厦门可逐步实行自由港某些政策后的关键时期。当时，自由港在全国都是个新事物，几乎没人搞得懂。习近平决定先从学习研究入手。他向市委和市政府建议，组织抽调有关职能部门和研究机构精干人员，率先开始了对探索实施自由港某些政策的研究。

时任厦门市计委副主任的郑金沐回忆，“习近平同志经常带我们上北京，到中国社会科学院拜访著名学者，虚心求教各种问题，邀请该院经济研究所与厦门合作研究。他勤学好问爱钻研，给我们留下很深印象”。

改革开放需要学习借鉴国际经验。习近平带课题组到新加坡考察，组织全国第一个关于“出口加工区和自由港”的国际研讨会，为厦门积累相关的国际资料和数据。

改革开放必须从中国的国情出发。在习近平直接领导下，厦门没有完全参照新加坡的自由港模式，而是立足自身条件，提出实施自由港某些政策的具体构想，明确采取渐进式，经“三步走”，把厦门建设为“自由港型的经济特区”：第一步在象屿建保税区；第二步把保税区扩大到全岛，转为自由贸易区；第三步有限度地在全岛放开自由港。

“这是对中国特色的自由港发展之路的最初探索，在全国都具有很强的开创性。”厦门市委党校常务副校长林朝晖说，厦门成为这套构想最直接的受益者。此后，厦门经济特区实现了从出口加工区、保税区、区港联动、保税港区，到自贸试验区的迭代升级，对外开放度不断提高。[1]

四、党中央决定支持海南全岛建设自由贸易试验区

在庆祝海南建省办经济特区 30 周年大会上的重要讲话中，习近平总书记郑重宣布：“党中央决定支持海南全岛建设自由贸易试验区，支持海南逐步探索、稳步推进中国特色自由贸易港建设，分步骤、分阶段建立自由贸易港政策和制度体系。”[2]

这是郑重宣示推动海南形成全面开放新格局的分两大步走的大战略。党中央明确：“坚持全方位对外开放，按照先行先试、风险可控、分步推进、突出特色的原则，第一步，在海南全境建设自由贸易试验区，赋予其现行自由贸易试验区试点政策；第二步，探索实行符合海南发展定位的自由贸易港政策。”[3]

这一重大决策的宣布，不仅使新时代加快美好新海南建设有了清晰的战略指引，更被认为是新时代全面深化改革开放的大动作、大战略、大手笔。

媒体认为，这一是步大棋，将形成更高层次改革开放新格局。当今世界，和平合作、开放融通、变革创新的潮流滚滚向前，经济全球化不可逆转，中国经济实现高质量发展必须在更加开放条件下进行。习近平对中国和世界发展的大势有着清晰的判断。

40 年前，我们党决定兴办经济特区，实行特殊政策和灵活措施，

[1] 《习近平同志推动厦门经济特区建设发展的探索与实践》，新华社北京 2018 年 6 月 22 日电。
[2] 习近平：《在庆祝海南建省办经济特区 30 周年大会上的讲话》（2018 年 4 月 13 日）。
[3] 《中共中央　国务院关于支持海南全面深化改革开放的指导意见》（2018 年 4 月 11 日）。

由此开启了从封闭半封闭到全方位开放的伟大转折。这一突破传统经济体制束缚的重大决策，可谓惊天一笔，关键抉择。经过 40 年不懈奋斗，中国特色社会主义进入了新时代，改革开放又到了一个新的历史关头。党的十九大作出“推动形成全面开放新格局”的重大部署，明确强调：“中国开放的大门不会关闭，只会越开越大。”这就必然要求在扩大对外开放、积极推动经济全球化上再有大举措，再布大棋局。

这次习近平宣布海南全岛建设自由贸易试验区，探索中国特色自由贸易港建设，不仅打破了此前在一省市内划定几个片区的自贸区形式，而且直接瞄准自由贸易港这一当今世界最高水平的开放形态。大力度、开拓性的举措既是一种开放力度和规模的体现，更是一种积极主动势头，一种牵引大局的谋划。

习近平强调：“海南发展不能以转口贸易和加工制造为重点，而要以发展旅游业、现代服务业、高新技术产业为主导，更加注重通过人的全面发展充分激发发展活力和创造力。”释放的信息非常明确，海南自由贸易试验区和自由贸易港定位不同于一般的口岸，必须打造开放层次更高、营商环境更优、辐射作用更强的开放新高地，努力成为新时代全面深化改革开放的新标杆，形成更高层次改革开放新格局。

放眼新时代全面深化改革开放的全局，这无疑是一步大棋。

此前，习近平在博鳌亚洲论坛 2018 年年会开幕式上宣布了下一阶段在扩大开放方面的几项重大举措，宣示了维护自由贸易的坚定决心。习近平表示，“将尽快使之落地，宜早不宜迟，宜快不宜慢”。仅仅三天后，海南建设自由贸易试验区和中国特色自由贸易港的消息便重磅推出。这步棋下得雷霆万钧，气势磅礴，举国振奋，举世关注。[1]

海南板块在 2018 年 4 月 16 日掀起涨停潮，成为周一沪深股市最亮

[1] 《新时代全面深化改革开放，习近平下了一步大棋》，新华网 2018 年 4 月 14 日。

眼的风景线。中央关于在海南建设中国特色自由贸易港的决定不但振奋了中国，也让境内外媒体掀起一股“海南热”。舆论普遍认为，此次《中共中央　国务院关于支持海南全面深化改革开放的指导意见》涉及级别之高、内容范围之广、措施之详细超出了市场预期——“中国对外开放进入新阶段”“中国的夏威夷有机会再次成为中国经济自由化的试验田”。

“1979 年，那是一个春天，有一位老人在中国的南海边画了一个圈，这个圈后来成了象征着改革开放成功的大都市深圳。近 40 年后，中共中央总书记习近平画了一个更大的圈，要把整个海南省打造成全球最大的自由贸易区。这是习近平下的一步大棋，是中国改革开放再出发。”新加坡《联合早报》称，整体上看，这次宣布海南全岛建设自由贸易试验区，打造自由贸易港，打破了中国高层此前在一省市内划定几个片区的自贸区形式，意味着海南将不同于一般的开放口岸，而是要打造开放层次更高、营商环境更优、辐射作用更强的开放新高地。这是习近平具体兑现他稍早前宣布的一系列扩大开放新措施的承诺。

“外国公司预计将在中国最南端省份享有更大的经济自由”，奥地利 ORF 电视台报道称，海南建立自由贸易试验区的决定是在海南建省 30 周年的时候发布的。海南岛于 1988 年被授予省级地位，并被宣布为中国第五个经济特区，是中国前领导人邓小平引领改革开放的一部分。海南拥有丰富的陆上和海上自然资源。除了石油，海南的橡胶产量也占中国橡胶总产量的一半左右。

日本“东洋经济在线”网称，中国决定以海南岛港口为基点，建立自由贸易试验区，政府将提供能源和海运等方面的支援。日本“产经商贸”网报道称，海南岛今后必将发生巨大变化，当地企业也将获得更多利益。

“中国新自由贸易的象征”，德国新闻电视台称，海南被称为“中国的夏威夷”，是中国著名的热带旅游胜地。海南自由港将成为习近平博鳌讲话后第一个被证实的大项目。北京此举显然要向世界表明，中国支持全球化和自由贸易，中国市场正不断开放。这似乎也是对目前特朗普发起的贸易战的一种回应。

美国彭博新闻社称，“中国的夏威夷”得到来自中国最高领导人的支持，这是海南期待已久的大礼。美国纳斯达克网站称，中国在海南岛建设自贸区和自贸港的计划，是中国政府对外资开放海南经济计划的一部分，将鼓励跨国公司在海南设立他们的全球或者地区总部。[1]

如何高标准高质量建设自由贸易试验区？海南省委对此作出了回答：在海南全岛实施现行自由贸易试验区所有试点政策，到2020年取得重要进展，力争建成投资贸易便利、法治环境规范、金融服务完善、监管安全高效、辐射带动作用突出的高水平高标准自由贸易试验区。科学规划区域布局，加快建立分工合理、特色鲜明、功能互补的产业体系。对照高水平贸易和投资自由化便利化要求，在海口综合保税区、洋浦保税港区等海关特殊监管区域实行更加开放的管理制度，不断拓展业务范围。大幅放宽市场准入，对外资全面实行准入前国民待遇加负面清单管理制度，对标国际通行规则，制定实行更加精简的负面清单。深化现代农业、旅游业、高新技术产业、现代服务业对外开放，在一些重点领域取消外资股比限制和准入限制。最大限度简化外商投资企业设立程序，加快建设具有国际先进水平的国际贸易“单一窗口”。在海关特殊监管区实行“一线放开、二线高效管住”的货物进出境管理制度，建立一线进出货物负面清单。加强口岸管理部门的执法合作，推进跨部门一次性联合检查。加快发展跨境电商、全球维修、邮轮贸易、保税展示交易等新业态，推动服务贸易转型升级。创新贸易综合

[1]　《开放经济的试验田，自贸港口的升级版——世界猜想海南未来什么样?》，环球网2018年4月17日。

监管模式。扩大金融开放，建立自由贸易账户体系，探索开展人民币资本项目可兑换，促进自由贸易试验区企业跨境投融资便利化，稳妥有序开展离岸金融业务。[1]

海南全岛建设自由贸易试验区，是我国扩大对外开放、积极推动经济全球化的重大举措，意义十分重大：一是有利于加快推动形成全面开放新格局。在海南实行更加积极主动的开放战略，将海南打造成为我国面向太平洋和印度洋的重要对外开放门户，展现了我国对外开放的信心和决心。二是有利于充分彰显中国特色社会主义制度的优越性。通过建设自贸试验区，推动海南进一步发展，充分发挥试验、示范、引领作用，为全国全面深化改革开放蹚出一条新路，彰显中国特色社会主义优势，充分彰显"四个自信"。三是有利于更好地服务和融入国家重大战略。海南全岛试点具有更广阔的试验空间，更多元的试验基础，更全面的试验内容，通过差别化的探索，可以更好地服务国家战略，形成更具系统集成性的试点经验。[2]

2018年10月16日，国务院批复同意设立中国（海南）自由贸易试验区，并印发《中国（海南）自由贸易试验区总体方案》（以下简称《总体方案》），海南自贸区建设按下"快进键"。

当天下午，国务院新闻办公室举行中国（海南）自贸区《总体方案》发布会。商务部副部长兼国际贸易谈判副代表王受文在回答记者提问时介绍，海南是中国最大的经济特区，地理位置特殊，是相对独立的地理单元，拥有全国最好的生态环境。海南自贸试验区和其他11

---

[1]　《中共海南省委关于深入学习贯彻习近平总书记在庆祝海南建省办经济特区30周年大会上的重要讲话精神和〈中共中央　国务院关于支持海南全面深化改革开放的指导意见〉的决定》，《海南日报》2018年5月14日。

[2]　《国新办举行中国（海南）自贸区〈总体方案〉发布会图文实录》，国务院新闻办公室网2018年10月16日。

个自贸试验区的显著不同特点，就是“全域性”。在海南岛全域开展自贸试验区建设，主要有以下优势：第一，试点范围广。现有11个自贸试验区都是120平方公里左右，但海南自贸试验区的实施范围是海南岛全岛，共3.54万平方公里，全岛对外开放。第二，试点领域多。在现有自贸试验区试点基础上，特别强调海南在生态文明、海洋经济、军民融合等领域开展试点，体现了海南“三区一中心”的发展定位，与其他自贸试验区形成了互补试验。第三，试点基础多元。海南全岛建设自贸试验区，既有发达区域，也有欠发达区域，可形成更多元的试点经验。第四，试点协同性强。全岛试点，有利于发挥自贸试验区与行政区划高度一致的优势，提高制度创新的整体性、协同性，加强改革系统集成性。

王受文还介绍，海南全面深化改革开放，必须始终坚持和加强党的全面领导，坚持中国特色社会主义，坚持以人民为中心的发展思想。他还特别强调，要让广大人民群众在深化改革开放中有更多的获得感，因此在制定《总体方案》过程中，从以下四个方面体现海南主要特点和优势：第一，突出全岛试点的整体优势。海南自贸试验区最大特点就是“全域性”试点，这就和现有的11个自贸试验区完全不一样。现有11个自贸试验区，每一个自贸试验区都是120平方公里左右。第二，在现有11个自贸试验区试点内容的基础上突出海南特色内容。在制定《总体方案》时，根据海南发展需要充分吸收现有自贸试验区的试点内容，占海南自贸试验区试点任务的60%。在此基础上，进一步提出了医疗卫生、文化旅游、生态绿色发展等符合海南发展定位的特色试点内容。第三，严格生态环境保护要求。《总体方案》体现了建设国家生态文明试验区的要求，将生态文明的理念贯穿自贸试验区建设全过程，积极探索自贸试验区生态绿色发展的新模式，并且加强口岸风险等重大的风险防控体系和机制建设。第四，与探索建设中国特色自由贸易港相衔接。《总体方案》明确提出，“到2020年，自贸试验区建设取得重要进展，国际开放度显著提高，努力建成投资贸易便利、法治环境规范、金融服务完善、监管安全高效、生态环境一流、辐射带动作用突出的高标准高质量自贸试验区，为逐步探索、稳步推进海南自由贸易港建设，分步骤、分阶段建立自由贸易港政策体系打好坚实基础”。[1]

《总体方案》的正式发布，彰显了中国进一步扩大开放的新姿态。专家认为，此《总体方案》的正式印发，是中央关于海南新一轮改革开放决策的真正落地，将为海南自贸试验区未来建设提供具体路线图。

在海南自贸试验区设立之前，经过两度扩容，我国已有11个自贸试验区，形成了东中西协调、陆海统筹的开放格局。海南自贸试验区最大特点就是“全域性”，也不再局限于此前自贸试验区120平方公里的面积限制。

在商务部研究院产业国际化战略研究所所长崔卫杰看来，这不是简单的面积扩大，而是自贸试验区开放发展模式的转变。海南相对独立的地理位置，可以进一步发挥新时代改革开放“试验田”的作用。

“从腹地角度看，海南岛可能是一个神经末梢，但从面对太平洋和印度洋、面对世界的角度看，它就是新一轮改革开放的最前沿。”中国国际经济交流中心首席研究员张燕生说，这本身就向世界释放了明确信号：中国将进一步对世界敞开大门。[2]

外媒据此也报道说，中国批准南部省份海南的自由贸易试验区地位，承诺将大幅放宽外资在海南涉足农业和医疗服务等行业的限制。

---

[1] 《国新办举行中国（海南）自贸区〈总体方案〉发布会图文实录》，国务院新闻办公室网2018年10月16日。

[2] 《打造全面深化改革开放的新高地——聚焦海南自贸试验区总体方案发布》，新华社北京2018年10月16日电。

海南以沙质海滩和海滨度假胜地多而闻名。中国国家主席习近平2018年4月表示，中国将在海南建设自由贸易试验区和中国特色自由贸易港。

中国商务部副部长王受文10月16日在新闻发布会上说，海南自贸试验区面积3.54万平方公里，比中国现有的11个自贸试验区大得多，而那些自贸区每个仅有120平方公里左右。他说，其规模“体现了中国进一步扩大开放的决心、信心”。他还表示，推出的措施中有一些是海南独享的。

据中国国务院在官网发布的公告，海南自由贸易试验区将谋求在种业、旅游、医疗、航空、新能源汽车制造等领域加大“开放力度”，目的是“大幅放宽外资市场准入”。

海南省副省长沈丹阳说，尽管本地区面临人才紧缺等诸多挑战，但政府力求取得重要进展。[1]

五、海南全岛建设自由贸易试验区，要以制度创新为核心

海南全岛的自由贸易试验区如何建设？习近平总书记给予海南这样的明确要求：“海南全岛建设自由贸易试验区，要以制度创新为核心，赋予更大改革自主权，支持海南大胆试、大胆闯、自主改，加快形成法治化、国际化、便利化的营商环境和公平开放统一高效的市场环境。”[2]

全岛建设自由贸易试验区作为推动海南形成全面开放新格局的第一步，党中央提出要“高标准高质量建设自由贸易试验区”，其中的一

[1] 《外媒：中国设立海南自贸区彰显开放决心　力求取得重要进展》，《参考消息》2018年10月17日。

[2] 习近平：《在庆祝海南建省办经济特区30周年大会上的讲话》（2018年4月13日）。

大内容是："以现有自由贸易试验区试点内容为主体，结合海南特点，建设中国（海南）自由贸易试验区，实施范围为海南岛全岛。以制度创新为核心，赋予更大改革自主权，支持海南大胆试、大胆闯、自主改，加快形成法治化、国际化、便利化的营商环境和公平统一高效的市场环境。"[1]

"海南全岛建设自由贸易试验区，要以制度创新为核心"，这样的重要思想正引领着海南自由贸易试验区建设扎实有效地向前推进。

2018 年 11 月 14 日，习近平总书记主持召开中央全面深化改革委员会第五次会议，审议通过了《海南省创新驱动发展战略实施方案》等五个关乎海南自贸试验区和中国特色自贸港建设核心内容的文件。[2]

2018 年 12 月 27 日，海南省委经济工作会议召开。海南省委书记刘赐贵在会上提出了 2019 年要重点推动的 12 项制度创新，要求以制度创新为核心加快推动自由贸易试验区建设，体现新时代新担当新作为，为全国改革开放起到"试验田"作用。

"创新是改革开放的生命，是引领发展的第一动力。"从建省办经济特区到建设国际旅游岛，再到全岛建设自由贸易试验区，体制机制创新是党中央对海南一以贯之的要求。要坚决贯彻落实习近平总书记对海南的指示要求，按照服从服务国家战略和"三区一中心"战略定位，与时俱进赋予经济特区、国际旅游岛新的内涵，统筹抓好各方面体制机制创新。具体到 2019 年的经济工作，要重点推动 12 项制度创新：一是创新自由贸易试验区和中国特色自由贸易港的有效管理体制，加快推进社会管理信息平台建设，全方位管住管好人流、物流、资金流。二是推动生态保护红线落地，强化规划层级管控，明确每块地的

[1]　《中共中央　国务院关于支持海南全面深化改革开放的指导意见》（2018 年 4 月 11 日）。

[2]　《习近平主持召开中央全面深化改革委员会第五次会议强调 深刻总结改革开放伟大成就宝贵经验 不断把新时代改革开放继续推向前进》，新华社北京 2018 年 11 月 14 日电。

具体用途。三是严控房地产，坚决落实好“房子是用来住的、不是用来炒的”要求，综合运用经济、法律、行政等手段，建立和完善房地产调控长效机制，重点推进本省居民保障性住房、改善型住房和来琼就业各类人才住房需求，防止房价大起大落。四是完善全省园区规划布局，制定项目准入清单，规范园区管理和考核评价。五是继续深化园区项目极简审批改革，依法在全省重点园区推广三个试点园区“六个试行”成功经验。六是创新对外经贸促进体制，建成3.0版国际贸易“单一窗口”，逐步完善海南自由贸易账户体系，设立国际投资“单一窗口”。七是加快建设热带雨林国家公园，探索建立跨区域高效管理体制。八是打造军民融合发展示范基地，在空域精细化管理改革、军地土地置换、三沙旅游开发等方面创新政策和体制。九是坚持法治先行，加快建立与自由贸易试验区和中国特色自由贸易港建设进程相适应的法律法规体系。十是推动区域协调、城乡融合发展，把全岛作为一个大城市，坚决破除地区之间的利益藩篱和政策壁垒。十一是加快推进市县党政机构改革，形成有利于推进自由贸易试验区和中国特色自由贸易港建设的简约高效的基层管理体制。十二是全面加强党的领导，以改革创新精神抓好纪检监察、组织、宣传、统战等工作，建立健全干部鼓励激励、容错纠错、能上能下机制，建立健全党委意识形态工作责任制。

“创新不局限于这12个方面，还可以做加法。”刘赐贵强调，这12个方面都是海南有条件有基础创新的，抓好了就能在全国产生示范推广效应。他要求海南省委深改办（自贸办）牵头，海南省直有关部门、各市县积极配合，尽快做好深化研究。每一项都要列出具体的创新举措、实施项目，清单化管理，完成一个，发布一个。[1]

---

[1] 《刘赐贵在省委经济工作会议上要求 以体制机制创新为核心 当好改革开放“试验田”》，《海南日报》2018年12月28日。

2019年2月14日上午，海南省委深改办（自贸办）在海口召开中国（海南）自由贸易试验区制度创新案例首场新闻发布会，发布了首批八项自贸区制度创新成果。

首批八项制度创新成果中，商事登记改革领域的案例共四个，分别是商事登记“全省通办”制度、简化简易商事主体注销公告程序、商事主体信用修复制度、减免商事主体公示负面信息。其中，商事登记“全省通办”制度解决了商事登记的标准、流程和尺度不统一，商事登记业务办理提交的材料多、流程复杂、时间长等问题，打破了商事登记管辖的地域限制，减少了注册官的自由裁量权，压缩了企业开办时间。

八项制度创新成果还包括施工图审市场化和“多审合一”：海南省将图审机构向市场完全开放，还将原来由气象、人防、消防等部门分别进行的施工图设计文件审查技术业务工作，全部交由已完全市场化的图审机构进行。此项改革后，企业由原来需跑多个部门变为到一家图审机构即可解决问题，时间也缩至3—5个工作日，极大地提高了审批效率。

此外，发布会还发布了三个金融领域方面的制度创新案例，包括全国首单知识产权证券化、天然橡胶价格（收入）保险、设立国际热带农产品交易中心。其中，2018年12月18日在海口成立的海南国际热带农产品交易中心是全国首家国际热带农产品交易中心。交易中心搭建起金融工具平台，可进一步提升海南热带农产品在国内外的知名度，瞄准定价权、把握话语权，对世界热带农产品种植端、贸易端、终端消费三者共赢起到很大的作用。

据介绍，自习近平总书记“4·13”重要讲话发表以来，海南坚决贯彻落实中央决策部署，以制度创新为核心，按照服从服务国家战略和“三区一中心”战略定位，与时俱进赋予经济特区、国际旅游岛新的内涵，统筹抓好各方面体制机制创新，取得了积极进展和一批制度创新成果。[1]

2019年海南将高标准高质量建设自由贸易试验区，加快探索建设中国特色自由贸易港进程。

以制度创新为核心，推进自贸试验区建设。加快搭建自贸试验区政策和制度体系的“四梁八柱”，落实好自贸试验区总体方案，加强与国家部委对接，做好配套文件的报批和实施，把各项政策方案具体化、项目化、清单化。以敢为人先的勇气和富于创造的智慧，推出一批具有海南特点、可复制可推广的首创性、差异化制度创新成果，充分发挥改革开放“试验田”作用。

创新投资管理制度，实行全国统一的市场准入负面清单，加强准入前和准入后市场管理措施的有效衔接。创新贸易监管制度，基本建成国际先进、具有海南特色的国际贸易“单一窗口”，口岸通关时间达到全国先进水平；对洋浦保税港区进出货物，试行“一线放开、二线高效管住”的进出境管理制度；在海关特殊监管区域探索实施保税、非保税、口岸货物同仓存储、分类监管。创新金融开放制度，在海南自由贸易账户体系上线运行的基础上创新业务，提高企业跨境存、贷、汇、兑的便利化水平；支持外资金融机构深度参与自贸试验区建设；积极推进设立符合海南产业发展方向的交易场所，筹建中国（海南）国际知识产权交易所。创新风险防控制度，制定重大风险防控规划和应急响应机制，防范政府债务、金融、房地产风险，坚决打好防范化解重大风险攻坚战；坚决守住意识形态、国家和公共安全、生态环境保护底线。创新事中事后监管制度，建立健全以信用监管为核心、与负面清单管理方式相适应的监管体系；加强口岸管理部门执法合作，

[1]《大力推动制度创新　营造一流营商环境 我省发布首批8项自贸区制度创新成果》，《海南日报》2019年2月15日。

推行跨部门一次性联合检查，统筹做好相关部门监管体系建设；完善社会信用体系，加强信用信息归集共享开放，健全守信激励和失信惩戒机制，努力把海南打造成全国最讲诚信的地方。

发展高水平开放型经济，推进区域合作。加大种业、医疗、教育、旅游、金融等重点领域开放力度，取消相关行业外资股比和准入限制，加大精准招商力度，积极吸引全世界投资者来海南投资兴业。推动贸易转型升级，开展“两头在外”航空维修和外籍邮轮船舶维修业务，构建海口临空产业园“一站式”飞机维修服务基地；加快建设海口跨境电子商务综合试验区；积极参与国际陆海贸易新通道建设，加快推进全省港口资源整合，提高琼州海峡客货分离和货车滚装运输服务水平，增加境内外海上航线，促进集装箱运输能力明显提高；支持具备资质的供油企业开展国际航行船舶保税油供应业务，建设保税油供应基地；研究东方机场及配套物流园区建设，努力打造全国乃至全球快递物流枢纽。开展“一带一路”务实合作，鼓励企业“走出去”。加强与粤港澳大湾区、泛珠三角、北部湾区域合作，与香港、澳门在服务业重点领域合作取得更多突破，落实与上海市、浙江省的战略合作协议，推动其他自贸试验区参与省内重点产业园区建设，提升园区发展质量。服务保障好博鳌亚洲论坛年会的同时，利用论坛平台服务招商引资，扩大海南的国际商务朋友圈。

深化市场化改革，增强自贸试验区发展动力和活力。发挥好中央赋予的更大改革自主权，大胆试、大胆闯、自主改。坚决破除民营企业发展障碍，落实支持民营经济和中小微企业发展政策措施，设立重点产业投资发展、中小微企业融资担保和企业纾困基金，再造融资担保体系，年内取消企业银行账户许可，推动民营企业信贷业务提速、利率下降、余额增长，保护民营企业合法权益，鼓励创新、创业、创造，增强微观主体活力。深化财税体制改革，落实好国家更大规模的减税降费政策和个人所得税新税制，制定出台切实降低企业成本的政策措施；创新符合自贸试验区特点的投融资体系，进一步减少、归并专项资金，用市场化手段提高政府资金使用效益。调整优化国有资本结构布局，提高国企效益。深化农村信用社体制机制改革，推进海建、海南铁路等混合所有制改革。推动农垦土地资源资本化、证券化取得实质突破，聚焦主业，提升盈利水平。稳步扩大农村土地征收、集体经营性建设用地入市和宅基地制度改革的范围。推进军地共商、科技共兴、设施共建、后勤共保，完善军地土地置换政策制度，加快建设国家军民融合创新示范区。开展法定机构改革试点，拓宽社会优秀人才进入公职人员队伍渠道，构建与高度开放体系相适应的管理体制。深化空域精细化管理改革，优化岛内外空域结构和航路航线，推动博鳌机场口岸正式开放，全年争取新开通境外航线 14 条。春运期间增加航班 3600 多架次。[1]

六、海南要加快形成法治化、国际化、便利化的营商环境

在庆祝海南建省办经济特区 30 周年大会上的重要讲话中，习近平总书记提出要求：“海南全岛建设自由贸易试验区，要以制度创新为核心，赋予更大改革自主权，支持海南大胆试、大胆闯、自主改，加快形成法治化、国际化、便利化的营商环境和公平开放统一高效的市场环境。要更大力度转变政府职能，深化简政放权、放管结合、优化服务改革，全面提升政府治理能力。”[2]

海南应如何解决营商环境存在的问题？海南省委书记刘赐贵表示，

[1] 沈晓明：《政府工作报告——2019 年 1 月 27 日在海南省第六届人民代表大会第二次会议上》，《海南日报》2019 年 2 月 2 日。

[2] 习近平：《在庆祝海南建省办经济特区 30 周年大会上的讲话》（2018 年 4 月 13 日）。

习近平总书记指示我们，要加快形成法治化、国际化、便利化的营商环境和公平开放统一高效的市场环境。中央 12 号文件明确指出，到 2025 年海南营商环境达到国内一流水平，到 2035 年跻身全球前列。什么是一流营商环境？就是要符合国际水平，经济活动遵循相关的国际惯例、国际公约和相关协定；要有覆盖面广、条文详细、操作性强的完善法律制度和严格的监管执法程序，最大限度地减少自由裁量权；要确保市场在经济活动中的决定性作用，奉行“宽进严管”的理念，不干预企业的正常生产经营活动，主动和高效地担负服务与监管职责。总之，最好的营商环境，就是能把制度交易成本降到最低的发展环境，这对我们是非常高的要求，也是参与国际竞争必须打下的硬仗。

第一，要高效审批，让人流、物流、资金流、信息流便捷流动。在 2018 年 4 月对全国 11 个自贸区的考察中，大家感受最深的就是所有自贸区在简政放权、提高效率上创新最多、干劲最足。要系统学习借鉴 11 个自贸区“单一窗口”“线上海关”“注册官制度”和负面清单管理等先进经验，以及国际自由港的先进经营方式、管理办法，探索“多规合一”下的“零审批”，服务贸易负面清单越短越好，并用信息化、智能化、科学化手段提升管理效能。“多规合一”为自贸区（港）建设打下了良好基础，近几年我们有了这张蓝图，但蓝图还要不断去优化，在坚守海岸线底线、坚守生态红线的前提下，根据发展需要按程序作适当调整完善，比如有的过去做得不扎实的地方，应加以补充完善。

第二，要廉洁守法，廉洁决定自贸区（港）的声誉和形象。要对标先进发达地区，以改革创新精神加强廉洁政府建设，建立健全不敢腐、不能腐、不想腐的长效机制。探索实施党政干部“廉洁保证金”制度，划定公职人员行为红线，明确哪些能做、哪些不能做。要公开各类审批流程，提高审批透明度，严格各类执法标准，最大限度压缩自由裁量权，所有监管活动都要做到依法、公正、透明。努力构建“亲”

“清”新型政商关系，出于公心善待企业、热情排忧解难，决不容忍任何不作为、慢作为、乱作为的行为。百日大招商（项目）活动、百万人才进海南，最直接体现海南的营商环境，这也是一次练兵。要在实践中大胆探索最优最便捷的营商程序，大力推广先进做法，对吃拿卡要、拖拉扯皮、阻挡项目和人才进来的不搞下不为例，有一件处理一件，决不允许个别人、少数人的坏作风、坏习气影响海南改革开放的大环境。大数据中心要为此发挥作用，纪检监察、组织、审计、政法部门要承担监督执法责任。

第三，要守住风险底线，实现高效便捷和从严监管的有机统一。强化事中事后监管，加快建立国际化法院和仲裁机构，完善社会信用体系和联合惩戒机制，严格保护各类产权安全，做好房地产、金融、地方债务、网络舆情、突发事件等各类风险的防范处置，坚决守住不发生系统性风险的底线。

第四，要营造和谐社会环境，这也是降低制度交易成本、打造一流营商环境的重要方面。我们是在拥有910多万户籍人口的海南全岛建设自贸区（港），因此要始终坚持以人民为中心的发展思想，在新的改革开放历史进程中探索优化利益联接机制，让百姓共享发展成果、坚定支持改革开放，决不允许贫富分化或百姓与开发商、经营企业形成对立情绪。另外，要加强平安海南建设，强化旅游、交通、食品药品、环境卫生、违法建筑、流动人口等重点领域的综合治理，决不允许搞“黄赌毒”，深入开展禁毒大会战、反恐、扫黑除恶斗争，促进国内外警务交流，联合打击各类违法犯罪活动。[1]

在政府工作方面，就着力打造法治化营商环境而言，要大力建设

[1]　《刘赐贵同志在省委七届四次全会上的总结讲话》（2018年5月13日），《海南日报》2018年5月15日。

法治政府。紧扣实际需求，梳理并争取国家支持调整不适应海南全面深化改革开放要求的法律法规，推动和配合做好特区立法，确保各项制度创新于法有据。遵循市场规则，实施公平竞争审查制度，无论国有、民营，无论内资、外资，一视同仁、平等对待。把公众参与、专家论证、风险评估、合法性审查和集体讨论决定作为重大决策的法定程序，提高政策的连续性、稳定性和可操作性。大力建设诚信政府。努力解决“新官不理旧账”、法院判决和行政复议不执行等问题，研究出台规划调整、“两个暂停”、全域限购以后引导房地产转型发展的配套政策，保障企业合法权益。以政府诚信的“加法”换取市场活力的“乘法”，让守法诚信成为海南各级政府的自觉行动。

就着力打造国际化营商环境而言，要推动投资贸易监管与国际接轨，经济活动遵循相关国际惯例。引进国际化的法律、会计、仲裁等专业服务机构，建立完善国际经济贸易仲裁和国际争端多元纠纷解决机制，公正保护投资者权益。支持知识产权和涉外民商事法庭建设。继续实施“百万人才进海南”行动计划，加快国际人才管理改革试点，充分利用好港澳台侨资源，允许外籍和港澳台地区技术技能人员按规定在海南就业，构建具有竞争力的人才制度。引进国内外高端人力资源服务机构，规划建设国际社区、学校、医院等适应国际人才需求的公共服务体系，为集聚国际人才提供一流服务。

就着力打造便利化营商环境而言，要深化“放管服”改革，以“多规合一”改革推动政府职能转变与流程优化，调整优化省与市县间权限划分，事关全省发展大局的职能上收，项目管理、规划报建审批等具体职能下放，处理好加强省级统筹与发挥市县积极性的关系。坚持服务为上，牢固树立重商亲商安商理念，对企业高看一眼、厚爱一分，把企业冷暖放在心上。实行政务服务综合窗口受理、全省“一网通办”和市县“一枚公章管审批”。依法向全省重点产业园区推广“极简审批”，实现企业办理简单事项“一次都不用跑”、办理复杂事项“最多跑一次”。加强统筹调度，让企业更加便捷地获得水电气、电信、信贷等生产要素。鼓励投、贷、债、租等综合金融服务，大力发展直接融资，拓宽投融资渠道，缓解企业融资难、融资贵问题。

营商环境应该和生态环境一起，成为海南的“两大本钱”和核心竞争力。优化营商环境没有完成时，只有进行时。必须把不断优化营商环境作为政府365天的日常工作，发布优化营商环境年度行动计划、省和市县营商环境第三方评价报告，努力使海南的营商环境达到国内一流水平。[1]

2018年12月10日，《海南省优化营商环境行动计划（2018—2019年）》（以下简称《行动计划》）正式向社会公布。《行动计划》从开办企业、获得信贷和改善融资环境、跨境贸易、建设服务型政府等11个方面提出了40项改革措施，以进一步加快建设法治化、国际化、便利化的营商环境。同年12月10日上午在海口举行的新闻发布会上，海南省相关职能部门负责人介绍了《行动计划》的具体情况。

据介绍，海南省委、省政府高度重视营商环境建设，为坚决落实习近平总书记“4·13”重要讲话和中央12号文件精神，加快推动海南自由贸易试验区和中国特色自由贸易港建设，海南省以体制机制创新为核心，针对海南专业服务国际化水平低、企业融资问题突出、社会诚信与法治环境不完善、政府主动服务意识不足等现存营商环境问题，制定了《行动计划》。

《行动计划》共有九大亮点。

第一，在压缩企业开办时间方面，海南对标2019世界银行发布的

[1] 沈晓明：《政府工作报告——2019年1月27日在海南省第六届人民代表大会第二次会议上》，《海南日报》2019年2月2日。

《营商环境报告》和全国各地的先进经验和做法，将企业开办时间控制在三个工作日内。在全省范围内推广取消工商名称预先核准，并率先在全省范围内推出名称、住所、经营范围、信息变更、企业注销的自主申报和自主核名举措。在海南省全面实施全省通办的注册官制度。扩大“证照分离”改革事项，将旅游、农业、医疗健康三大产业领域的24个事项纳入“证照分离”改革事项范围。加大对重点产业领域开放，全面覆盖三次产业，深化现代农业、高新技术产业、现代服务业对外开放，同时包含生态文明、海洋经济和军民融合等领域。

第二，在获得施工许可方面，为进一步深化“多规合一”改革，《行动计划》在项目审批方式、项目审批时间等多方面进一步优化。逐步探索依法将施工许可调整为备案，将建前审核转化为事中事后监管，项目从立项到开工可提速70%以上。

第三，在获得水电气和电信服务方面，海南省将进行报装流程再造，针对不同企业需求制定快速反应方案。

第四，在企业获得信贷方面，我省将设立省级中小微企业融资担保基金，省政府通过资本金投入、建立风险分担机制等方式，对主要为中小微企业服务的融资担保公司提供财政支持，解决中小微企业融资问题。设立重点产业投资发展基金，以发展旅游业、现代服务业和高新技术产业为主导，结合海南省12个重点产业（除房地产业）发展方向，搭建金融服务平台。设立企业纾困基金，对难以维持经营但符合经济结构优化升级方向、有前景的困境企业提供必要支持，帮助企业重新获得运营能力。建立海南自由贸易账户体系，进一步发展海南区域性离岸贸易，加紧建立能够体现海南全域性优势的自由贸易账户体系，为人民币跨境使用减少政策阻力和障碍。放宽跨境双向人民币资金池准入限制，为落户海南省的外资企业打通境外资金入境渠道，实现跨国公司全球网络内资金的统一调配和融通管理，有效降低企业融资成本。

第五，在跨境贸易方面，制定体现海南特色且独具竞争力的跨境服务贸易负面清单。

第六，在保护投资者方面，海南省将推动法律机构创新与改革，设立涉外民商事法庭，依法承认和执行外国法院民商事判决和外国仲裁裁决。这一举措将有效化解涉外商事争端，平等保护中外当事人合法权益。

第七，在执行合同方面，海南省将积极构建争端解决方式多元化，对采取调解方式解决争端的企业给予财政鼓励，将有助于缩短争端解决时间，降低企业成本和损失，减轻法院办案压力。海南结合自身地理区位优势，逐步放开法律服务行业的准入限制，积极引进国际法律机构和人才。海南积极探索大数据技术在执行领域内的应用，以网络查控执行系统为载体实现信用信息共享。

第八，在办理破产方面，海南省将实行“简易破产”改革，以无担保债务总额、可分配财产数额、综合因素（包括债权人人数、财务状况和债权争议情况）来界定是否启动简易破产程序，提高办案效能和成本，实现简易破产制度创新，破解“执转破”难题。

第九，在完善政府服务方面，以可预期为目标，把企业放在心上，做到“企业一叫，政府赶到；企业不叫，政府不扰”，保持政府政策的透明和稳定，使企业心中有底，踏实经营。

海南省政府还计划每年委托第三方对海南营商环境进行评估，并制定年度营商环境计划，确保海南营商环境持续改善。[1]

法治化、国际化、便利化的营商环境是世界上自由贸易港的通行标准，海南自贸区自贸港建设在优化营商环境方面有哪些举措，效果

---

[1] 《我省出台40条举措优化营商环境》，《海南日报》2018年12月11日。

如何？这是2019年全国两会上新华社记者关注的问题。

毛超峰代表回应说，海南省委、省政府在贯彻落实习近平总书记“4·13”重要讲话和中央12号文件精神过程中，把营造法治化、国际化、便利化的营商环境作为自贸区、自贸港建设的重要任务紧抓不放，并以此来激发市场的活力、增强新的发展动力、提升海南区域竞争力。一年来，主要做了三个方面的工作：一是在营商环境考核评价指标体系的设立上，突出国际标准和海南特色，即在采用世界银行通用指标的同时，坚持全省一盘棋、全岛同城化，在空间布局上给各类市场主体提供最大便利；二是在优化上下功夫，采用以制定年度营商环境优化行动计划的方式，引入第三方评估机构对每年度的营商环境进行客观评估；三是在具体举措上，紧贴各种各类市场主体，紧紧围绕法治化、国际化、便利化“三化”的主要内容，大胆改革创新。比如说，制定的《海南省优化营商环境行动计划（2018—2019年）》，从开办企业、获得施工许可、获得信贷和改善融资环境、纳税便利化、跨境贸易、建设服务型政府等11个方面提出40项具体措施。筑得好巢穴，引来金凤凰。有这样一组数据，2018年全年海南新增企业超过5.7万户，同比增长37.5%，特别是新设立外资企业152户，增长94.4%，实际利用外商直接投资增长约112.7%。一批世界著名的公司和世界500强企业落户海南。例如，引进英国知名旅游集团Thomas Cook，在三亚注册设立海南省首家中外合资旅行社，哈罗公学、美安康、安永、普华永道等在海南落地，韩国的jk整形医院在博鳌乐城运营，还有国内著名的阿里巴巴、腾讯、京东及中国旅游集团、招商局集团、大唐集团、中海油集团等央企纷纷在海南设立总部或区域性总部。[1]

---

[1] 《蹄疾步稳　开局良好　保持定力　埋头苦干——海南代表团团组开放活动答记者问实录》，《海南日报》2019年3月8日。

七、海南要全面提升政府治理能力

海南全岛的自由贸易试验区应如何建设？2018 年 4 月 13 日下午，在庆祝海南建省办经济特区 30 周年大会上的重要讲话中，习近平总书记要求海南“要更大力度转变政府职能，深化简政放权、放管结合、优化服务改革，全面提升政府治理能力”。[1]

2018 年 4 月 13 日上午，正在海南考察的习近平乘车前往海南省政务数据中心。他走进数据中心大厅，通过巨幅屏幕察看数据中心建设运行情况以及在“多规合一”等领域的应用展示，并到大厅省直部门值守岗位同正在值班的工作人员亲切交谈，察看数据中心在旅游、防灾减灾等方面的应用演示。习近平对海南省信息化建设工作表示肯定，强调加快政府大数据平台建设是提高社会治理能力和水平的迫切要求。各级党委和政府要强化互联网思维，善于利用互联网优势，着力在融合、共享、便民、安全上下功夫，推进政府决策科学化、社会治理精细化、公共服务高效化，用信息化手段更好感知社会态势、畅通沟通渠道、辅助决策施政、方便群众办事，做到心中有数。希望海南继续在大数据建设上积极探索，创造更多经验。[2]

“加快政府大数据平台建设是提高社会治理能力和水平的迫切要求”，这表明了习近平总书记对海南提高政府治理能力的高度重视。

海南打造新时代全面深化改革开放的新标杆，要求在创新体制机制、提升治理能力和治理体系现代化水平、创造一流营商环境方面树立新标杆。近年来，海南积极推进“多规合一”改革，把全岛按照一个

---

[1] 习近平：《在庆祝海南建省办经济特区 30 周年大会上的讲话》（2018 年 4 月 13 日）。

[2] 《习近平在海南考察时强调 以更高站位更宽视野推进改革开放 真抓实干加快建设美好新海南》，新华社海口 2018 年 4 月 13 日电。

大城市来规划建设，基本形成省市县联动的空间规划管理体系，为全省“一张蓝图干到底”打牢了基础。当前，海南正积极谋划推动机构改革，打造智慧海南，全面提升政府治理能力和治理体系现代化水平。海南将在经济体制改革和社会治理创新等方面先行先试，把优化营商环境作为重要任务，对标国际一流标准，积极构建与国际投资贸易规则接轨的体制机制；更大力度转变政府职能，最大限度减少行政审批事项，实行全岛自由贸易试验区审批“一张网”“一枚公章管审批”，编制全国最少的市场准入“负面清单”和行政审批事项清单；加快口岸信息化建设，市县全流程“线上海关”一键通关，探索“一线放开、二线安全高效管住”的监管模式，加快形成公平开放高效的市场环境。[1]

海南对症下药，治疗政府执行力“顽疾”。2018 年 8 月，海南省政府印发《提高政府执行力十五条措施》。这篇只有 3463 字的文件，经过四个月的调研、讨论、研究和反复修改完善后正式出炉，旨在建立一个与海南全面深化改革开放要求相适应的政府工作机制。

《提高政府执行力十五条措施》的主要内容：一是不折不扣落实上级决策部署。上级重要文件、重大决策部署在收到当天报主要负责人，以最快速度（最多三天内）布置落实。二是深入调查研究。调研点的选择，50%以上实行不事先通知的随机抽查、自选、暗访式调研。三是提高决策质量。把公众参与、专家论证、风险评估、合法性审查和集体讨论决定作为重大决策的法定程序。四是讲求会议实效。提倡少开会、开短会、开管用的会；确实要开的会，尽量采用电视电话、网络视频形式，减少和避免集中开会、层层开会，防止以会议落实会议。五是精简发文。各单位实行年度发文总量控制。以省政府或省政府办公厅

[1] 刘赐贵：《努力把海南建设成为新时代全面深化改革开放的新标杆》，《求是》2018 年第 10 期。

名义下发的文件，2018年比上年减少50%，以后逐年减少。六是落实责任主体。领导变动不能影响单位责任的履行，坚决杜绝“新官不理旧账”。七是强化沟通协调。建立覆盖全省政府系统的即时通讯工作群，作为非涉密事项的常规沟通协调平台。八是强化副秘书长工作职能。受省政府领导委托，省政府副秘书长可以召开省政府专题会议。九是深化政务公开。省和市县政府及其部门定期发布新闻。常规重大事项及重点工作进展情况（除保密事项外）一律向社会公布，重大事项、应急事项以及重大政策解读原则上一个工作日内公布。十是提升政务服务效能。2018年底前，全省政务服务事项80%实现网上可办、“不见面审批”，所列事项凡法定以外的纸质材料一律不得要求报送。十一是严格依法履行职能。加强政府系统法律顾问队伍建设。实行集中行使行政复议权，一级政府只设一个行政复议机构。十二是加强督查。政府督查室对各类督查项目尽量归并，通过合并督查、联合督查、委托督查等方式，做到一定时间内，同一事项只有一支力量督查，督查结果多个部门共享。十三是改进考核方式。积极引入第三方评价机制，客观准确地反映工作绩效、服务质量和效率。十四是把执行力作为奖惩依据。单位和个人执行力情况纳入年度考核内容，与单位和个人年度绩效评定、单位主要领导和领导班子成员年度考核等级评定挂钩，并通报奖惩。十五是发挥班子引领作用。政府各级各部门领导班子要把加强执行力建设纳入重要议事日程，每年专题研究。[1]

海南还将“以优化营商环境为重点，推进政府自身建设”，包括着力推动政策落实。通过强化执行抓落实，深入贯彻《提高政府执行力十五条措施》，发布政府执行力年度第三方评价报告；把力戒形式主

[1]　《我省对症下药治疗政府执行力“顽疾”〈提高政府执行力十五条措施〉出台》，《海南日报》2018年8月8日。

义、官僚主义作为重要任务，强化一个理念，即出台文件、开会部署只是抓落实的开始，只有出结果、见成效、形成任务闭环才是落实，防止以文件贯彻文件、以会议落实会议，防止重"痕"不重"绩"、留"迹"不留"心"。通过项目带动抓落实，每项任务都要明确标志性项目、关键性时间节点，倒排工期、挂图作战，确保任务落地。通过创新方法抓落实，努力使各级公务人员成为推进自贸试验区发展的行家和解决实际问题的能手，完善激励约束和容错纠错机制，形成敢干事、会干事、干成事的浓厚氛围。

此外，还包括着力加强政府廉政建设。树牢"四个意识"，坚定"四个自信"，坚决做到"两个维护"，勇于担当作为，以求真务实作风坚决落实中央和省委决策部署，认真落实省人大及其常委会各项决议决定，认真办理人大代表建议和政协提案。政府厉行节约，带头过紧日子，严格压缩一般性支出。严格落实党风廉政建设责任制，加强廉政风险防控，健全不敢腐、不能腐、不想腐的长效机制。自觉接受人大法律和工作监督、政协民主监督、监察监督，重视群众监督、舆论监督，强化审计监督，促进权力规范运行。始终保持反腐高压态势，严查惩处损害群众切身利益的腐败问题，持之以恒正风肃纪，营造风清气正的政务环境。[1]

八、海南要实行高水平的贸易和投资自由化便利化政策

习近平总书记在庆祝海南建省办经济特区30周年大会上发表重要讲话时还指出："要实行高水平的贸易和投资自由化便利化政策，对

[1] 沈晓明：《政府工作报告——2019年1月27日在海南省第六届人民代表大会第二次会议上》，《海南日报》2019年2月2日。

外资全面实行准入前国民待遇加负面清单管理制度，围绕种业、医疗、教育、体育、电信、互联网、文化、维修、金融、航运等重点领域，深化现代农业、高新技术产业、现代服务业对外开放，推动服务贸易加快发展，保护外商投资合法权益，推进航运逐步开放。”[1]

党中央明确“强化政策保障”：“本意见提出的各项改革政策措施，凡涉及调整现行法律或行政法规的，经全国人大或国务院统一授权后实施。中央有关部门根据海南省建设自由贸易试验区、探索实行符合海南发展定位的自由贸易港政策需要，及时向海南省下放相关管理权限，给予充分的改革自主权。按照市场化方式，设立海南自由贸易港建设投资基金。深化司法体制综合配套改革，全面落实司法责任制，实行法院、检察院内设机构改革试点，建立法官、检察官员额退出机制。支持建立国际经济贸易仲裁机构和国际争端调解机构等多元纠纷解决机构。”[2]

对海南而言，加快建设全岛自由贸易试验区，要按党中央要求，利用2–3年时间高标准建设全岛自由贸易试验区。具体说来，需要在以下六个方面发力：一是对接国际通行的投资贸易规则，完善外商投资负面清单管理制度，实行高水平的投资自由化。二是以高水平贸易便利化为目标，努力在一两个细分市场上建成全球贸易中心；深化服务贸易创新发展，提高服务贸易的国际化水平。三是建立海南自由贸易账户体系，探索资本项目可自由兑换，以较高的人民币国际化和利率市场化水平服务实体经济。四是以供给侧结构性改革为主线，转换经济发展动力，优化经济发展结构，培育壮大以南繁、深海、航天为重点的高新技术产业，推动经济高质量发展。五是大力推动政府职能转

---

[1] 习近平：《在庆祝海南建省办经济特区30周年大会上的讲话》（2018年4月13日）。

[2] 《中共中央 国务院关于支持海南全面深化改革开放的指导意见》（2018年4月11日）。

变，加强事中事后监管，努力构建法治化、国际化、便利化和公平高效透明可预期的营商环境。六是创新人流、物流、资金流的监管方式，做到实时、全方位管住管好。[1]

海南全岛建设自由贸易试验区和中国特色自由贸易港，是党中央彰显我国扩大对外开放决心的重大举措。这是海南的重大机遇，也是必须肩负起的责任担当，要求海南实施更加积极主动的开放战略。一是利用2—3年时间高标准建设全岛自由贸易试验区，实行高水平的贸易和投资自由化便利化政策，推动经济高质量发展，努力构建法治化、国际化、便利化的营商环境。二是在建成全岛自由贸易试验区的基础上，推动人员、货物和资金跨境自由流动，努力建设体现中国特色、符合中国国情、符合海南发展定位的自由贸易港。三是加快推动现代服务业高度开放，在旅游、互联网、医疗健康、金融、会展等现代服务业对外开放方面先行先试，设立海南国际离岸创新创业示范区，实施更加开放便利的离岛免税购物政策，打造国家体育旅游示范区，培育壮大医疗健康产业。四是深化对外交往与合作，高水平建设21世纪海上丝绸之路文化、教育、农业、旅游交流平台，加强同参与国家的合作，打造我国面向太平洋和印度洋的重要对外开放门户。[2]

九、支持海南逐步探索、稳步推进中国特色自由贸易港建设

在庆祝海南建省办经济特区30周年大会上的重要讲话中，习近平总书记郑重宣布："党中央决定支持海南全岛建设自由贸易试验区，支持海南逐步探索、稳步推进中国特色自由贸易港建设，分步骤、分

---

[1] 刘赐贵：《关于深入学习习近平总书记"4·13"重要讲话精神的十点认识》（2018年10月13日），《海南日报》2018年10月17日。

[2] 刘赐贵：《努力成为新时代全面深化改革开放新标杆》，《人民日报》2018年10月29日。

阶段建立自由贸易港政策和制度体系。”[1]

这是推动海南形成全面开放新格局的分两大步走的大战略。“探索建设中国特色自由贸易港”，是推动海南形成全面开放新格局两大步走的第二步，中央这样明确了“探索建设中国特色自由贸易港”的进程：“根据国家发展需要，逐步探索、稳步推进海南自由贸易港建设，分步骤、分阶段建立自由贸易港政策体系。海南自由贸易港建设要体现中国特色，符合海南发展定位，学习借鉴国际自由贸易港建设经验，不以转口贸易和加工制造为重点，而以发展旅游业、现代服务业和高新技术产业为主导，更加强调通过人的全面发展，充分激发发展活力和创造力，打造更高层次、更高水平的开放型经济。及时总结 59 国外国人入境旅游免签政策实施效果，加大出入境安全措施建设，为进一步扩大免签创造条件。完善国际贸易‘单一窗口’等信息化平台。积极吸引外商投资以及先进技术、管理经验，支持外商全面参与自由贸易港建设。在内外贸、投融资、财政税务、金融创新、出入境等方面探索更加灵活的政策体系、监管模式和管理体制，打造开放层次更高、营商环境更优、辐射作用更强的开放新高地。”[2]

“自由贸易港是当今世界最高水平的开放形态。”[3] 十九大报告提出“赋予自由贸易试验区更大改革自主权，探索建设自由贸易港”[4]，这是中国特色社会主义进入新时代加快形成全面开放新格局的重要举措。探索建设中国特色自由贸易港，打造开放层次更高、营商环境更优、辐射作用更强的开放新高地，对于促进开放型经济创新发展具有重要意义。

---

[1][3] 习近平：《在庆祝海南建省办经济特区 30 周年大会上的讲话》（2018 年 4 月 13 日）。

[2] 《中共中央　国务院关于支持海南全面深化改革开放的指导意见》（2018 年 4 月 11 日）。

[4] 习近平：《决胜全面建成小康社会　夺取新时代中国特色社会主义伟大胜利——在中国共产党第十九次全国代表大会上的报告》（2017 年 10 月 18 日）。

自由港是设在一国（地区）境内关外、货物资金人员进出自由、绝大多数商品免征关税的特定区域，是目前全球开放水平最高的特殊经济功能区。[1] 因此，建设自由贸易港，旨在通过强化贸易便利化核心功能，同时构建更加便利和自由的金融、投资和人员流动的政策环境，形成开放水平最高的新载体与平台参与全球经济竞争。

自由贸易试验区以制度创新为核心，自由贸易港是具有强大贸易功能的新载体。自由贸易试验区与自由贸易港二者之间有哪些区别？自由贸易试验区以制度创新为核心，自 2013 年 9 月 29 日中国（上海）自由贸易试验区挂牌设立以来，自由贸易试验区在贸易便利化、投资管理、金融开放和政府职能转变等各个领域开展全面改革创新，形成了一批可复制可推广的经验，成为新时期我国全面深化改革和扩大开放的"试验田"，而自由贸易港是特殊经济功能区。在改革开放进程中，我国先后设立过经济特区、经济技术开发区、高新技术开发区、海关特殊监管区域等经济功能区，成为我国吸引外资和发展外向型经济的载体与平台。其中，海关特殊监管区域是指经国务院批准，设立在我国境内，赋予承接国际产业转移、连接国内国际两个市场的特殊功能和政策，由海关为主实施封闭监管的特定经济功能区域。海关特殊监管区域现有六种模式：保税区、出口加工区、保税物流园区、跨境工业园区、保税港区、综合保税区。因此，建设自由贸易港，不是对自由贸易试验区的简单升级，而是要对照国际典型自由港的通行做法，通过深化开放创新，实现对我国原有海关特殊监管区域"境内关外"监管模式的全新超越，形成具有强大贸易功能的新载体，为推动我国对外贸易转型和提升国际贸易竞争力提供支撑。

自由贸易港作为全球开放水平最高的特殊经济功能区，其高水平

[1] 汪洋：《推动形成全面开放新格局》，《人民日报》2017 年 11 月 10 日。

开放主要体现在几个方面：

从自由贸易港的建设目标来看，参照中国香港、新加坡和迪拜等国际典型自由港的通行做法，在贸易便利化方面真正形成“一线放开、二线管住、区内自由”的监管模式。实现“一线放开”，即自由贸易港区与境外之间的一线货物进出境自由。进一步放宽贸易管制，除法律、法规、国际公约规定禁止入境的少数货物和物品外，绝大多数货品可自由进出自由贸易港、自由装卸，采用舱单自动传输的方式进行数据采集，免予报关报检手续。区内不征收进口环节关税、增值税，进出商品不纳入我国贸易统计。实施“二线管住”，海关对自由贸易港区与国内之间进出的货物，包括货物、物品、运输工具和个人，原则上视同其他对外开放口岸进出货物，纳入全国海关通关一体化，实行常规监管。“二线”进出货物，监管要求更加严格，并且需要纳入贸易统计。实现“区内自由”，即自由贸易港区内“自由中转、自由存放、自由加工、自由转让”。区内自由针对的重点不只是商品，更重要的是针对市场主体的港内自由。允许自由开展中转、集拼业务，无需办理海关手续；允许自由存储，海关不实施电子账册管理；允许制造加工、研发设计、检测维修、保税展示等业务，海关不实施账册管理，不实施设立、核销、核查等监管措施。同时，区内实施最低程度干预和管理，仅对涉及安全准入、违反国家进出境规定、知识产权等方面实施检查。[1]

对海南来说，一个重要任务就是要为建设中国特色自由贸易港做好衔接。中央提出先建设自由贸易试验区，分步骤、分阶段建立自由贸易港政策和制度体系，到2020年自由贸易试验区建设取得重要进展，到2025年中国特色自由贸易港制度初步建立。在建成全岛自由贸易试验区，管住管好人流、物流、资金流等基础上，进一步提高投资

[1] 毛艳华：《自贸港是全球开放水平最高的特殊经济功能区》，《南方日报》2018年1月8日。

自由化、贸易便利化和金融等现代服务业开放水平，推动人员、货物和资金跨境自由流动，努力建设体现中国特色、符合中国国情、符合海南发展定位的自由贸易港。[1]

2018年11月5日，首届中国国际进口博览会在上海开幕。习近平总书记出席开幕式并发表主旨演讲，提出："中国将抓紧研究提出海南分步骤、分阶段建设自由贸易港政策和制度体系，加快探索建设中国特色自由贸易港进程。"[2] 这个演讲内容，引起广泛关注。

2018年12月5日，海南省副省长沈丹阳在"2018中国企业家博鳌论坛"主论坛上率先表示：2018年4月，党中央决定支持海南全岛建设自由贸易试验区和中国特色自由贸易港。此后，海南重点做了三件大事，推进自贸试验区和探索中国特色自由贸易港建设。第一，海南全力推动中央政策落地实施。海南陆续出台了一系列配套方案，形成了1+N政策体系，积极推进海南自由贸易账户（HNFT）体系建设。第二，海南不遗余力地改善营商环境。把优化法治化、国际化、便利化营商环境作为重中之重，大力推行极简审批改革，制定海南省优化营商环境行动纲要，提出了40条改善营商环境创新务实举措。第三，海南下大力气打牢基础、补齐短板。开展了"百日大招商""百万人才进海南"等一系列专项活动，不断夯实五网基础设施建设，补齐医疗教育等短板。

沈丹阳指出，海南建设自由贸易港要积极对标新加坡、迪拜等地，这些地方自贸港建设之所以成功，是因为它们具备四个条件：资源多、商机多、成本低、管得少。现在海南也朝着这四个方面努力，这也将

---

[1] 刘赐贵：《关于深入学习习近平总书记"4·13"重要讲话精神的十点认识》（2018年10月13日），《海南日报》2018年10月17日。

[2] 习近平：《共建创新包容的开放型世界经济——在首届中国国际进口博览会开幕式上的主旨演讲》（2018年11月5日），新华社上海2018年11月5日电。

成为海南吸引国内外企业前来投资的重要卖点。

“资源多”方面，海南除了商品资源丰富外，还在积极引进人才资源、资金资源、技术资源、信息资源，将成为各种资源的聚集地。“商机多”方面，海南的旅游业、现代服务业、高新技术产业三大领域已经被国家确定为主导产业。海南还有国家南繁科研育种基地、国家热带农业科学中心、全球动植物种子资源引进中转基地、航天领域重大科技创新基地和国家深海基地南方中心等五大平台，以及热带特色高效农业、互联网产业、医疗健康产业、文化产业等 12 个重点产业，给企业提供了巨大的合作空间。“成本低”方面，海南正在努力降低企业营商成本、制度成本和交易成本。随着探索建设中国特色自贸港进程的加快，海南或将分步骤、分阶段实行零关税和低所得税等政策，进一步降低企业成本。“管得少”方面，海南正在积极推进“放管服”政策，实施审批服务便民化、极简审批制度化，把优化法治化、国际化、便利化营商环境建设作为重中之重，尽量把生产要素还给市场，让企业能在更加公平的环境中竞争。

沈丹阳面向与会的两百多名企业家呼吁，海南既是宜居又是宜业的地方，希望企业家在享受海南优质生态环境的同时，选择来海南投资兴业，共享海南发展的新机遇。[1]

刚跨入 2019 年，商务部就强调尽快提出具有中国特色的自由贸易港政策和制度体系。

在国务院新闻办 2019 年 1 月 16 日召开的新闻发布会上，商务部部长助理任鸿斌说，商务部将以更大力度推进自由贸易试验区的建设和分步骤探索建设中国特色自由贸易港，主要从五方面工作入手。一是探索中国特色自由贸易港建设，尽快提出具有中国特色的自由贸易港

[1] 《海南省副省长沈丹阳：三方面全力推进全岛自贸试验区和中国特色自由贸易港建设》，新华网博鳌 2018 年 12 月 5 日电。

政策和制度体系；二是推进上海自由贸易试验区新片区设立及方案制订工作，支持上海在推进投资和贸易自由化便利化方面大胆创新探索；三是进一步压减自由贸易试验区外商投资准入特别管理措施，加快医疗、教育等重点领域开放进程；四是研究出台进一步推进自由贸易试验区扩大开放和创新发展的政策措施，推动重点改革事项在自由贸易试验区先行先试；五是努力形成更多高质量的可复制可推广的经验，推动形成更高层次的开放型的经济新格局。[1]

习近平主席在首届中国国际进口博览会开幕式上发表主旨演讲时特别强调，中国将抓紧研究提出海南分步骤、分阶段建设自由贸易港政策和制度体系，加快探索建设中国特色自由贸易港进程。有专家认为，习近平主席在当前重要时期、重大场合的这一最新表态，预示着海南自由贸易试验区、中国特色自由贸易港建设步伐将大幅提速，前期确立的路线图和时间表料明显前移，这将对海南经济和企业发展带来巨大的提振效应。

按照2018年4月14日正式发布的《中共中央　国务院关于支持海南全面深化改革开放的指导意见》确立的海南自由贸易试验区、中国特色自由贸易港建设步骤：2020年自由贸易试验区建设取得重要进展；2025年自由贸易港制度初步建立；2035年自由贸易港的制度体系和运作模式更加成熟。这一部署主要是考虑到海南发展条件及风险防控水平，小步慢跑、“稳”字当头。在当前经济运行稳中有变的大背景下，扩大对外开放时间紧迫、任务凸显，而原定的2025年海南自由贸易港制度初步建立则明显滞后。换句话说，届时海南的改革集成功能和试点作用就发挥晚了。基于这一研判，海南中国特色自由贸易港有望加速落地。2018—2019年底将是海南自贸区建设的跟跑、并跑阶段，重

[1] 《国新办举行落实中央经济工作会议精神发布会（二）》，国务院新闻办公室网2019年1月16日。

点是快速借鉴、复制上海等11家自贸试验区的先进经验和试点政策，全面打好各项基础，为中国特色自由贸易港建设做好全方位铺垫；2020年前后，海南将引领中国特色自由贸易港建设，率先构建相关政策和制度体系，更好地贯彻中央的战略意图。

结合习近平主席视察广东自贸试验区的讲话精神，要求把自贸试验区建设成为新时代改革开放新高地，核心要义仍是：自贸试验区是开放和制度创新高地，而非政策或税收洼地。因此，海南自贸试验区建设阶段，外界预期的减免税政策基本上不是重点；但海南自由贸易港探索建设阶段，减免税政策必将后程发力，否则，不足以形成海南的独特优势并带动其快速腾飞。海南中国特色自由贸易港可简要表述为：自由贸易试验区＋零关税简税制低税赋＋有条件的人员、货物与资金的自由流动。在海南自由贸易试验区建设快速跟跑、并跑、蓄势的基础上，下一步全方位的减免税政策将是撬动海南板块崛起的重要杠杆，从而实现海南进出岛人流、物流、资金流等的大幅跃升。[1]

海南将在2019年抓紧自贸港政策和制度体系设计，压茬推进自贸港建设。按照中央要求，抓紧研究提出海南分步骤、分阶段建设中国特色自由贸易港政策和制度体系，加快探索建设中国特色自由贸易港进程。配合研究制定自贸港总体方案，并推动尽早出台。争取在旅游业、现代服务业、高新技术产业等部分领域、部分园区，探索实施自贸港部分政策。建立完善自贸试验区和自贸港统计指标体系。坚持管得好才能放得开，利用大数据和人工智能技术，实现人流、物流、资金流进出岛信息实时性、全覆盖、全天候高效管控。抓紧研究操作层面的方案，积极为自贸港建设做好思想、理论、技术和人力资源准备。[1]

海南走向中国特色自由贸易港“蹄疾而步稳”。

[1] 刘锋：《海南中国特色自由贸易港有望加速落地》，新浪网2018年11月7日。

2019 年 2 月 17 日至 2 月 26 日，为探索建设中国特色自贸港政策和制度体系，海南省委书记刘赐贵率团出访阿联酋、新加坡，访问香港特别行政区。访问期间，刘赐贵先后会见了阿联酋经济部长曼苏里、新加坡贸工部长陈振声、香港特区行政长官林郑月娥等三地政要，就深化海南与三地在“一带一路”框架下加强旅游、基础设施互联互通、金融、现代服务业、高新科技、人才引进和培养等领域的务实交流与合作进行谋划，助力海南打造“21 世纪海上丝绸之路”重要战略支点以及面向太平洋、印度洋的重要对外开放门户。刘赐贵与三地政府官员重点就建设全岛自由贸易试验区和中国特色自由贸易港框架下，如何与三地共享机遇、谋求互惠发展展开深入探讨。刘赐贵还特别与香港特首林郑月娥就未来海南与香港在推动自由贸易港与粤港澳大湾区的战略对接、深化琼港在中国特色自由贸易港建设的大背景下实现共同发展深入交换了意见，达成一批重要共识。

按照习近平总书记关于抓紧研究提出海南分步骤、分阶段建设中国特色自由贸易港政策和制度体系的指示要求，刘赐贵率团先后实地调研了迪拜杰贝·阿里自贸区、迪拜国际金融中心、迪拜多种商品交易中心、阿联酋哈利法工业区、迪拜免税集团、迪拜拉希德邮轮码头，新加坡淡马锡集团及其旗下物流、设计、港口、邮轮等领域的公司，香港启德邮轮码头等三地知名园区和企业，并与三地有关政府部门、自由贸易园区、企业负责人举行会晤和座谈，考察机场、邮轮码头等基础设施，了解其政策体系、制度体系、法律制度、税收政策、金融监管、管理模式、运营效果等，为探索中国特色自由贸易港的政策和制度体系收集第一手资料，为海南配合国家有关部门研究中国特色自由贸易港政策和制度体系提供可供决策参考的意见和建议。

---

[1] 沈晓明：《政府工作报告——2019 年 1 月 27 日在海南省第六届人民代表大会第二次会议上》，《海南日报》2019 年 2 月 2 日。

刘赐贵先后出席了海南省在三地举办的中国（海南）—阿联酋旅游专题座谈会、中国（海南）—新加坡“互联网+”专题座谈会和海南—香港金融专题座谈会，结合海南自由贸易试验区建设的优先方向实地走访了三地企业，推进与三地产业的具体合作项目，达成一批合作意向，推动2019年5月开通海口—迪拜空中直航，吸引三地知名高新科技、医疗健康、邮轮港口管理、自贸区运营等领域的企业进入海南，密切与三地的经济联系。此外，代表团还与香港贸发局及香港五大商协会、在港主要央企和中资机构负责人就发挥港商优势服务自贸试验区和中国特色自贸港建设进行了专题交流与探讨。

刘赐贵出席了阿联酋海南商会暨同乡会揭牌仪式，并与新加坡海南籍乡亲、旅港琼属社团主要负责人进行交流，向海外乡亲介绍习近平总书记发表“4·13”重要讲话以来海南的新变化、新成就、新发展，鼓励他们积极参与海南自由贸易试验区建设，为中国特色自由贸易港建设贡献智慧和力量。

在港期间，刘赐贵与香港中联办主任王志民就海南自贸试验区和中国特色自贸港发展进行深入讨论。我驻新加坡大使洪小勇、驻阿联酋大使馆临时代办林亚多、驻迪拜总领事馆代总领事谭理等分别陪同代表团参加有关活动，并就整合使领馆资源助力中国特色自由贸易港建设提出诸多宝贵意见和建议。

此外，海南省还组织了土地规划、法律法规、金融开放与监管等三个专题调研组对阿联酋、新加坡和香港地区进行深入的学习调研。[1]

2019年2月25日，海南省与国务院发展研究中心调研组举行座谈，省长沈晓明、国务院发展研究中心副主任隆国强出席。按照中央部署，国务院发展研究中心调研组就研究制定海南建设中国特色自由

[1]　《为探索建设中国特色自由贸易港政策和制度体系开展扎实调研　刘赐贵访问阿联酋新加坡和香港地区归来》，《海南日报》2019年2月27日。

贸易港政策和制度体系来琼开展调研。在为期一周的调研中，调研组分为东线、中线、西线三个小组进行实地调研，深入了解相关情况，广泛听取各方面建议。

沈晓明介绍了推进自贸区和中国特色自贸港建设相关情况及重点把握的六个环节。一是充分认识、准确把握国家战略，通过党课、专题讲座、集中培训等多种形式反复学习习近平总书记“4·13”重要讲话和中央 12 号文件精神。二是充分把握全面深化改革开放与自贸区、中国特色自贸港建设的关系。三是充分把握人才为先的要求，以引进与培养相结合、走出去与请进来相结合、任职与兼职相结合、长期工作和短期挂职相结合、做好增量与激活存量相结合，推动人才队伍建设。四是充分把握海南在全球经济格局中的位置，参与国际竞争。五是充分把握以制度创新为核心。六是充分把握边研究边准备的策略，做好思想准备、理论准备、技术准备和人力资源准备。

隆国强表示，海南对建设中国特色自贸港作了深入调查研究和思考，就自贸港建设目标、路径和诉求提出了很多好建议，调研组将在研究制定中国特色自贸港政策和制度体系时充分吸收。[1]

2019 年新春伊始，海南省委书记刘赐贵带着“探索建设中国特色自贸港政策和制度体系”的重大使命，选择出访阿联酋、新加坡和香港三地，表明这些地方作为海南探索建设中国特色自由贸易港学习的榜样和标杆，已经毫无悬念。在此，我们可以通过《参考消息》2018 年 4 月 18 日对三地的报道——《迪拜？香港？全球三大自贸港为海南支招》，了解全球三大著名自由贸易港的前世今生。

党中央决定支持海南全岛建设自由贸易试验区，支持海南逐步探索、稳步推进中国特色自由贸易港建设，分步骤、分阶段建立自

[1] 《海南省与国务院发展研究中心调研组座谈》，《海南日报》2019 年 2 月 26 日。

由贸易港政策和制度体系。香港、新加坡和迪拜是国际公认较为成功的自由贸易港，参考消息记者对三地建设自贸港的成功经验进行深入调研，以期为国内自贸港建设提供借鉴。

香港：简单低税　不设任何贸易壁垒

香港是一个闻名世界的自由港。在1842年至今的176年里，香港逐步从单一的转口贸易港发展为国际贸易中心、国际金融中心乃至世界最开放的自由港之一。当前香港自由港的国际地位之所以广受肯定，不仅因为优越的地理位置，还得益于政府的诸多努力，包括实行自由贸易政策和简单低税制，打造便利营商环境和推进贸易服务全球化，等等。

自由贸易港通常是指设在国家与地区境内、海关管理关卡之外的允许境外货物、资金自由进出的港口区，外方船只、飞机等交通运输工具也可自由往来。整个香港特区都是自由港。

除了位置优越外，作为外向型开放经济体，香港长期奉行自由贸易政策，不设置任何贸易壁垒，进出口程序简便。一般而言，除了四个税号（酒类、烟草与香烟、碳氢油类、甲醇）以外的所有货物的进出都可以享受零关税。美国传统基金会已连续23年评选香港为全球最自由经济体。

香港的税务优胜之处在于简单低额，只设三种直接税，包括利得税、薪俸税、物业税，并设有免税额制度。香港特区行政长官林郑月娥在首份施政报告中还提出，要进一步减轻企业尤其是中小企业的税务负担。由世界银行与IFC国际金融企业组织发布的《2016赋税环境报告》认定，香港是全球赋税环境最佳地区之一。

香港还积极参与多边、区域、双边贸易协定，以此保障和改善香港货品及服务进入外地市场的机会，推动贸易和服务全球化，为营商人士创造新商机。例如，香港与东盟签订了自由贸易协定和投资协定，涵盖了货物贸易、服务贸易、投资及其他相关范畴。

香港致力于营造方便营商的环境，专门组建了“方便营商咨询委员会”，旨在优化本地的规管制度，提供有效的跨部门、跨界别沟通平台，让业界就规管事宜向政府表达意见。香港在这方面的工作也得到国际广泛认同。十年来，香港在世界银行《营商环境报告》的排名一直处于全球前五。

香港政府在加强通关便利方面也不遗余力。香港作为自由港，对货物进出口只实施最低限度的发证管制，通过多项措施减轻贸易管制带给业界的负担，并加快清关。举例而言，香港与内地紧密合作，推展“自由贸易协定中转货物便利计划”，便利贸易商使用关税优惠，从而吸引货物经香港转运；还通过“跨境一锁计划”，利用电子设备为转运货物提供无缝清关服务。此外，政府正推进发展“贸易单一窗口”计划，让业界通过一站式电子平台向政府提交出入口贸易文件。根据世界经济论坛最新发布的全球竞争力报告，香港在通关便利方面的排名继续保持全球第一。

香港贸易发展局大中华区首席经济师黄醒彪认为，要想成为成功的贸易中心，“交易成本”是最重要的考虑因素。交易成本主要受两方面影响：一是“便捷”，二是“风险”。“便捷”代表着效率，一个地方作为贸易中心的效率受多方因素的影响。首先是规模经济，是否有大批贸易商与海外不同地区的买家和卖家保持广泛联系。其他支援配套的服务环境也是促进交易效率的重要因素，如报关方式、海关管理的简易程度和透明度，其中当然包括简单税制、低税率等。

黄醒彪表示，另一个因素是“风险”。贸易中心主要是一个交易平台，交易便会涉及风险。法律体制的保障是所有现代交易的重要基础。完善的法律体系不仅在达成合约的过程中能降低风险，若买卖双方出现纠纷，透明、有效的解决机制也是一项重要保障。例如，某贸易商需电汇货款到海外，而香港所有金融机构在这方面都能提供可靠、准确和有效的服务，这便大大提高了他对使用香港作为贸易平台的信心。

香港贸发局研究总监关家明说，整个香港特区都是自由港，香港作为自由港要素齐全，商品、服务、资金、信息、人员流动相对自由，货物进来后，给予“国民待遇”，几乎一视同仁，这些经验都值得内地借鉴。

新加坡：高度透明　遵守数据隐私和安全规则

1969年，新加坡在裕廊工业区的裕廊码头内划设了第一个自由贸易区，如今新加坡已经逐渐发展成为一个高度开放的贸易自由港。自贸区在促进该国贸易方面发挥了重要作用。

新加坡境内目前共有七个自由贸易区，其中一个以空运货物为主，樟宜机场自由贸易区，由樟宜机场集团管理；另外六个以海运货物为主，其中五个由新加坡港务集团有限公司管理，一个由裕廊海港私人有限公司管理。新加坡的七个自贸区都以围墙与外界隔离，进出自贸区的通道由海关查检站管理，进出人员和车辆都必须接受检查。

新加坡国立大学商学院商业分析与运营管理系高级访问研究员亚力克斯·卡普里建议，中国可以学习新加坡，从软硬件建设和法律法规实施两方面入手，设法在自贸区内部形成有活力的商业生态系统集群。

卡普里认为，新加坡在本地区只是一个小岛，在这种情况下，新加坡政府明智地指定自贸区来聚集生产设施和基础设施，从而将商业生态系统连接在一起，这让自贸区成为具有高价值密度的节点，吸引了大量世界级的跨国企业和当地企业进驻。

他举例说，樟宜机场附近的自贸区同时具有包括无线与宽带接入、智能电网、数字应用、金融网络等在内的高科技“软基础设施”和包括道路、跑道和仓库在内的“硬基础设施”，而这些基础设施能够支持自贸区把新加坡当地、东南亚地区和全球的所有重要利益相关者联系在一起。

为了满足自贸区日益庞大的信息处理需求，新加坡政府以电子化促进贸易便利化，先后建设了港口管理电子平台港口网，发展出电子数据交换系统，推出了贸易管理电子平台贸易网，开通了中立、安全的贸易平台等一系列电子窗口与平台为自贸区发展服务。目前，新加坡正在建设“国家贸易平台”，将替代贸易网作为许可申报的国家单一窗口。

此外，为了能更有效、更有弹性地整合运用资源，新加坡在自由贸易区的经营与管理上采取的做法是将港务管理工作委托给更具效率与活力并且更能够顺应全球化趋势的企业来负责。

卡普里认为，新加坡政府一直非常看重与企业的合作。在设计“国家贸易平台”的过程中，新加坡政府就非常欢迎当地企业、东南亚地区企业和全球企业在系统的设计、改进和持续评估方面的介入。而在自贸区运营方面，作为政府投资的利益相关者，新加坡自贸区的经营者们与政府官员之间存在着良好的工作关系，也拥有自我调节和自我纠错的动力。

他说，对于自贸区来说，新加坡政府不需要低效的、自上而下的微观管理，而能够通过良好的技术能力和数据获取能力，监控自贸区经营者的运营情况，从而有选择地对它们进行分析和筛选。经营者们被随机审计，一旦出现违规行为就会被处以高额罚款。这套制度遵循“知情服从”原则，各方必须“尽职尽责”地遵守法律。同时，新加坡高度透明的数据和优秀的数据分析能力几乎清除了与政府相关的腐败和权力寻租行为，因此这套制度内部也不会出现腐败。

新加坡完善的商业生态系统还涵盖金融服务、外汇交易、保险、法律仲裁、人才等方面，它们能够与贸易结合起来，共同推动自贸区的发展。根据新加坡国际企业发展局的介绍，新加坡在低成本贸易金融服务方面能够为企业提供必要的基础设施和专业技术支持。新加坡在全球75个金融枢纽中排名第四，是亚洲最大的企业银行中心。全国拥有500多家的金融机构提供商业和企业银行服务，包括交易金融服务和系统商品贸易融资。由于新加坡的金融成本较低，很多贸易公司都将金融和资产保管中心设在了新加坡，为全球子公司提供融资及借贷服务。

由于商品和金融市场的浮动性大，风险管理已成为贸易公司不可或缺的职能。以外汇交易而言，新加坡是亚洲排名前三的外汇交易中心，因此商品贸易公司在新加坡开展业务能更有效地降低外汇风险。新加坡还拥有200多家各种类型的保险企业，它们提供了先进的风险管理解决方案，使新加坡成为亚洲主要的保险枢纽。

新加坡在涉外贸易纠纷的法律仲裁方面也有独到之处。该国法院受理的仲裁案例的数量稳步增长。根据瑞士洛桑国际管理发展学院2011年发布的《世界竞争力年鉴》，新加坡在通过司法保护企业竞争方面排名第一。卡普里说，新加坡的法律明晰，在支持法律纠纷各方进行沟通方面表现良好，法律执行层面也做到了统一和公平，没有出现执法不一致的现象。这为新加坡的商业环境创造了信心和稳定，使其能够吸引更多的世界级企业驻扎。

卡普里还提示说，新加坡在其国家贸易平台上取得的成功，很大程度上是因为它遵守了数据隐私和安全规则，这种做法让世界一流公司对新加坡产生了很高的信心，使新加坡的自贸区非常具有吸引力。

迪拜：外资可100%控股　资金汇出自由

阿拉伯联合酋长国（阿联酋）是中东乃至全球经济最有活力的国家之一。迪拜作为阿联酋乃至海湾地区的贸易、航运、金融、物流和科技中心，近年来越来越受到世人瞩目。在迪拜经济多元化战略中，有一项开创性的重要举措，为实现经济转型提供了强劲动力，这就是成立自贸区。

从迪拜国际机场驱车驶入谢赫扎伊德大道，一路向南，会经过迪拜机场自贸区、迪拜多种商品交易中心、迪拜国际金融中心、媒体城、互联网城等自贸区，最后抵达拥有世界最大人工港的杰贝·阿里自贸区。截至2017年年底，阿联酋共有45个各种类型的自贸区（包括在建的10个），其中30多个在迪拜。

迪拜自贸区的产生缘起于海湾阿拉伯国家普遍实施的“保人”制度。外国投资人要在这些国家做生意，都必须和当地人合伙设立公司，这个合伙人也就是通常所说的“保人”。设立公司的费用全部由外国投资人承担，但是当地“保人”至少占公司51%的股份。

随着时代发展，外来投资者对于“保人”制度的不满越来越多，这一制度变成吸引外资的障碍。在此背景下，自贸区的概念应运而生，即各酋长国在境内划定一块区域作为自贸区，外来投资人可享受100%控股，但其货物和服务只能在区内流转，不能进入酋长国本土市场。1985年，迪拜政府设立了阿联酋第一个自由贸易港区——杰贝·阿里自贸区。迪拜自贸区相对传统“保人”制度的核心优势是外资企业可以100%控股，这是自贸区企业与阿联酋本地企业最大的区别。

迪拜自贸区的其他激励政策包括：资本与利润可自由汇出，不受任何限制，这充分保障了外来投资者在资金方面的安全与自由；自贸区内企业可享受免收公司税（有时间限制）、个人所得税、进出口关税的优惠；厂房设备长期租用，一些自贸区可与投资人签订最长25年的厂房设备租用合同，有效保障了投资人的经营稳定性；无最低工资标准和雇用本地员工要求，这使自贸区内的企业能进一步降低劳工成本，在对外贸易中获取更大的竞争优势；从设立到运营的一站式综合服务，这使得投资人可在自贸区内以更快的速度完成所有手续。此外，一些自贸区为吸引投资人，还引入了办理驾照等专门服务机构，进一步方便入驻企业。

迪拜多种商品交易中心连续三年被英国《金融时报》旗下的《外国直接投资杂志》评为“年度全球最佳自贸区”。该中心执行董事克丽丝塔·福克斯在接受采访时表示，迪拜的自贸区具有多样性，有些专注于某些特定领域，比如教育、传媒、科技，而多种商品交易中心是一个综合性自贸区，“平台、标准和沟通”这三个关键词是值得其他自贸区借鉴的地方。

福克斯说，自贸区应该搭建业务、数据和贸易平台，向入驻自贸区的商户提供高效服务，在制定自贸区的规则和标准时，应确保良好稳定的趋势和框架，引导商户确立未来的工作方向，最后，自贸区还应当创造机会加强区内企业间的联系，帮助商户聚集起来分享经验和灵感。

十、海南建设自由贸易港要体现中国特色，符合中国国情，符合海南发展定位

习近平总书记指出：“自由贸易港是当今世界最高水平的开放形态。海南建设自由贸易港要体现中国特色，符合中国国情，符合海南发展定位，学习借鉴国际自由贸易港的先进经营方式、管理方法。”[1]

[1] 习近平：《在庆祝海南建省办经济特区30周年大会上的讲话》（2018年4月13日）。

按照“体现中国特色，符合中国国情，符合海南发展定位”的要求，海南要充分借鉴国际自由贸易港发展经验，以发展旅游业、现代服务业和高新技术产业为主导，打造更高层次、更高水平的开放型经济，到 2025 年初步建立自由贸易港制度、到 2035 年自由贸易港的制度体系和运作模式更加成熟。要及时总结 59 国外国人入境旅游免签政策实施效果，加大出入境安全措施建设，逐步扩大免签范围。在内外贸、投融资、财政税务、金融创新、出入境等方面探索更加灵活的政策体系、监管模式和管理体制，构建人流、物流、资金流自由进出的开放新高地。

构建法治化、国际化、便利化的营商环境。对标国际一流标准，加快构建与国际贸易规则相接轨的体制机制。深化行政审批制度改革，实行全自由贸易试验区审批“一张网”“一枚公章管审批”，编制全国最少的行政审批事项清单，探索“多规合一”下的“零审批”，最大限度取消十二个重点产业的生产经营许可证。加快商事制度改革，全面实施“证照分离”，调整下放省级管理权限，推动关联、相近审批事项全链条取消、下放或委托。实行建设项目“一口受理”“两验终验”，推进“函证结合”“容缺后补”等改革。优化“互联网 + 政务服务”，实现“一号申请、一窗受理、一网通办”。建设国际化、便捷化的政务服务体系，推行企业专属政务服务新模式。规范法治化营商环境，构建多元化国际商事纠纷解决机制和国际化的法律服务机构，成立国际专业仲裁调解机构。完善外商投资企业投诉机制，保护外商投资合法权益。加强对产权的司法保护。探索建立普通注销登记制度和简易注销登记制度相互配套的市场主体退出制度。精心组织开展百日大招商（项目）等活动，不断完善招商政策制度体系，积极引进外商投资以及先进技术、管理经验，以最好的资源和最好的服务吸引全世界的投资者参与海南自由贸易试验区（港）建设。

加强风险防控体系建设。建立完善以信用监管为核心的事中事后监管体系。实行“双随机、一公开”监管全覆盖。完善信息化智能化手段，对进出岛人流、物流、资金流进行精准管控。建立集中统一的综合执法体系，提高执法效能。健全贸易风险防控体系，实施货物进口清单管理制度及动态调整机制。优化海关监管方式，完善对国家禁止和限制入境货物、物品的监管，高效精准打击走私活动。建立多部门协作的疫情疫病和有害生物联防联控机制。健全金融风险防控体系，严厉打击非法集资、洗钱、恐怖融资及逃税等金融犯罪活动，守住不发生系统性金融风险的底线。实行最严格的房地产调控措施，完善房地产调控机制，坚决防范炒房炒地投机行为，防止房价大起大落。建立健全重大风险防控的组织管理体系和应急响应机制，及时解决风险防控中的重大问题。[1]

习近平总书记指出，海南建设自由贸易港要体现中国特色、符合中国国情、符合海南发展定位，同时要求海南学习借鉴国际自由贸易港的先进经营方式、管理方法。

改革开放40年的实践表明，开放也是改革，大开放促进大改革，深层次开放倒逼深层次改革，全面开放推动全面改革。对于海南而言，闯出发展新路子、打造全面深化改革开放试验区，需要一个能够有力牵动体制机制改革、现代化经济体系建设、高质量发展的总抓手，这就是建设自由贸易试验区和中国特色自由贸易港。

我国已经先后在上海、广东、天津等地设立了11个自由贸易试验区。经过一段时期的发展建设，自由贸易试验区在行政体制改革、投

---

[1] 《中共海南省委关于深入学习贯彻习近平总书记在庆祝海南建省办经济特区30周年大会上的重要讲话精神和〈中共中央　国务院关于支持海南全面深化改革开放的指导意见〉的决定》，《海南日报》2018年5月14日。

资管理、贸易便利化、金融创新等方面积极探索实践，积累成功经验并在全国复制推广，成为我国目前开放水平最高的区域。结合海南特色，以制度创新为核心，建设海南自由贸易试验区，支持大胆试、大胆闯、自主改，有利于加快形成法治化、国际化、便利化营商环境和公平统一的市场环境。这将是我国人口最多、面积最大的自由贸易试验区，必将成为新时代我国对话世界的重要窗口。

自由贸易港一般指处于境内关外、货物资金人员进出便捷、绝大多数商品免征关税的特定区域，是目前全球开放水平最高的特殊经济功能区。在海南探索建设中国特色自由贸易港，“特色”主要体现在以下几个方面：一是有取有舍，不以转口贸易和加工制造为重点，而以发展旅游业、现代服务业和高新技术产业为主导。二是分步实施，分阶段建立自由贸易港政策体系。三是防范风险，深入研究论证各项政策，加强对重大金融风险识别和防范，优化海关监管。这是中国特色社会主义制度又一重大理论和实践创新，必将成为全面深化改革开放的重要引领。[1]

党中央支持海南逐步探索、稳步推进中国特色自由贸易港建设，分步骤、分阶段建立自由贸易港政策和制度体系，这方面的“重磅”新闻不断出现在2019年的全国两会上。

先是国务院总理李克强在十三届全国人大二次会议开幕会上，报告2019年政府工作任务时指出：“赋予自贸试验区更大改革创新自主权，增设上海自贸试验区新片区，推进海南自贸试验区建设、探索建设中国特色自由贸易港。”[2]

接着，全国人民代表大会常务委员会委员长栗战书受全国人大常

---

[1] 毕吉耀：《推动海南成为新时代全面深化改革开放的新标杆》，《人民日报》2018年4月16日。

[2] 李克强：《政府工作报告——2019年3月5日在第十三届全国人民代表大会第二次会议上》，《人民日报》2019年3月17日。

委会委托向大会作工作报告，提出：“开展生物安全法、长江保护法、海南自由贸易港法等立法调研、起草，确保如期完成立法。”[1] 海南自由贸易港法提上国家立法日程，这是海南走向中国特色自由贸易港的又一历史性一步。

“通过!”随着十三届全国人大二次会议主席团常务主席、执行主席栗战书的庄严宣布，2900 多名人大代表在 3 月 15 日上午的闭幕会上投票通过了关于全国人大常委会工作报告的决议，同意报告提出的今后一年的主要任务和工作安排，其中包括采纳海南代表团建议，开展海南自由贸易港法等立法调研、起草相关工作。这意味着海南自由贸易港法正式纳入全国人大常委会工作计划、提上国家立法日程。

为了这一刻，海南省做了大量前期工作。“每个人都在以‘功成必定有我’的历史担当推动中国特色自由贸易港法治建设，都是历史的见证者、参与者、推动者。”海南代表团团长刘赐贵在审议全国人大常委会工作报告时指出，海南省委、省人大常委会树牢“四个意识”、坚定“四个自信”、践行“两个维护”，认真贯彻习近平总书记“4·13”重要讲话和中央 12 号文件精神，提前谋划，及时组织力量对国内自由贸易试验区、世界自由贸易港法治体系开展广泛调研、深入研究。大会期间，海南代表团形成并提交了关于制定海南自由贸易港法的议案，被受理为大会二号议案。[2]

在国家层面上，为一个地区立法，这是极其罕见的。国家为海南自贸港单独立法，这在内地也是史无前例的。在人们的印象中，迄今为止，只有香港和澳门两个特别行政区享受过这种待遇，是由历史原

[1] 栗战书：《全国人民代表大会常务委员会工作报告——2019 年 3 月 8 日在第十三届全国人民代表大会第二次会议上》，《人民日报》2019 年 3 月 19 日。

[2] 《十三届全国人大二次会议采纳海南代表团建议 海南自由贸易港法提上国家立法日程》，《海南日报》2019 年 3 月 16 日。

因导致的。无论是深圳特区、上海浦东新区，还是雄安新区，都没有在国家层面上单独立法的例子。由此可见，国家决定启动调研起草制定海南自由贸易港法，的确是一件具有深远意义的大事，将为探索建设中国特色自由贸易港提供基础性、根本性的法治保障，彰显了以习近平同志为核心的党中央全面依法治国、重大改革于法有据的战略思想和治国理念。

就是在这次全国两会上，经过近 3000 名全国人大代表表决，外商投资法 15 日由十三届全国人大二次会议通过。中国向制度型开放迈出重要一步。[1] 可以预见，随着海南自由贸易港法的如期完成，海南将实现中国特色自由贸易港制度性建设的历史性飞跃。

十一、海南要以发展旅游业、现代服务业、高新技术产业为主导

习近平总书记在庆祝海南建省办经济特区 30 周年大会上发表重要讲话时指出："海南发展不能以转口贸易和加工制造为重点，而要以发展旅游业、现代服务业、高新技术产业为主导，更加注重通过人的全面发展充分激发发展活力和创造力。在内外贸、投融资、财政税务、金融创新、入出境等方面，探索更加灵活的政策体系、监管模式、管理体制，加强风险防控体系建设，打造开放层次更高、营商环境更优、辐射作用更强的开放新高地。"[2]

这个重要宣示释放的信息非常明确，就是海南自由贸易试验区和自由贸易港定位不同于一般的口岸，必须打造开放层次更高、营商环

[1]《中国向制度型开放迈出重要一步》，中新社北京 2019 年 3 月 15 日电。

[2] 习近平：《在庆祝海南建省办经济特区 30 周年大会上的讲话》（2018 年 4 月 13 日）。

境更优、辐射作用更强的开放新高地，努力成为新时代全面深化改革开放的新标杆，形成更高层次改革开放新格局。如今，以发展旅游业、现代服务业、高新技术产业为主导，已经成为海南全岛建设自由贸易试验区和探索建设中国特色自由贸易港最鲜明的产业发展导向和经济工作焦点，其成效已经初步显现出来。

其实，习近平一直关心海南的产业发展，这样符合海南实际和国家要求的产业发展思想，是他在多次对海南进行考察调研的基础上确立的，也来源于他丰富的地方领导实践经验。

习近平最早提出海南要形成与“国际旅游岛”定位相适应、以旅游业为龙头、以现代服务业为主导的特色经济结构。

2010 年 4 月，他在海南考察时指出，加快经济发展方式转变，推进经济结构的调整。把海南建设成国际旅游岛，其内涵不仅是发展旅游业，而且要通过结构调整发展区域特色经济，带动各项事业的发展。当前，海南正处在发展的上升期，尤其要在转变经济发展方式上加大力度、加快步伐，把中央要求与海南的实际紧密结合起来，加快推进产业结构调整，依托海南的特色资源和环境、区位优势，升级第一产业、优化第二产业、提升第三产业，积极培育壮大优势产业、特色产业，形成与“国际旅游岛”定位相适应、以旅游业为龙头、以现代服务业为主导的特色经济结构，促进三次产业在更高水平上协同发展，全面提升产业技术水平的国际竞争力。

习近平要求，建设海南国际旅游岛，将为海南第三产业发展提供重大的机遇，要紧紧抓住机遇，着力让旅游业、现代服务业上层次、上水平，积极推进旅游业从以规模扩张的初级阶段向以效益扩张的高级阶段发展，以旅游业的开放、发展带动旅游房地产、金融保险、现代物流、电子商务等现代服务业的发展，还要发展特色体育、游船游艇等项目，使旅游业成为支柱产业，现代服务业成为主导产业。当前，海南要加快购物、休闲、娱乐等旅游设施的国际化改造步伐，促进旅游服务设施、经营管理、服务水平与国际标准全面接轨。[1]

到 2013 年 4 月考察海南时，习近平总书记又要求海南形成以服务经济为主的产业结构。

他在谈到“建设好国际旅游岛，推动经济持续健康发展”时强调，当前和今后一个时期，海南发展的总抓手就是加快建设国际旅游岛。这是中央作出的重大决策，也是海南发展的最大机遇和最强的比较优势。一方面，要看到国际旅游岛建设已经有了良好开端，特别是制定了相关规划和地方性法规及规章，建立了有效的工作机制，为国际旅游岛建设提供了基本遵循。另一方面，也要看到海南经济基础仍较薄弱，经济结构和产业结构比较单一，市场发育不充分，服务业结构不合理，以传统服务业为主的格局尚未改变。这些都是必须下大气力才能解决的问题。既要积极做好相关工作，又要正视前进道路上的困难，扎扎实实推进，逐步把海南建设成为一流的国际旅游岛。

习近平总书记指出，按照国际旅游岛建设目标，海南应该形成以服务经济为主的产业结构。现在，就服务业比重来说，发达国家平均在 75%以上，中等收入国家平均在 53%左右，我国平均为 44. 6%。2012 年，海南服务业比重为 46. 9%，虽然高于全国平均水平，但与建设国际旅游岛的要求相比仍然偏低。因此，要着力提升服务业比重，把服务业大发展作为产业结构优化升级的战略重点，加快形成以旅游业为龙头、现代服务业为主导的服务业产业体系。当务之急是优先发展旅游、金融、商业、航运、物流、通信、电子商务等现代服务业，积极拓展新型服务领域，培育新的服务业态。特别是要把国家赋予海南的开放政策用足用好，努力使海南成为我国服务业对外开放的重要窗口。

---

[1] 《习近平同志在海南考察时的讲话》（2010 年 4 月 13 日）。

习近平总书记强调，要坚持集约、集群、环保、园区化、高技术的发展方向，推动新型特色工业成长壮大。洋浦经济开发区是当年邓小平同志批示推动成立的我国第一个吸引外资、成片开发的国家级开发区，要在多年开发积累的基础上继续办好。新能源、新材料、软件信息等高技术产业，要因地制宜、精心培育、扶优做强。要加快发展海洋经济，不断完善海洋基础设施，努力使海洋经济成为海南经济新的增长点。[1]

为海南确立旅游业、现代服务业、高新技术产业三大主导产业，是习近平总书记的“神来之笔”。但这不是从天上掉下来的，也不是头脑里固有的，是来源于习近平总书记具有丰富的领导地方工作的实践和经验。他十分重视对区域主导产业的实践与思考，在主政宁德地区之时，就为当地确立了“食品、轻纺、小型机电三大主导产业”。

他当时看到：第一，闽东的资源较为丰富，但这些资源的开发利用取决于合理的产业政策的引导。第二，闽东的产业结构的调整应主要依据本地资源的现状。闽东的资源是有差异性的，但闽东的产业结构从量的角度看，没有体现这种差异，基本上呈均衡分布，没有突出的、明显的主导产业，资源的有差异性与产业结构的趋同现象要引起各级领导的高度重视。

习近平指出，不论是发达国家还是发展中国家的区域经济发展，如果没有正确地制定产业政策，结构生产力得不到充分释放，经济增长就不可能取得应有的速度和效益。所以，闽东应制定区域的产业政策，确定产业发展的结构、顺序和时机等。他强调说，闽东各县的产业结构调整，可根据本地的资源和生产力状况制定出相应的主导产业以及产业群体。主导产业可以实行投资倾斜政策，使之超前发展，并

[1] 习近平：《在海南考察工作结束时的重要讲话》（2013 年 4 月 10 日）。

通过主导产业的上下游联系带动其他相关产业的发展。如古田的食用菌深加工，柘荣的制药工业，霞浦的按摩器和三菜（海带、紫菜、榨菜）加工，福安的电机、铁合金等，都是很有前途的产业，对这些原料充足、市场销路看好的产业，要采取有力措施，促其上规模、上批量，追求规模经济效益。[1]

习近平还提出，立足区域优势，科学地选择主导产业。沿海县和山区县，不仅自然资源有异，而且劳动力资源、交通、能源、原材料、技术条件、经济基础等方面也有所不同，所以要扬长避短地选择主导（支柱）产业。沿海县市宜更多地利用两种资源、两种市场；山区县主要走资源转化型的路子。根据宁德产业结构的现状及其发展条件，近期宜建立食品、轻纺、小型机电三大主导产业。具体对策是，优先巩固发展食品工业，择优发展轻纺工业，促使小型机电形成规模。目前各县都有几个发展前景较好的拳头产品，如古田的食用菌深加工，霞浦的按摩器、“三菜”加工，福安的电机、铁合金，柘荣的制药等。对于这些原料足、市场销路好的重点产品要以它们为龙头，发展符合专业化协作要求的企业联合体或企业集团，促其上批量、上规模，追求规模经济效益。[2]

海南省委贯彻落实习近平总书记2013年考察海南时的重要讲话精神，在产业发展上明确12个重点产业：旅游产业，热带特色高效农业，互联网产业，医疗健康产业，现代金融服务业，会展业，现代物流业，油气产业，医药产业，低碳制造业，房地产业，高新技术、教育、文化体育产业。这12个重点产业，包括六类园区，是根据习近平总书记

[1] 习近平：《正确处理闽东经济发展的六个关系》（1989年2月），载《摆脱贫困》，福建人民出版社，1992年版，第93—95页。

[2] 习近平：《制定和实施产业政策的现实选择》（1989年7月），载《摆脱贫困》，福建人民出版社，1992年版，第131页。

2013年视察海南时的重要讲话、《国务院关于推进海南国际旅游岛建设发展的若干意见》和海南省情而梳理谋划的，目的是打造海南经济升级版，治疗海南产业结构单一、“王牌不王”“优势不优”等亚健康“病症”。

经济繁荣是建设美好新海南的重要基础。必须牢牢抓好发展第一要务，深化供给侧结构性改革，提升供给质量和效率，培育壮大12个重点产业，打造海南经济升级版。主要内容包括：

高水平发展以旅游业为龙头的现代服务业。现代服务业是建设海南国际旅游岛的主导产业。要充分发挥海南生态环境和政策优势，积极承接国内外需求，加快创建全域旅游示范省，落实“国际旅游岛+”行动计划，“点、线、面”全方位推进，全面提高旅游等服务业供给质量。高标准建设一批大型旅游综合体、旅游度假区、特色风情小镇、主题公园、景区景点等，做精做优乡村、森林、邮轮游艇、运动康养、民俗风情、低空飞行等旅游业态，完善套餐式精品旅游线路，推动旅游与互联网、农业、文体、会展等产业深度融合发展，提升旅游要素和服务的国际化、标准化、信息化水平，健全旅游市场管理长效机制，加密境外航线，努力建成世界一流的海岛休闲度假旅游胜地。持续推进“互联网+”行动计划，加快互联网创新创业园区建设，大力发展电子商务、大数据、物联网、服务外包、海洋电子等互联网产业。引进培育健康产业集群，推动医疗健康产业跨越发展，打造国际一流的养生健康岛。引导金融业健康发展，积极发展新型金融业态和总部经济。鼓励海口、三亚、博鳌、儋州滨海新区等地做大会展业，培育会展龙头企业，扩大冬交会等品牌展会影响。支持发展保税物流、跨境电商物流等现代物流业，促进海陆空无缝衔接、高效联运。培育发展高新技术教育文化体育产业，扶持壮大动漫游戏、影视制作、体育赛事、旅游演艺等产业。推动房地产优化产品结构和空间布局，严控低端供应，完善配套，提升品质，促进房地产业平稳健康发展。

打造热带特色高效农业王牌。海南优越的生态环境和独具特色的农业资源，使热带特色高效农业在全国独树一帜。加快农业发展方式转变，促进农业结构优化，推动传统农业向标准化、品牌化、产业化的现代农业转型升级。抓好农业种养结构调整，强化农产品质量监管，提升农产品精深加工水平，做大做强热带水果、花卉、冬季瓜菜、南药黎药和特色养殖等优势品牌，推动农业向高产量、高品质、高效益转型。大力培育和引进农业龙头企业、农民合作社、家庭农场、专业大户等新型经营主体和服务主体，稳步推进农村土地"三权分置"改革和经营权流转，引导金融和社会资本投向农业，积极发展适度规模经营。发挥农业科研院所和高校作用，健全基层农业技术服务队伍，加快农业科技推广与应用，完善良种良苗繁育体系，高标准建设"五基地一区"，打造一批国家级、省级现代农业产业园和示范基地，创建全国生态循环农业示范省。着力发展"互联网＋农业"，培育订制农业、物联网农业、创意农业、休闲农业等新业态，促进农超对接、农餐对接、农企对接，推进农村一二三产业深度融合发展，提升农业综合效益。

强化产业发展的配套保障。加快建设旅游园区、高新技术及信息产业园区、物流园区、临空产业园区、工业园区、健康教育园区等六类产业园区，完善基础设施配套，实行"飞地经济"政策，引导关联产业集群发展，形成产业项目聚集地、创新创业示范区。加大科技创新投入，建立以财政投入为引导、企业投入为主体、风险投资为补充的多元投入体系，实施省级重大科技项目，引进国内外一流科研机构在海南建设研发基地，增强本省高校和科研院所研发和成果转化能力。加强科技中介服务体系建设，创建中小企业产业孵化基地。实施质量强省战略，发扬"工匠精神"，打造"海南质量""海南品牌"。进一步降低企业用工、用能、用地、融资、税费等成本，构建“亲”“清”政商关系，扶持中小微企业、民营企业发展壮大。[1]

要加快推动现代服务业高度开放。习总书记强调，海南发展不能以转口贸易和加工制造为重点，而要以发展旅游业、现代服务业、高新技术产业为主导。要瞄准国际标准，下大气力调优结构，在发展旅游、互联网、医疗健康、金融、会展等现代服务业对外开放方面先行先试。比如要设立海南国际离岸创新创业示范区；实施更加开放便利的离岛免税购物政策，扩大免税品范围、数量和设立免税店，提高免税购物限额；打造国家体育旅游示范区；以国际医疗旅游为切入点，培育壮大医疗健康产业；等等，争取尽早取得实效、收获成果。[2]

海南以发展旅游业、现代服务业、高新技术产业为主导的指导思想，正在有力地指引着需要尽快破除“房地产依赖症”的海南的产业发展。

在2018年全国两会期间，海南省省长沈晓明曾说要以“壮士断腕”的决心减少经济对房地产的依赖。那么对于曾经房地产占比较高的海南来说，“壮士断腕”一年来对经济产生了什么影响？下一步还有什么样的举措？

针对《人民日报》记者在2019年全国两会上的这些提问，沈晓明回答说：省委、省政府对这项工作高度重视，去年以来调控力度更大，调控措施更加精细化。调控的效果达到预期、好于预期，具体表现在四个方面：一是房地产指标出现了预期变化，房价基本保持稳定。2018

[1] 刘赐贵：《凝心聚力 奋力拼搏 加快建设经济繁荣社会文明生态宜居人民幸福的美好新海南——在中国共产党海南省第七次代表大会上的报告》（2017年4月25日），《海南日报》2017年5月2日。

[2] 刘赐贵：《关于深入学习习近平总书记“4·13”重要讲话精神的十点认识》（2018年10月13日），《海南日报》2018年10月17日。

年，全省房地产投资同比下降16.5%，销售面积同比下降37.5%，销售金额同比下降23.2%，销售对象已经由岛外居民为主转变为岛内居民和引进人才为主。二是尽管经济下行压力有所加大，经济质量有所提升。去年，海南全省地区生产总值增长5.8%，扣除房地产业后增长7.6%，地方一般公共预算收入增长11.7%。三是房地产调控倒逼经济发展转型，经济结构有所优化。房地产投资下降以后，我们的非房地产投资和产业投资有所上升，同时还在进出口和消费上做文章。去年海南进出口总额增长20.8%，实际利用外资增长112.7%，明显高于全国平均水平；旅游总收入增长14.5%，其中免税品销售增长26%。四是房地产调控倒逼发展动能转换，加快培育和引进市场主体。房地产调控留下的缺口需要有新的产业来填补。填补的内容就是习近平总书记“4·13”重要讲话和中央12号文件中提到的旅游业、现代服务业和高新技术产业；方式就是引进和培育，这都需要时间，我们有足够的耐心，对此也充满信心。下一步，我们会保持定力，坚定不移一手抓房地产调控，一手抓长效机制的建立。一是保持房地产调控政策的连续性、稳定性。二是完善住房保障供应体系，保障岛内居民和引进人才的基本需求，供应体系重点是租售并举。三是制定政策，鼓励存量商品房和存量商品房用地转型。四是加快建立长效机制，基本需求由政府保障、改善型需求由市场调节、投资型需求靠制度来限制，维护房地产市场健康稳定。[1]

十二、海南要在建设21世纪海上丝绸之路重要战略支点上迈出更加坚实的步伐

在庆祝海南建省办经济特区30周年大会上的重要讲话中，习近平

---

[1]　《蹄疾步稳　开局良好　保持定力　埋头苦干——海南代表团团组开放活动答记者问实录》，《海南日报》2019年3月8日。

总书记要求：“海南要利用建设自由贸易港的契机，加强同‘一带一路’沿线国家和地区开展多层次、多领域的务实合作，建设21世纪海上丝绸之路的文化、教育、农业、旅游等交流平台，在建设21世纪海上丝绸之路重要战略支点上迈出更加坚实的步伐。”[1]

对海南的独特区位优势有充分的认识，那把海南打造成我国面向太平洋和印度洋的重要对外开放门户，就是顺理成章的事了。

“海南是我国最大的经济特区，地理位置独特，拥有全国最好的生态环境，同时又是相对独立的地理单元，具有成为全国改革开放试验田的独特优势”，这种重大判断，催生出把海南打造成为我国面向太平洋和印度洋的重要对外开放门户的重大战略，并写进中央12号文件中：“全面深化改革开放试验区。大力弘扬敢闯敢试、敢为人先、埋头苦干的特区精神，在经济体制改革和社会治理创新等方面先行先试。适应经济全球化新形势，实行更加积极主动的开放战略，探索建立开放型经济新体制，把海南打造成为我国面向太平洋和印度洋的重要对外开放门户。”[2]

印度洋是世界的第三大洋，位于亚洲、大洋洲、非洲和南极洲之间。包括属海的面积为7411.8万平方千米，不包括属海的面积为7342.7万平方千米，约占世界海洋总面积的20%。其北为印度、巴基斯坦和伊朗；西为阿拉伯半岛和非洲；东为澳大利亚、印度尼西亚（印尼）和马来半岛；南为南极洲；中为英属印度洋领地。印度洋的主要属海和海湾是红海、阿拉伯海、亚丁湾、波斯湾、阿曼湾、孟加拉湾、安达曼海、阿拉弗拉海、帝汶海、卡奔塔利亚湾、大澳大利亚湾、莫桑比克海峡等等。印度洋有很多岛屿，其中大部分是大陆岛，如马

---

[1] 习近平：《在庆祝海南建省办经济特区30周年大会上的讲话》（2018年4月13日）。

[2] 《中共中央 国务院关于支持海南全面深化改革开放的指导意见》（2018年4月11日）。

达加斯加岛、斯里兰卡岛、安达曼群岛、尼科巴群岛、明打威群岛等。

从我国改革开放40多年的历程来看，我们主要是面向太平洋方向、向东的开放，而向印度洋方向、向西的开放是远远不够的。这一次，中央赋予了把海南打造成为我国面向太平洋和印度洋的重要对外开放门户的新的使命，彰显了中央在新时代对海南全面深化改革开放的期望。

把海南打造成为我国面向太平洋和印度洋的重要对外开放门户，是首次提出的全新命题、重大战略，此中的要义是："中央为什么选择海南建设自由贸易试验区和中国特色自由贸易港？根本原因在于海南有独特的地理区位优势，能更好地服务国家战略。习近平总书记2013年视察海南时指出，海南是国家南大门，地理位置重要；把海南建设好，把祖国南大门守卫好，政治责任重大，是光荣的使命。在'4·13'重要讲话中又强调，要打造国家军民融合创新示范区，加快推进南海资源开发服务保障基地和海上救援基地建设，坚决守好中国南大门。韩正副总理明确指出，海南要紧紧围绕建设国家重大战略服务保障区，全面加强支撑和保障能力建设，切实履行好党中央赋予的重要使命。我们要深刻认识到，海南肩负着守卫南海、建设海洋强国、实施'一带一路'倡议、推动军民融合发展等国家使命，必须举全省之力建设好国家重大战略服务保障区。"[1]

"根本原因在于海南有独特的地理区位优势，能更好地服务国家战略"，这是把话说明白了。在2013年4月考察海南时的讲话中，习近平总书记明确地指出："海南地处祖国最南端，是国家南大门，地理位置重要。把海南建设好，把祖国南大门守卫好，政治责任重大，是

[1] 刘赐贵：《关于深入学习习近平总书记"4·13"重要讲话精神的十点认识》（2018年10月13日），《海南日报》2018年10月17日。

光荣的使命。”[1] 这是说，海南不只是相对独立的地理单元，而且地处祖国南大门，地理位置非常重要，这决定了建设好海南、守卫好南大门，责任重大，使命光荣。

海南岛是我国的南大门，是国防战略要地。早在 1978 年 4 月，带着“把守南大门”（胡耀邦原话）重任到广东上任的习仲勋，4 月 6 日在中国共产党广东省第四次代表大会上与广东干部第一次见面讲话时，就以饱满的革命情感和富有远见的眼光谈到海南：“广东又是我们祖国的南大门。我海南岛地居南海要冲。东南亚军事政治形势的变化，对我国和我省，关系极为密切。越来越多来到广州的国际人士，越来越多回来探亲访友的港澳同胞和国外侨胞，他们踏上广东的大地，就是看见了社会主义的新中国。我们的责任十分重大。我们一定要振奋革命精神，把广东工作做得更好。”[2]

由于深感“我们的责任十分重大”，“我们一定要振奋革命精神”就充分体现了高度的政治使命担当；而一句“我海南岛地处南海要冲”，则表达了习仲勋对海南国防战略地位的深刻认识，他是从南海、从东南亚军事形势的格局来看海南的。也由此开始，他思考怎样放手开发海南岛，使“孤悬海外”的海南岛的开发建设，告别“闭岛锁区”的历史，开始新的以开发促开放的历史性转变。

可以说，把海南打造成为面向太平洋和印度洋的重要对外开放门户，这样的重大国家战略出台，是新时代赋予海南改革开放新的历史使命的重大内容，意义非凡。

海南地处我国对外开放的前沿，是建设 21 世纪海上丝绸之路和海洋经济合作的战略支点，具备建设面向东南亚、覆盖华南的航空航运

[1] 习近平：《在海南考察工作结束时的重要讲话》（2013 年 4 月 10 日）。

[2] 习仲勋：《在中国共产党广东省第四次代表大会上的讲话》（1978 年 4 月 6 日）。

综合枢纽、经济走廊的条件，可以与北部湾经济区和粤港澳大湾区形成区域优势互补、合作互动、互利共赢多赢的合作关系。[1]

从历史上看，1939 年 2 月 10 日，日本占领海南岛。2 月 28 日，葡萄牙驻广州总领事馆总领事莫嘉度在关于中日战争的报告中，就写及海南说，日本人开始占领这个岛屿，它属于广东省并在本总领事馆辖区内。它是中国最重要的岛屿，距香港 170 英里，位于前往新加坡途中的正中间。面积约 300 公里长，200 公里宽。全岛拥有好几个天然良港。海口是其优良的港口，与印度支那毗邻，与印度支那及华南其他地区的贸易往来很多。海南岛是连接新加坡、澳大利亚、马六甲、菲律宾和暹罗的要冲。如果日本人愿意，可以在那里建立海军和空军基地，这样将关闭东方通向世界其他地方的大门，使香港和澳门窒息。[2] 这记录的是侵略者的野心和行径。

历史走到今天，我们坚持推动构建人类命运共同体，努力建设一个更加美好的世界。2015 年 9 月 28 日，习近平总书记在第七十届联合国大会一般性辩论时的讲话中，提出携手构建合作共赢新伙伴、同心打造人类命运共同体。他指出："当今世界，各国相互依存、休戚与共。我们要继承和弘扬联合国宪章的宗旨和原则，构建以合作共赢为核心的新型国际关系，打造人类命运共同体。"[3]

同时，顺应全球治理体系变革的内在要求，推进"一带一路"建设。2013 年 9 月 7 日，习近平总书记访问哈萨克斯坦时倡议共同建设"丝绸之路经济带"："为了使我们欧亚各国经济联系更加紧密、相互合作更加深入、发展空间更加广阔，我们可以用创新的合作模式，共同

---

[1] 张燕生：《新时代赋予海南改革开放新的历史使命》，《人民日报》2018 年 4 月 14 日。

[2] 《从广州透视战争——葡萄牙驻广州总领事莫嘉度关于中日战争的报告》，上海社会科学院出版社，2000 年版，第 232—233 页。

[3] 《习近平谈治国理政》第二卷，外文出版社，2017 年版，第 522 页。

建设‘丝绸之路经济带’。这是一项造福沿途各国人民的大事业。”[1]同年 10 月 3 日，他在访问印度尼西亚时又倡议共同建设“21 世纪海上丝绸之路”：“东南亚地区自古以来就是海上丝绸之路的重要枢纽，中国愿同东盟国家加强海上合作，使用好中国政府设立的中国—东盟海上合作基金，发展好海洋合作伙伴关系，共同建设‘21 世纪海上丝绸之路’。”[2]“一带一路”合作倡议，契合中国、沿线国家和本地区发展需要，符合有关各方面共同利益，顺应了地区和全球合作潮流，得到国际社会的广泛好评和沿线国家的积极反应，展示了广阔的发展前景。

对于与南亚国家共建“一带一路”，2014 年 9 月 18 日，习近平总书记访问印度时发表演讲说：“从尼泊尔到马尔代夫，从阿富汗到孟加拉国，南亚人民对美好生活的热望、对国家振兴的追求，展现了南亚发展的光明前景。我坚信，南亚是充满希望、潜力无穷的次大陆，可望成为亚洲乃至世界经济新的增长极。”“中国愿同南亚各国和睦相处，愿为南亚发展添砖加瓦。中国提出‘一带一路’倡议，就是要以加强传统陆海丝绸之路沿线国家互联互通，实现经济共荣、贸易互补、民心相通。中国希望以‘一带一路’为双翼，同南亚国家一道实现腾飞。”“中国和南亚各国是重要的合作伙伴。中国同南亚的合作，犹如等待发掘的巨大宝藏，令人憧憬。”[3]

在这样的时代大背景下，把海南打造成为我国面向太平洋和印度洋的重要对外开放门户，是树立战略思维和全球视野，站在国内国际两个大局相互联系的高度，审视我国和世界的发展的表现，必将把我国对外开放事业不断推向前进，加快构建开放型经济新体制，形成更高水平的开放格局，为我国经济发展注入新动力、增添新活力、拓展

[1]　《习近平谈“一带一路”》，中央文献出版社，2018 年版，第 4 页。

[2]　《习近平谈“一带一路”》，中央文献出版社，2018 年版，第 11 页。

[3]　《习近平谈“一带一路”》，中央文献出版社，2018 年版，第 41 页。

新空间。

中央赋予海南这样的新使命，也受到国际舆论的关注，并指出中国建立海南自由贸易区是直接针对美国“印太战略”。

香港《南华早报》网站在 2018 年 4 月 17 日刊发题为《中国建立海南自由贸易区是直接针对美国的印度洋—太平洋战略》的文章称，北京打算开辟“中国夏威夷”，将之作为印度洋—太平洋地区投资和经济关系的门户。荷兰国际集团大中华区经济学家彭蔼娆认为，中国 13 日在海南省省会海口发布的海南计划，对中国与东南亚和太平洋地区国家的贸易具有“真正的价值”。

文章称，这一提议出炉之时，华盛顿正在努力加强其在印度洋—太平洋地区的同盟，该地区包括印度洋以及太平洋的西部和中部，覆盖了包括澳大利亚和印度在内的国家。位于新德里的观察家研究基金会的知名研究员马诺杰·乔希说，这项海南开发计划是对华盛顿的“印度洋—太平洋战略”的回应。“中国已经是印度洋—太平洋大国——它在该地区肩负着重要的经济责任。”

文章称，根据 4 月 14 日发布的政府指导意见，海南的这个自由贸易港将在 2025 年之前“基本建成”，让这个有着 930 万人口、有“中国夏威夷”之称的度假岛屿受益于进一步的开放政策、经济自由和市场准入。这个岛屿省份的面积是香港的 30 倍，达到 3.5 万平方公里，将获准在大数据、卫星导航和人工智能、医疗以及深海研究领域发展信息技术能力。这里将设立离岸创新中心，以及能源、航运、大宗商品和碳交易的交易所。上海国际问题研究院亚太问题高级研究员刘宗义说，海南战略在很大程度上是一项经济计划，但它承认该省有能力在维护中国在南海的利益方面发挥重要作用。他说：“中国在南海拥有海军基地，因此海南对于维护那里的稳定与和平以及中国的资源和进出口保障至关重要，因此存在安全方面的考虑。这些考虑是并行的：

为了保护你的经济繁荣，你需要有这个安全盾牌。”[1]

如何加快建设21世纪海上丝绸之路重要战略支点，打造我国面向太平洋和印度洋的重要对外开放门户？海南将从三个方面进行努力：

第一，深度谋划利用好博鳌亚洲论坛。高水平建设好博鳌田园小镇，营造非正式、舒适、和谐的会议氛围，保持和展现小镇的田园风貌特色。加快完善博鳌核心区会议会展设施，建设开展重要外交外事活动和中外人文交流的酒店服务和保障场所，全面提升服务质量与水平。打造好我省参与博鳌亚洲论坛的品牌项目，高水平办好21世纪海上丝绸之路岛屿经济分论坛、中国—东盟省市长对话、南海分论坛等海南主题活动以及中非合作圆桌会议等公共外交活动，深度参与澜湄合作，更好服务国家总体外交。充分挖掘利用博鳌亚洲论坛资源，加强对世界500强等行业龙头企业的招商推介，扩大与政界、商界、学界、侨界的交流合作。

第二，加强同“一带一路”沿线国家和地区的务实合作。实施更加开放便利的政策措施，建设21世纪海上丝绸之路文化、教育、农业、旅游、科技等交流平台，鼓励沿线国家和地区参与海南自由贸易试验区（港）建设，吸引国际组织在我省设立区域总部和专业性总部，吸引境内外大企业在我省设立国际总部、区域总部或职能总部，以世界一流标准打造海南自由贸易试验区（港）总部经济区。促进与沿线国家和地区航线港口的合作对接，扩大第五航权开放，努力建设亚太供应链中心枢纽和国际快递航空货运枢纽。加快推进琼海农业对外开放合作试验区建设。以南海为地缘纽带，围绕旅游、环境保护、海洋渔业、人文交流、创新创业、防灾减灾等重点领域，加强与沿线国家和地区的合作交流，推动构建“泛南海经济合作圈”。

[1]　《境外媒体：海南开放意义多重 兼具长远经济及战略影响》，参考消息网2018年4月19日。

第三，加强区域合作交流。积极融入粤港澳大湾区建设，谋划建设琼港、琼澳服务业合作园区，依托泛珠三角区域和北部湾城市群合作机制，广泛开展经贸合作，共同推进南海保护与开发，加快建设粤桂琼海洋经济合作区，密切与香港、澳门在海事、海警、海上搜救、经贸、旅游、金融、文化、教育等领域的合作。加强与台湾地区在教育、医疗、现代农业、海洋资源保护与开发等领域合作。深化琼州海峡合作，推进港航、旅游协同发展。加强与其他自由贸易试验区的交流合作，共同谋划建设一批合作园区。[1]

要深化对外交往与合作，打造我国面向太平洋和印度洋的重要对外开放门户。这是我们建设全面深化改革开放试验区的重要职责，要适应经济全球化新形势，实行更加积极主动的开放战略，探索建立开放型经济新体制；充分放大博鳌亚洲论坛效应，高水平建设 21 世纪海上丝绸之路文化、教育、农业、旅游交流平台；加强与东南亚国家的沟通交流，开展旅游、环境保护、海洋渔业、人文交流、创新创业、防灾减灾等领域合作，吸引沿线国家和地区参与海南自由贸易试验区和中国特色自由贸易港建设。[2]

[1] 《中共海南省委关于深入学习贯彻习近平总书记在庆祝海南建省办经济特区 30 周年大会上的重要讲话精神和〈中共中央 国务院关于支持海南全面深化改革开放的指导意见〉的决定》，《海南日报》2018 年 5 月 14 日。

[2] 刘赐贵：《关于深入学习习近平总书记“4·13”重要讲话精神的十点认识》（2018 年 10 月 13 日），《海南日报》2018 年 10 月 17 日。

第六章　论改革：海南要站在更高起点谋划和推进改革

海南要站在更高起点谋划和推进改革，下大气力破除体制机制弊端，不断解放和发展社会生产力。多出可复制可推广的经验，带动全国改革步伐。

——习近平：《在庆祝海南建省办经济特区 30 周年大会上的讲话》（2018 年 4 月 13 日）

不断深化改革开放，是习近平总书记对海南一以贯之的要求。从要求海南进一步深化改革开放，到阐述改革开放也是发展海南的关键一招，再到提出海南要努力成为新时代全面深化改革开放的新标杆，无不体现将改革进行到底的精神。习近平总书记希望海南发扬敢闯敢试、敢为人先、埋头苦干的特区精神，多出可复制可推广的经验，带动全国改革步伐；在破除体制机制弊端、调整深层次利益格局上再啃下一些硬骨头；强化改革举措系统集成，形成更加成熟更加定型的制度体系；深化地方党政机构改革，结合自身实际改革和完善行政管理体制，为国家治理体系和治理能力现代化进行新的探索。海南的改革，任重而道远。

一、海南要进一步深化改革开放

2010年4月，习近平在海南考察时要求“进一步深化改革开放”。他指出：“近年来，你们针对关系海南发展全局的重大问题，在省直管县、洋浦保税区开发建设、集体林权制度等重点领域大力推进体制机制创新，取得重大进展。刚才省农垦总局局长介绍了农垦管理体制改革带来的新变化，昨天我们在西联农场也进行了实地考察，留下深刻印象。要在总结经验的基础上，继续搞好这些领域的改革。需要强调的是，旅游经济是服务经济，服务经济不仅要依托地缘和历史优势，更取决于服务质量和软环境，取决于服务信用，因此要按国际旅游岛的标准，建立符合国际惯例的旅游行政管理体制、出入境管理的体制、交通管理体制以及投资、融资体制，建立健全包括游客生命财产安全和国家安全在内的安全保障体系，创造各种便利化条件，让旅客、投资者来到海南不仅能感受到一流的自然环境，而且能享受到一流的规范管理的人性化服务。”[1]

习近平强调继续搞好省直管县、洋浦保税区开发建设、集体林权制度等重点领域的改革，这是对海南提出的精准的改革要求；而围绕国际旅游岛建设的目标，提出建立符合国际惯例的旅游行政管理体制、出入境管理的体制、交通管理体制以及投资、融资体制，建立健全包括游客生命财产安全和国家安全在内的安全保障体系等，这是对海南提出的新的具有很大挑战性的改革任务。

让海内外旅客、投资者来到海南不仅能感受到一流的自然环境，而且能享受到一流的规范管理的人性化服务，这种对服务质量的高要求，也来源于习近平总书记丰富的地方工作经验。在宁德地区工作时，

[1]《习近平同志在海南考察时的讲话》（2010年4月13日）。

记者问他：“你是从厦门开放地区来的，对于闽东这样一个贫困地区的开放，你认为厦门有什么经验可以借鉴？”习近平回答说：“一个地方的开放程度，受制于软、硬环境的完善。这几年不少地方的开放实践证明，减免税不是那么吸引人，外商不仅要省钱，更关心的是赚更多的钱，要求事好办、办得利索。闽东地区可以大有作为的是软环境的建设，比如简化手续，降低费用，提高办事效率，改善服务质量，就是很有吸引力的。”[1]

早在河北省正定县任县委书记时，习近平就被誉为“不穿西服的改革者”。当时，山西省一位县委书记到正定参观，临行前感慨地说：“这里，听不见人人喊改革，但处处在改革。”当地闻名全国的农民作家贾大山，用幽默、诙谐的语言勾画出习近平改革的特点：“他是不穿西服的改革者，锐意进取而锋芒不露。让人们在接受历史性变革的同时，还能优哉游哉地喝上一盅。这是一位含笑进取的改革者。”

这是当时年仅 31 岁的习近平对改革的见解：“我从不言必称改革，只是想扎扎实实做几件于国有益、于民有利的事情。改革是中华民族的意愿，是中国社会的‘大趋势’，个人不必故作惊人之举。我理解，改革不仅仅是改变。解放社会生产力，解除旧有观念对人的桎梏，才是改革的最终目的。在改革进程中，要研究国情，要把握群众心理，要避免破坏性震动，否则，盲目改革只会是一首浪漫的抒情诗，弄不好，还会给事业带来损失。”[2]

为什么说“他是不穿西服的改革者”？因为，当时的习近平给记者这样的印象：“他，31 岁，身高 1.80 米，话语平缓，不见官气。身穿

[1] 《对闽东经济发展的思考——中共宁德地委书记习近平同志采访录》（1989 年 1 月），原载《福建论坛》1989 年第 2 期。

[2] 蒋丰：《他耕耘在正定的原野上》（1985 年 1 月），载《知之深 爱之切》，河北人民出版社，2015 年版，第 242—243 页。

蓝制服，足蹬黑布鞋，着实有点土气。若不是相会在办公室里，我简直难以相信，他，就是正定县委书记——习近平。既没有县太爷的‘谱儿’，也没有大学生的‘派’。”[1]

“这里，听不见人人喊改革，但处处在改革”，是改革开放之初习近平主政的正定的真实写照。

二、改革开放也是发展海南的关键一招

2012 年 11 月 15 日，59 岁的习近平在中共十八届一中全会上当选为中共中央总书记，成为首位在新中国成立后出生的中共最高领导人。[2]

2013 年 4 月，习近平总书记再次在海南考察，他进一步指出："我曾说过，改革开放是决定当代中国命运的关键一招，是决定实现‘两个一百年’奋斗目标的关键一招。当然，改革开放也是发展海南的关键一招。希望你们发扬经济特区敢闯敢试、敢为人先的精神，在打造更具活力的体制机制、拓展更加开放的发展局面上走在全国前列。”他强调："要勇于冲破思想观念的束缚和利益固化的藩篱，在完善基本经济制度和深化收入分配制度改革、行政管理体制改革、行政审批制度改革、财税金融体制改革、城乡发展一体化改革等方面取得更大进展，为海南发展注入强劲动力。”[3]

习近平总书记对海南改革的方向、改革的重点和改革的精神，都提出了新的更高的要求。他希望海南发扬经济特区敢闯敢试、敢为人先的精神，在打造更具活力的体制机制、拓展更加开放的发展局面上

[1] 蒋丰：《他耕耘在正定的原野上》（1985 年 1 月），载《知之深　爱之切》，河北人民出版社，2015 年版，第 240 页。
[2] 《“人民群众是我们力量的源泉”——记中共中央总书记习近平》，新华社北京 2012 年 12 月 23 日电，引自《习近平谈治国理政》，外文出版社，2014 年版，第 423 页。
[3] 习近平：《在海南考察工作结束时的重要讲话》（2013 年 4 月 10 日）。

走在全国前列；在完善基本经济制度和深化收入分配制度改革、行政管理体制改革、行政审批制度改革、财税金融体制改革、城乡发展一体化改革等方面取得更大进展，为海南发展注入强劲动力。

就发扬经济特区敢闯敢试、敢为人先的精神而言，习近平总书记后来在博鳌亚洲论坛2018年年会开幕式上的主旨演讲中，与中外嘉宾分享中国人民敢闯敢试的故事。他说，40年来，中国人民始终与时俱进、一往无前，充分显示了中国力量。中国人民坚持解放思想、实事求是，实现解放思想和改革开放相互激荡、观念创新和实践探索相互促进，充分显示了思想引领的强大力量。中国人民勇于自我革命、自我革新，不断完善中国特色社会主义制度，不断革除阻碍发展的各方面体制机制弊端，充分显示了制度保障的强大力量。中国人民敢闯敢试、敢为人先，积极性、主动性、创造性空前高涨，充分显示了13亿多人民作为国家主人和真正英雄推动历史前进的强大力量。[1]

在庆祝海南建省办经济特区30周年大会上的重要讲话中，习近平总书记又强调：“只有敢于走别人没有走过的路，才能收获别样的风景。经济特区要勇于扛起历史责任，适应国内外形势新变化，按照国家发展新要求，顺应人民新期待，发扬敢闯敢试、敢为人先、埋头苦干的特区精神，始终站在改革开放最前沿，在各方面体制机制改革方面先行先试、大胆探索，为全国提供更多可复制可推广的经验。”[2]

2018年10月，习近平总书记考察广东时又把这种特区精神看作是改革精神，要求“广东要弘扬敢闯敢试、敢为人先的改革精神，立足自身优势，创造更多经验，把改革开放的旗帜举得更高更稳”[3]，可见

[1] 习近平：《开放共创繁荣　创新引领未来——在博鳌亚洲论坛2018年年会开幕式上的主旨演讲》（2018年4月10日，海南博鳌）。

[2] 习近平：《在庆祝海南建省办经济特区30周年大会上的讲话》（2018年4月13日）。

[3] 《习近平在广东考察时强调 高举新时代改革开放旗帜 把改革开放不断推向深入》，《人民日报》2018年10月26日。

他对这一“三敢”精神是多么看重。

其实，习近平在福建、浙江等地工作时，就已多次论及“敢为天下先”，体现了对这一精神非一般的崇尚。他说：“重要的一点是要保护改革者的积极性，鼓励干部为人民事业敢为天下先。”[1]“我主张敢为天下先，敢于冒一定的风险，不吃别人嚼过的馍，树立起‘不耻落后，意气奋发，放胆开拓，争先创优’的闽东风格。”[2]他又指出：“我们在各项改革中，经常通过试点的方法，取得若干经验后再推广。既然是做试点工作，前人没有做过，就要有‘敢为天下先’的精神，解放思想，大胆地闯，大胆地试，怎么有利于发展就怎么改革；就是要超越原有的体制，从根本上冲破束缚发展的桎梏。”[3]

认真学习贯彻习近平总书记2013年考察海南时的重要讲话精神，海南提出“深入推进改革开放，争创经济特区体制机制新优势”。

改革开放是经济特区的灵魂。必须围绕争创中国特色社会主义实践范例，坚决落实中央全面深化改革的战略部署，向改革要动力，向开放要活力，努力打造更具活力的体制机制、拓展更加开放的发展局面。

深化省域“多规合一”改革。推动海南省总体规划上升为法定性规划，发挥对市县总体规划引领、指导、管控作用；组建省、市县规划委员会，整合市县执法队伍，加强规划综合执法；构建“多规合一”大数据平台，完善规划实施监督、严格执法、责任追究、信息公开等制度，实现最严格管控，确保“一张蓝图干到底”。研究制定“多规合一”相关法规，加强土地、海域、海岸带、财政、投融资和行政审批等方面

[1] 习近平：《弱鸟如何先飞—闽东九县调查随感》（1988年9月），载《摆脱贫困》，福建人民出版社，1992年版，第9页。

[2] 习近平：《为官一场　造福一方》（1989年1月），载《摆脱贫困》，福建人民出版社，1992年版，第78页。

[3] 习近平：《搞试点要“大胆设想小心求证”》（2003年9月10日），载《之江新语》，浙江人民出版社，2007年版，第17页。

的政策创新，形成与“多规合一”相配套的法规政策体系。

加快“放管服”改革。发挥省直管市县体制优势，推进综合审批体制机制改革，最大限度简化行政审批，最大限度便民服务。推广行政服务“极简审批”试点经验，推行全流程互联网“不见面”审批，全面实施“一号申请、一窗受理、一网审批”等制度，打造全省公共资源交易“一张网”，加快“多证合一”，提高政务服务便利化水平。强化事中事后监管，实现“双随机一公开”全覆盖。建立统一高效的综合执法体系，分类推进跨领域、领域内和海洋综合执法。

深化新一轮农垦改革。以垦区集团化、农场企业化为主线，以职工增收、垦区增效为目标，加快推进农垦市场化改革。大力清理规范垦区土地管理关系，推进“三类地”确权，推动土地资产化、资本化。培育壮大农垦市场主体，激活农垦经营机制。坚持垦地融合发展，积极实施“八八”战略，通过引进资金、技术、管理等方式推进资源资产整合、产业优化升级，把农垦打造成海南经济新的增长极和国家热带特色农业示范区。

推进国企国资改革。加快经营性国有资产集中统一监管，完善以管资本为主的国有资产监管体制。改组组建国有资本投资、运营公司，完善法人治理结构，实现监事会监督全覆盖。深化与央企战略合作，引进各类资本参与国企改革，积极稳妥发展混合所有制经济，大幅提升资产证券化率。加快国企调整重组，推动国有资本向我省特色优势产业聚集，培育战略引领作用突出、市场竞争力强的新型企业集团。[1]

从 2013 年至 2018 年，习近平总书记一直希望海南发扬敢闯敢试、敢为人先、埋头苦干的特区精神，这需要海南广大的干部群众深刻认

[1] 刘赐贵：《凝心聚力 奋力拼搏 加快建设经济繁荣社会文明生态宜居人民幸福的美好新海南——在中国共产党海南省第七次代表大会上的报告》（2017 年 4 月 25 日），《海南日报》2017 年 5 月 2 日。

识这一要求的重大意义，牢记使命、勇于担当，敢闯敢试、敢为人先，进一步推进改革开放事业。此后，海南的一项改革两次上了中央深改组的会议。

习近平总书记主持会议，将海南作为全国第一个以省域为单位开展“多规合一”改革试点省份，并肯定这一改革试点，称其“迈出了步子、探索了经验”。

所谓“多规合一”是指推动国民经济和社会发展规划、城乡规划、土地利用规划、生态环境保护规划等多个规划的相互融合，解决现有这些规划自成体系、内容冲突、缺乏衔接协调等问题。“多规合一”有望强化政府空间管控能力，实现国土空间集约、高效、可持续利用，也是改革政府规划体制，建立统一衔接、功能互补、相互协调的空间规划体系的重要基础。

2015 年 6 月 5 日，习近平总书记主持召开中央全面深化改革领导小组第十三次会议并发表重要讲话。他强调，试点是改革的重要任务，更是改革的重要方法。试点能否迈开步子、趟出路子，直接关系改革成效。要牢固树立改革全局观，顶层设计要立足全局，基层探索要观照全局，大胆探索，积极作为，发挥好试点对全局性改革的示范、突破、带动作用。会议同意海南省就统筹经济社会发展规划、城乡规划、土地利用规划等开展省域“多规合一”改革试点。会议强调，对一些矛盾问题多、攻坚难度大的改革试点，要科学组织，在总结经验的基础上全面推广。根据改革需要和试点条件，灵活设置试点范围和试点层级。改革试点要注意同中央确定的大的发展战略紧密结合起来，为国家战略实施创造良好条件。[1]

[1]　《习近平主持召开中央全面深化改革领导小组第十三次会议强调 树立改革全面观 积极探索实践 发挥改革试点示范突破带动作用》，《人民日报》2015 年 6 月 6 日。

一年之后，2016年6月27日，习近平总书记主持召开中央全面深化改革领导小组第二十五次会议并发表重要讲话。会议审议通过了《关于海南省域“多规合一”改革试点情况的报告》等文件。会议指出，中央授权海南开展省域“多规合一”改革试点一年来，海南结合实际，积极推进改革探索，梳理化解规划矛盾，统筹主体功能区、生态保护红线、城镇体系、土地利用、林地保护利用、海洋功能区规划，在推动形成全省统一空间规划体系上迈出了步子、探索了经验。深入推进这项改革，要着重解决好体制机制问题，处理好改革探索和依法推进的关系，“一张蓝图干到底”。中央有关部门要加强统筹指导。[1]

海南从2015年开始在全省范围内开展“多规合一”改革，也就是绘制全省统一的一张规划蓝图。就空间规划来说，在海南省“多规合一”改革之前，1587平方公里的土地存在属性冲突，72.1万个地块的管理在规划矛盾中“打架”。同一块地，在林业规划里是林地，在土地规划里是农田，到了城乡建设用地规划里可能又变成了建设用地。用地审批时，哪个部门都要跑，“盖上百个图章”说的就是这种事。

海南“多规合一”的改革是从统筹六类空间规划开始的。这六类规划是：原来归属发改委的主体功能区划；归属环保部门的生态保护红线规划；归属城乡规划部门的城镇体系规划；归属国土部门的土地利用规划；归属林业部门的林地保护规划；归属海洋部门的海洋功能区划。改革的目标是将其合并为全省统一的一张规划蓝图。在这个过程中，72.1万个矛盾属性地块被一个个解决，全省每一块土地都具有了唯一的属性。

在统一的规划蓝图上，海南省确立了高效农业、旅游业、互联网、医疗健康、会展业等12类产业的发展规划。

---

[1] 《习近平主持召开中央全面深化改革领导小组第二十五次会议强调 聚集改革资源激发创新活力 更加富有成效抓好改革工作》，《人民日报》2016年6月28日。

规划的蓝图确定之后，海南全省确立了六类24个省级园区。每个园区以区域评估评审代替单个项目的评估评审。

随着大刀阔斧的改革，一些行政审批从两年压缩为三个月，后来又压缩到数小时，但这样的提速海南省并没有满足，改革一次次突破人们的想象。他们发现，如果把整体规划输入信息化处理系统，一些行政审批的时间还能再压缩70%。这种方式也被戏称为“机器管规划”。

“多规合一”的试点使海南审批速度大大提高，但“多规合一”之后提升的政府管理能力并不仅仅限于“审批”。

海南以生态立省，生态可以说是海南的生命线。2016年，海南“多规合一”后，全省划定了统一的生态红线区域，并上传到信息平台系统中，与卫星遥感图比对，识别违法违规区域。这位“机器监督员”铁面无私，只认规划不认人，走后门、求通融的话通通不听。

2018年一年，信息平台系统自动推送到各职能部门生态红线内的可疑图斑共4979个，经执法部门现场勘察，2366个图斑识别准确，确实存在违法违规现象。

划定生态红线，不是多种树、少污染这么简单，还要加强对生态系统的维护。海南中部山区有全国面积最大的热带雨林，仅尖峰岭就有2800多种植物，4300多种动物。过去虽然在这里也有一些保护区，但由于各区县经济发展的需要，各个保护区之间还留有许多耕地和开发用地。如今，在全省统一的一张蓝图下，生态红线划定之后，地方开发建设的诉求用“飞地”的方式解决，这样就把过去人为分割开的一个个保护区连成了一个整体的热带雨林系统。此外，海南岛33.5%的陆域面积、近岸海域35.1%的海洋面积也被划入生态保护红线。“全省一盘棋”下，曾经蜂拥而至、多而杂乱的房地产开发热开始降温。

保护生态、极简审批等等，都是“多规合一”改革带来的显而易见的效果。这也再次让人们感慨：没有做不到，只有想不到。改革，一次次地突破了人们的想象力。“一张蓝图绘到底”，解决了现有一些规划自成体系、内容冲突、缺乏衔接协调的问题，改变了资源配置方式，起到了深化改革的规划引领作用。海南探索出来的这些经验值得借鉴。[1]

三、海南要努力成为新时代全面深化改革开放的新标杆

2018 年 4 月，习近平总书记在海南考察时强调，全面贯彻党的十九大和十九届二中、三中全会精神，统筹推进“五位一体”总体布局，协调推进“四个全面”战略布局，以更高的站位、更宽的视野、更大的力度谋划和推进改革开放，充分发挥生态环境、经济特区、国际旅游岛的优势，真抓实干加快建设美好新海南。

4 月 13 日上午，习近平来到位于海口市的海南省博物馆，参观海南建省办经济特区 30 周年成就展。一张张照片，一幅幅图表，一件件实物，记述了海南 30 年来特别是党的十八大以来在改革开放和社会主义现代化建设方面的成就。习近平不时驻足观看，边走边问，详细了解海南建省以来的发展历程。他强调，贯彻落实党中央决策部署，不是喊口号，要经过深入调研，结合当地实际，形成符合党中央精神的行之有效的具体举措。他深情地对大家说，海南建省办经济特区 30 年来，从一个欠发达的边陲海岛发展成为我国最大的经济特区和驰名中外的国际旅游岛，改革开放实现重大突破，经济社会发展取得巨大成就，充分证明党中央关于海南建省办经济特区的决策是正确的。2018 年是改革开放 40 周年，我们要总结经验、乘势而上，在新起点上推动改革开放实现新突破。海南要充分利用地缘优势、资源优势、生态优

[1] 《海南：一张规划管到底》，央视网 2018 年 4 月 13 日。

势、政策优势，着力在体制机制创新和发展思路模式创新上下功夫，谱写美好海南新篇章。[1]

4月13日下午，习近平总书记出席庆祝海南建省办经济特区30周年大会并发表重要讲话，指出："新时代，海南要高举改革开放旗帜，创新思路、凝聚力量、突出特色、增创优势，努力成为新时代全面深化改革开放的新标杆，形成更高层次改革开放新格局。这是我们庆祝海南建省办经济特区30周年的最好方式，也是庆祝我国改革开放40周年的重大举措。"

在我国改革开放40周年、海南建省办经济特区30周年的重要历史节点，习近平总书记亲临海南视察并出席庆祝海南建省办经济特区30周年大会，对海南提出了"努力成为新时代全面深化改革开放的新标杆"的明确要求和殷切期望。海南要努力成为新时代全面深化改革开放的新标杆，形成更高层次改革开放新格局，一个"新标杆"，一个"新格局"，昭示的是新的起点上中国改革开放再出发的坚定信心。

新时代全面深化改革开放的新标杆，是海南新一轮改革开放发展的全新定位和前进方向，必须充分认识"新标杆"的深刻内涵和重大意义。

海南省委书记刘赐贵的理解是，这是以习近平同志为核心的党中央赋予海南经济特区的新历史使命。海南因改革开放而生，因改革开放而兴。作为经济特区的海南，自诞生之日起，就肩负着改革"试验田"、开放"窗口"的使命。建省初期，海南率先实行"小政府、大社会"管理构架，成功实施"一脚油门踩到底"的燃油附加费改革等。2009年年底，国际旅游岛建设上升为国家战略，海南在旅游发展和管理体制机制创新方面作出了积极探索。党的十八大以来，海南率先开展省域"多

[1]《习近平在海南考察时强调　以更高站位更宽视野推进改革开放　真抓实干加快建设美好新海南》，《人民日报》2018年4月14日。

规合一”、司法体制、农垦、“放管服”和商事制度等改革，为全国提供了海南经验。在海南进入“而立之年”的今天，党中央支持海南全岛建设自由贸易试验区，逐步探索、稳步推进中国特色自由贸易港建设，努力把海南建设成为新时代全面深化改革开放的新标杆，形成更高层次改革开放新格局，这是以习近平同志为核心的党中央赋予海南经济特区改革开放的新的历史使命。

这是打造彰显中国特色社会主义制度优势、增强人们对中国特色社会主义信心的生动范例的具体体现。1984 年，邓小平同志提出海南建省创办经济特区，一个重要的目标就是在较短时间内把海南岛好好发展起来，向世人证明中国特色社会主义制度的优势。30 多年过去了，在党中央的坚强领导和全国的大力支持下，海南经济社会发展取得了令人瞩目的成绩，但与当初的目标相比还有不小差距。在中国迈入新时代的今天，习近平总书记再次亲临海南，赋予海南新的历史使命，就是希望海南不忘初心，继续发扬敢闯敢试、敢为人先、埋头苦干的特区精神，以实实在在的改革发展成效彰显中国特色社会主义制度优势，让中国特色社会主义更有说服力。

这是展示我国坚定不移扩大对外开放、推动构建人类命运共同体的坚定决心。当前，国际形势错综复杂，单边主义和贸易保护主义抬头，经济全球化面临严峻挑战。面对新的形势，以习近平同志为核心的党中央发出了“向世界敞开大门”的清晰声音，展现了中国作为负责任大国的形象。在我国改革开放 40 周年、海南建省办经济特区 30 周年的重要历史时刻，习近平总书记发表重要讲话，宣示中国与世界携手同行、共同发展的坚定决心；宣布支持海南全岛建设自由贸易试验区，逐步探索、稳步推进中国特色自由贸易港建设，努力让海南成为新时代全面深化改革开放的新标杆。所有这些，都充分展示了我国扩大对外开放，积极推动经济全球化，推动构建人类命运共同体的坚定决心和信心。

党中央赋予海南新一轮改革开放重大使命，为海南提供了前所未有的重大发展机遇，也为海南确立了在我国改革开放事业和实现中华民族伟大复兴宏伟目标中的新方位。在这个新方位中，海南将着力打造全面深化改革开放试验区、国家生态文明试验区、国际旅游消费中心、国家重大战略服务保障区，努力形成更高层次改革开放新格局，在实现“两个一百年”奋斗目标和中华民族伟大复兴中国梦的征程中创造出新的业绩，成为新时代中国特色社会主义新亮点。[1]

刘赐贵指出，习近平总书记和党中央赋予海南建设新时代全面深化改革开放新标杆的使命，是在充分考虑海南省情特点和比较优势后作出的重大决定。海南要成为新标杆，也必须立足省情特点，找准比较优势，在一些优势领域、特色领域及重点环节上树立标杆。

在扩大对外开放上树立新标杆。海南是一个岛屿型经济体，开放是海南的生命线。从地理位置上看，海南地处“一带一路”战略支点，是中国面向东盟地区的“桥头堡”。在中国的开放战略布局中，海南理应担当起标杆使命。我们将深入贯彻习近平总书记的重要讲话精神，按照《中共中央　国务院关于支持海南全面深化改革开放的指导意见》的总体部署，加快推进海南全岛建设自由贸易试验区，稳步推进中国特色自由贸易港建设，构建当今世界最高水平开放形态的政策和制度体系；积极适应经济全球化新形势，实行更加积极主动的开放战略，探索建立开放型经济新体制，把海南打造成为我国面向太平洋和印度洋的重要对外开放门户；加强同“一带一路”沿线国家和地区开展多层次、多领域的务实合作，建设21世纪海上丝绸之路的文化、体育、

[1] 刘赐贵：《努力把海南建设成为新时代全面深化改革开放的新标杆》，《求是》2018年第10期。

农业、旅游等交流平台，在建设21世纪海上丝绸之路重要战略支点上迈出更加坚实的步伐。

在创新体制机制、提升治理能力和治理体系现代化水平、创造一流营商环境方面树立新标杆。近年来，我们积极推进“多规合一”改革，把全岛按照一个大城市来规划建设，基本形成省市县联动的空间规划管理体系，为全省“一张蓝图干到底”打牢了基础。当前，我们正积极谋划推动机构改革，打造智慧海南，全面提升政府治理能力和治理体系现代化水平。我们将在经济体制改革和社会治理创新等方面先行先试，把优化营商环境作为重要任务，对标国际一流标准，积极构建与国际投资贸易规则接轨的体制机制；更大力度转变政府职能，最大限度减少行政审批事项，实行全岛自由贸易试验区审批“一张网”“一枚公章管审批”，编制全国最少的市场准入“负面清单”和行政审批事项清单；加快口岸信息化建设，市县全流程“线上海关”一键通关，探索“一线放开、二线安全高效管住”的监管模式，加快形成公平开放高效的市场环境。

在生态文明建设方面树立新标杆。得天独厚的生态环境是大自然赐予海南的宝贵财富，也是海南全面深化改革开放的最强优势和最大本钱。海南建省办经济特区，始终坚持生态立省，精心呵护自然生态环境，大气、水体和近海海域等生态环境质量持续保持全国一流。我们将牢固树立和全面践行“绿水青山就是金山银山”的理念，坚定不移贯彻习近平总书记“在生态文明体制改革上先行一步，为全国生态文明建设作出表率”的重要指示精神，建设国家生态文明试验区，率先建立现代生态环境和资源保护监管体制，开展国家公园体制试点，完善以绿色发展为导向的考核评价体系，建立健全形式多样、绩效导向的生态保护补偿机制，建立健全海陆统筹的生态系统保护修复和污染防治区域联动机制，走出一条人与自然和谐发展的路子，为全国生态文明建设探索经验。

在构建现代化经济体系、推动经济高质量发展方面树立新标杆。海南经济开发起步晚、起点低，这方面是我们的劣势；但从另一个角度看，海南的自然环境没有被破坏，避免了走“先污染、后治理”的老路。今天的海南，有条件、有优势走出一条更高质量、更有效率、更加公平、更可持续的发展之路。我们将按照习近平总书记的要求，发挥优势，集聚创新要素，积极发展新一代信息技术产业和数字经济，推动互联网、物联网、大数据、卫星导航、人工智能同实体经济深度融合；高水平建设国际旅游岛，不断提升旅游业国际化水平；打造国家军民融合创新示范区，加快建设现代化海洋牧场，整体提升海南综合竞争力；依托自由贸易试验区和中国特色自由贸易港的建设，加快现代农业和现代服务业的发展，形成以服务型经济为主体的现代化经济体系。

在解决重大民生问题、提高公共服务水平方面树立新标杆。习近平总书记要求我们到 2035 年优质公共服务要达到国际先进水平。虽然当前海南在教育、卫生、医疗、文化等方面整体水平还不高，但海南体制灵活、人口基数小，在党中央的强力支持下，海南完全有条件在较短时间内快速提升民生事业整体水平，实现全省基本公共服务均等化、一体化。我们将加快构建与自贸区（港）相吻合的民生体系，让广大人民群众切实享受到改革开放所带来的实惠，增强获得感和幸福感。比如，我们可以利用中央赋予海南在教育、医疗领域的开放政策，加快引进一批国内外高质量的教育医疗资源。我们有信心在实现社会主义现代化方面走在全国前列，让优质公共服务尽早达到国际先进水平。

刘赐贵表示，只有始终坚持党对改革开放的领导，才能保证改革开放的方向不偏移，各项探索、试验才具有“标杆”导向意义。我们将切实增强“四个意识”，坚决维护习近平总书记党中央的核心、全党的核心地位，坚决维护党中央权威和集中统一领导，以习近平新时代中国特色社会主义思想为指导，扎实有序推进各项改革开放举措，切实担当起“新时代全面深化改革开放的新标杆”这一光荣的历史使命，不负中央的重托和人民的期盼。[1]

四、海南要多出可复制可推广的经验，带动全国改革步伐

习近平总书记在庆祝海南建省办经济特区 30 周年大会上的重要讲话中指出：“海南要站在更高起点谋划和推进改革，下大气力破除体制机制弊端，不断解放和发展社会生产力。”

在阐述这个问题时，习近平总书记从更广阔的背景来进一步强调：“当前，改革又到了一个新的历史关头，推进改革的复杂程度、敏感程度、艰巨程度不亚于 40 年前。因循守旧没有出路，畏缩不前坐失良机。改革开放的过程就是思想解放的过程。没有思想大解放，就不会有改革大突破。解放思想不是脱离国情的异想天开，也不是闭门造车的主观想象，更不是毫无章法的莽撞蛮干。解放思想的目的在于更好实事求是。要坚持解放思想和实事求是的有机统一，一切从国情出发、从实际出发，既总结国内成功做法又借鉴国外有益经验，既大胆探索又脚踏实地，敢闯敢干，大胆实践，多出可复制可推广的经验，带动全国改革步伐。”[2]

通过试点多出可复制可推广的经验做法，带动面上改革，这既是改革的科学方法，也是改革的原则要求。习近平总书记曾经强调，抓好试点对改革全局意义重大。要认真谋划深入抓好各项改革试点，坚

[1] 刘赐贵：《努力把海南建设成为新时代全面深化改革开放的新标杆》，《求是》2018 年第 10 期。

[2] 习近平：《在庆祝海南建省办经济特区 30 周年大会上的讲话》（2018 年 4 月 13 日）。

持解放思想、实事求是，鼓励探索、大胆实践，敢想敢干、敢闯敢试，多出可复制可推广的经验做法，带动面上改革。[1]

要求海南带动全国改革步伐，这是对海南提出的新的更高要求，也是推动海南成为新时代全面深化改革开放的新标杆的题中应有之义。新时代全面深化改革开放的新标杆，其本质特征至少包含四个层面：

试验性。先行先试，是海南经济特区与生俱来的“基因”。自创办伊始，海南经济特区锐意改革、开拓进取，为全国改革开放事业和社会主义现代化建设发挥了“试验田”作用。新的历史时期，海南打造全面深化改革开放的新标杆，就是要勇于试验，大胆试、大胆闯、自主改，努力为全国提供更多可复制可推广的经验。

窗口性。经济特区是我国最早对外开放的地区，最能代表改革开放形象。新的历史时期，海南经济特区要继续发挥好开放的窗口作用，坚持打开大门搞建设、办事业，大胆吸收和借鉴人类文明成果；坚持引进来和走出去并重，扩大同其他国家和地区的贸易和投资往来；加强国际人文交流，促进民心相通、文化相融；大幅度放宽市场准入，扩大服务业特别是金融业对外开放，创造更有吸引力的投资环境。

先导性。海南打造新标杆，就是要先行一步、跑快一步。要在借鉴吸收前人成功经验的基础上，立足自身区位、资源等特色优势，对标世界上开放水平最高的地区和模式，找到符合海南发展实际的科学路径，抢先发力，先行一程。比如，在城乡均衡发展、全省一体规划建设方面先行一步，在加强与南海周边国家和地区人文交流和经贸合作、打造“泛南海旅游经济圈”方面先行一步，在医疗旅游体制改革中先行一步，等等。

人民性。我们改革开放的所有智慧和力量都来源于人民，我们改

---

[1] 《习近平主持召开中央全面深化改革领导小组第三十五次会议强调　认真谋划深入抓好各项改革试点　积极推广成功经验带动面上改革》，《人民日报》2017 年 5 月 24 日。

革开放的最终目的就是为了人民。海南打造新标杆，就要始终坚持以人民为中心的发展思想，坚持人民首创精神，从人民群众普遍关注、反映强烈的问题背后查找体制机制弊端，找准深化改革的重点和突破口，加快推进民生领域体制机制改革，着力提高保障和改善民生水平，让广大人民群众在改革开放发展中享受到实实在在的成果。[1]

五、海南要在破除体制机制弊端、调整深层次利益格局上再啃下一些硬骨头

习近平总书记在庆祝海南建省办经济特区 30 周年大会上的重要讲话中进一步指出：“要坚持问题导向，从群众关心的事情做起，从群众不满意的地方改起，敢于较真碰硬，勇于破难题、闯难关，在破除体制机制弊端、调整深层次利益格局上再啃下一些硬骨头。”[2]

对于啃改革的“硬骨头”，习近平总书记 2014 年 2 月 7 日在接受俄罗斯电视台专访时表示：“在中国这样一个拥有 13 亿多人口的国家深化改革，绝非易事。中国改革经过 30 多年，已进入深水区，可以说，容易的、皆大欢喜的改革已经完成了，好吃的肉都吃掉了，剩下的都是难啃的硬骨头。这就要求我们胆子要大、步子要稳。胆子要大，就是改革再难也要向前推进，敢于担当，敢于啃硬骨头，敢于涉险滩。步子要稳，就是方向一定要准，行驶一定要稳，尤其是不能犯颠覆性错误。”[3]

刘赐贵认为，海南要坚持全面深化改革，不断增强发展动力。习近平总书记指出，海南要站在更高起点谋划和推进改革，下大气力破

[1] 刘赐贵：《努力把海南建设成为新时代全面深化改革开放的新标杆》，《求是》2018 年第 10 期。

[2] 习近平：《在庆祝海南建省办经济特区 30 周年大会上的讲话》（2018 年 4 月 13 日）。

[3] 《习近平谈治国理政》，外文出版社，2014 年版，第 101 页。

除体制机制弊端，不断解放和发展社会生产力。要深刻领会习近平总书记关于全面深化改革的要求，重点在体制机制改革方面先行先试、大胆探索。坚持解放思想与实事求是相结合，从国情出发、从实际出发，敢闯敢干、大胆实践，多出体制机制创新成果。坚持问题导向、需求导向，继续深化“多规合一”下的“极简审批”改革，有序向全省园区推广“六个试行”改革措施，实行线上“一网通办”，全面实行企业自主登记制度和简易注销制度。坚持抓住重点、抓好配套，加快推进城乡融合发展体制机制、人才体制、财税金融体制、收入分配制度、国有企业、农垦、党政机构等方面改革，强化改革举措系统集成，科学配置各方面资源。[1]

改革开放是经济特区的灵魂，是发展海南的关键一招。习近平总书记指出，经济特区要成为改革开放的重要窗口、试验平台、开拓者、实干家，要求海南站在更高起点谋划和推进改革，下大气力破除体制机制弊端，不断解放和发展社会生产力，努力为全国提供更多可复制可推广的经验。当前，推进改革的复杂程度、敏感程度、艰巨程度不亚于30年前建省办经济特区。因循守旧没有出路，畏缩不前坐失良机。深刻领会习近平总书记关于全面深化改革的要求，重点在体制机制改革方面先行先试、大胆探索。

坚持解放思想与实事求是相结合。习近平总书记指出，改革开放的过程就是思想解放的过程；没有思想大解放，就不会有改革大突破。我们要敢于突破思维定式、利益藩篱的条条框框，敢闯敢试、敢为人先，走别人没有走过的路，才能收获别样的风景。但解放思想不是脱离国情的异想天开，也不是闭门造车的主观想象，更不是毫无章法的莽撞蛮干；解放思想的目的在于更好地实事求是。比如网上有的议论

[1] 刘赐贵：《努力成为新时代全面深化改革开放新标杆》，《人民日报》2018年10月29日。

要开赌场、搞博彩、放开跑马，或照搬资本主义那一套，搞全盘私有制，这些都是脱离国情和实际的，是决不允许的。我们一定要坚持中国特色社会主义道路，坚持解放思想和实事求是的有机统一，一切从国情出发、从实际出发，既总结国内成功做法又借鉴国外有益经验，既大胆探索又脚踏实地，敢闯敢干，大胆实践，多出体制机制创新成果，扛起特区担当。

坚持问题导向、需求导向。改革不是无病呻吟、为改而改。习近平总书记指出，要坚持问题导向，从群众关心的事情做起，从群众不满意的地方改起，敢于较真碰硬，勇于破难题、闯难关，在破除体制机制弊端、调整深层次利益格局上再啃下一些硬骨头。现在营商环境问题是企业和群众反映的一个突出问题，审批手续繁杂、效率低下、“小鬼”难缠，各种“弹簧门”“玻璃门”“隐形门”普遍存在，百姓和企业办事难，制度性交易成本高。所以我们要继续深化“多规合一”下的“极简审批”改革，有序向全省园区推广“六个试行”改革措施，实行线上“一网通办”，实现办理简单事项、经常办理事项以及可共享实现的事项“一次都不用跑”；全面实施企业自主登记制度和简易注销制度，最大限度扩大企业自主权。

坚持抓住重点、抓好配套。改革不是眉毛胡子一把抓，要找准和抓住重点。怎么找重点？习近平总书记指出，要坚持从人民群众普遍关注、反映强烈、反复出现的问题背后查找体制机制弊端，找准深化改革的重点和突破口。目前，我们的重点就是加快推进城乡融合发展体制机制、人才体制、财税金融体制、收入分配制度、国有企业、农垦、党政机构等方面改革。在推进改革的过程中，还必须强化改革举措系统集成，科学配置各方面资源。比如省域“多规合一”改革，如果没有把土地属性搞准，第一粒扣子就扣错了，后续的行政审批、项目安排、长远规划都会出现偏差。要在精准优化生态保护红线、基本农田、城镇开发边界等前提下，建立常态化、实时化督查机制，强化层级规划管控，今后所有的项目布局都不能违反规划，要从一个一个具体项目、一件一件具体事来落实海南自由贸易试验区建设的高标准、高质量要求。还比如我们的不少改革措施是要放权，但不是一放了之，而是要以“管得住”为前提，加强事中事后监管。而这就必须要有政务大数据为基础支撑，打造数据完整、功能齐备、智能高效的信用信息平台，完善跨部门、跨领域的守信联合激励和失信联合惩戒机制。再比如机构改革，一个重要原则就是坚持优化协同高效，增强党的领导力，提高政府执行力，理顺党政机构关系，提高工作效能，保证政令畅通、令行禁止，并在“多规合一”框架下推进跨领域、跨部门、跨层级综合执法协作，同时还要统筹谋划市县机构改革。工作头绪多、时间紧、要求高，必须强化协同配套，高质量完成这项改革，为国家治理体系和治理能力现代化进行新的探索。

改革是一场新的革命，改的是体制机制，动的是既得利益，不真刀真枪是不行的。海南省委将旗帜鲜明地为改革者撑腰，让敢于担当的干部受到重用，为改革创造良好的社会环境和舆论氛围。[1]

六、海南要强化改革举措系统集成，形成更加成熟更加定型的制度体系

习近平总书记在庆祝海南建省办经济特区30周年大会上的重要讲话中要求海南：“要强化改革举措系统集成，科学配置各方面资源，加快推进城乡融合发展体制机制、人才体制、财税金融体制、收入分

[1] 刘赐贵：《关于深入学习习近平总书记“4·13”重要讲话精神的十点认识》（2018年10月13日），《海南日报》2018年10月17日。

配制度、国有企业等方面的改革，支持海南设立国际能源、航运、大宗商品、产权、股权、碳排放权等交易场所，形成更加成熟更加定型的制度体系。”[1]

习近平总书记曾经专论强化改革举措系统集成的思想。他指出，推进改革要树立系统思想，推动有条件的地方和领域实现改革举措系统集成。要把住顶层设计和路线图，注重改革举措配套组合，使各项改革举措不断向中心目标靠拢。特别是同一领域改革举措要注意前后呼应、相互配合、形成整体。要抓紧对各领域改革进行全面评估。要拿出抓铁有痕、踏石留印的韧劲来，持之以恒抓改革落实。[2]

就加强改革系统集成，党中央要求海南：“发挥海南岛全岛试点的整体优势，加强改革系统集成，力争取得更多制度创新成果，彰显全面深化改革和扩大开放试验田作用。”[3]

注重改革措施的系统集成，是为了增强改革的系统性、整体性、协同性，发挥各项改革措施的联动效应，更好地推进改革。这是由全面深化改革的特点决定的。习近平总书记指出，全面深化改革是关系党和国家事业发展全局的重大战略部署，不是某个领域、某个方面的单项改革。他还强调，“全面深化改革，全面者，就是要统筹推进各领域改革”“这项工程极为宏大，零敲碎打调整不行，碎片化修补也不行，必须是全面的系统的改革和改进，是各领域改革和改进的联动和集成”。“统筹”“系统”“联动”“集成”，这些关键词阐明了新时代全面深化改革的新特征和新高度。注重全面深化改革各项措施的系统集

[1] 习近平：《在庆祝海南建省办经济特区30周年大会上的讲话》（2018年4月13日）。

[2] 《习近平主持召开中央全面深化改革领导小组第二十二次会议强调 推动改革举措精准对焦协同发力 形成落实新发展理念的体制机制》，《人民日报》2016年3月23日。

[3] 《中共中央 国务院关于支持海南全面深化改革开放的指导意见》（2018年4月11日）。

成，是推进改革再深入、把改革进行到底的必然要求和有效方法。[1]

如何高起点谋划和推进重点改革，着力破除体制机制弊端？海南省委决定从这五个方面来进行。

深化省域“多规合一”改革。进一步优化国土空间布局和功能定位，完善城镇、旅游度假区、产业园区等各类开发边界内总体规划和控制性详细规划，细化基础设施和公共服务设施专项规划。科学合理校核优化生态保护红线、基本农田、城镇开发边界等，加快完成海洋生物资源保护线、围填海控制线划定工作，完善市县总体规划。建立常态化、实时化督察机制，强化各层级规划管控。加快“多规合一”信息综合管理平台的建设和应用。建立“多规合一”动态维护机制，推动规划编制和管理规范化、制度化、标准化。

加快推进财税金融体制改革。全面实施现有自由贸易试验区试点的税收政策，逐步探索建立与中国特色自由贸易港相匹配的财税管理制度体系。探索实施适应境外股权投资和离岸业务发展的税收政策。创新投融资方式，规范运用政府和社会资本合作（PPP）模式，引导社会资本参与基础设施和民生事业。创新实体经济与金融结合机制，大力发展普惠金融、互联网金融、绿色金融、科技金融、文化金融等新型金融业态，大力引进外商独资或控股的银行、证券、保险、基金、信托、资金管理等金融企业。成立国有控股的海南国际交易所集团有限公司，积极引进境内外战略合作者，加快设立国际能源、航运、大宗商品、产权、股权、碳排放权等交易场所。积极发展创新创业金融，引导海内外资本建立种子基金、天使投资基金、风险投资基金、产业并购基金等，强化对创新成果在种子期、初创期的投入。

---

[1] 上海市习近平新时代中国特色社会主义思想研究中心：《增强改革的系统性、整体性、协同性 注重改革措施的系统集成》，《人民日报》2018 年 12 月 25 日。

深化农垦改革。坚定不移推进垦区集团化、农场企业化，全面巩固新一轮农垦改革成果。完善海垦集团和二级企业投融资管理机制、授权经营和监管机制。鼓励社会资本通过设立农业产业投资基金、农垦产业发展股权投资基金等方式，参与农垦项目和国有农场改革。全面完成农垦国有土地使用权确权登记发证工作。有序推行土地资源资产化和资本化。以资本为纽带整合垦区产业资源，组建大型产业集团。

深化国有企业改革。全面推行公司制改革，健全公司法人治理结构，建立健全产权清晰、权责明确、政企分开、管理科学的现代企业制度。实行员工持股、股权激励和职业经理人制度。积极推进省属国有企业集团层面混合所有制改革。完善各类国有资产管理体制，根据商业类、公益类企业特点，实施差异化考核。探索政府直接授权国有资本投资、运营公司。实现经营性国有资产统一监管，推进国有企业横向联合、纵向整合和专业化重组，推动国有资本做强做优做大。推进国有企业挂牌上市，提升国有资产证券化水平。

加快推进城乡融合发展体制机制改革。扎实推进房地一体的农村集体建设用地和宅基地使用权确权登记颁证，在全省统筹推进农村土地征收、集体经营性建设用地入市、宅基地制度改革试点，建立不同权属、不同用途建设用地合理比价调节机制和增值收益分配机制，统筹不同地区、拥有不同类型土地的农民收益，推动城乡居民基本权益平等化。深化户籍制度改革，有序推进农业转移人口市民化，推动基本公共服务覆盖全部常住人口。推动城市资本、技术、人才下乡。[1]

[1]　《中共海南省委关于深入学习贯彻习近平总书记在庆祝海南建省办经济特区30周年大会上的重要讲话精神和〈中共中央　国务院关于支持海南全面深化改革开放的指导意见〉的决定》，《海南日报》2018年5月14日。

七、海南要深化地方党政机构改革

习近平总书记在庆祝海南建省办经济特区30周年大会上的重要讲话中强调："深化党和国家机构改革是当前的一项重要工作。海南要深入落实党的十九届三中全会精神，按照党中央统一部署，深化地方党政机构改革，科学配置行政资源，转变政府职能，深化简政放权，结合自身实际改革和完善行政管理体制，为国家治理体系和治理能力现代化进行新的探索。"[1]

中央12号文件明确要求海南："深化行政体制改革。全面贯彻党的十九届三中全会精神，认真落实《中共中央关于深化党和国家机构改革的决定》《深化党和国家机构改革方案》，坚决维护党中央权威和集中统一领导，率先完成地方党政机构改革。深化'放管服'改革，在进一步简政放权、放管结合、优化服务方面走在全国前列，推动自由贸易试验区和自由贸易港建设。按照宜放则放、不宜放则不放的原则，赋予海南省级政府更多自主权，将贴近基层和群众的管理服务事务交由下级政府承担。"[2]

中共中央办公厅、国务院办公厅印发的《海南省机构改革方案》，是全国首个获得党中央、国务院批准的地方机构改革方案。按照党中央、国务院关于深化机构改革的统一部署，海南省在全国率先启动地方党政机构改革。

2018年9月26日下午，海南省委书记刘赐贵主持召开省委常委会会议，传达学习中办、国办《关于印发〈海南省机构改革方案〉的通

[1] 习近平：《在庆祝海南建省办经济特区30周年大会上的讲话》（2018年4月13日）。
[2] 《中共中央　国务院关于支持海南全面深化改革开放的指导意见》（2018年4月11日）。

知》，研究贯彻意见，并审议通过了海南省机构改革工作相关文件。会议指出，中央12号文件和中央印发的《海南省机构改革方案》都明确要求海南率先完成地方党政机构改革，其力度之大、影响面之广、触及利益关系之复杂前所未有。全省各级党委（党组）要将这次机构改革放到新时代背景下，站在党和国家事业全局、全面深化改革开放和美好新海南建设的高度，深刻认识机构改革的重要现实意义和深远历史意义，提高政治站位，坚决服从大局，全力抓好落实。

会议强调，要深入学习习近平总书记“4·13”重要讲话和中央12号文件精神，突出海南自由贸易试验区和中国特色自由贸易港建设的要求，严格按照中央和我省方案，抓好组织实施工作，将这次机构改革落实落细作为检验党性强不强、“四个意识”牢不牢的重要实践。各级党委（党组）要切实履行对机构改革的领导责任，加强党对机构改革的组织领导，增强“四个意识”，坚定“四个自信”，坚决维护以习近平同志为核心的党中央权威和集中统一领导，在思想上、政治上、行动上同党中央保持高度一致。要严格落实责任、精心组织实施，细化工作措施和时间节点，增强改革的系统性、整体性、协同性、重构性，加强对机构改革落实情况的督导检查。要严明纪律、严守规矩，严格执行好方案中明确提出的政治纪律、组织纪律、机构编制纪律、干部人事纪律、财经纪律、保密纪律要求，坚决做到令行禁止。要做好宣传教育引导工作，为机构改革凝聚强大共识，营造良好氛围。[1]

2018年9月27日上午，海南省机构改革动员大会召开，海南省委书记刘赐贵作动员讲话，强调要进一步贯彻落实党的十九大和十九届三中全会精神、习近平总书记“4·13”重要讲话和中央12号文件精神，

[1] 《刘赐贵主持召开省委常委会会议强调 坚决落实好党中央国务院批准的〈海南省机构改革方案〉》，《海南日报》2018年9月27日。

统一思想、凝聚共识，精心组织实施党中央、国务院批准的机构改革方案，确保在全国率先完成地方机构改革，当好地方机构改革的“排头兵”，切实提升我省治理体系和治理能力现代化水平，为建设自由贸易试验区和中国特色自由贸易港、加快建设美好新海南提供体制机制保障。改革后，将设置党政机构55个，其中省委机构18个、政府机构37个，同中央和国家机关保持总体一致，也体现了海南特色。

刘赐贵强调，此次机构改革充分体现了党中央、习近平总书记对海南的高度信任和亲切关怀。我们必须深刻认识到，深化机构改革是坚持和加强党的全面领导、维护党中央权威的迫切需要，是加快建设美好新海南、开启全面深化改革开放新征程的迫切需要，是推动解决社会主要矛盾、落实以人民为中心发展思想的迫切需要。全省各级各部门要以习近平新时代中国特色社会主义思想特别是习近平总书记关于深化党和国家机构改革的重要思想为指导，进一步把思想和行动统一到中央关于机构改革的决策部署上来，统一到省委部署上来，齐心协力贯彻落实好《海南省机构改革方案》。

刘赐贵指出，此次我省机构改革，把着力点放在对加强党对一切工作的领导作出制度设计和安排，突出加强党的全面领导，同时也突出服务“三区一中心”的战略定位，突出保障高质量发展，突出体现以人民为中心的发展思想。各级各部门要准确理解和把握我省机构改革的部署要求，进一步强化责任担当，把握时间节点，精心组织、狠抓落实，为中央推进地方机构改革打好“当头炮”、下好“先手棋”，在服务党和国家机构改革全局上发挥示范作用，当好改革“排头兵”。要严格落实责任，形成改革合力，按照省机构改革领导小组制定的工作任务责任分工、落实措施、时间节点，不折不扣如期完成。要精心组织实施，平稳有序推进，抓好转隶组建，高标准制定党政部门“三定”规定，做好各项工作衔接，确保思想不乱、工作不断、队伍不散、干劲不减。要统筹谋划市县机构改革，科学划定事权关系，坚持集中统一和因地制宜相结合，夯实基层治理基础。要严明纪律规矩，加强监督和执纪问责，发现问题严肃查处，确保风清气正。要加强舆论引导，营造良好氛围，引导广大党员干部支持改革、拥护改革、参与改革。[1]

2018 年 9 月 29 日，海南省六届人大常委会第六次会议表决通过任免案，按照法定程序任命了一批新组建部门的主要负责人。随后，一批新组建政府部门陆续挂牌成立，在“十一”长假前正式开始运行，实现了改革有序推进。

随着政府机构的相继运行，海南省委机构改革加快推进。“十一”假期刚过，海南省党政机构改革再一次提速。结合前期研究考察等准备情况，省委常委会对省委机构的领导班子配备进行了研究。与此同时，办公场地调配、人员转隶、挂牌等工作也加快推进并基本完成。海南省 55 个省级党政机构的主要负责人，除个别需按程序另行安排外，其他主要负责人均已到位，新机构组建、集中办公、人员转隶等加快推进，确保了改革后各党政机构相继投入运行，各项工作不出现空当。[2]

八、海南要改革和完善行政管理体制

习近平总书记在庆祝海南建省办经济特区 30 周年大会上的重要讲话中，要求海南为国家治理体系和治理能力现代化进行新的探索，一方面是要求海南深化地方党政机构改革，科学配置行政资源，转变政府职能，深化简政放权；另一方面是要求海南“结合自身实际改革和

[1] 《刘赐贵在海南省机构改革动员大会上要求 当好地方机构改革“排头兵” 努力提升我省治理体系和治理能力现代化水平》，《海南日报》2018 年 9 月 28 日。

[2] 《我省紧锣密鼓有序推进省级党政机构改革，继 37 个政府机构组建运行后，18 个省委机构也相继组建 海南省级党政机构改革率先基本完成》，《海南日报》2018 年 10 月 12 日。

完善行政管理体制”。[1]

中央12号文件又这样明确要求海南：“推进海南行政区划改革创新，优化行政区划设置和行政区划结构体系。支持海南按照实际需要统筹使用各类编制资源。深化‘多规合一’改革，推动形成全省统一的空间规划体系。积极探索与行政体制改革相适应的司法体制改革。”[2]

根据这样的改革要求，中国共产党海南省第七届委员会第四次全体会议通过包括加快推进行政区划调整和党政机构改革在内的决定，指出：“落实全省一盘棋理念，按照东、西、南、北、中五大行政区域进行整合，形成‘南北两极带动、东西两翼加快发展、中部山区生态保育’的全省总体空间格局，结合经济社会、人口地理、资源禀赋、历史人文、民族区域自治等因素，推进行政区划改革创新，优化行政区划设置和行政区划结构体系。深化行政体制改革，逐步建立与自由贸易试验区、中国特色自由贸易港和服务国家战略相匹配的组织架构和管理体制。”[3]

海南全面贯彻习近平总书记“4·13”重要讲话和中央12号文件精神，重点领域改革向纵深推进，营商环境持续改善。率先在全国完成省级党政机构改革。“多规合一”改革取得新成效，全省统一的国土空间规划体系基本建立，16个市县和洋浦经济开发区总体规划已批复实施。省属经营性国有资产集中统一监管取得积极进展。新一轮农垦改革任务基本完成并通过国家第三方评估验收。财税体制、农业农村等改革稳步推进。信用信息共享平台数据归集量质齐升，守信激励和

---

[1] 习近平：《在庆祝海南建省办经济特区30周年大会上的讲话》（2018年4月13日）。

[2] 《中共中央　国务院关于支持海南全面深化改革开放的指导意见》（2018年4月11日）。

[3] 《中共海南省委关于深入学习贯彻习近平总书记在庆祝海南建省办经济特区30周年大会上的重要讲话精神和〈中共中央　国务院关于支持海南全面深化改革开放的指导意见〉的决定》，《海南日报》2018年5月14日。

失信惩戒机制初步构建。实施“百万人才进海南”行动计划，2018 年 4 月 13 日以来，已引进人才三万多人。召开民营、外资、国有企业系列座谈会，出台优化营商环境年度行动计划，不断深化“放管服”改革，“极简审批”做法入选国务院优化营商环境典型经验。[1]

与行政区划改革相适应的是，海南也开始研究人口的承载能力问题。2019 年 1 月 4 日，省长沈晓明主持召开省政府专题会议，研究海南人口承载力有关工作，强调要以服务人口而不是行政区划来配置公共服务资源，优化社会治理格局，更好地推动自贸区和中国特色自贸港建设。会议听取了有关部门关于如何界定海南省人口承载力促进区域人口与资源环境协调发展的研究汇报，分析了全省人口与经济发展态势，对海南资源环境人口承载力进行评估，提出了促进人口与资源环境协调发展的基本思路与对策建议，并围绕优化人口结构、提升人口素质、人口动态分析预测、布局公共服务等方面进行充分交流。

沈晓明指出，人口发展是推动社会进步的动力之一，研究分析人口结构对做好人才引进、行政区划调整、公共服务布局等工作具有重要意义。目前海南人口发展现状呈现总量不大，但是局部瞬时人口多；密度不高，但是区域分布不够平衡；经济结构变化大，但是人口就业结构变化小；公共服务成为制约人口发展主要瓶颈等特点。

沈晓明要求，要进一步明确海南人口发展基本思路，在全省空间规划统一的基础上，以服务人口而不是行政区划来配置社会事业，科学合理布局教育、医疗、养老、文化、体育等社会基本公共服务。要以产业结构调整引领人口结构布局，以公共服务引导人口向城镇合理流动，以优质就业机会吸引人才流入，以体制机制创新推动城乡人口合

[1] 沈晓明：《政府工作报告——2019 年 1 月 27 日在海南省第六届人民代表大会第二次会议上》，《海南日报》2019 年 2 月 2 日。

理布局，推进宽紧适度的户籍制度改革。要推进人口动态分析监测预警系统建设，以乡镇卫生院标准化建设为试点探索以服务人口配置公共服务资源，超前研究自贸区和中国特色自贸港建设背景下的公共服务布局和规划。[1]

媒体敏锐观察到，习近平总书记出席庆祝海南建省办经济特区30周年大会并发表重要讲话，宣布党中央决定支持海南全岛建设自由贸易试验区，支持海南逐步探索、稳步推进中国特色自由贸易港建设，分步骤、分阶段建立自由贸易港政策和制度体系。对于新时代全面深化改革开放，这无疑是一步大棋。

仔细研读习近平这篇讲话不难发现，“制度”“体制”“机制”是反复出现的关键词。8000余字的讲话中，仅“体制”一词就出现了21次。习近平明确强调：“海南全岛建设自由贸易试验区，要以制度创新为核心，赋予更大改革自主权。”同时，“在破除体制机制弊端、调整深层次利益格局上再啃下一些硬骨头”。

在海南全岛建设自由贸易试验区，探索中国特色自由贸易港建设，这本身就是体制机制上的一大创举；而在习近平一系列具体部署上，更是处处体现着体制机制改革的要求。习近平对海南提出六个“要”，包括下大气力破除体制机制弊端，在生态文明体制改革上先行一步，加快推进民生领域体制机制改革，等等。在每一个“要”的要求下，几乎都涉及多项具体的体制机制改革举措。可以看出，对海南今后一个时期的发展，习近平最为重视的就是在体制机制上大胆创新，形成更加成熟更加定型的制度体系。

党的十九届三中全会以来，随着深化党和国家机构改革全面启动，

[1]　《沈晓明主持召开省政府专题会议时指出　以服务人口为目标科学配置公共服务资源》，《海南日报》2019年1月5日。

全面深化改革进入了一个新阶段。各方面改革已经广泛涉及体制机制层面，破解体制机制问题成为改革开放继续走向深入的关键环节，是重中之重。“新形势、新任务、新挑战，赋予经济特区新的历史使命”。在习近平看来，开放也是改革。在新时代全面深化改革开放的大局中，必须寓改革于开放之中，以开放促改革、促发展。因此，经济特区既要当好对外开放的重要“窗口”，也要当好体制改革的重要“试验田”。

习近平突出强调海南的体制机制改革，就是要充分利用海南的独特开放优势，解放思想、大胆创新，以思想大解放，求得改革大突破，形成更多可复制可推广的经验。可以说，这步大棋同时关乎国家治理体系和治理能力的现代化。

习近平强调经济特区要不忘初心、牢记使命，把握好新的战略定位，继续成为改革开放的重要窗口、改革开放的试验平台、改革开放的开拓者、改革开放的实干家。对经济特区这四个清晰的战略定位，背后的深意不言自明。[1]

[1]　《新时代全面深化改革开放，习近平下了一步大棋》，新华网 2018 年 4 月 14 日。

第七章　论前列：

海南要在推动经济高质量发展方面走在全国前列

海南要坚决贯彻新发展理念，建设现代化经济体系，在推动经济高质量发展方面走在全国前列。

——习近平：《在庆祝海南建省办经济特区 30 周年大会上的讲话》（2018 年 4 月 13 日）

“干在实处，走在前列。”海南的工作要走在全国前列，这是习近平总书记一直以来的殷切期望。从“在生态文明建设上走在全国前列”，到“在打造更具活力的体制机制、拓展更加开放的发展局面上走在全国前列”，无不寄托他对海南的深情厚意。尤其在庆祝海南建省办经济特区 30 周年大会上的重要讲话中，习近平总书记要求海南坚决贯彻新发展理念，建设现代化经济体系，在推动经济高质量发展方面走在全国前列，为新时代全面深化改革开放背景下的海南高质量发展指明了方向。海南正在建设具有世界影响力的国际旅游消费中心，实施乡村振兴战略，进一步打响海南热带农产品品牌，打造海洋强省和着力打造国家重大战略服务保障区，争取在建设现代化经济体系、实现高质量发展方面走在全国前列。

一、海南要在生态文明建设上走在全国前列

2010年4月在海南考察时，习近平指出：“海南要实行最严格的生态环保制度，坚定不移走绿色发展之路，加快环境基础设施建设，推进资源节约型、环境友好型社会建设，大力发展循环经济、绿色经济，精心规划、有序开发和合理利用土地、森林、矿产、生物、海湾、海岛、水域等重要资源，提高资源开发利用水平，形成节约能源资源、保护生态环境的生活方式和消费模式。要在‘增绿’‘减排’上下功夫，采取多种综合措施，使海南的青山更绿、海水更蓝、沙滩更美、资源永续利用，在生态文明建设上走在全国前列，发挥示范性作用。”[1]

这是习近平到中央工作后第一次考察海南，他精准要求海南在生态文明建设上走在全国前列，发挥示范性作用。我们看到，习近平主政浙江时就提出要“增强走在前列的意识”，是他论述党的先进性建设时提出的一个重要观点。这种向上向前的意识，不只限于党的先进性建设方面，而是扩展延伸到各个方面，形成了习近平在浙江大力倡导的“干在实处，走在前列”的施政思路。

习近平在论述党的先进性建设时说：“增强前列意识是推进党的先进性建设的要求。党的先进性集中体现于走在时代前列，走在群众前列。贯彻胡锦涛总书记提出的走在前列的要求，首先要有争先精神，始终保持昂扬向上、开拓进取的精神状态，努力在更高起点上实现更快更好的发展。其次要创一流业绩，不仅要使浙江经济社会发展的主要指标保持全国领先位置，而且要在实践中善于创造性地开展工作，积极为全国提供有益的探索和经验。同时还要有世界眼光，瞄准国际

---

[1] 《习近平同志在海南考察时的讲话》（2010年4月13日）。

先进水平，用国际先进标准来衡量和要求自己，发展和壮大自己。”[1]

习近平又进一步阐述保持先进性就是走在前列的道理：“保持共产党员先进性，关键是要干在实处，走在前列。先进性，其意义是‘先’，要务是‘进’。所谓‘前列’，即在行进过程中走在前，或次序排在前，或时间赶在前，或工作做在前，这是一个动态的过程。‘前列’与‘落伍’相对，有先就会有后。保持先进性，就要走在前列，否则，不进则退，难免会掉下队来。”

习近平指出：“党员的先进性不是与生俱来的，也不是一劳永逸的。入党的时候先进，不意味着后来都先进。过去先进不意味着今天先进，今天先进也不意味着永远先进。先进之路、前列之途往往不是平坦大道，这就需要有进取之心、克难之志、开拓之力。饱食终日，无所用心不能走在前列；做一天和尚撞一天钟，端一杯清茶看一天报纸也不能走在前列；不敢闯、不敢试，墨守成规，拘谨守分，同样不能走在前列。保持先进，走在前列，就必须学习在先、调查在先、研究在先、实践在先，在实践中努力掌握新知识，积累新经验，增长新本领；必须胸有目标，脚踏实地，立足自身，不甘现状，追求更好，敢于突破；必须闻毁不戚，闻誉不欣，慎始如初，善作善成。保持先进性，就是要始终保持那么一股劲、那么一种精神，从我做起，从现在做起，勇于走在时代前列。从我做起才服人，走在前列才光荣，只有这样，我们才会得到大家的支持和拥护。”[2]

而“干在实处，走在前列”，就是习近平 2002 年至 2007 年在浙江工作期间的施政思路。中共中央党校出版社 2016 年 12 月出版习近平的

[1] 习近平：《增强走在前列的意识》（2005 年 3 月 23 日），载《之江新语》，浙江人民出版社，2007 年版，第 127 页。

[2] 习近平：《保持先进性就是走在前列》（2005 年 6 月 1 日），载《之江新语》，浙江人民出版社，2007 年版，第 143 页。

专著，就是以《干在实处　走在前列——推进浙江新发展的思考与实践》为题。该书辑录了习近平担任浙江省委书记期间的重要报告、讲话、文章和批示。习近平在该书《自序》中说，“‘努力在全面建设小康社会、加快推进社会主义现代化的进程中继续走在前列’，这是胡锦涛同志对浙江提出的明确要求和殷切期望。只有干在实处，才能走在前列。这已为浙江人民改革发展的伟大实践所证明。干在实处怎么干？走在前列怎么走？这是我来浙江工作特别是担任浙江省委书记后一直孜孜以求地思考和探索的中心课题。”“在准确把握中央精神和广泛深入调查研究的基础上，我与浙江省委‘一班人’坚持继承与创新的统一，中央精神与浙江实际的统一，为推进浙江经济社会的新发展，先后作出了一系列决策部署。省委的战略部署紧紧围绕经济建设、政治建设、文化建设、社会建设和党的建设等方面来展开”。[1]

对浙江，习近平提出三个“走在前列”：努力在落实科学发展观方面走在前列、努力在构建社会主义和谐社会方面走在前列、努力在加强党的先进性建设方面走在前列。[2]

2015年5月，习近平总书记再次来到浙江省调研。他在调研中强调，干在实处永无止境，走在前列要谋新篇。要深入贯彻党的十八大和十八届三中、四中全会精神，协调推进全面建成小康社会、全面深化改革、全面依法治国、全面从严治党进程，切实解决改革发展中的突出矛盾和问题，努力实现经济社会持续健康发展。[3]

习近平到中央工作后，在三次考察海南时都根据时代发展的要求，

[1] 习近平：《干在实处　走在前列——推进浙江新发展的思考与实践》，中共中央党校出版社，2006年版，第1—2页。

[2] 习近平：《干在实处　走在前列——推进浙江新发展的思考与实践》，中共中央党校出版社，2006年版，第48—70页。

[3] 《习近平在浙江调研时强调　干在实处永无止境　走在前列要谋新篇》，《人民日报》2015年5月28日。

精准指示海南“走在前列”，充分体现了他对海南的浓浓厚爱和寄予厚望。第一次是2010年要求海南在生态文明建设上走在全国前列，第二次是2013年要求海南要在打造更具活力的体制机制、拓展更加开放的发展局面上走在全国前列，第三次是2018年要求海南在推动经济高质量发展方面走在全国前列。

我们注意到，在2018年全国两会期间，习近平总书记来到广东代表团参加审议并发表重要讲话。习近平指出，广东是改革开放的“排头兵”、先行地、实验区，在我国改革开放和社会主义现代化建设大局中具有十分重要的地位和作用。习近平要求广东的同志们进一步解放思想、改革创新，真抓实干、奋发进取，以新的更大作为开创广东工作新局面，在构建推动经济高质量发展体制机制、建设现代化经济体系、形成全面开放新格局、营造共建共治共享社会治理格局上走在全国前列。[1] 由此可见，习近平对全国各地都有“走在前列”的工作要求，而对广东要求的四个“走在前列”也是精准的，这也有助于加深我们对新时代“海南要坚决贯彻新发展理念，建设现代化经济体系，在推动经济高质量发展方面走在全国前列”[2] 要求的深刻理解。

海南如何才能力争生态文明建设走在全国前列？就是要确保海南的生态环境质量只能更好、不能变差，努力建设全国生态文明示范区。到2020年，生态环境方面的突出问题得到有效治理，生态环境质量持续保持全国领先水平，生态安全屏障得到全面巩固，城乡人居环境明显改善，绿色的发展方式、生活方式基本形成。森林覆盖率稳定在62%以上，城镇空气质量优良天数比例保持在98%以上，主要河流湖库水质优良率不低于95%，近岸海域水环境质量优良率不低于95%，土壤

[1] 《习近平李克强栗战书汪洋王沪宁赵乐际韩正分别参加全国人大会议一些代表团审议》，《人民日报》2018年3月8日。

[2] 习近平：《在庆祝海南建省办经济特区30周年大会上的讲话》（2018年4月13日）。

环境质量总体保持优良水平。到2025年，生态文明建设取得重大进展，在推进生态文明领域治理体系和治理能力现代化上走在全国前列。[1]

二、海南要在打造更具活力的体制机制、拓展更加开放的发展局面上走在全国前列

2013年4月10日在海南考察结束时，习近平总书记指出：“我曾说过，改革开放是决定当代中国命运的关键一招，是决定实现‘两个一百年’奋斗目标的关键一招。当然，改革开放也是发展海南的关键一招。希望你们发扬经济特区敢闯敢试、敢为人先的精神，在打造更具活力的体制机制、拓展更加开放的发展局面上走在全国前列。”“要勇于冲破思想观念的束缚和利益固化的藩篱，在完善基本经济制度和深化收入分配制度改革、行政管理体制改革、行政审批制度改革、财税金融体制改革、城乡发展一体化改革等方面取得更大进展，为海南发展注入强劲动力。”[2]

学习贯彻习近平总书记重要讲话精神，海南提出把开放改革作为海南科学发展的强劲动力。开放改革是发展海南的关键一招。要发扬经济特区敢闯敢试、敢为人先的精神，勇于冲破思想观念的束缚和利益固化的藩篱，着力打造更具活力的体制机制，拓展更加开放的发展局面。用足用好洋浦保税港区、海口综合保税区的政策，大力发展投资贸易、仓储物流、加工出口、航运集散、金融服务、高效便捷的监管等高水平的开放经济和服务体系，打造海南对外开放的新高地。要按照把海南建成国际经济合作和文化交流重要平台的定位，充分发挥博

[1] 《中共海南省委关于进一步加强生态文明建设谱写美丽中国海南篇章的决定》（2017年9月22日 中国共产党海南省第七届委员会第二次全体会议通过），《海南日报》2017年9月25日。
[2] 习近平：《在海南考察工作结束时的重要讲话》（2013年4月10日）。

鳌亚洲论坛、中非合作圆桌会议的国际影响力，积极服务国家总体外交和对外开放战略。深化行政管理体制改革，转变政府职能，正确处理政府与市场的关系，发挥市场在资源配置中的基础性作用。进一步深化重点领域、关键环节的改革创新，在完善省直管市县体制、农垦体制改革、文化体制改革、医药卫生体制改革和国有林场改革等方面取得更大进展，不断增强科学发展、绿色崛起的内生动力和活力。[1]

海南进一步提出深入推进改革开放，争创经济特区体制机制新优势，必须围绕争创中国特色社会主义实践范例，坚决落实中央全面深化改革的战略部署，向改革要动力，向开放要活力，努力打造更具活力的体制机制，拓展更加开放的发展局面。

打造对外开放新高地。以服务贸易创新发展试点为契机，重点扩大旅游、教育、文化、医疗健康等领域开放，用好用足国家赋予海南的离岛购物免税、航权开放、落地免签、离岸金融等开放政策，全面提升服务业开放水平。复制推广上海等自贸试验区的经验与做法，创新投资便利化制度，建立投资准入前国民待遇加负面清单管理模式，加大利用外资力度。拓展国际贸易“单一窗口”平台功能，推动通关一体化改革，推广跨境电子商务，提高贸易便利化水平。高度重视洋浦开发开放。释放博鳌乐城国际医疗旅游先行区的优惠政策效应，形成国际化医疗技术服务产业集聚区。充分发挥海南国际旅游岛先行试验区的作用。建设适合开放开发的海洋型海关特殊监管区域，推动三沙对外合作。积极争取设立海口国家级新区。保持和展现博鳌小镇的田园风光特色，营造非正式、舒适、和谐的会议氛围，高质量服务保障和深度谋划利用好博鳌亚洲论坛，办好中非合作圆桌会议等国际会

[1]《中共海南省委关于学习贯彻落实习近平总书记视察海南重要讲话精神的决定》（2013年7月26日中国共产党海南省第六届委员会第四次全体会议通过），《海南日报》2013年8月5日。

议，努力使海南成为我国立足亚洲、面向世界的重要国际交往平台。

扩大区域合作交流。全面融入国家“一带一路”战略，推动海南与沿线国家和地区港口、航空交通基础设施互联互通，加快建设临港临空经济区，将海南打造成“一带一路”国际交流合作大平台、海洋发展合作示范区、中国（海南）—东盟优势产业合作示范区。积极争取泛南海旅游经济合作圈成为国家战略。密切与泛珠三角“9+2”经济区、北部湾城市群的战略合作，扎实推进琼州海峡经济带建设。深化与港澳台的交流合作，持续加强海峡两岸交流基地和示范基地建设。支持有实力的本土企业“走出去”。充分利用国际友城、侨力资源，促进对外人文交流。[1]

三、海南要在推动经济高质量发展方面走在全国前列

2018 年 4 月 13 日，习近平总书记在庆祝海南建省办经济特区 30 周年大会上发表重要讲话中指出：“海南要坚决贯彻新发展理念，建设现代化经济体系，在推动经济高质量发展方面走在全国前列。”[2]

海南如何坚决贯彻新发展理念，建设现代化经济体系，在推动经济高质量发展方面走在全国前列？习近平总书记亲自为海南划重点：“我国经济已由高速增长阶段转向高质量发展阶段，这是党中央对新时代我国经济发展特征的重大判断。发展是第一要务，创新是第一动力，是建设现代化经济体系的战略支撑。海南要深化供给侧结构性改革，发挥优势，集聚创新要素，积极发展新一代信息技术产业和数字经济，

[1] 刘赐贵：《凝心聚力 奋力拼搏 加快建设经济繁荣社会文明生态宜居人民幸福的美好新海南——在中国共产党海南省第七次代表大会上的报告》（2017 年 4 月 25 日），《海南日报》2017 年 5 月 2 日。

[2] 习近平：《在庆祝海南建省办经济特区 30 周年大会上的讲话》（2018 年 4 月 13 日）。

推动互联网、物联网、大数据、卫星导航、人工智能同实体经济深度融合，整体提升海南综合竞争力。要加强国家南繁科研育种基地（海南）建设，打造国家热带农业科学中心，支持海南建设全球动植物种质资源引进中转基地。国家支持海南布局建设一批重大科研基础设施和条件平台，建设航天领域重大科技创新基地和国家深海基地南方中心，打造空间科技创新战略高地。要创新科技管理体制，建立符合科研规律的科技创新管理制度和国际科技合作机制，设立海南国际离岸创新创业示范区。”[1]

习近平总书记这段重要论述的核心思想，落实在这三个“要”上：一是要深化供给侧结构性改革，发挥优势，集聚创新要素，积极发展新一代信息技术产业和数字经济，推动互联网、物联网、大数据、卫星导航、人工智能同实体经济深度融合，整体提升海南综合竞争力。二是要加强国家南繁科研育种基地（海南）建设，打造国家热带农业科学中心，支持海南建设全球动植物种质资源引进中转基地。国家支持海南布局建设一批重大科研基础设施和条件平台，建设航天领域重大科技创新基地和国家深海基地南方中心，打造空间科技创新战略高地。习近平总书记的这些重要论述，在海南已经形成打造五大平台的重要工作，即打造国家南繁科研育种基地、国家热带农业科学中心、全球动植物种质资源引进中转基地、航天领域重大科技创新基地、国家深海基地南方中心等。这五大平台与旅游业、现代服务业、高新技术产业等三大领域，以及热带特色高效农业、互联网产业、医疗健康产业、现代物流业、海洋产业、金融服务业、会展业、教育文化体育产业等 12 个重点产业，成为引导外资的主要投放方向和重点。三是要创新科技管理体制，建立符合科研规律的科技创新管理制度和国际科技

---

[1] 习近平：《在庆祝海南建省办经济特区 30 周年大会上的讲话》（2018 年 4 月 13 日）。

合作机制，设立海南国际离岸创新创业示范区。

我们再看 2018 年 4 月习近平总书记在海南考察的行程，就明白他对海南这些问题的关注程度和谋划深度。

2018 年 4 月 12 日下午，习近平来到设在三亚市的中国科学院深海科学与工程研究所，看望科技人员和考察科技创新情况。这个所是由海南省人民政府、三亚市人民政府和中国科学院三方联合共建的深海科技研发机构。习近平仔细听取有关我国深海科学研究和探测情况介绍，通过视频短片了解我国首次在马里亚纳海沟开展万米级海底探测情况，并兴致勃勃走进深海探测装备展示区察看各种深海深潜高技术装备。“海斗”号无人潜水器、“海翼”号深海滑翔机、“天涯”号深渊着陆器等深海科考设备吸引了总书记的目光。他拿起采自马里亚纳海沟万米海底的海水样品仔细端详，捧起国产深潜用固体浮力材料掂了掂分量。“深海勇士”号载人潜水器总设计师胡震和潜航员团队围拢过来，总书记同他们一一握手，向他们询问深海下潜的感受和设备的研发、试验情况。他指出，我国是一个海洋大国，海域面积十分辽阔。一定要向海洋进军，加快建设海洋强国。南海是开展深海研发和试验的最佳天然场所，一定要把这个优势资源利用好，加强创新协作，加快打造深海研发基地，加快发展深海科技事业，推动我国海洋科技全面发展。

离开研究所时，科研人员纷纷围聚过来，向总书记问好。习近平勉励大家要献身祖国科技研发事业，努力抢占科技发展制高点，研究出更多更好成果，推动科研同实际应用相衔接，为国家现代化建设贡献更大力量。

随后，习近平冒着 30 多摄氏度的高温来到国家南繁科研育种基地。海南是我国重要的农作物种子繁育基地。每年冬春季节，数以千计的科学家、技术员从全国各地聚集到这里育种、制种。蛙鸣鸟啼，稻花飘香。习近平沿着田埂走进“超优千号”超级水稻展示田，察看水稻长势，同袁隆平院士等农业科技人员亲切交谈，了解水稻育制种产业发展和推广情况。听到我国科研人员培育的超级杂交稻品种屡创世界水稻单产最高纪录，习近平十分高兴。他强调，十几亿人口要吃饭，这是我国最大的国情。良种在促进粮食增产方面具有十分关键的作用。要下决心把我国种业搞上去，抓紧培育具有自主知识产权的优良品种，从源头上保障国家粮食安全。海南热带农业资源十分丰富、十分宝贵。国家南繁科研育种基地是国家宝贵的农业科研平台，一定要建成集科研、生产、销售、科技交流、成果转化为一体的服务全国的“南繁硅谷”。[1]

习近平总书记要求，“海南要坚决贯彻新发展理念，建设现代化经济体系，在推动经济高质量发展方面走在全国前列。”这个要求反过来说，就是海南要想在推动经济高质量发展方面走在全国前列，必须坚决贯彻新发展理念，建设现代化经济体系。

那么，海南如何“建设现代化经济体系”？党中央明确指出：“坚持质量第一、效益优先，以供给侧结构性改革为主线，推动经济发展质量变革、效率变革、动力变革，提高全要素生产率，加快建立开放型生态型服务型产业体系，进一步完善社会主义市场经济体制，不断增强海南的经济创新力和竞争力。”并明确规划了海南的四大任务：

深化供给侧结构性改革。坚持把实体经济作为发展经济的着力点，紧紧围绕提高供给体系质量，支持海南传统产业优化升级，加快发展现代服务业，培育新动能。推动旅游业转型升级，加快构建以观光旅游为基础、休闲度假为重点、文体旅游和健康旅游为特色的旅游产业

[1]　《习近平在海南考察时强调　以更高站位更宽视野推进改革开放　真抓实干加快建设美好新海南》，《人民日报》2018 年 4 月 14 日。

体系，推进全域旅游发展。瞄准国际先进水平，大力发展现代服务业，加快服务贸易创新发展。统筹实施网络强国战略、大数据战略、“互联网+”行动，大力推进新一代信息技术产业发展，推动互联网、物联网、大数据、卫星导航、人工智能和实体经济深度融合。鼓励发展虚拟现实技术，大力发展数字创意产业。高起点发展海洋经济，积极推进南海天然气水合物、海底矿物商业化开采，鼓励民营企业参与南海资源开发，加快培育海洋生物、海水淡化与综合利用、海洋可再生能源、海洋工程装备研发与应用等新兴产业，支持建设现代化海洋牧场。实施乡村振兴战略，做强做优热带特色高效农业，打造国家热带现代农业基地，支持创设海南特色农产品期货品种，加快推进农业农村现代化。

实施创新驱动发展战略。面向深海探测、海洋资源开发利用、航天应用等战略性领域，支持海南布局建设一批重大科研基础设施与条件平台，建设航天领域重大科技创新基地和国家深海基地南方中心，打造空间科技创新战略高地。加强国家南繁科研育种基地（海南）建设，打造国家热带农业科学中心，支持海南建设全球动植物种质资源引进中转基地。设立海南国际离岸创新创业示范区。建立符合科研规律的科技创新管理制度和国际科技合作机制。鼓励探索知识产权证券化，完善知识产权信用担保机制。

深入推进经济体制改革。深化国有企业改革，推进集团层面混合所有制改革，健全公司法人治理结构，完善现代企业制度。完善各类国有资产管理体制，探索政府直接授权国有资本投资、运营公司，加快国有企业横向联合、纵向整合和专业化重组，推动国有资本做强做优做大。完善产权保护制度，加强政务诚信和营商环境建设，清理废除妨碍统一市场和公平竞争的规定与做法，严厉打击不正当竞争行为，激发和保护企业家精神，支持民营企业发展，鼓励更多市场主体和社会主体投身创新创业。深化农垦改革，推进垦区集团化、农场企业化改革，有序推行土地资产化和资本化，鼓励社会资本通过设立农业产业投资基金、农垦产业发展股权投资基金等方式，参与农垦项目和国有农场改革。扎实推进房地一体的农村集体建设用地和宅基地使用权确权登记颁证，在海南全省统筹推进农村土地征收、集体经营性建设用地入市、宅基地制度改革试点，建立不同权属、不同用途建设用地合理比价调节机制和增值收益分配机制，统筹不同地区、拥有不同类型土地的农民收益。支持依法合规在海南设立国际能源、航运、大宗商品、产权、股权、碳排放权等交易场所。创新投融资方式，规范运用政府和社会资本合作（PPP）模式，引导社会资本参与基础设施和民生事业。支持海南以电力和天然气体制改革为重点，开展能源综合改革。理顺民用机场管理体制，先行先试通用航空分类管理改革。

提高基础设施网络化智能化水平。按照适度超前、互联互通、安全高效、智能绿色的原则，大力实施一批重大基础设施工程，加快构建现代基础设施体系。建设“数字海南”，推进城乡光纤网络和高速移动通信网络全覆盖，加快实施信息进村入户工程，着力提升南海海域通信保障能力。落实国家网络安全等级保护制度，提升网络安全保障水平。推进海口机场改扩建工程，开展三亚新机场、儋州机场、东方/五指山机场前期工作，加密海南直达全球主要客源地的国际航线。优化整合港口资源，重点支持海口、洋浦港做优做强。推进电网主网架结构建设和城乡电网智能化升级改造，开展智能电网、微电网等示范项目建设。构建覆盖城乡的供气管网。加强城市地下空间利用和综合管廊建设。完善海岛型水利设施网络。[1]

深刻理解习近平总书记“4·13”重要讲话和中央12号文件精神，

[1]《中共中央　国务院关于支持海南全面深化改革开放的指导意见》（2018年4月11日）。

海南省委提出从四个方面以供给侧结构性改革为主线，推动经济高质量发展。

深化供给侧结构性改革。以培育壮大12个重点产业为抓手做强实体经济，推进传统产业优化升级，加快发展现代服务业，着力提高供给体系质量。推进旅游业、农业、医疗、文化教育、房地产业等结构性调整，提升产品质量，减少无效和低端供给，扩大有效和中高端供给。加快创建全域旅游示范省，高标准建设一批大型旅游综合体、旅游度假区、特色风情小镇、主题公园、科技博览园等，构建以观光旅游为基础、休闲度假为重点、文体旅游和健康旅游为特色的旅游产业体系。瞄准国际先进水平，聚焦种业、医疗、教育、体育、电信、互联网、文化、维修、金融、航运、物流等重点领域，大力发展现代服务业。引进规划、设计、会计、法律、建筑工程、国际结算、知识产权、广告、影视、会展等国际化专业服务机构，促进服务要素集聚。加快发展数字经济，推动大数据战略、“互联网+”行动，大力推进新一代信息技术产业发展，促进互联网、物联网、卫星导航、人工智能和多种产业融合。大力发展网络文化、游戏动漫、影视制作、虚拟现实、电子竞技等数字创意产业，组建全球数字创意产业联盟。

大力实施创新驱动发展战略。推进省部共建空间对地观测等国家重点实验室，建设航天领域重大科技创新基地。加快建设国家南繁科研育种基地、国家南繁实验室、南繁科技城，建成集科研、生产、销售、科技交流、成果转化为一体的服务全国的“南繁硅谷”，打造国家热带农业科学中心。依托现有医药产业基础，探索开展重大新药创制国家科技重大专项成果转移转化试点。划定特定区域建立检验检疫中心、中转隔离基地（保护区）、基因库、品种交易中心等，建设全球动植物种质资源引进中转基地。建设国际离岸数据中心，探索离岸创新创业跨境投融资，打造国际离岸创新创业示范区。建立健全符合科研规律的科技创新管理制度和国际科技合作机制，完善科研投入、税收、成果转化、科技奖励等政策。完善知识产权保护和运用体系，探索建立自由贸易试验区专业市场知识产权保护工作机制，建设中国（海南）国际知识产权交易所，推进知识产权审判领域改革创新，引入多元化知识产权投融资方式，建立全球性的知识产权投融资市场，探索知识产权证券化。

大力实施乡村振兴战略。按照产业兴旺、生态宜居、乡风文明、治理有效、生活富裕的总体要求，推动公共资源、基础设施、产业发展、公共服务向农村延伸，高水平建设美丽海南百镇千村，建设独具海南特色的美丽乡村。坚持质量兴农、绿色兴农、科技兴农、品牌兴农，深化农业供给侧结构性改革，调整优化产业结构，推动农村一二三产业融合发展，创建生态循环农业示范省和农业绿色发展先行区，打造国家热带现代农业基地。创设海南特色农产品期货品种，建设以天然橡胶、咖啡等为主的国际热带农产品交易中心、定价中心和价格指数发布中心。加快培育新型农业经营主体，发展适度规模经营。继续实施农民增收计划，持续增加农民收入。深入开展农村人居环境整治行动，促进乡村净化、绿化、彩化、亮化、美化。推进城乡基本公共服务均等化。创新乡村治理体系，完善“一核两委一会”乡村治理机制。加强农村思想道德建设，传承发展农村优秀传统文化。

加快构建现代化“五网”基础设施体系。按照适度超前、互联互通、安全高效、智能绿色的原则，实施一批重大基础设施工程。推进海口机场改扩建，推动三亚新机场、儋州机场、东方 / 五指山机场建设，加密海南直达全球主要客源地的国际航线；推进环岛高铁升级改造，打造琼南、琼北地铁网，推动海口至湛江高速铁路及其他便捷交通方式建设；加快“丰”字形高速公路建设，实现县县通高速，改造提升环岛高速公路，建设环岛滨海旅游公路；优化整合港口资源，提升“四方五港”建设水平，做优做强海口、洋浦港，推动琼州海峡港航一体化，实现旅客和货物无缝对接。建设“数字海南”，推进城乡光纤网络和高速移动通信网络全覆盖，加快实施信息进村入户工程；加快5G商用进程，实现光网全岛覆盖，着力提升南海海域通信保障能力。推进电网主网架结构建设和城乡电网智能化升级改造，开展智能电网、微电网等示范项目建设；建设昌江核电二期等新能源项目，构建以核电、气电、可再生能源为主体的清洁能源发电体系。构建覆盖城乡供气管网，到2020年实现县县通管道气。加快建设迈湾等大型水利枢纽及灌区工程，加快江河湖库水系连通，以高节水标准建设全岛农田水利设施。全面建设海绵城市，加强城市地下空间利用和综合管廊建设，完善全省城镇防洪、防涝、防潮、防台风设施。[1]

习近平总书记要求海南坚决贯彻新发展理念，建设现代化经济体系，在推动经济高质量发展方面走在全国前列。海南要把发展的着力点放在实体经济上，继续加快培育重点产业，推进全域旅游，完善“五网”基础设施，建设美丽海南百镇千村等，打造海南经济升级版。把准产业发展导向，按照习近平总书记提出的以发展旅游业、现代服务业、高新技术产业为主导，重点发展旅游、互联网、医疗健康、金融、会展等现代服务业的要求，谋划好产业发展。把科技创新摆在突出位置，加快建设南繁、深海、航天三大科技城，全面谋划海南未来产业体系，尽快形成新产业、新动能、新经济的增长点。建设具有世界影响力的国际旅游消费中心，加密海南直达全球主要客源地的国际航线，继续放大离岛免税购物政策效应，全面落实完善博鳌乐城国际医疗旅游先行区政策，营造优质旅游消费环境。打牢高质量发展基础，

---

[1] 《中共海南省委关于深入学习贯彻习近平总书记在庆祝海南建省办经济特区30周年大会上的重要讲话精神和〈中共中央　国务院关于支持海南全面深化改革开放的指导意见〉的决定》，《海南日报》2018年5月14日。

提高光网、电网、路网、气网、水网“五网”基础设施网络化智能化水平，高标准高质量推进乡村振兴。[1]

海南是我国欠发达地区，经济基础薄弱，人才缺乏，经济发展仍存在一些与高质量发展不相适应的问题。一是产业结构不优的问题比较突出。2017 年，海南三次产业结构调整优化为 22.0∶22.3∶55.7，但仍然存在一产不强、二产偏弱、三产不优的现象，房地产“一业独大”，服务业中以传统服务业为主，现代服务业示范引领作用还不强。二是区域之间、城乡之间发展差距较大。旅游资源“南多北少”，教育、医疗等民生资源“北多南少”，城乡“五网”基础设施发展严重不平衡，特别是乡村“最后一公里”成为最大瓶颈。三是民生保障水平偏低，群众获得感有待提高。不少群众普遍反映收入不高、物价高，幸福感、获得感不强。四是人才短板问题突出，高层次人才严重缺乏，科技创新能力不强、贡献率低，等等。[2] 在这样的欠发达的条件下，怎么样才能在推动经济高质量发展方面走在全国前列？习近平总书记为海南指明了方向，确定了重点，势必让海南把痛点变成亮点，化腐朽为神奇。

在政府工作中，海南将着力深化供给侧结构性改革，推动经济高质量发展。

推动旅游业提质升级。适应全面深化改革开放和消费转型升级的趋势，加快建设具有世界影响力的国际旅游消费中心。落实更加开放便利的离岛免税购物、邮轮游艇、医疗旅游等政策。提升高端旅游服务能力，发展环海南岛、西沙邮轮航线，支持邮轮企业根据市场需求依法拓展东南亚等地区邮轮航线，不断丰富由海南邮轮港口始发的邮轮航线产品，优化检疫监管模式。实施琼港澳游艇自由行，推动建立

[1] 刘赐贵：《努力成为新时代全面深化改革开放新标杆》，《人民日报》2018 年 10 月 29 日。

[2] 刘赐贵：《关于深入学习习近平总书记“4·13”重要讲话精神的十点认识》（2018 年 10 月 13 日），《海南日报》2018 年 10 月 17 日。

琼港澳游艇“定点停靠、就近联检”口岸管理模式，游艇进出海南水域一次性办理进出口岸手续；对境外游艇开展临时开放水域审批试点，探索境外游艇航行水域负面清单制度。争取凯蒂猫（HelloKitty）、探索极限、乐高等世界著名品牌游乐园落地。充分发挥海南生态环境、气候条件优势，发展康养、民宿、热带雨林、民族风情、文娱赛事旅游，引进和创作高水准文艺精品和演艺节目，继续办好海南岛国际电影节、三亚国际音乐节等新节庆活动，创新办好“欢乐节”“三月三”等传统节庆活动。全方位开展旅游市场营销，提升海南旅游的全球美誉度和影响力。推进全域旅游发展。按照国际通行标准，加快旅游设施和要素改造，建成规范、统一、多语种的公共场所标识标牌导向系统，大力推动旅游管理和服务信息化，健全旅游服务标准、监管、诚信、投诉体系，提高从业人员文明素质和服务水平，为中外游客提供更高质量、更高水准的服务。精雕细琢建设环岛旅游公路，让最美的公路连接最美的风景，努力打造“传世之作”。全年接待游客总人数增长13%，旅游总收入增长15%，入境游客突破150万人次，使海南国际旅游岛这张名片更亮更出彩。

大力发展现代服务业。围绕把大健康产业发展成为战略性支柱产业目标，实施好产业发展规划。支持博鳌乐城国际医疗旅游先行区引进国际一流的医疗、健康服务和医学教学机构；争取国家支持，基本实现医疗技术、设备、药品与国际先进水平“三同步”和医疗、教学、科研协同发展；增加城市功能和园区配套，打造国际知名的健康产业集聚区。引进国内外银行、证券、保险等金融机构和从业人员，实施好金融支持海南全面深化改革开放的一揽子政策措施。加快海南国际会展中心二期等场馆建设，办好首届中国（海南）国际商品博览会等，培育国际性会展品牌，努力融入全球会展资源配置网络。坚持“房子是用来住的、不是用来炒”的定位，构建房地产市场健康发展长效机制；因城施策、分类指导，夯实市县主体责任；因地制宜发展旅游、商业等产业地产，大力发展住房租赁市场，鼓励发展分时度假、在线租赁、房屋分享等共享经济商业模式及经营性旅居物业。

培育壮大高新技术产业。把创新作为推动发展的第一动力，新培育一批高新技术企业，推动技术先进型服务企业发展。落实好创新驱动发展战略实施方案，推动崖州湾科技城（含深海科技城、南繁科技城、三亚大学城）、文昌国际航天城相关规划编制实施。加快国家南繁科研育种基地、国家热带农业科学中心、全球动植物种质资源引进中转基地、国家深海基地南方中心、航天领域重大科技创新基地建设，推动深海技术实验室正式运行，引进我国种业领域国家队中国科学院种子创新研究院、中国种子集团入驻，加快推进种业研发和贸易企业集聚。积极发展新一代信息技术产业和数字经济，支持行业龙头企业研发业务和功能区域总部更多在海南布局，带动形成世界级互联网企业集聚发展的态势。加快海南生态软件园等园区建设，发展研发设计、动漫游戏、电子竞技等数字产业。推动互联网、物联网、大数据、商用航天、人工智能和实体经济深度融合，规划建设海甸岛物联网应用创新基地、博鳌乐城智能网联汽车示范区。高质量发展洋浦经济开发区、美安科技新城，推进建设澄迈等油气勘探生产服务基地和地热综合利用实验基地，加快乙烯项目建设，积极延伸油气产业链；发展高端医药产品、医疗器材等低碳制造业。

做强做优热带特色高效农业和海洋经济。深化农业供给侧结构性改革，引进和选育若干优质热带农产品种源，从源头上提高农产品竞争力。加快种植养殖结构调整，调减低效作物十万亩，恢复撂荒地农业生产十万亩，扩大热带水果、蔬菜、椰子等高效品种种植。以规模化种植支撑加工业发展，力争农产品加工业产值与农林牧渔业总产值比重提高到 0.8 ∶ 1。引导农业品牌资源整合，重点打造海南芒果、莲雾、火龙果、黑猪等十个省级公共品牌。发挥中国热带农业科学院等科研机构的作用，针对槟榔黄化病、淡季叶菜生产等难题集中开展科研攻关。加快推动琼海农业对外开放合作试验区建设。引进国际农产品检测认证机构，为农产品拓展国际市场创造更好的条件。想方设法使海南的农产品达到国际最高的安全标准。推动渔业从捕捞向养殖、养殖从近海向外海、从传统池塘养殖向深水网箱和海洋牧场、渔民从传统捕鱼向休闲渔业转型。设立南海天然气水合物勘探开采先导试验区和海底矿物商业化开采示范区，加快培育海洋生物制药、海洋装备等新兴产业，力争海洋生产总值突破1520亿元。

统筹发展12个重点产业。围绕旅游业、现代服务业、高新技术产业三大板块和12个重点产业，深化供给侧结构性改革，调整优化省级重点产业园区规划布局和产业定位，因市因县施策，突出各自优势和特点，采取更加有力措施抓出成效，促进产业分工协同、功能互补，形成集聚效应。[1]

四、推动海南建设具有世界影响力的国际旅游消费中心

习近平总书记强调：“现代服务业是产业发展的趋势，符合海南发展实际，海南在这方面要发挥示范引领作用。要瞄准国际标准提高水平，下大气力调优结构，重点发展旅游、互联网、医疗健康、金融、会展等现代服务业，加快服务贸易创新发展，促进服务业优化升级，形成以服务型经济为主的产业结构。”[2]

早在2010年习近平就要求海南形成与“国际旅游岛”定位相适应、

[1] 沈晓明：《政府工作报告——2019年1月27日在海南省第六届人民代表大会第二次会议上》，《海南日报》2019年2月2日。

[2] 习近平：《在庆祝海南建省办经济特区30周年大会上的讲话》（2018年4月13日）。

以旅游业为龙头、以现代服务业为主导的特色经济结构，使旅游业成为支柱产业，现代服务业成为主导产业。[1] 到2013年又要求海南应该形成以服务经济为主的产业结构，加快形成以旅游业为龙头、现代服务业为主导的服务业产业体系，努力使海南成为我国服务业对外开放的重要窗口。[2] 如今在全面深化改革开放的新时代，又更进一步明确要求海南要形成以服务型经济为主的产业结构。这对经济基础薄弱、产业结构单一的海南来说，任务非常艰巨。为此，习近平总书记提出推动海南建设具有世界影响力的国际旅游消费中心的重大构想。这是海南形成以服务型经济为主的产业结构的重大变革与选择，具有“换道超车”般的重要意义。

习近平总书记指出：“国际旅游岛是海南的一张重要名片。推动海南建设具有世界影响力的国际旅游消费中心，是高质量发展要求在海南的具体体现。要实施一批重大基础设施工程，提高基础设施网络化智能化水平，加密海南直达全球主要客源地的国际航线，加快构建现代基础设施体系。要实施更加开放便利的离岛免税购物政策，实现离岛旅客全覆盖，提高免税购物限额。要支持海南积极引进国际优质资本和智力资源，采用国际先进理念进行旅游资源保护和开发。要允许在海南注册的符合条件的中外合资旅行社从事除台湾地区以外的出境旅游业务。要培育旅游消费新业态新热点，提升服务能力和水平，推进全域旅游发展，为国内外游客和当地群众提供更多优质服务，使海南国际旅游岛这张名片更亮更出彩。”[3]

国际旅游岛是海南的一张重要名片，通过推动海南建设具有世界影响力的国际旅游消费中心，必将使海南国际旅游岛这张名片更亮更

---

[1] 《习近平同志在海南考察时的讲话》（2010年4月13日）。

[2] 习近平：《在海南考察工作结束时的重要讲话》（2013年4月10日）。

[3] 习近平：《在庆祝海南建省办经济特区30周年大会上的讲话》（2018年4月13日）。

出彩。

为推动海南建设具有世界影响力的国际旅游消费中心，党中央提出“创新促进国际旅游消费中心建设的体制机制”，并指出：“深入推进国际旅游岛建设，不断优化发展环境，进一步开放旅游消费领域，积极培育旅游消费新业态、新热点，提升高端旅游消费水平，推动旅游消费提质升级，进一步释放旅游消费潜力，积极探索消费型经济发展的新路径。”还规划了三大任务：

拓展旅游消费发展空间。实施更加开放便利的离岛免税购物政策，实现离岛旅客全覆盖，提高免税购物限额。支持海南开通跨国邮轮旅游航线，支持三亚等邮轮港口开展公海游航线试点，加快三亚向邮轮母港方向发展。放宽游艇旅游管制。有序推进西沙旅游资源开发，稳步开放海岛游。全面落实完善博鳌乐城国际医疗旅游先行区政策，鼓励医疗新技术、新装备、新药品的研发应用，制定支持境外患者到先行区诊疗的便利化政策。推动文化和旅游融合发展，大力发展动漫游戏、网络文化、数字内容等新兴文化消费，促进传统文化消费升级。允许外资在海南试点设立在本省经营的演出经纪机构，允许外资在海南省内经批准的文化旅游产业集聚区设立演出场所经营单位，演出节目需符合国家法律和政策规定。允许旅游酒店经许可接收国家批准落地的境外电视频道。支持在海南建设国家体育训练南方基地和省级体育中心，鼓励发展沙滩运动、水上运动、赛马运动等项目，支持打造国家体育旅游示范区。探索发展竞猜型体育彩票和大型国际赛事即开彩票。探索从空间规划、土地供给、资源利用等方面支持旅游项目建设。

提升旅游消费服务质量。鼓励海南旅游企业优化重组，支持符合条件的企业上市融资，促进旅游产业规模化、品牌化、网络化经营，形成一批具有国际竞争力的旅游集团。推进经济型酒店连锁经营，鼓励发展各类生态、文化主题酒店和特色化、中小型家庭旅馆，积极引进国内外高端酒店集团和著名酒店管理品牌。高标准布局建设具有国际影响力的大型消费商圈，完善“互联网+”消费生态体系，鼓励建设“智能店铺”“智慧商圈”，支持完善跨境消费服务功能。加强旅游公共服务设施的统筹规划和建设。健全旅游服务的标准体系、监管体系、诚信体系、投诉体系，建立企业信誉等级评价、重大信息公告、消费投诉信息和违规记录公示制度。严厉打击扰乱旅游市场秩序的违法违规行为，完善旅游纠纷调解机制，切实维护旅游者合法权益。支持海南整合旅游营销资源，强化整体宣传营销，促进海南旅游形象提升。

大力推进旅游消费国际化。支持海南积极引进国际优质资本和智力资源，采用国际先进理念进行旅游资源保护和开发。允许在海南注册的符合条件的中外合资旅行社从事除台湾地区以外的出境旅游业务。支持海南积极参与国际旅游合作与分工，与国际组织和企业在引资引智、市场开发、教育培训、体育赛事等方面开展务实合作。加快建立与国际通行规则相衔接的旅游管理体制，推动更多企业开展国际标准化组织（ISO）质量和环境管理体系认证，提升企业管理水平。系统提升旅游设施和旅游要素的国际化、标准化、信息化水平。指导海南进一步办好国际体育赛事，支持再引入一批国际一流赛事。支持海南举办国际商品博览会和国际电影节。[1]

深入学习贯彻习近平总书记“4·13”重要讲话和中央12号文件精神，海南将从四个方面“深入推进国际旅游岛建设，打造具有世界影响力的国际旅游消费中心”。

进一步开放旅游消费领域。实施更加开放便利的离岛免税购物政策，放宽免税品种限制，提高免税购物限额，实现对离岛旅客全覆盖。按照相关要求逐步放宽邮轮旅游管制，优化对邮轮和邮轮旅客多点挂

[1]《中共中央　国务院关于支持海南全面深化改革开放的指导意见》（2018年4月11日）。

靠、入境免签、检疫检验等服务，加快建设三亚邮轮母港，在三亚等邮轮港口开展公海游航线试点，开通面向太平洋、印度洋的跨国邮轮旅游航线以及环海南岛、海上无目的地邮轮航线。放宽游艇旅游管制，推动琼港澳游艇自由行。有序推进西沙旅游资源开发，稳步开放海岛游。

培育壮大旅游消费新业态。全面落实完善博鳌乐城国际医疗旅游先行区政策，促进医疗新技术、新装备、新药品的研发应用，制定实施境外患者到先行区诊疗的便利化政策，打造国际化医疗技术服务产业集聚区。加快发展特色康养旅游。推动文化和旅游融合发展，积极培育艺术、动漫数字、网络娱乐、数字创意、数字阅读等新兴文化消费业态，促进传统文化消费升级。充分用好国家赋予的演艺娱乐业开放政策，加快引进高水平的国际文化演艺节目和品牌，鼓励设立外商投资文艺表演团体（中方控股），设立国际艺术品展示拍卖平台，打造文化旅游产业集聚区。加快建设国家体育训练南方基地和省级体育中心，积极发展沙滩运动、水上运动、赛马运动等项目，打造国家体育旅游示范区。引进和举办国际一流体育赛事。探索发展竞猜型体育彩票和大型国际赛事即开彩票，创新福利彩票和体育彩票规则，探索设立新的票种，适当提高返奖率。研究制定空间规划、土地供给、资源利用等方面的政策措施，支持旅游项目建设。

推动旅游消费提质升级。推动旅游企业优化重组、上市融资，加快形成一批具有国际竞争力的旅游集团。鼓励发展各类生态、文化主题酒店和特色化、中小型家庭旅馆，积极引进国内外高端酒店集团和著名酒店管理品牌，建立体现海南特色、满足国内外游客差异化需求的多元化住宿供给体系。以海口、三亚等区域中心城市为重点，高标准布局建设具有国际影响力的高品位步行街、大型消费商圈和中高端商品保税展示交易中心。完善“互联网＋”消费生态体系，建设“智能店铺”“智慧商圈”。完善跨境消费服务功能，打造“线上集成＋跨境贸易＋综合服务”的全球跨境电商贸易服务中心。开展服务消费促进试点。健全旅游服务的标准体系、监管体系、诚信体系、投诉体系，建设商务诚信示范省，营造优质的旅游消费环境。严厉打击扰乱旅游市场秩序的违法违规行为，切实维护旅游者合法权益。整合旅游营销资源，建立健全旅游大外宣机制，扩大海南旅游知名度、美誉度。

提升旅游消费国际化水平。全面放宽旅游市场准入，积极引进国际优质资本和智力资源，采用国际先进理念进行旅游资源保护和开发。加强旅游通道建设，提升国际游客入境便利化水平。积极培育中外合资旅行社，鼓励发展出境旅游业务。加强与世界旅游组织、世界旅游业理事会等国际组织在课题研究、人员培训、体育赛事等方面的合作，利用岛屿观光政策论坛推动区域旅游联合发展。持续推进旅游设施和旅游要素国际化改造，建立与国际通行规则相衔接的旅游管理体制，推动更多企业开展国际标准化组织（ISO）质量和环境管理体系认证。优化国际会议赛事展览监管，进一步简化展品检疫审批管理，积极引进国际顶级专业会展公司，高水平举办中国（海南）国际商品博览会、国际品牌博览会、国际海洋产业博览会、中国文化旅游博览会和国际电影节。[1]

推动海南建设具有世界影响力的国际旅游消费中心的步伐明显加快：一是“实施更加开放便利的离岛免税购物政策，实现离岛旅客全覆盖，提高免税购物限额”的承诺落地；二是《海南省建设国际旅游消费中心的实施方案》印发。

2018 年 11 月 27 日，国家税务总局网站公布财政部、海关总署、税务总局《关于进一步调整海南离岛旅客免税购物政策的公告》（财

[1] 《中共海南省委关于深入学习贯彻习近平总书记在庆祝海南建省办经济特区 30 周年大会上的重要讲话精神和〈中共中央　国务院关于支持海南全面深化改革开放的指导意见〉的决定》，《海南日报》2018 年 5 月 14 日。

政部海关总署 税务总局公告2018年第158号）：

为落实好习近平总书记在庆祝海南建省办经济特区30周年大会上的重要讲话精神和《中共中央 国务院关于支持海南全面深化改革开放的指导意见》的要求，实施更加开放便利的离岛旅客免税购物政策，促进海南国际旅游消费中心建设，财政部、海关总署、税务总局会同有关部门对海南离岛旅客免税购物政策部分内容进行了调整。现就调整事项公告如下：

一、将离岛旅客（包括岛内居民旅客）每人每年累计免税购物限额增加到30000元，不限次。

二、增加部分家用医疗器械商品，在离岛免税商品清单中增加视力训练仪、助听器、矫形固定器械、家用呼吸支持设备（非生命支持），每人每次限购两件。

三、本公告自2018年12月1日起执行。

2018年12月27日，财政部网站公布海南离岛免税购物政策适用对象范围扩大。根据习近平总书记在庆祝海南建省办经济特区30周年大会上的重要讲话精神，按照《中共中央 国务院关于支持海南全面深化改革开放的指导意见》的要求，实施更加开放便利的离岛旅客免税购物政策，促进海南国际旅游消费中心建设，财政部、海关总署、税务总局会同有关部门将乘轮船离岛旅客纳入离岛旅客免税购物政策适用对象范围。具体内容如下：

一、年满16周岁的乘轮船离岛旅客凭个人离岛船票及有效身份证件，可在海南离岛旅客免税购物商店及其网上销售窗口购买免税商品。离岛时凭本人船票、购物凭证、身份证件等在海口秀英港、新海港提货点（海口南港码头在条件成熟后再设立提货点）提取所购免税商品并携带离岛。

二、同一旅客在同一年度内乘飞机、乘火车和乘轮船免税购物合并计算，在现行免税购物限额内享受相关政策。（2018 年 12 月 1 日起，每人每年累计免税购物限额增加到 30000 元）

该政策自 2018 年 12 月 28 日起执行。

2019 年 1 月 19 日，海口、博鳌两家免税店开业运营，海南离岛免税购物再添新地标。据了解，离岛免税政策自 2011 年实施至今，先后经历五次调整完善，购物人数超过 1200 万人次，累计销售金额近 400 亿元。2018 年，中央 12 号文件提出建设国际旅游消费中心，实施更加开放便利的离岛免税购物政策，实现离岛旅客全覆盖，提高免税购物限额。2018 年 12 月起，海南实施离岛免税新政，购买限额从每人年度 16000 元提升到每人年度 30000 元，且不分岛内外居民，不限制购买次数，实现飞机、火车、轮渡的“海陆空”渠道全覆盖。

2018 年 12 月 28 日，国家发展改革委官网发布《海南省建设国际旅游消费中心的实施方案》的通知（以下简称《实施方案》）（发改社会〔2018〕1826 号）。《实施方案》体现中央 12 号文件提出的海南建设国际旅游消费中心的这个定位：“大力推进旅游消费领域对外开放，积极培育旅游消费新热点，下大气力提升服务质量和国际化水平，打造业态丰富、品牌集聚、环境舒适、特色鲜明的国际旅游消费胜地。”

《实施方案》提出，到 2020 年，国际旅游消费中心建设取得重要进展。旅游产业转型升级加快，相关产业融合发展进一步深化，旅游消费新业态日益丰富，旅游供给质量、管理效能和服务水平明显提升，免税购物更加便利，旅游消费要素的国际化、标准化、信息化水平显著提高。

到 2025 年，国际旅游消费中心基本建成。以观光旅游为基础、休闲度假为重点、文体旅游和健康旅游为特色的旅游产业体系基本形成，旅游消费业态更加完善，旅游消费潜力进一步释放，高端旅游消费初具规模，旅游消费体制机制与国际接轨，旅游消费内容日益多元化、高端化、国际化。

到 2035 年，海南成为具有全球影响力的旅游消费目的地。高质量的旅游消费供给体系、优越的旅游消费环境体系、完善的质量标准体系和健全的旅游消费政策体系基本形成，成为世界知名的旅游消费中心和世界消费经济发展高地。

到本世纪中叶，国际旅游消费中心的知名度和美誉度显著提升，成为全球旅游消费时尚潮流的引领者，世界知名的旅游度假和购物天堂，成为展示中国风范、中国气派、中国形象的靓丽名片。

为支持海南建设国际旅游消费中心，《实施方案》提出 27 项措施，包括：

实施更加开放便利的离岛免税政策。创新监管模式，丰富提货模式，将乘轮船离岛旅客纳入离岛免税政策适用对象范围，实现各种交通方式离岛旅客全覆盖。适当提高离岛免税政策免税限额，进一步增加免税商品品种，对旅游人数达到一定规模且具备免税品安全离岛等实施条件的，可考虑增设免税店。

拓展邮轮旅游。鼓励吸引国际邮轮注册，发展国际邮轮和外国游客入境旅游业务。对外国旅游团乘坐邮轮入境实行 15 天免签。研究扩大邮轮航线至更多国家和地区。加快推进三亚向邮轮母港方向发展。支持开通环海南岛和跨国邮轮旅游航线。推动开展海上丝绸之路沿线邮轮旅游合作，在三亚等邮轮港口开展公海游航线试点。与世界著名邮轮公司合作，将海南纳入国际旅游“一程多站”航线。

发展游艇旅游。放宽游艇旅游管制，简化入境手续，探索在海南省管辖海域对境外游艇实施游览水域负面清单管理。

壮大健康旅游消费。全面落实完善博鳌乐城国际医疗旅游先行区政策，办好和引进博鳌超级医院等一批先进的医疗及医养结合机构，对于先行区医疗机构因临床急需进口少量药品（不含疫苗）的，由海南省人民政府实施进口批准，鼓励高新医疗技术研发，高端医疗装备、新药品的应用，将先行区建成世界一流水平的国际医疗旅游目的地。

扩大体育旅游消费。全面推进体育与旅游产业融合发展，建立完善的体育旅游产品体系和产业政策体系，建设国家体育旅游示范区。鼓励沙滩运动、水上运动、赛马运动、航空运动、汽车摩托车运动、户外运动等项目发展。探索发展竞猜型体育彩票和大型国际赛事即开彩票。

建立完善多部门参与的旅游消费维权投诉处理反馈机制。落实“消费者冷静期”制度，开展线下购物无理由退货试点。

允许在海南注册的符合条件的中外合资旅行社从事除台湾地区以外的出境旅游业务。

加快推进海口机场改扩建工程，加快推动三亚、儋州、东方／五指山机场建设。

推进湛海高铁（含轮渡）等项目前期工作取得进展。推进琼州海峡客滚运输港航资源整合等。[1]

五、海南要实施乡村振兴战略，做强做优热带特色高效农业

习近平总书记指出：“海南是我国唯一的热带省份。要实施乡村振兴战略，发挥热带地区气候优势，做强做优热带特色高效农业，打造国家热带现代农业基地，进一步打响海南热带农产品品牌。要发展乡村旅游，打造体现热带风情的精品小镇。”[2]

党中央明确要求：“实施乡村振兴战略，做强做优热带特色高效农业，打造国家热带现代农业基地，支持创设海南特色农产品期货品

[1]《国家发改委发布〈海南省建设国际旅游消费中心的实施方案〉 27项举措支持海南建设国际旅游消费中心》，《海南日报》2018年12月29日。

[2] 习近平：《在庆祝海南建省办经济特区30周年大会上的讲话》（2018年4月13日）。

种，加快推进农业农村现代化。”[1]

在海南开启新一轮全面深化改革开放、全面加快建设美好新海南的大背景下，中国共产党海南省第七届委员会第五次全体会议于2018年8月31日在海口召开，审议通过了《海南省打赢脱贫攻坚战三年行动计划》（以下简称《行动计划》）和《海南省乡村振兴战略规划(2018—2022年)》（以下简称《战略规划》），动员全省上下以脱贫攻坚为突破口，以乡村振兴为重要抓手，切实解决好海南“三农”问题，为加快海南自由贸易试验区和中国特色自由贸易港建设打下坚实基础。

与全国其他自由贸易试验区相比，海南自由贸易试验区有广大的农村。海南全面建成小康社会，全岛建设自由贸易试验区，最大的短板在农村，最薄弱的基础是“三农”。打赢脱贫攻坚战、推动乡村振兴、解决好海南的“三农”问题是建设自由贸易试验区和中国特色自由贸易港的重要前提和底线目标，也是加快建设美好新海南、全面建成小康社会的必然要求和关键举措。这次以全会这样地方党组织最高机构的名义审议通过《行动计划》《战略规划》两个重要文件，专题部署脱贫攻坚、乡村振兴两项重点工作，充分体现了新形势下脱贫攻坚、乡村振兴的极端重要性，充分表明了省委、省政府进一步推动海南农业农村发展的坚定决心和鲜明态度。全省各级党委政府一定要有充分的认识，紧紧抓住海南全面深化改革开放的重大机遇，坚持高标准高质量，统筹推进脱贫攻坚和乡村振兴战略，建立健全城乡融合发展的体制机制和政策体系，着力推动乡村产业振兴、人才振兴、文化振兴、生态振兴、组织振兴，努力使脱贫攻坚、乡村振兴走在全国前列，让宜居宜业宜游宜养的海南乡村成为中国新农村的靓丽名片。[2]

---

[1] 《中共中央　国务院关于支持海南全面深化改革开放的指导意见》（2018年4月11日）。

[2] 《中国共产党海南省第七届委员会第五次全体会议决议》（2018年8月31日中国共产党海南省第七届委员会第五次全体会议通过），《海南日报》2018年9月1日。

海南将以“多规合一”为引领，全面推动区域协调发展和乡村振兴。

加快推进乡村振兴。按照产业兴旺、生态宜居、乡风文明、治理有效、生活富裕的总要求，以美丽海南百镇千村建设为抓手，扎实推进乡村振兴。落实农业农村优先发展要求，优先保障“三农”资金等要素配置，优先安排农村公共服务。围绕打造体现热带风情精品小镇的要求，基本建成一批特色产业小镇和美丽乡村。立足资源禀赋和市场需求，培育和挖掘农业、旅游、黎苗文化等有基础、有潜力、有特色的产业，打造“一镇一业”“一村一品”。以共享农庄为载体，提升休闲农业和乡村旅游发展水平。探索农村集体经济新的实现形式和运行机制，推动资源变资产、资金变股金、农民变股东。推动“五网”基础设施向农村延伸，打通互联互通“最后一公里”。提高偏远地区通信网络质量，消除通信盲区。完成新一轮农村电网改造升级任务，推动农村从“有电用”向“用好电”“安全用电”转变。深入推进“四好农村路”高质量发展，加快农村公路六大工程建设，完成自然村通硬化路1000公里，实现具备条件的自然村100%通硬化路，拓宽1000公里农村道路，完成160个行政村通客车、通快递年度任务。完成20个乡镇管道燃气项目，全面启动农村“气代柴薪”工程，让更多乡村群众用上清洁能源。深入开展农村人居环境整治，彻底治理农村污水、垃圾、厕所和村容村貌。保护开发村镇特色文化，培育文明新风尚。

实施一批重大基础设施工程。加快构建与自贸试验区和自贸港相适应的现代化、网络化、智能化“五网”基础设施体系。建成文昌至琼海高速公路等项目，加快万宁至洋浦、五指山至海棠湾、儋州至白沙高速公路建设，开工建设文昌至临高高速公路，加快儋州机场、湛江至海口高铁等项目前期工作。推动光纤宽带、4G网络全岛覆盖，无线局域网（Wi-Fi）公共场所和旅游景区全覆盖，加快5G网络规模化部署和商业化应用。继续推进电网升级改造，优化主网架结构，建成跨海联网二回工程，推进昌江核电二期前期工作，开展智能电网建设，年户均停电时间降至18小时以下。加快文昌至三亚输气管道、陵水17–2气田开发项目建设，确保东方13–2气田投产。推进城镇集中式供水向农村延伸工程，建好管好农田水利“毛细血管”，改善田间灌溉排涝“最后一百米”。

增强“海澄文”“大三亚”辐射带动作用。制定“海澄文”“大三亚”总体规划和具体行动方案。推进“海澄文”“大三亚”在全面深化改革开放、自贸试验区和自贸港建设中发挥示范引领作用，在区域协调、城乡融合、服务国家重大战略中发挥带头先锋作用。推动基础设施互联互通，建成铺前大桥、美兰机场二期扩建、环岛高铁海口站至美兰站市域列车等项目，加快海口海秀快速路延长线、老西线铁路三亚至乐东公交化旅游化改造、海口绕城公路美兰机场至演丰段建设，推进三亚新机场等项目前期工作。推动产业发展优势互补，围绕十二个重点产业，实行差异化布局，完成海口江东新区、三亚总部经济及中央商务区规划并启动起步区建设，引进更多国内外企业总部和功能性机构落户。推动生态环保联防联控，加强水体和湿地保护、垃圾和污水处理等生态合作，开展跨区域环保联合监测和污染联动监察。推动公共服务同城共享，密切城市管理、风貌管控、社会治理、教育卫生、就业养老等方面的合作。推动其他市县在“多规合一”统领下，错位发展，协作共赢。

强化规划管控。坚持“一张蓝图干到底”，实施好省和市县总体规划，更好推动招商引资项目、改革创新成果落地。建立“多规合一”基础上的自然资源统一监管体系。保持打击违法用地、违法建筑高压态势，推进农房逢建必报，坚决守住违建“零增长”底线。统筹城镇建筑风貌，编制全省村庄规划，力求不再出现“麻将条”“火柴盒”式建筑，注重历史文化遗存和传统村落民居保护，塑造体现椰风海韵、热带雨林、黎苗特色、南洋文化等本土特征的城乡风貌。[1]

为推动党中央和海南省委、海南省政府有关脱贫攻坚、乡村振兴战略的重大决策部署在基层落地见效，海南省委从省直单位和各市县抽调 8000 多名优秀干部，组成覆盖全省 196 个乡镇 2561 个行政村的乡村振兴工作队。经过三天的学习培训，2019 年 2 月 20 日，全省 8000 余名乡村振兴工作队队员全部赴所在市县报到，并陆续进驻村镇开展工作。[2]

实施乡村振兴战略，是十九大报告提出的重大决策部署，是海南自由贸易试验区和中国特色自由贸易港建设的重大任务。全覆盖选派乡村振兴工作队是贯彻落实习近平总书记"注重选派一批思想好、作风正、能力强的优秀干部"到脱贫攻坚和乡村振兴一线的重要指示，加强党对"三农"工作全面领导，推进乡村全面振兴的重大举措。工作队的任务是坚决贯彻党中央和习近平总书记的决策部署，按照产业兴旺、生态宜居、乡风文明、治理有效、生活富裕的总要求，加快推进农业农村现代化进程。他们将协助当地党委、政府抓好基层党建、脱贫攻坚、建设美丽乡村、落实人居环境三年行动计划、壮大产业、提升社会文明程度、加强社会治理、完善"五网"基础设施、发展集体经济、增加农民收入等十项重点工作，推动乡村振兴。同心协力把广阔农村好好发展起来，500 多万农民能成为海南自由贸易试验区和中国特色自由贸易港建设的生力军，打造海南自由贸易试验区和中国特色自由贸易港建设的最大亮点，更好争创新时代中国特色社会主义生动范例。

出席十三届全国人大二次会议的海南代表举行团组开放活动，乡

[1] 沈晓明：《政府工作报告——2019 年 1 月 27 日在海南省第六届人民代表大会第二次会议上》，《海南日报》2019 年 2 月 2 日。

[2] 《乡村振兴工作队正式进驻村镇　8000 余名队员覆盖 2561 个行政村》，《海南日报》2019 年 2 月 21 日。

村振兴也是记者关心的问题。中国新闻社记者问：“今年是全面建成小康社会的关键一年，中国特色自由贸易港的中国特色也必然包含城乡融合、消除贫困。但目前海南城乡发展差距比较大，还存在三个国定贫困县和4.5万贫困人口。请问海南在加快推动乡村振兴和脱贫攻坚上准备采取哪些举措?”

刘赐贵代表回答：这正是海南省委、省政府始终高度关注努力推动的一项重要工作。海南全岛自由贸易试验区的面积是我国此前11个自贸区面积之和的27倍，其中80%是农村；海南农业人口占全省总人口的60%。农村的发展，直接关系到海南自贸试验区建设的质量，直接关系到中国特色自由贸易港建设能否成功。因此，近年来海南坚决贯彻落实中央重大决策部署，全力以赴打赢打好脱贫攻坚战，努力消除贫困人口，取得了明显的效果。我们紧紧围绕党中央和习总书记提出的“产业兴旺、生态宜居、乡风文明、治理有效、生活富裕”的总要求，在推动区域协调、城乡融合发展上采取了一系列综合措施，力争在今年实现剩余的三个国定贫困县和4.5万贫困人口全部脱贫出列摘帽。实现上述目标的关键，是围绕乡村振兴的目标，做好巩固提升的文章。今年是政策落实年，各级党委、政府都把实施好乡村振兴战略作为一项主要工作任务。春节一过，海南省委、省政府就派出了2757支乡村振兴工作队，总人数8083人，实现对全省所有乡镇、村的全覆盖。工作队要在驻镇、村的两年时间里，协助当地基层党组织抓好基层组织建设、脱贫攻坚、美丽乡村建设、人居环境整治、产业发展和优化、社会文明大行动、提升社会治理水平、加强“五网”基础设施建设、发展集体经济、促进农民增收等十项任务，同心协力把海南的广阔农村好好发展起来，更好争创新时代中国特色社会主义生动范例。[1]

---

[1]　《蹄疾步稳　开局良好　保持定力　埋头苦干——海南代表团团组开放活动答记者问实录》，《海南日报》2019年3月8日。

六、打造国家热带现代农业基地，进一步打响海南热带农产品品牌

从海南是我国唯一的热带省份出发，习近平总书记一方面要求海南实施乡村振兴战略，发挥热带地区气候优势，做强做优热带特色高效农业，另一方面要求“打造国家热带现代农业基地，进一步打响海南热带农产品品牌”。[1]

习近平总书记对海南农业、农村发展问题有着深刻的论述，从最初的“海南热带农业资源处于全国其他地区不可替代的位置，海洋资源开发潜力巨大”的分析判断，到提出“做强做精做优热带特色农业，使热带特色农业真正成为优势产业和海南经济的一张王牌”的要求，再到明确“打造国家热带现代农业基地，进一步打响海南热带农产品品牌”，无不体现他对海南农业问题的认真思考和深入谋划。

2010 年 4 月在海南考察时，习近平指出：“海南热带农业资源处于全国其他地区不可替代的位置，海洋资源开发潜力巨大。这些年，海南农业实现了连续多年高速增长，但还有很大潜力。要充分利用资源优势，围绕做好‘热’和‘海’这两篇大文章，通过加快农业发展方式转变，促进农业结构优化升级，把海南农业的特色优势充分发挥出来。这次我们到乐东县卧龙岭现代农业生产基地，实地了解了该基地积极探索新型合作发展形式、大力推广先进生产技术、形成规模化和产业化发展的情况；刚才三亚市田独镇季端荣同志也介绍他们围绕‘设施农业’‘南繁育种’这两大内容调整产业结构的情况，听下来、看下来，深感海南发展现代农业条件很好、前景广阔。这次我们还到

---

[1] 习近平：《在庆祝海南建省办经济特区 30 周年大会上的讲话》（2018 年 4 月 13 日）。

贫困县陵水黎族自治县和一个比较贫困的村保亭县三道镇什进村调研，一方面感到海南扶贫开发工作成绩很大，同时也感到扶贫开发任务仍然艰巨。希望你们进一步加大新农村建设力度，特别要继续搞好扶贫开发，针对不同贫困地区、贫困村的实际，坚持因地制宜、因势利导、尊重民意，搞好扶贫开发规划，在整体推进的同时突出重点，重点解决最困难户的脱贫致富，使国际旅游岛建设成为惠民工程。”[1]

2013 年 4 月在海南考察时，习近平总书记又要求海南“做好‘三农’工作，推动城乡发展一体化”。他指出：“小康不小康，关键看老乡。如果不把农村建设好，全面建成小康社会就要被拖后腿。我们要把中央制定的强农惠农富农政策贯彻落实好，加大统筹城乡发展力度，促进城乡共同繁荣，让广大农民平等参与现代化进程、共同分享现代化成果。”习近平说，海南“三农”工作任务较重，要增强做好“三农”工作的自觉性和主动性，努力在转变农业发展方式上寻求新突破，在促进农民增收上取得新成效，在建设新农村上迈出新步伐，不断开创“三农”工作新局面。

习近平总书记强调，海南热带农业资源十分丰富，全国热带土地面积近一半在海南。独特的地理位置、丰富的作物资源、优越的自然环境，为海南发展热带特色农业提供了得天独厚的条件。要加快农业发展方式转变，促进农业结构优化，推动传统农业向标准化、品牌化、产业化的现代农业转型升级，做强做精做优热带特色农业，使热带特色农业真正成为优势产业和海南经济的一张王牌。工作上，应该紧紧抓住基地、机制、体系建设三个方面。所谓基地，就是要打造国家热带现代农业基地，重点建设好“五基地一区”，即国家冬季瓜菜生产基地、天然橡胶基地、南繁育制种基地、热带水果和花卉基地、水产养殖与

[1] 《习近平同志在海南考察时的讲话》（2010 年 4 月 13 日）。

海洋捕捞基地、无规定动物疫病区。南繁育制种基地是国家宝贵的农业科研平台，一定要建成集科研、生产、销售、科技交流、成果转化为一体的服务全国的“南繁硅谷”。所谓机制，就是要建立现代农业经营体制机制，着力培育新型经营主体，构建集约化、专业化、组织化、社会化相结合的新型农业经营体系，提高现代农业经营水平和效率。所谓体系，就是要完善农业社会化服务体系，特别要集中力量抓好大型热带农产品物流中心建设，完善农产品流通体系，构建稳定安全的农产品产销渠道，提高农产品市场流通效率和竞争力。[1]

海南提出“做强做精做优热带特色农业”的贯彻意见是：加快农业发展方式转变，促进农业结构优化，推动传统农业向标准化、品牌化、产业化的现代农业转型升级，使热带特色农业真正成为优势产业和海南经济的一张王牌。要利用海南充足的阳光、适宜的气候、优良的土壤、丰沛的雨水等优势资源，下决心每年持续加大对热带高效农业的投入，努力打造国家热带现代农业基地。重点建设好国家冬季瓜菜生产基地、天然橡胶基地、南繁育制种基地、热带水果和花卉基地、水产养殖加工和海洋捕捞基地、无规定动物疫病区。着力培育新型经营主体，构建集约化、专业化、组织化、社会化相结合的新型农业经营体系。完善农业社会化服务体系和农产品流通体系，构建稳定安全的农产品产销渠道。加强琼台农业合作。[2]

海南又进一步提出“打造热带特色高效农业王牌”的贯彻意见：海南优越的生态环境和独具特色的农业资源，使热带特色高效农业在全国独树一帜。加快农业发展方式转变，促进农业结构优化，推动传统农业向标准化、品牌化、产业化的现代农业转型升级。抓好农业种

[1] 习近平：《在海南考察工作结束时的重要讲话》（2013 年 4 月 10 日）。

[2] 《中共海南省委关于学习贯彻落实习近平总书记视察海南重要讲话精神的决定》（2013 年 7 月 26 日中国共产党海南省第六届委员会第四次全体会议通过），《海南日报》2013 年 8 月 5 日。

养结构调整，强化农产品质量监管，提升农产品精深加工水平，做大做强热带水果、花卉、冬季瓜菜、南药黎药和特色养殖等优势品牌，推动农业向高品质、高效益、高产量转型。大力培育和引进农业龙头企业、农民合作社、家庭农场、专业大户等新型经营主体和服务主体，稳步推进农村土地“三权分置”改革和经营权流转，引导金融和社会资本投向农业，积极发展适度规模经营。发挥农业科研院所和高校作用，健全基层农业技术服务队伍，加快农业科技推广与应用，完善良种良苗繁育体系，高标准建设“五基地一区”，打造一批国家级、省级现代农业产业园和示范基地，创建全国生态循环农业示范省。着力发展“互联网+农业”，培育订制农业、物联网农业、创意农业、休闲农业等新业态，促进农超对接、农餐对接、农企对接，推进农村一二三产业深度融合发展，提升农业综合效益。[1]

2018 年 12 月，《农业农村部贯彻落实〈中共中央 国务院关于支持海南全面深化改革开放的指导意见〉实施方案》（以下简称《实施方案》）印发，共五项 14 条措施，将支持海南省全面深化改革开放，加快“南繁硅谷”建设和热带现代农业发展。该《实施方案》总体分为推动“南繁硅谷”建设、推动建设国家热带农业科学中心、推动建设国家热带现代农业基地、推动建设南海渔业资源开发保护引领区、促进海南农业对外开放五项内容。《实施方案》推出的 14 项措施具体为：加快推进南繁科研育种（海南）基地建设；推动建设南繁科技城；积极稳妥建设动植物种质资源引进中转基地；推动建设热带农业科技创新国家级及部级科研平台；建设高层次人才引进和培养基地；建设国际热带农业科学交流合作基地；加快海南热带现代农业发展；推动农村一

[1] 刘赐贵：《凝心聚力 奋力拼搏 加快建设经济繁荣社会文明生态宜居人民幸福的美好新海南——在中国共产党海南省第七次代表大会上的报告》（2017 年 4 月 25 日），《海南日报》2017 年 5 月 2 日。

二三产业融合发展；推动建设农业绿色发展先行区；加强海南热带农产品品牌建设；加快现代化海洋牧场和渔港经济区建设；支持海南深远海渔业发展；支持创建出口农产品生产基地和优势区；推动琼海农业对外开放合作试验区建设。[1]

七、推进“智慧海洋”建设，把海南打造成海洋强省

习近平总书记在庆祝海南建省办经济特区30周年大会上发表重要讲话时指出：“我国是海洋大国，党中央作出了建设海洋强国的重大部署。海南是海洋大省，要坚定走人海和谐、合作共赢的发展道路，提高海洋资源开发能力，加快培育新兴海洋产业，支持海南建设现代化海洋牧场，着力推动海洋经济向质量效益型转变。要发展海洋科技，加强深海科学技术研究，推进‘智慧海洋’建设，把海南打造成海洋强省。”[2]

蔚蓝的海洋是生命的摇篮。开发、利用海洋，是中华民族拓展生存空间、增强可持续发展能力的重要举措。作为全国管辖海域面积最广阔的省份，海南发展海洋经济有着得天独厚的优越条件。党的十八大报告指出：“提高海洋资源开发能力，发展海洋经济，保护海洋生态环境，坚决维护国家海洋权益，建设海洋强国。”党的十九大报告又指出：“坚持陆海统筹，加快建设海洋强国。”在这样的时代背景下，海南作为全国最大的海洋省，发展海洋经济、建设海洋强省就成为必然。习近平总书记在庆祝海南建省办经济特区30周年大会上的重要讲话中，明确指出“把海南打造成海洋强省”，这对海南实施好海洋强省战略，加快发展海洋经济，有十分重要的意义。

---

[1]《农业农村部出台实施方案　14条举措支持海南全面深化改革开放》，《海南日报》2018年12月5日。

[2] 习近平：《在庆祝海南建省办经济特区30周年大会上的讲话》（2018年4月13日）。

海南曾经提出“加快实施海洋强省战略”的思路：坚持陆海统筹、依海兴琼，科学制定和实施海洋经济发展规划。加强海域综合管理和保护，强化岸线土地和无居民岛屿等资源的科学管控与合理开发。加强三沙基础设施建设和生态环境保护，加快南海资源开发，服务国家南海开发战略，履行好中央赋予海南的南海维权、维稳、保护、开发的重要使命。加强渔业、交通港口、旅游、油气资源开发服务和海洋管控等基础设施建设。大力发展现代海洋渔业、海洋旅游业、海洋交通运输业，做大做强临港加工业和物流业，培育壮大海洋新兴产业，使海洋经济成为海南经济新的增长点，为海洋强国战略做贡献。[1]

海南又提出“大力发展海洋经济，建设海洋强省”的思路：“做好海洋文章是海南发展的最大潜力所在，必须增强海洋意识，培育‘蓝色引擎’，向海洋要质量、要效益、要增长，争创全国海洋经济发展示范区，加快推进海洋大省向海洋强省转变。”具体内容包括：

发展壮大海洋产业。科学规划、合理布局，推动海洋产业集聚发展、优化发展，打造海南经济新的增长极。坚持集约、集群、环保、园区化、高技术的方向，培优做精新型特色工业，着力提升临港工业，进一步延伸做强以洋浦、东方为中心的临港油气化工产业基地，推动临港工业与运输、金融、保险、商贸等产业联动发展。加快海洋渔业转型升级，控制近海捕捞养殖，发展外海捕捞，推广深海网箱养殖，建设海洋牧场，促进水产品精深加工。大力开发休闲渔业、航海运动、海洋旅游，建好国家海洋公园。扶持发展海洋装备制造、海洋生物医药、海水淡化等海洋新兴产业。

加强海洋基础设施和公共服务能力建设。加快推进南海资源开发服务保障基地和海上救援基地建设。完善三沙交通运输、能源通信、

[1]　《中共海南省委关于学习贯彻落实习近平总书记视察海南重要讲话精神的决定》（2013 年 7 月 26 日中国共产党海南省第六届委员会第四次全体会议通过），《海南日报》2013 年 8 月 5 日。

市政民生等基础设施。统筹推进渔港和专业化码头建设，促进港产城一体化发展。健全海洋防灾减灾、救助救捞体系，提升南海公共服务保障和执法能力。加强海洋生态环境保护立法，构建蓝色生态屏障。

加快科技兴海步伐。加强海洋科技研发及能力建设，争取国家重大海洋科技项目落户海南，建设国家级研发平台，积极引进国际海洋组织和国内海洋研究机构入驻，打造海洋科技合作区，推进智慧海洋建设。扶持我省海洋科研院所建设，培养和引进海洋科技人才，推动海洋高新技术成果产业化。[1]

海南还进一步提出"提高海洋资源开发能力，建设海洋强省"的三个重点内容：

加强南海维权和开发服务保障能力建设。制定和实施维权执法基础设施建设总体规划，逐步推进码头、机场航空、船舶、指挥平台等建设。实施南海保障工程，加快推进南海资源开发服务保障基地建设，规划建设海南岛本岛及西沙海域海上救援基地，推进南海海上综合救援保障体系智能化、信息化、科技化，逐步实现海陆空救援保障设施全面覆盖，提升深远海应急救援能力。保障法院行使对我国管辖海域的司法管辖权，完善涉海审判机制，加强海上巡回法庭和岛屿审判点建设，推动涉海刑事案件纳入海事法院专门管辖。探索设立海事检察院。创新渔港投建模式，推进重点渔港建设升级。大力推进渔船避风锚地建设。

高起点发展海洋经济。坚定走人海和谐、合作共赢的发展道路，着力推动海洋经济向质量效益型转变。大力引进国内外航运企业设立区域总部和营运中心，鼓励境内外企业和机构开展航运保险、海损理

---

[1] 刘赐贵：《凝心聚力　奋力拼搏　加快建设经济繁荣社会文明生态宜居人民幸福的美好新海南——在中国共产党海南省第七次代表大会上的报告》（2017年4月25日），《海南日报》2017年5月2日。

算、船舶融资租赁等高端航运服务，努力建设国际航运中心。加快南海油气资源勘探开发，积极推进澄迈等油气勘探生产服务基地建设，高质量发展以洋浦、东方为中心的临港海洋产业，建设大型原油成品油储备中转基地。探索油气产业发展新模式，试点推动民营企业参与南海资源开发。推动省部共建琼东南海域天然气水合物勘查开发先导试验区，加快推进南海天然气水合物、海底矿物商业化开采。加快建设三亚海上旅游合作开发基地。坚持集约、集群、环保、园区化、高技术方向，加快培育海洋医药、海洋生物制品、海洋保健品、海水淡化与综合利用、海洋可再生资源、海洋工程装备研发与应用等新兴海洋产业。推进现代化海洋牧场建设，发展深远海智能养殖渔场和休闲渔业，打造现代渔业产业链。

加快发展海洋科技。加强深海科学技术研究，完善提升深海科研基础设施和条件平台，打造国家深海基地南方中心。积极推进深海技术国家实验室、国家（三亚）深海科技创新中心、中电科海洋信息技术产业基地建设，推动深海空间站、深海载人潜水器、海底观测网等重大装备落户海南。引进我国海洋领域的优势科研机构、高校、央企，共建海洋科技示范园、海洋信息处理基地、先进技术示范推广基地，打造海洋科技中试基地和成果孵化转化基地。开展国家“智慧海洋”南海区域示范建设。[1]

八、着力打造国家重大战略服务保障区

习近平总书记要求海南“着力打造全面深化改革开放试验区、国

[1] 《中共海南省委关于深入学习贯彻习近平总书记在庆祝海南建省办经济特区30周年大会上的重要讲话精神和〈中共中央　国务院关于支持海南全面深化改革开放的指导意见〉的决定》，《海南日报》2018年5月14日。

家生态文明试验区、国际旅游消费中心、国家重大战略服务保障区”[1]。这当中的“国家重大战略服务保障区”是一个全新的国家战略，也是党中央赋予海南新的重大使命。

习近平总书记还要求：“要打造国家军民融合创新示范区，统筹海洋开发和海上维权，推进军地共商、科技共兴、设施共建、后勤共保，加快推进南海资源开发服务保障基地和海上救援基地建设，坚决守好祖国南大门。”[2]

党中央提出海南要“服务和融入国家重大战略”，指出“支持海南履行好党中央赋予的重要使命，持续加强支撑保障能力建设，更好服务海洋强国、‘一带一路’建设、军民融合发展等国家重大战略实施”。[3] 这就进一步明确了海南服务保障的国家实施的重大战略是海洋强国、“一带一路”建设与军民融合发展等。党中央还为海南规划了四大具体任务：

加强南海维权和开发服务保障能力建设。加快完善海南的维权、航运、渔业等重点基础设施，显著提升我国对管辖海域的综合管控和开发能力。实施南海保障工程，建立完善的救援保障体系。保障法院行使对我国管辖海域的司法管辖权。支持三亚海上旅游合作开发基地、澄迈等油气勘探生产服务基地建设。加强重点渔港和避风港建设。

深化对外交往与合作。充分利用博鳌亚洲论坛等国际交流平台，推动海南与“一带一路”沿线国家和地区开展更加务实高效的合作，建设21世纪海上丝绸之路重要战略支点。鼓励境外机构落户海南。支持海南推进总部基地建设，鼓励跨国企业、国内大型企业集团在海南设立国际总部和区域总部。支持在海南设立21世纪海上丝绸之路文

---

[1][2] 习近平：《在庆祝海南建省办经济特区30周年大会上的讲话》（2018年4月13日）。

[3] 《中共中央　国务院关于支持海南全面深化改革开放的指导意见》（2018年4月11日）。

化、教育、农业、旅游交流平台，推动琼海农业对外开放合作试验区建设。加强海南与东南亚国家的沟通交流，重点开展旅游、环境保护、海洋渔业、人文交流、创新创业、防灾减灾等领域合作。

推进军民融合深度发展。落实经济建设项目贯彻国防要求的有关部署，加强军地在基础设施、科技、教育和医疗服务等领域的统筹发展，建立军地共商、科技共兴、设施共建、后勤共保的体制机制，将海南打造成为军民融合发展示范基地。依托海南文昌航天发射场，推动建设海南文昌国际航天城。完善南海岛礁民事服务设施与功能，建设生态岛礁，打造南海军民融合精品工程。深化空域精细化管理改革，提升军民航空域使用效率。完善军地土地置换政策，保障军事用地需求，促进存量土地盘活利用。建设国家战略能源储备基地。

加强区域合作交流互动。依托泛珠三角区域合作机制，鼓励海南与有关省区共同参与南海保护与开发，共建海洋经济示范区、海洋科技合作区。密切与香港、澳门在海事、海警、渔业、海上搜救等领域的合作，积极对接粤港澳大湾区建设。加强与台湾地区在教育、医疗、现代农业、海洋资源保护与开发等领域的合作。深化琼州海峡合作，推进港航、旅游协同发展。[1]

刘赐贵专门谈到他对海南建设国家重大战略服务保障区的认识时说，中央选择海南建设自由贸易试验区和中国特色自由贸易港的根本原因在于海南有独特的地理区位优势，能更好地服务国家战略。习近平总书记2013年视察海南时指出，海南是国家南大门，地理位置重要；把海南建设好，把祖国南大门守卫好，政治责任重大，是光荣的使命。在“4·13”重要讲话中又强调，要打造国家军民融合创新示范区，加快推进南海资源开发服务保障基地和海上救援基地建设，坚决守好中国

[1] 《中共中央 国务院关于支持海南全面深化改革开放的指导意见》（2018年4月11日）。

南大门。韩正副总理明确指出，海南要紧紧围绕建设国家重大战略服务保障区，全面加强支撑和保障能力建设，切实履行好党中央赋予的重要使命。我们要深刻认识到，海南肩负着守卫南海、建设海洋强国、实施“一带一路”倡议、推动军民融合发展等国家使命，必须举全省之力建设好国家重大战略服务保障区。

刘赐贵说，我们在建设海南自由贸易试验区和中国特色自由贸易港的过程中，决不能只顾眼前不顾长远、只顾局部不顾全局，要自觉从服务国家重大战略的角度来推动改革开放发展。如何服务国家战略？一要高起点发展海洋经济。海南是我国海洋面积最大的省份，我们一定要做好海洋经济这篇潜力巨大的文章。要加快南海油气资源勘探开发，加快培育海洋生物、海洋可再生资源、海洋工程装备研发与应用等新兴产业，大力发展海洋科技，建设海洋强省，更好地为建设海洋强国做贡献。二要加强南海维权和开发服务保障能力建设。加快推进南海资源开发服务保障基地和海上救援基地建设，逐步实现海陆空救援保障设施全面覆盖，提升深远海应急救援能力。三要推进军民融合深度发展。建立健全军民融合发展体制机制，推动军地基础设施、科技、教育、医疗等资源共享共用，深入实施军民融合工程，建设文昌国际航天城，打造军民融合创新示范区。[1]

刘赐贵表示，坚持扛起国家担当，建设国家重大战略服务保障区。习近平总书记2013年视察海南时指出，把海南建设好，把祖国南大门守卫好，政治责任重大。在这次重要讲话中又强调，要打造国家军民融合创新示范区，坚决守好祖国南大门。我们深刻认识到，海南肩负着守卫南海、建设海洋强国、实施“一带一路”倡议、推动军民融合发展等国家使命，必须自觉从服务国家重大战略的角度来推动改革发展。

[1] 刘赐贵：《关于深入学习习近平总书记“4·13”重要讲话精神的十点认识》（2018年10月13日），《海南日报》2018年10月17日。

要高起点发展海洋经济，建设海洋强省，为建设海洋强国作出更大贡献。加快推进南海资源开发服务保障基地和海上救援基地建设，逐步实现海陆空救援保障设施全面覆盖，提升深远海应急救援能力。建立健全军民融合发展体制机制，推动军地基础设施、科技、教育、医疗等资源共享共用，打造军民融合创新示范区。[1]

海南省委学习贯彻习近平总书记“4·13”重要讲话和中央12号文件精神，提出“推进军民融合深度发展，打造军民融合创新示范区”。

建立健全军民融合发展体制机制。完善军地协调、需求对接、资源共享和监督评估机制，构建纵向贯通、横向协同、顺畅高效的组织管理体系。建立健全军民融合政策制度体系，加强统筹协调，推动军地基础设施、科技、教育、医疗等资源共享共用。完善军地土地置换政策，保障军事用地需求，促进存量土地盘活利用。推动军地建设规划体系化衔接，强化军地空间开发和重大工程建设对接。深化空域精细化改革，扩大低空空域开放，理顺民用机场管理体制，先行先试通用航空分类管理改革。

深入实施军民融合工程。依托文昌航天发射场，以保障载人航天、轨道空间、探月工程等国家重大专项任务为中心，做大做强商业卫星发射、重型运载火箭、空间信息应用、航天育种、航天医学、航天科普旅游等航天产业，加快建设海南文昌国际航天城。建立空天海洋信息综合服务平台，推动遥感信息、通用航空等新兴产业融合发展。着力推进南海岛礁海事、海洋、气象等民事项目建设，完善西沙、南沙海上救援、综合执法、设施设备、后勤补给等服务功能，建设生态岛礁，打造南海军民融合精品工程。加快建设国家战略能源储备基地。[2]

[1] 刘赐贵：《努力成为新时代全面深化改革开放新标杆》，《人民日报》2018年10月29日。
[2] 《中共海南省委关于深入学习贯彻习近平总书记在庆祝海南建省办经济特区30周年大会上的重要讲话精神和〈中共中央　国务院关于支持海南全面深化改革开放的指导意见〉的决定》，《海南日报》2018年5月14日。

第八章　论表率：

海南要为全国生态文明建设作出表率

海南要牢固树立和全面践行绿水青山就是金山银山的理念，在生态文明体制改革上先行一步，为全国生态文明建设作出表率。

——习近平：《在庆祝海南建省办经济特区30周年大会上的讲话》（2018年4月13日）

习近平总书记一直以来对海南良好的生态环境倍加关注和赞美。“13亿中国人应该有环境优美、适宜度假的地方，海南的同志在保护生态环境方面责任重大、使命光荣。”他希望海南处理好发展和保护的关系，在生态文明建设上发挥示范性作用，作出表率。在庆祝海南建省办经济特区30周年大会上的重要讲话中，习近平总书记又进一步要求海南要牢固树立和全面践行绿水青山就是金山银山的理念，在生态文明体制改革上先行一步，为全国生态文明建设作出表率。海南，正在谱写美丽中国的海南篇章上下真功夫，扎实推进国家生态文明试验区建设，积极开展国家公园体制试点，完善以绿色发展为导向的考核评价体系，确保海南生态环境质量只能更好、不能变差。

一、海南要在生态文明建设上发挥示范性作用

2010年4月，习近平在海南考察时的重要讲话中指出：“坚持生态建设和文化建设并举，保持海南国际旅游岛的高品位。良好的生态环境是建设国际旅游岛最突出的优势和最大的本钱。一些到过美国夏威夷的人说，与同纬度的夏威夷相比较，海南的生态、环境、植被、气候、空气、阳光、沙滩、海水的质量并不逊色。中央要求把海南建设成为‘全国生态文明示范区’，这对海南生态文明建设提出了新的更高要求。”

习近平强调：“海南要实行最严格的生态环保制度，坚定不移走绿色发展之路，加快环境基础设施建设，推进资源节约型、环境友好型社会建设，大力发展循环经济、绿色经济，精心规划、有序开发和合理利用土地、森林、矿产、生物、海湾、海岛、水域等重要资源，提高资源开发利用水平，形成节约能源资源、保护生态环境的生活方式和消费模式。要在‘增绿’‘减排’上下功夫，采取多种综合措施，使海南的青山更绿、海水更蓝、沙滩更美、资源永续利用，在生态文明建设上走在全国前列，发挥示范性作用。”[1]

习近平对海南生态文明建设的这些重要论述，集中体现了中央关于海南国际旅游岛建设要“加强生态文明建设，增强可持续发展能力”的要求。当时中央对海南的要求体现在四个方面：

严格实行生态环境保护制度。广泛开展生态文明宣传教育，引导居民和游客增强保护生态环境的自觉性和责任感。加强生态环境保护立法，健全环境影响评价制度，实行更加严格的生态环保标准。完善

[1] 《习近平同志在海南考察时的讲话》（2010年4月13日）。

生态环境保护责任制和问责制，把生态环境保护纳入经济社会发展综合评价体系和领导干部综合考核评价体系。加大对破坏生态环境行为的惩处力度。

加强生态建设。继续推进海防林恢复和建设工程、天然林保护工程，巩固退耕还林成果，完善海南国家级公益林补偿机制，2015 年森林覆盖率提高到 60%。加强水土保持工作。加强自然保护区、森林公园、重点水源地、重要海域的保护和管理，有序开发利用土地、森林、矿产、海湾、岸线、海岛、水域等重要资源，提高资源开发利用水平和效益。实施教育扶贫移民工程，推动生态脆弱地区农村居民向城镇迁移。将海南作为全国生态补偿机制试点省，加大中央财政对海南的生态补偿力度，将九个山区市县列入国家生态功能区转移支付范围，将尖峰岭等七处国家级自然保护区列入国家生态补偿试点。

大力推进节能减排。严格执行环境准入制度，严格主要污染物排放总量控制，严禁高耗能、高耗水、高排放和产能过剩行业发展，加大淘汰高耗能、高耗水、高排放和落后产能的力度。加强清洁生产、节能减排技术和产品的推广应用工作，实施节能和新能源汽车示范工程。大力推进各类减排工程设施建设，增加“以奖代补”专项转移支付。积极支持海南发展农村沼气、畜禽养殖业废弃物综合利用、蔗渣利用、中水回收利用等循环经济。加强环境监管能力建设，完善节能减排统计监测和考核实施办法，强化节能减排目标责任制，确保完成国家分解下达给海南省的节能减排任务。

强化环境污染防治。加强南渡江、万泉河、昌化江流域和担负饮用水集中供水任务水库的水污染防治。加强城镇污水和垃圾处理设施建设，到 2015 年城镇污水处理率达到 80%，城镇生活垃圾无害化处理率达到 90%。强化对已建成污染治理设施的运行监管。控制农业面源污染。加强农村环境综合整治，继续推行改水改厕，逐步建立村镇生活垃圾收集转运处理体系。完善污水、垃圾处理费征收政策，建立健全治污设施正常运营保障机制。开展入海河流、直排污染源和南海海域环境监测，建立环境质量例行监测公报和重点海域污染物排海总量控制制度。[1]

2010年4月习近平要求海南在“增绿”“减排”上下功夫，到2013年4月考察海南时又要求海南要着力在“增绿”和“护蓝”上下功夫，体现了他对海南生态文明建设的高度重视。习近平的“增绿”工作实践，源于他任福建省宁德地委书记之时。

党的十一届三中全会以来，闽东的林业建设有了较大的发展。全区通过新造、改造、更新和集约经营等措施，建立了以用材林为主，经济林、防护林、薪炭林各种结构相应发展的各种林木面积700多万亩，闽东初步尝到了甜头，开始得到了大自然的恩赐。但习近平认为，这些还远远不够。从横向比较，从长远的发展看，闽东林业所面临的问题是相当严峻的，森林覆盖率与绿化程度均低于全省的平均水平；近年来营林多，也砍得多，森林赤字多达30万立方米。同时全地区还有340多万亩宜林荒山尚未绿化，近50万亩疏林地尚未改造，许多宝贵的林地资源白白闲置抛荒，山的整体优势没有充分发挥。

习近平说，古人云居安思危，何况我们今天已经无“安”可居！我们更必须把振兴林业真正摆上闽东经济发展的战略位置，要有一种高度的自觉性和强烈的紧迫感。从这个指导思想出发，闽东发展林业的基本要求是：狠抓统一思想认识、多方筹集资金和落实管护开发措施等三个重点，解决林业政策体制和祖宗山权两大难题，提高经济、社会和生态三种效益。有了这样的指导思想和基本要求，就可以制订一幅闽东林业振兴的蓝图了：苦战七年，确保1995年实现荒山绿化任务，

---

[1] 《国务院关于推进海南国际旅游岛建设发展的若干意见》（2009年12月31日），《海南日报》2010年1月5日。

全区绿化程度达 70%，森林覆盖率达 51%；分别比现在高出 14 和 10.8 个百分点，达到或超过省定的指标。

造林绿化、振兴闽东是一项充满希望的事业。习近平深有感触地说：“‘此地有崇山峻岭，茂林修竹。’在闽东这样一个贫困地区，山林资源是一个重要的优势。‘什么时候闽东的山都绿了，什么时候闽东就富裕了。’闽东群众的这句话，说出了一个很深刻的道理：闽东经济发展的潜力在于山，兴旺在于林。怎样正确认识这个发展战略问题呢？我认为，从一般的意义上理解，林业有很高的生态效益和社会效益，比如森林能够美化环境，涵养水源，保持水土，防风固沙，调节气候，实现生态环境良性循环等。从特殊的意义上理解，发展林业是闽东脱贫致富的主要途径。林业是闽东财政收入的重要来源之一，是地方农业、工业和乡镇企业发展的重要依托，是出口创汇的重要基础。森林是水库、钱库、粮库，这样说并不过分。”[1]

在 2010 年 4 月考察海南时的讲话中，习近平还特别指出：“高品位、有特色的国际旅游岛，既要体现在优美的自然风光上，又要体现在特色文化的内涵上，既要造‘形’，又要铸‘魂’。两者有机结合，才能增强旅游岛的持久吸引力。海南虽然建省时间不长，却拥有悠久的历史文化积淀和丰厚的民族文化底蕴。苏东坡、海瑞等历史名人都在这里生活过，留下了不少故事。一个‘天涯海角’的爱情传说，一个红色娘子军的剧目、一首《我爱五指山，我爱万泉河》的歌曲使无数人认识了海南、记住了海南，对海南充满了神往。由此可见文化的魅力、文化的亲和力、文化对于一个地区发展和知名度的影响力、提升力，海南要大力推动旅游与文化的有力结合，充分挖掘、有效激活和合理运用优秀历史文化、革命传统文化、民族民间文化、海洋生态文化等资

[1] 习近平：《闽东的振兴在于“林”——试谈闽东经济发展的一个战略问题》（1989 年 1 月），载《摆脱贫困》，福建人民出版社，1992 年版，第 110—112 页。

源，着力增加文化要素、提高文化含量、彰显文化品位，为国际旅游岛建设注入灵魂。要把提升公民文明素质和社会文明程度作为推进国际旅游岛建设的基础性工程来抓，在全岛广泛开展思想道德教育和旅游文明礼仪教育，广泛开展群众性精神文明创建活动和各种主题文化活动，培育讲文明、重礼仪，团结友善、热情好客的社会风尚，形成有利于国际旅游岛建设的人文环境。”[1]

由旅游而及文化，习近平对海南历史文化的特点和内涵做了精辟的阐述和概括。

从谈及苏东坡、海瑞等历史名人都在海南生活过，到用“三个一”（一个“天涯海角”的爱情传说、一个红色娘子军的剧目、一首《我爱五指山，我爱万泉河》的歌曲）来唤起人们对海南的神往，可见习近平对海南文化非常的熟悉和了解。特别是，他要求海南要大力推动旅游与文化的有力结合，充分挖掘、有效激活和合理运用优秀历史文化、革命传统文化、民族民间文化、海洋生态文化等资源，如此准确概括和科学提炼出海南的“四大文化”，为海南深入挖掘、整理、研究、传播优秀历史文化、革命传统文化、民族民间文化、海洋生态文化，以形成海南的文化品牌并推向世界，具有十分重要的指导意义。假以时日，海南的“四大文化”会和海南的“四大名菜”一样，为中外所熟知、所向往。

习近平指出，高品位、有特色的国际旅游岛，既要体现在优美的自然风光上，又要体现在特色文化的内涵上，既要造“形”，又要铸“魂”。两者有机结合，才能增强国际旅游岛的持久吸引力。这源于他早就对文化是“魂”有独到的见解。

习近平指出，一位哲学家曾做过这样的比喻：政治是骨骼，经济

[1] 《习近平同志在海南考察时的讲话》（2010年4月13日）。

是血肉，文化是灵魂。这一比喻形象地说明了文化对人类社会发展所起的作用。从根本上说，文化是由经济决定的，经济力量为文化力量提供发挥效能的物质平台。然而，任何经济又离不开文化的支撑：文化赋予经济发展以深厚的人文价值，使人的经济活动与动物的谋生行为有质的区别；文化赋予经济发展以极高的组织效能，促进社会主体间的相互沟通和社会凝聚力的形成；文化赋予经济发展以更强的竞争力，先进文化与生产力中的最活跃的人的因素一旦结合，劳动力素质会得到极大的提高，劳动对象的广度和深度会得到极大的拓展，人类改造自然、取得财富的能力与数量会成几何级数增加。文化力量对政治制度、政治体制的导向和引领作用十分明显。一定社会的文化环境，对生活其中的人们产生着同化作用，进而化作维系社会、民族的生生不息的巨大力量。要化解人与自然、人与人、人与社会的各种矛盾，必须依靠文化的熏陶、教化、激励作用，发挥先进文化的凝聚、润滑、整合作用。[1]

二、谱写美丽中国的海南篇章

“云散月明谁点缀？天容海色本澄清”、“飞泉泻万仞，舞鹤双低昂”、“丹荔破玉肤，黄柑溢芳津”，2013 年 4 月在海南考察时谈起海南的生态，习近平总书记引用了苏东坡的这三句诗。习近平总书记对海南的生态环境不吝赞美之辞，称在海南可大口呼吸新鲜空气，“何其幸福”。他还指出，这次来到海南的外国元首和政要，无一不向他赞美海南岛绮丽的自然风光。他进一步指出“加强生态环境保护，谱写

[1] 习近平：《文化是灵魂》（2005 年 8 月 12 日），载《之江新语》，浙江人民出版社，2007 年版，第 149 页。

美丽中国的海南篇章”。

习近平总书记说，青山绿水、碧海蓝天是海南建设国际旅游岛最强的优势和最大的本钱，是一笔既买不来也借不到的宝贵财富，必须倍加珍爱、精心呵护。900多年前，苏东坡被贬海南儋州时，就写下不少描绘海南风景的诗句，如“云散月明谁点缀，天容海色本澄清”“飞泉泻万仞，舞鹤双低昂”“丹荔破玉肤，黄柑溢芳津”等等。保护海南生态环境，不仅是海南自身发展的需要，也是我们国家的需要。13亿中国人应该有环境优美、适宜度假的地方。海南的同志在保护生态环境方面责任重大、使命光荣。

习近平总书记指出，综观世界发展史，保护生态环境就是保护生产力，改善生态环境就是发展生产力。良好的生态环境是最公平的公共产品，是最普惠的民生福祉。对人的生存来说，金山银山固然重要，但绿水青山是人民幸福生活的重要内容，是金钱不能替代的。你挣到了钱，但空气、饮用水都不合格，哪有什么幸福可言！党的十八大明确把生态文明建设列入中国特色社会主义事业总体布局，强调要努力建设美丽中国。中央要求把海南建设成为全国生态文明示范区，是希望你们闯出一条人与自然和谐发展的新路，为全国的生态文明建设当个表率。大家要在过去工作的基础上，提出更高要求，采取更有力的举措，加快建设美丽海南。

习近平总书记强调，生态环境保护的成败，归根结底取决于经济结构和经济发展方式。经济发展不应是对资源和生态环境的竭泽而渔，生态环境保护也不应是舍弃经济发展的缘木求鱼，而是要坚持在发展中保护、在保护中发展，实现经济社会发展与人口、资源、环境相协调，不断提高资源利用水平，加快构建绿色生产体系，大力增强全社会节约意识、环保意识、生态意识。海南作为一个正在发展中的地区，一定要正确处理好保护和发展的关系，既牢牢把握生态立省这个前提，又牢牢抓好发展这个第一要务，始终做到保护和发展并举。要坚持标本兼治、常抓不懈，从影响群众生活最突出的事情做起，既下大气力解决当前突出问题，又探索建立长久管用、能调动各方面积极性的体制机制，改善环境质量，保护人民健康，让城乡环境更宜居、人民生活更美好。

习近平总书记说，森林是自然生态系统的支柱。老百姓讲，在海南大地上插根扁担都能发芽。要充分利用这一优势，突出抓好“绿化宝岛”工程，巩固和扩大天然林、海防林和其他公益林的建设成果。海洋是支撑未来发展的资源宝库和战略空间。要坚持陆海统筹、河海兼顾、综合施策，突出做好海洋污染防控、红树林等典型生态系统和生物多样性保护、水土流失治理等工作，努力使海南的青山更绿、海水更蓝、沙滩更美、空气更清新，为子孙后代留下可持续发展的“绿色银行”。[1]

习近平总书记要求海南着力在“增绿”和“护蓝”上下功夫，而早在河北省正定县工作时，他就提出了一个“返还”自然界的富有远见的观点。

关于农业、农村经济的发展，当时中央提出了两个战略性的指导思想，一是在合理利用自然资源、保持良好的生态环境和严格控制人口增长的前提下发展农业；二是农村经济必须走农林牧副渔全面发展和农工商综合经营的道路。这是两项意义深远的决策。

习近平说，在合理利用自然资源、保持良好的生态环境、严格控制人口增长的三大前提下搞农业，这一发展战略是符合客观规律的。就资源讲，有一个对自然资源开发利用的战略问题。自然界为人类造就了日光、空气、土地、河流、森林、矿藏各种资源，供人类享用。过

[1] 习近平：《在海南考察工作结束时的重要讲话》（2013 年 4 月 10 日）。

去，人类以无限制地开发以求生产的发展，这是那个时代的战略。现在，以合理开发、节制使用以求自然界和人类社会的平衡，这是现代、当代的战略。人类不能只是开发资源，而首先要考虑保护和培植资源。不能只是向自然界索取，而是要给自然界以“返还”，使自然资源更长久地为人类所享用、所利用。有人讲，现在除日光外，各种资源都不同程度地稀缺。资源问题引起了世界范围的重视，人类依靠自然资源而生存，农业依靠自然资源为基础。所以，不能不研究资源问题，不能不研究资源战略问题。

就生态环境讲，有一个生态战略问题。迄今为止，人们还只知道仅在地球上生活着高等智慧生物——人类。这是地球为人类提供了一个适宜生存发展的生态环境。如何保持良好的生态环境，给人类、给农业经济的发展，提出了一个世界范围的生态问题，或者叫农业发展的生态战略问题。在自然规律中，生态平衡规律对经济建设、对农业发展的关系最为重大。现在，农业经济已不仅是农业生产本身，而是由农业经济系统、农业技术系统与农业生态系统组合而成的复合系统，是人类的技术经济活动与生物系统和环境系统联结而成的网络结构。人类从水土流失、肥力下降、土壤沙化、环境污染、海洋毒化、气候变坏、灾害频繁的严重后果中，越来越认识到生态问题的重要，农业经济早已超出自为一体的范围，只有在生态系统协调的基础上，才有可能获得稳定而迅速的发展。

就人口讲，也有一个人口战略问题。人口不断增长，而地球不再增大，人均占有的自然资源就愈来愈少。人类生活水平越高，生产、生活过程的有害产物就越多，对生态平衡的破坏就越厉害。专家们认为，地球对于人类的承受力是有限的。人们发现，近一二百年自然资源的消耗，近一二十年生态环境的破坏，超过了过去的几千年。资源的减少，生态平衡的破坏，要求人类不要再无休止地自我膨胀。有人提出，危及人类生存的本因来自人类自身，是很有道理的。现在，一些学者、专家在研究人口的理想密度、极限密度问题，这是社会学的战略问题，尤其是农业和农村经济发展的战略问题。[1]

30 多年后，习近平总书记深有感触地说："以史为鉴，可以知兴替。我之所以反复强调要高度重视和正确处理生态文明建设问题，就是因为我国环境容量有限，生态系统脆弱，污染重、损失大、风险高的生态环境状况还没有根本扭转，并且独特的地理环境加剧了地区间的不平衡。'胡焕庸线'东南方 43%的国土，居住着全国 94%左右的人口，以平原、水网、低山丘陵和喀斯特地貌为主，生态环境压力巨大；该线西北方 57%的国土，供养大约全国 6%的人口，以草原、戈壁沙漠、绿洲和雪域高原为主，生态系统非常脆弱。说基本国情，这就是其中很重要的内容。"[2]

学习贯彻落实习近平总书记视察海南的重要讲话精神，海南提出"把生态环境作为海南科学发展的核心资源"："青山绿水、碧海蓝天是建设国际旅游岛最强的优势和最大的本钱，是一笔既买不来也借不到的宝贵财富，必须倍加珍爱、精心呵护。保护生态环境就是保护生产力，改善生态环境就是发展生产力。良好的生态环境是最公平的公共产品，是最普惠的民生福祉。要坚持在发展中保护、在保护中发展，实现经济社会发展与人口、资源、环境协调。保护不是简单原始的不开发，而是对生态环境更积极更能动更有效的巩固和发展；发展不是不计环境成本的乱开发，而是对产业和项目绿色、低碳、高附加值、全产业链的科学选择。要不断提高资源利用水平，加快构建绿色生产体

---

[1] 习近平：《发展农业、农村经济要多一些战略眼光》（1984 年 3 月 2 日），载《知之深　爱之切》，河北人民出版社，2015 年版，第 137—139 页。

[2] 习近平：《推动我国生态文明建设迈上新台阶》，《求是》2019 年第 3 期。

系。大力增强全社会节约意识、环保意识、生态意识。既要牢牢把握生态立省这个前提，又要牢牢抓好发展这个第一要务，始终做到保护和发展并举，努力使海南的青山更绿、海水更蓝、沙滩更美、空气更清新，谱写美丽中国的海南篇章。”[1]

为深入贯彻落实以习近平同志为核心的党中央关于加强生态文明建设的系列决策部署，推动全省转变发展理念、转换发展动力、转型发展方式，充分发挥全国最好的生态环境、全国最大的经济特区、全国唯一的省域国际旅游岛“三大优势”，加快建设经济繁荣、社会文明、生态宜居、人民幸福的美好新海南，实现全省人民的幸福家园、中华民族的四季花园、中外游客的度假天堂“三大愿景”，海南省委就进一步加强生态文明建设、谱写美丽中国海南篇章作出决定，内容包括：①牢固树立新发展理念。②力争生态文明建设走在全国前列。③坚持“多规合一”一张蓝图干到底。④走绿色城镇化路子。⑤扎实推进“美丽海南百镇千村”建设。⑥严格保护海洋生态环境。⑦强化用海管理和海岸带保护。⑧构建绿色产业体系。⑨加强绿色“五网”基础设施建设。⑩共建共享军民融合生态设施。⑪建设绿色能源岛。⑫推进节能环保产业发展和科技创新。⑬保护和修复自然生态系统。⑭实施生态移民搬迁。⑮持续开展生态环境整治。⑯强化资源节约。⑰加强耕地保护。⑱推广循环经济。⑲提高全民生态文明意识。⑳全面开展生态文明示范创建。㉑推行绿色生活方式。㉒完善生态补偿机制。㉓全面推行河长制。㉔建立健全自然资源资产产权制度。㉕完善以绿色发展为导向的考核评价体系。㉖加大生态环境资源保护投入。㉗加强环境监测和信息化管理。㉘加强生态环境监管能力建设。㉙强化党对生态文

[1]《中共海南省委关于学习贯彻落实习近平总书记视察海南重要讲话精神的决定》（2013年7月26日中国共产党海南省第六届委员会第四次全体会议通过），《海南日报》2013年8月5日。

明建设的领导。㉚层层抓好贯彻落实。[1]

三、海南要为全国生态文明建设作出表率

2018 年 4 月在海南考察的习近平总书记，13 日上午来到位于海口市的海南省博物馆，参观海南建省办经济特区 30 周年成就展。博物馆中的生态建设馆展示了海南坚持绿水青山就是金山银山、实施生态立省战略取得的可喜成绩。习近平察看了热带海洋岛屿动植物物种基因库样本，观看了自然保护区实时监控画面，听取了海南空气质量监测数据分析，对海南省重视生态环境保护的做法表示肯定。他强调指出，我们党提出生态文明建设是一个历史性贡献。青山绿水、碧海蓝天是海南最强的优势和最大的本钱，是一笔既买不来也借不到的宝贵财富，破坏了就很难恢复。要把保护生态环境作为海南发展的根本立足点，牢固树立绿水青山就是金山银山的理念，像对待生命一样对待这一片海上绿洲和这一汪湛蓝海水，努力在建设社会主义生态文明方面作出更大成绩。[2]

就在当日（4 月 13 日）下午召开的庆祝海南建省办经济特区 30 周年大会上，习近平总书记发表重要讲话时指出："海南要牢固树立和全面践行绿水青山就是金山银山的理念，在生态文明体制改革上先行一步，为全国生态文明建设作出表率。"[3]

早在主政福建省宁德地区时，习近平就深刻认识到"森林是水库、

---

[1]《中共海南省委关于进一步加强生态文明建设谱写美丽中国海南篇章的决定》（2017 年 9 月 22 日 中国共产党海南省第七届委员会第二次全体会议通过），《海南日报》2017 年 9 月 25 日。

[2]《习近平在海南考察时强调　以更高站位更宽视野推进改革开放　真抓实干加快建设美好新海南》，《人民日报》2018 年 4 月 14 日。

[3] 习近平：《在庆祝海南建省办经济特区 30 周年大会上的讲话》（2018 年 4 月 13 日）。

钱库、粮库”[1]。有了这样的深刻认识，才会作出“绿水青山就是金山银山”的科学论断。

2005年8月15日下午4时许，习近平来到安吉天荒坪镇的余村，调研民主法治村建设。根据行程，他将在村里停留20分钟，只听汇报，不作讲话。余岭脚下的余村，此前自办水泥厂、开采石灰岩，成了有名的富裕村但也破坏了环境。2003年至2005年，在安吉“生态立县”的背景下，村里接连关停了三个石矿、一家水泥厂，开始兴办农家乐。在村里的小会议室，时任村党支部书记鲍新民汇报说，余村通过民主决策，关停了污染环境的矿山。现在开始搞生态旅游，打算让村民借景生财。

“听到这里，习书记很高兴，表扬我们，一说就是20分钟。”时任天荒坪镇党委书记韩树根录下了这段后来成为珍贵史料的重要讲话。

习近平说：“一定不要再想着走老路，还是迷恋着过去的那种发展模式。所以，刚才你们讲了，下决心停掉一些矿山，这个都是高明之举。绿水青山就是金山银山。我们过去讲既要绿水青山，又要金山银山，实际上绿水青山就是金山银山。”

这是习近平首次明确提出“绿水青山就是金山银山”的科学论断，是事关浙江乃至中国未来的重要战略思想。[2]

就在那时，习近平指出：“我们追求人与自然的和谐，经济与社会的和谐，通俗地讲，就是既要绿水青山，又要金山银山。我省‘七山一水两分田’，许多地方‘绿水逶迤去，青山相向开’，拥有良好的生态优势。如果能够把这些生态环境优势转化为生态农业、生态工业、生

[1] 习近平：《闽东的振兴在于“林”——试谈闽东经济发展的一个战略问题》（1989年1月），载《摆脱贫困》，福建人民出版社，1992年版，第110—111页。

[2] 《绿水青山就是金山银山——习近平总书记在浙江的探索与实践·绿色篇》，《浙江日报》2017年10月8日。

态旅游等生态经济的优势，那么绿水青山也就变成了金山银山。绿水青山可带来金山银山，但金山银山却买不到绿水青山。绿水青山与金山银山既会产生矛盾，又可辩证统一。在鱼和熊掌不可兼得的情况下，我们必须懂得机会成本，善于选择，学会扬弃，做到有所为、有所不为，坚定不移地落实科学发展观，建设人与自然和谐相处的资源节约型、环境友好型社会。在选择之中，找准方向，创造条件，让绿水青山源源不断地带来金山银山。”[1]

“绿水青山就是金山银山”的理念，已经作为习近平新时代中国特色社会主义思想的重要内容写进党的十九大报告中：“建设生态文明是中华民族永续发展的千年大计。必须树立和践行绿水青山就是金山银山的理念，坚持节约资源和保护环境的基本国策，像对待生命一样对待生态环境，统筹山水林田湖草系统治理，实行最严格的生态环境保护制度，形成绿色发展方式和生活方式，坚定走生产发展、生活富裕、生态良好的文明发展道路，建设美丽中国，为人民创造良好生产生活环境，为全球生态安全作出贡献。”[2]

要求海南牢固树立和全面践行绿水青山就是金山银山的理念，在生态文明体制改革上先行一步，为全国生态文明建设作出表率，表明习近平总书记对海南寄予无限厚望。

习近平总书记强调：“生态文明建设事关中华民族永续发展和‘两个一百年’奋斗目标的实现。保护生态环境就是保护生产力，改善生态环境就是发展生产力。海南的青山绿水、碧海蓝天自古就为文人雅士所称道。苏东坡的‘不似天涯，卷起杨花似雪花’；丘濬的‘五峰

[1] 习近平：《绿水青山也是金山银山》（2005年8月24日），载《之江新语》，浙江人民出版社，2007年版，第153页。

[2] 习近平：《决胜全面建成小康社会　夺取新时代中国特色社会主义伟大胜利——在中国共产党第十九次全国代表大会上的报告》（2017年10月18日）。

如指翠相连，撑起炎荒半壁天。夜盥银河摘星斗，朝探碧落弄云烟’；杨维桢的‘绿衣歌舞不动尘，海仙骑鱼波袅袅’，无不描绘出海南宛如仙境的动人景象。海南生态环境是大自然赐予的宝贵财富，必须倍加珍惜、精心呵护，使海南真正成为中华民族的四季花园。”[1]

习近平到中央工作后，三次在海南考察都讲到我国历史上著名的文学家、四川眉山人苏东坡，这已为人所熟悉；而讲到海南本地历史文化名人，他在 2010 年讲到海瑞，还鲜为人知；到他在庆祝海南建省办经济特区 30 周年大会上讲到丘濬，则让海南人民大为振奋。

丘濬（1421—1495 年），海南琼山人。官至户部尚书兼武英殿大学士。曾被明孝宗御赐为“理学名臣”，被史学界誉为“有明一代文臣之宗”。他是海南人最为骄傲的历史人物，广受后世的景仰与推崇。习近平所引用的《五指参天》诗相传是丘濬少年时所作，此诗后半段是：“雨余玉笋空中现，月出明珠掌上悬。岂是巨灵伸一臂，遥从海外数中原。”这首脍炙人口的让后世海南人无不景仰的七律，是咏颂五指山的千古绝唱，不只写出五指山的雄奇、峻美和飘逸，而且反映了明代以后海南人的另一种胸怀和气概；不只表现了丘濬对海南秀丽山川的无比热爱和伟奇的想象力，也表达了他的少年才学和政治抱负。此诗一出，历代皆引出不少和诗，但皆不如丘诗。这首诗后来还传诵到中原，引起中原许多才子或“敬”或“愤”。敬者，赞诗写得好，并且是七岁所吟；愤者，称他太自大，蔑视中原人物。百年后，陕西一个才子读到这首诗，既叹琼崖因丘濬而引起中原人注意，又惊诗的末两句过于夸大，于是握笔在丘诗的末尾题上两句：“中原人物知多少？数到如今手未收。”

杨维桢（1296—1370 年），字廉夫，号铁崖，今浙江省诸暨市枫桥

[1] 习近平：《在庆祝海南建省办经济特区 30 周年大会上的讲话》（2018 年 4 月 13 日）。

镇人。元末明初著名诗人、文学家、书画家和戏曲家。据称，杨诗最富特色的是他的古乐府诗，既婉丽动人，又雄迈自然，史称“铁崖体”，为历代文人所推崇。诸暨有“枫桥三贤”，即王冕、杨维桢、陈洪绶，但一般知道杨维桢的人不多，知道他与海南有关的人就更少了。杨维桢诗《罗浮美人歌》云：“海南天空月皎皎，三山如卷海如沼。绿衣歌舞不动尘，海仙骑鱼波袅袅。翩然而来坐芳草，宰如白月射林杪。洗妆不受瘴烟昏，缟袂初逢鸿欲娇。”此诗经习近平总书记引用而广为人知。由此也可以看出习近平总书记的博学和对海南的厚爱。

习近平总书记在引用丘濬、杨维桢的诗后，又表达了这样的向往：“海南生态环境是大自然赐予的宝贵财富，必须倍加珍惜、精心呵护，使海南真正成为中华民族的四季花园。”

2010 年 4 月习近平在考察海南时曾指出：“中央要求把海南建设成为‘全国生态文明示范区’，这对海南生态文明建设提出了新的更高要求。”[1] 所指“全国生态文明示范区”，是国际旅游岛六大战略定位之一，即：“全国生态文明建设示范区。坚持生态立省、环境优先，在保护中发展，在发展中保护，推进资源节约型和环境友好型社会建设，探索人与自然和谐相处的文明发展之路，使海南成为全国人民的四季花园”。[2]

这句“使海南成为全国人民的四季花园”，浓缩了把海南建设成中华民族的四季花园和全国人民的度假村的目标。

2003 年 2 月 22 日，海南省农村工作会议第一次提出，要抓住机遇，加快发展，深化改革，强化管理，为建设海南社会主义新农村而努力奋斗，要把海南建设成中华民族的四季花园和全国人民的度假村。

---

[1]　《习近平同志在海南考察时的讲话》（2010 年 4 月 13 日）。

[2]　《国务院关于推进海南国际旅游岛建设发展的若干意见》（2009 年 12 月 31 日）。

时任海南省委书记王岐山说，海南拥有得天独厚的自然条件，我们各项工作的目标，就是要保护好、利用好、发挥好这些独特资源的优势，真正把海南建设成中华民族的四季花园和全国人民的度假村。保护海南的生态环境不被破坏，是我们实现可持续发展战略和经济社会发展长远目标最基本的前提。海南农村面积广大，农村人口众多，农业经济在全省国民经济中具有基础地位。没有文明富裕的农民，没有繁荣稳定的农村，就没有海南的可持续发展和全面的小康社会。进一步解决好“三农”问题，加快农业和农村经济发展，是海南实现国民经济持续快速健康发展、保持社会稳定和全面建设小康社会的必然要求。[1]

在担任海南省委书记时，王岐山把生态环境保护视为海南发展建设的生命线。他提出以“五网工程加沼气”为重点内容的“海南岛改造论”，把工作重点放到路、水、电、广电、通信等农村基础设施建设上，力争五到十年，奠定海南社会主义新农村的坚实基础。他采取果断措施，坚决制止水库污染、热带雨林滥砍滥伐，加强红树林生态保护，并拍摄了环保专题片《松涛九问》，进行广泛宣传。所有这一切都基于他对海南作出的定位：“中华民族的四季花园”“全国人民的度假村”。[2]

海南将“扎实推进生态文明试验区建设，确保海南生态环境质量只能更好、不能变差”。

全面落实国家生态文明试验区政策举措。建设国家生态文明试验区，开展海南热带雨林国家公园体制试点，精心组织，明确任务，落实责任，抓出成效，为全国生态文明建设积累经验。编制生态保护红线、环境质量底线和资源利用上线，建立全省生态环境分区管控体系。

[1] 《全省农村工作会议提出　把海南建成中华民族的四季花园》，《海南日报》2003 年 2 月 23 日。

[2] 《“求真务实 尽责奉献”——记中共中央政治局常委王岐山》，新华社北京 2012 年 12 月 25 日电。

全面实施河长制、湖长制、湾长制、林长制。制定碳排放总量控制方案。建立绿色金融改革创新试验区，开展海洋生态系统碳汇试点。实施全面禁止生产、销售和使用一次性不可降解塑料制品方案。开展以红树林保护为重点的湿地保护修复行动，建设海口五源河、三亚河等湿地公园。推进绿色殡葬五年行动计划。实施有机肥替代化肥行动。在全省推广装配式建筑。加大创建卫生（健康）城镇力度。实行国家第六阶段机动车排放标准。出台清洁能源汽车发展规划，完善充电桩布局，建设充电桩四万个以上；公务车、公交车等新增和更换车辆全部使用清洁能源汽车。

着力补齐环保基础设施短板。加快城镇污水处理配套管网建设，实施老旧城区雨污分流管网改造，建设一批建制镇污水处理设施，制定实施加强运营管理的有效措施。加快八座垃圾焚烧发电厂建设，推动生活垃圾转运更好实现城乡全覆盖。加强跨区域环境监测设施和能力建设。

不折不扣完成中央环保督察和国家海洋督察反馈问题整改。开展全覆盖督查，严格按照时间节点，逐条逐项抓好落实，确保每一个问题有效整改到位。处置围填海历史遗留问题，除国家重大战略项目外，全面停止新增围填海项目审批。举一反三、标本兼治，健全和落实生态环境保护的各项长效机制。[1]

四、支持海南建设国家生态文明试验区

习近平总书记在庆祝海南建省办经济特区 30 周年大会上的重要讲话中指出：“党中央决定，支持海南建设国家生态文明试验区，鼓励

[1] 沈晓明：《政府工作报告——2019 年 1 月 27 日在海南省第六届人民代表大会第二次会议上》，《海南日报》2019 年 2 月 2 日。

海南省走出一条人与自然和谐发展的路子，为全国生态文明建设探索经验。要实行最严格的生态环境保护制度，构建高效统一的规划管理体系，率先建立现代生态环境和资源保护监管体制。要积极开展国家公园体制试点，建设热带雨林等国家公园，构建归属清晰、权责明确、监管有效的自然保护地体系。要完善以绿色发展为导向的考核评价体系，建立健全形式多样、绩效导向的生态保护补偿机制。要严格保护海洋生态环境，建立健全陆海统筹的生态系统保护修复和污染防治区域联动机制。”[1]

刘赐贵表示，坚持绿水青山就是金山银山理念，建设国家生态文明试验区。海南要牢固树立和全面践行绿水青山就是金山银山的理念，在生态文明体制改革上先行一步，为全国生态文明建设作出表率。我们将以最严的措施，确保生态环境只能更好、不能变差。强化生态环境建设与污染治理，认真贯彻落实生态环境六大专项整治三年行动计划，打好污染防治攻坚战。实施最严格的生态环境保护制度，落实生态环境保护“党政同责、一岗双责”，完善以绿色发展为导向的考核评价体系，严格执行党政领导干部自然资源资产离任审计、生态环境损害责任追究制度，积极推进国家公园体制试点。推动形成绿色生产生活方式，大力发展环境友好、资源节约的旅游业、现代服务业、热带高效农业、高新技术产业、节能环保产业等，争取2030年前率先实现全域汽车清洁能源化，力争2020年底前全面实行“禁塑令”，基本控制住“白色污染”。[2]

海南建设国家生态文明试验区很快有了实质性进展。2019年1月23日，习近平总书记主持召开中央全面深化改革委员会第六次会议并发表重要讲话。会议审议通过了《国家生态文明试验区（海南）实施

[1] 习近平：《在庆祝海南建省办经济特区30周年大会上的讲话》（2018年4月13日）。
[2] 刘赐贵：《努力成为新时代全面深化改革开放新标杆》，《人民日报》2018年10月29日。

方案》《海南热带雨林国家公园体制试点方案》等文件。会议强调，党中央支持海南建设国家生态文明试验区，开展海南热带雨林国家公园体制试点，目的是要牢固树立和全面践行绿水青山就是金山银山理念，在资源环境生态条件好的地方先行先试，为全国生态文明建设积累经验。海南省要精心组织，明确任务，落实责任，抓出成效。中央和国家机关有关部门要做好协调指导支持工作。[1]

为贯彻落实党中央、国务院关于生态文明建设的总体部署，进一步发挥海南省生态优势，深入开展生态文明体制改革综合试验，建设国家生态文明试验区，根据《中共中央　国务院关于支持海南全面深化改革开放的指导意见》和中央办公厅、国务院办公厅印发的《关于设立统一规范的国家生态文明试验区的意见》，而制定《国家生态文明试验区（海南）实施方案》（以下简称《实施方案》）。

《实施方案》提出这样的“指导思想”：

以习近平新时代中国特色社会主义思想为指导，深入贯彻党的十九大和十九届二中、三中全会精神，全面贯彻习近平生态文明思想，紧紧围绕统筹推进“五位一体”总体布局和协调推进“四个全面”战略布局，按照党中央、国务院决策部署，坚持新发展理念，坚持改革创新、先行先试，坚持循序渐进、分类施策，以生态环境质量和资源利用效率居于世界领先水平为目标，着力在构建生态文明制度体系、优化国土空间布局、统筹陆海保护发展、提升生态环境质量和资源利用效率、实现生态产品价值、推行生态优先的投资消费模式、推动形成绿色生产生活方式等方面进行探索，坚定不移走生产发展、生活富裕、生态良好的文明发展道路，推动形成人与自然和谐共生的现代化

[1]《习近平主持召开中央全面深化改革委员会第六次会议强调　对标重要领域和关键环节改革继续啃硬骨头确保干一件成一件》，《人民日报》2019 年 1 月 24 日。

建设新格局，谱写美丽中国海南篇章。

《实施方案》确立这样的“战略定位”：

生态文明体制改革样板区。健全生态环境资源监管体系，着力提升生态环境治理能力，构建起以巩固提升生态环境质量为重点、与自由贸易试验区和中国特色自由贸易港定位相适应的生态文明制度体系，为海南持续巩固保持优良生态环境质量、努力向国际生态环境质量标杆地区看齐提供制度保障。

陆海统筹保护发展实践区。坚持统筹陆海空间，重视以海定陆，协调匹配好陆海主体功能定位、空间格局划定和用途管控，建立陆海统筹的生态系统保护修复和污染防治区域联动机制，促进陆海一体化保护和发展。深化省域“多规合一”改革，构建高效统一的规划管理体系，健全国土空间开发保护制度。

生态价值实现机制试验区。探索生态产品价值实现机制，增强自我造血功能和发展能力，实现生态文明建设、生态产业化、脱贫攻坚、乡村振兴协同推进，努力把绿水青山所蕴含的生态产品价值转化为金山银山。

清洁能源优先发展示范区。建设“清洁能源岛”，大幅提高新能源比重，实行能源消费总量和强度双控，提高能源利用效率，优化调整能源结构，构建安全、绿色、集约、高效的清洁能源供应体系。实施碳排放控制，积极应对气候变化。

《实施方案》制定这样的“主要目标”：

通过试验区建设，确保海南省生态环境质量只能更好、不能变差，人民群众对优良生态环境的获得感进一步增强。到2020年，试验区建设取得重大进展，以海定陆、陆海统筹的国土空间保护开发制度基本建立，国土空间开发格局进一步优化；突出生态环境问题得到基本解决，生态环境治理长效保障机制初步建立，生态环境质量持续保持全国一流水平；生态文明制度体系建设取得显著进展，在推进生态文明领域治理体系和治理能力现代化方面走在全国前列；优质生态产品供给、生态价值实现、绿色发展成果共享的生态经济模式初具雏形，经济发展质量和效益显著提高；绿色、环保、节约的文明消费模式和生活方式得到普遍推行。城镇空气质量优良天数比例保持在98%以上，细颗粒物（PM2.5）年均浓度不高于18微克/立方米并力争进一步下降；基本消除劣V类水体，主要河流湖库水质优良率在95%以上，近岸海域水生态环境质量优良率在98%以上；土壤生态环境质量总体保持稳定；水土流失率控制在5%以内，森林覆盖率稳定在62%以上，守住909万亩永久基本农田，湿地面积不低于480万亩，海南岛自然岸线保有率不低于60%；单位国内生产总值能耗比2015年下降10%，单位地区生产总值二氧化碳排放比2015年下降12%，清洁能源装机比重提高到50%以上。

到2025年，生态文明制度更加完善，生态文明领域治理体系和治理能力现代化水平明显提高；生态环境质量继续保持全国领先水平。

到2035年，生态环境质量和资源利用效率居于世界领先水平，海南成为展示美丽中国建设的靓丽名片。[1]

海南是我国第四个国家生态文明试验区。2015年《中共中央关于制定国民经济和社会发展第十三个五年规划的建议》提出“设立统一规范的国家生态文明试验区”。此后，中央全面深化改革领导小组将设立国家生态文明试验区纳入2016年度改革任务。经中央全面深化改革领导小组审议通过，《中共中央办公厅国务院办公厅关于设立统一规范的国家生态文明试验区的意见》，2016年8月以中办、国办名义印发。先后通过福建方案（2016年8月）、江西方案（2017年9月）和贵

[1]　《国家生态文明试验区（海南）实施方案》，新华社北京2019年5月12日电。

州方案（2017年9月）。

福建、江西、贵州试验区的探索实践是：生态文明制度体系框架基本建立，重点改革任务稳步推进，初步形成一批典型经验做法——福建省：林业金融产品“福林贷”、领导干部自然资源资产离任审计、漳州市环境资源审判机制创新实践、厦门市生活垃圾分类。江西省：山水林田湖草系统保护修复“赣南模式”、政府购买服务推进农村人居环境整治、全国有机农产品示范基地。贵州省：自然资源统一确权登记试点、生态环境损害赔偿、全域生态旅游。

国家生态文明试验区主要试验五类需要重点试验的制度：一是有利于落实生态文明体制改革要求的制度。二是有利于解决关系人民群众切身利益的大气、水、土壤污染等突出资源环境问题的制度。三是有利于推动供给侧结构性改革，为企业、群众提供更多更好的生态产品、绿色产品的制度。四是有利于实现生态文明领域国家治理体系和治理能力现代化的制度。五是有利于体现地方首创精神的制度。

五、海南要实行最严格的生态环境保护制度

海南如何为全国生态文明建设探索经验？习近平总书记这样要求海南：“要实行最严格的生态环境保护制度，构建高效统一的规划管理体系，率先建立现代生态环境和资源保护监管体制。”[1]

党中央明确要求海南“加快生态文明体制改革”，指出：“牢固树立社会主义生态文明观，像对待生命一样对待生态环境，实行最严格的生态环境保护制度，还自然以宁静、和谐、美丽，提供更多优质生态产品以满足人民日益增长的优美生态环境需要，谱写美丽中国海南

[1] 习近平：《在庆祝海南建省办经济特区30周年大会上的讲话》（2018年4月13日）。

篇章。”并要求“完善生态文明制度体系。加快建立健全生态文明建设长效机制，压紧压实生态环境保护责任。率先建立生态环境和资源保护现代监管体制，设立国有自然资源资产管理和自然生态监管机构”。[1]

海南会实行什么样的最严格的生态环境保护制度？这集中体现在《国家生态文明试验区（海南）实施方案》确定的“建立完善生态环境质量巩固提升机制”的各项举措之中，涉及空气、水源、土壤、生态修复和环境基础设施建设等方面：

1. 持续保持优良空气质量。科学合理控制全省机动车保有量，开展柴油车污染专项整治，加快淘汰国Ⅲ及以下排放标准的柴油货车、采用稀薄燃烧技术或“油改气”的老旧燃气车辆。实施非道路移动机械第四阶段排放标准，划定并公布禁止使用高排放非道路移动机械的区域。港口新增和更换的作业机械、车辆主要使用新能源或清洁能源。鼓励淘汰高排放老旧运输船舶，加强渔业船舶环保监管。船舶进入沿海控制区海南水域应严格执行相关船舶排放控制要求。大力推进船舶靠港使用岸电，免收需量（容量）电费，降低岸电使用成本。鼓励液化天然气（LNG）动力船舶发展。沿海港口新增、更换拖船优先使用清洁能源。建立完善城市（镇）扬尘污染防治精细化管理机制。加强餐饮油烟、烟花爆竹燃放等面源污染防控，全面禁止秸秆露天焚烧、土法熏烤槟榔。实施跨省域大气污染联防联控，构建区域重大建设项目环境管理会商机制。对标世界领先水平，研究制定环境空气质量分阶段逐步提升计划。

2. 完善水资源生态环境保护制度。坚持污染治理和生态扩容两手发力。全面推行河长制湖长制，出台海南省河长制湖长制规定，完善配套机制，加强围垦河湖、非法采砂、河道垃圾和固体废物堆放、乱

[1] 《中共中央　国务院关于支持海南全面深化改革开放的指导意见》（2018 年 4 月 11 日）。

占滥用岸线等专项整治，严格河湖执法。加强南渡江、松涛水库等水质优良河流湖库的保护，严格规范饮用水水源地管理。建立重点治理水体信息公开制度、对水质未达标或严重下降地方政府负责人约谈制度。加强河湖水域岸线保护与生态修复，科学规划、严格管控滩涂和近海养殖，推行减船转产和近海捕捞限额管理，推动渔业生产由近岸向外海转移、由粗放型向生态型转变。按照确有需要、生态安全、可以持续的原则，完善海岛型水利设施网络，为海南实现高质量发展提供水安全保障。在重点岛礁、沿海缺水城镇建设海水淡化工程。全面禁止新建小水电项目，对现有小水电有序实施生态化改造或关停退出，保护修复河流水生态。严控地下水、地热温泉开采。

3. 健全土壤生态环境保护制度。实施农用地分类管理，建立海南省耕地土壤生态环境质量类别划定分类清单，强化用途管制，严格防控农产品超标风险。建立建设用地土壤污染风险管控和修复名录，完善部门间污染地块信息沟通机制，实现联动监管，严格用地准入，将建设用地土壤生态环境管理要求纳入国土空间规划和供地管理。全面实行规模养殖场划分管理，依法关闭禁养区内规模养殖场，做好搬迁或转产工作，鼓励养殖废弃物集中资源化利用。推进病虫害绿色防控替代化学防治，实施化肥和农药减施行动。

4. 实施重要生态系统保护修复。实施天然林保护、南渡江昌化江万泉河三大流域综合治理和生态修复、水土流失综合防治、沿海防护林体系建设等重要生态系统保护和修复重大工程。全面实施林长制，落实森林资源保护管理主体、责任、内容和经费保障。按照生态区位重要程度和商品林类型分类施策，严格保护天然林、生态公益林，封禁保护原始森林群落，鼓励在重点生态区位推行商品林赎买试点，探索通过租赁、置换、地役权合同等方式规范流转集体土地和经济林，逐步恢复和扩大热带雨林等自然生态空间。实施国家储备林质量精准提升工程，建设海南黄花梨、土沉香、坡垒等乡土珍稀树种木材储备基地。实行湿地资源总量管控，建立重要湿地监测评价预警机制。严格实施《海南省湿地保护条例》，开展重要湿地生态系统保护与恢复工程。支持海口市国际湿地城市建设。实施生物多样性保护战略行动计划，构建生态廊道和生物多样性保护网络，加强对极小种群野生植物、珍稀濒危野生动物和原生动植物种质资源拯救保护，加强外来林业有害生物预防和治理，提升生态系统质量和稳定性。

5．加强环境基础设施建设。加快城镇污水处理设施配套管网建设，统筹推进主干管网、支管网、入户管建设与驳接，治理河湖海水倒灌、管网错接混接，因地制宜实施老旧城区雨污管网分流改造，着力解决污水处理厂进水浓度低和系统效能不高问题。到 2020 年全省县城以上城镇污水处理率达 85%以上，污泥基本实现无害化处置。按照补偿污水处理和污泥处置设施运营成本并合理盈利的原则，合理调整污水处理费征收标准。对已建成污水处理厂的建制镇全面建立污水处理收费制度。加快推进农村生活污水处理设施建设，到 2020 年实现行政村（含农林场场队）处理设施覆盖率显著提升。到 2020 年基本实现全省生活垃圾转运体系全覆盖，生活垃圾无害化处理率达到 95%以上，统筹布局、高标准建设生活垃圾焚烧发电项目，大幅提升焚烧处置比例。着力提升危险废物处置利用能力，加快推进医疗废物处置设施扩能增容。[1]

海南深入学习贯彻习近平总书记“4·13”重要讲话和中央 12 号文件精神，提出“加快生态文明体制改革，建设国家生态文明试验区”，并明确：“实行最严格的生态环境保护制度。率先建立生态环境和资源保护现代监管体制，设立国有自然资源资产管理和自然生态监管机构。实行省以下环保机构监测监察执法垂直管理，加快建立更具权威

[1]　《国家生态文明试验区（海南）实施方案》，新华社北京 2019 年 5 月 12 日电。

性、专业性的执法队伍。充分运用考核评价、离任审计、损害追责、督察巡视以及公益诉讼等制度利器，推动形成权责一致、党政同责、依法问责、终身追责的制度闭环。编制自然资源资产负债表，建立健全科学规范的自然资源统计调查制度。深化环境资源审批改革，加快形成全过程全方位的环境资源司法保护体系。”[1]

提高对生态文明建设的认识，坚定对实行最严格的生态环境保护制度的态度，对海南来说实在非常必要。习近平总书记高度重视海南的生态建设，每次来海南都必谈生态，对海南生态保护多次作出重要批示指示。2013 年考察海南时指出，青山绿水、碧海蓝天是海南建设国际旅游岛最强的优势和最大的本钱，是一笔既买不来也借不到的宝贵财富，必须倍加珍惜、精心呵护；在 2018 年“4·13”重要讲话中又要求，海南在生态文明体制改革上先行一步，为全国生态文明建设作出表率。我们也深刻体会到，没有良好的生态，海南的旅游、热带特色高效农业等优势产业就无从谈起，发展优势就会丧失，群众幸福指数也会降低。所以，保护生态就是保护海南发展的最强优势和最大本钱，更是党中央和习近平总书记交给我们的一份沉甸甸的政治责任。

近年来，海南牢固树立和全面践行绿水青山就是金山银山的理念，始终把保护生态作为重大政治责任，以最严的措施，确保生态环境只能更好、不能变差。2017 年 9 月海南省委召开七届二次全会，出台了加强生态文明建设的 30 条决定。2018 年 4 月，海南省委将生态文明建设列为巡视重点，坚决落实生态环境保护“党政同责、一岗双责”。从 2015 年起在全国率先开展省域“多规合一”改革试点，开展生态环境六大专项整治和海岸带专项整治，2018 年 3 月又部署再抓三年，确保

[1]《中共海南省委关于深入学习贯彻习近平总书记在庆祝海南建省办经济特区 30 周年大会上的重要讲话精神和〈中共中央　国务院关于支持海南全面深化改革开放的指导意见〉的决定》，《海南日报》2018 年 5 月 14 日。

海南生态环境始终保持全国一流。

但从中央环保督察、国家海洋督察反馈的情况看，从海南省委巡视发现的问题来看，海南省生态建设还存在很多不足。一是与国外先进地区相比存在差距。近年来海南 PM2.5 年均值为 18 微克 / 立方米，但按个位数目标，差距还很大。二是有的干部思想认识上还不到位，对海南省委七届二次全会的部署“一问三不知”，对生态保护说起来重要、做起来次要，具体到一些项目上马时甚至不计后果。三是环保基础设施建设滞后，环境治理能力薄弱。这些问题务必高度重视，采取措施认真解决。对此，海南省委书记刘赐贵提出：

一要强化生态环境建设与污染治理。这次我省机构改革重新组建省生态环境厅，建立和加强大环保管理体制，要牵头抓好生态环境治理。各相关部门要继续抓好中央环保督察、国家海洋督察反馈问题整改，严格按时间节点有序推进，坚决杜绝“表面整改”“假装整改”“敷衍整改”。认真贯彻落实生态环境六大专项整治三年行动计划，打好污染治理攻坚战。全面治理城乡环境“脏乱差”，推进城乡净化、绿化、彩化、亮化、美化，开展“厕所革命”三年行动。全面开展集中式饮用水源地专项整治，加强近岸海域污染治理，尽快实现城镇污水管网全覆盖、全收集、全处理。

二要实施最严格的生态环境保护制度。目前我省生态环境保护中存在的突出问题，大多与体制不完善、机制不健全有关。要充分发挥“多规合一”引领发展和对资源配置的指导、管控作用，严守生态保护红线、环境质量底线、资源利用上限，做好国家生态文明试验区顶层设计。落实生态环境保护“党政同责、一岗双责”，完善以绿色发展为导向的考核评价体系，严格执行党政领导干部自然资源资产离任审计、生态环境损害责任追究制度。落实好“河长制”“湾长制”“山长制”，积极推进国家公园体制试点。要建立用能权、排污权、水权交易制度和碳排放交易市场体系，探索利用市场化机制推进生态环境保护。

三要推动形成绿色生产生活方式。建设自由贸易试验区和中国特色自由贸易港，必须从一开始就贯穿生态文明的理念。比如所有道路建设要落实“生态路、景观路、旅游路、交通路、幸福路”理念。比如海口江东新区提出建设“零碳新城”，打造全世界生态最好的CBD，就充分体现了生态环保的建设理念。要构建绿色产业体系，全面禁止高能耗、高污染、高排放产业和低端制造业发展，大力发展环境友好、资源节约的旅游业、现代服务业、热带高效农业、高新技术产业、节能环保产业等。要加快出台我省清洁能源汽车发展规划，争取2030年以前率先实现全域汽车清洁能源化。要全面禁止生产、销售和使用一次性不可降解塑料袋、包装物、塑料餐具，力争2020年年底前全面实行“禁塑令”，基本控制住“白色污染”。[1]

2019年2月21日，海南省新闻办公室举行新闻发布会，向社会公布并解读《海南省全面禁止生产、销售和使用一次性不可降解塑料制品实施方案》（以下简称《方案》），宣布海南自2019年起分种类逐步推进全面禁塑。

自2008年起，我国在全国范围内实施了“限塑令”，海南于2008年10月起实施《海南经济特区限制生产运输销售储存使用一次性塑料制品规定》，全岛进入“限塑”阶段。不过，“限塑”以后的海南，塑料袋等一次性塑料制品使用量仍然居高不下。据统计，海南省每年使用一次性不可降解塑料制品约12万吨，其中省内产量约6.5万吨。岛内各大型商超售卖塑料袋，每个价格一角钱至五角钱。

据介绍，海南将修订完善地方法规，制定颁布并动态更新《海南

---

[1] 刘赐贵：《关于深入学习习近平总书记“4·13”重要讲话精神的十点认识》（2018年10月13日），《海南日报》2018年10月17日。

省禁止生产销售使用一次性不可降解塑料制品名录(试行)》，结合省情和发展需求，动态更新，第一批名录将于2019年年底前发布。《方案》提出，海南将建立全生物降解塑料产业示范基地，组织制定产业发展规划，引进先进企业与本地企业合作，形成岛内一次性全生物降解塑料制品生产能力，培育良好的产业和市场环境，保障一次性全生物降解塑料制品替代生产和禁塑工作顺利实施。

“现在关于全生物降解产品还没有全国标准，其他省份也没有相关标准，所以海南要创新，要做第一个真正意义上的全生物降解的地方标准。”海南省生态环境厅厅长邓小刚说，随着全生物降解塑料产业的铺开，供应量提升后，它的成本会相应地大幅度下降；在过渡期会研究鼓励或补贴政策。

国务院发展研究中心资源与环境政策研究所研究员程会强说：“海南在‘禁塑’的同时，促进全生物降解替代产品的研发和推广，特别是从标准和认证角度切入，可以说是抓住了解决问题的根本。如果有科学有效、经济合理的替代产品，市场自然就会优胜劣汰。”

对于短期内无法替代的饮料瓶、洗发水瓶等一次性塑料标准包装物，海南省这次也勇于尝试，在《方案》中提出推行生产者责任延伸制度，采用国际普遍实施的押金回收制度，建设回收体系进行回收，提高资源化回收利用效率。通过押金回退的方式，引导驱动一次性塑料标准包装物回收，着力解决回收体系“最后一公里”的难题。这是国际前沿的环境保护、资源利用政策措施。

推行“禁塑”，海南已明确了时间表：2019年年底前，建立健全全省禁止生产、销售和使用一次性不可降解塑料制品的地方性法规及标准体系，完善监管和执法体系，形成替代产品供给能力；2020年年底前，全省全面禁止生产、销售和使用一次性不可降解塑料袋、塑料餐具；2025年年底前，全省全面禁止生产、销售和使用列入《海南省禁止生产销售使用一次性不可降解塑料制品名录（试行）》的塑料制品。[1]

2019年3月5日，海南省清洁能源汽车发展规划新闻发布会在海口召开，宣布2030年起海南将全面禁止销售燃油汽车。

据了解，海南省政府印发的《海南省清洁能源汽车发展规划》（以下简称《规划》）围绕2030年实现“绿色智慧出行新海南”的总目标，提出了2020年、2025年、2030年三个阶段性目标。同时，全面分析研判我省清洁能源汽车发展面临的形势，提出了六方面重点任务和七项保障措施，加强《规划》实施的科学性和可操作性。

《规划》提出，按照“公共服务领域先行、社会运营领域引领、私人使用领域引导”的推广思路，分步骤、分领域稳步推进全省车辆清洁能源化工作。

据介绍，《规划》的出台标志着海南成为全国首个提出所有细分领域车辆清洁能源化目标和路线图的地区，也是率先提出2030年“禁售燃油汽车”时间表的省份。[2]

清洁能源汽车推广应用也成为2019年全国两会热点。香港文汇报记者问：“海南在全国率先发布了《海南省清洁能源汽车发展规划》，推广应用清洁能源汽车，受到国内外广泛关注。海南大力发展清洁能源汽车的主要考虑，以及下一步重点工作是什么？”

沈晓明代表答：海南为什么要花大力气推广清洁能源汽车，主要是从生态环境保护这个角度出发。海南有良好的生态环境，例如大家关心的细颗粒物（PM2.5），前年海南平均值是18微克/立方米，去年是17微克/立方米，2019年的目标是16微克/立方米。但是，机动车尾气对PM2.5的影响率超过35%，有些季节、有些地方达到50%。对

---

[1] 《海南从“限塑”到“禁塑”》，《人民日报》2019年2月25日。

[2] 《我省发布清洁能源汽车发展规划 海南2030年起全面禁售燃油汽车》，《海南日报》2019年3月6日。

海南岛来讲，推广清洁能源汽车对改善生态环境的作用很大。如果到2030年清洁能源汽车推广应用做到位了，海南PM2.5下降到个位数是可能的。因此，我们怀着很大的热情来研究这件事。经过一整年的反复调研、论证、专家咨询、风险评估，出台了这个规划。我用“三个三”来进行解读。第一个“三”是三个优势。海南是全国第一个提出清洁能源汽车推广时间表的省份，除了中央要求海南建设国家生态文明试验区、对生态环境保护要求高之外，还有三个方面的优势：能源结构中清洁能源占比较高，有利于发展新能源汽车；海南是相对独立的地理单元，便于管理；海南气候条件有利于提高电池使用效率。第二个“三”是三个时间节点。2020年实现公共服务领域清洁能源化；2025年社会运营领域实现清洁能源化；到2030年全岛清洁能源化，基本实现清洁能源汽车全覆盖，全域禁止销售燃油汽车。这个时间表在全世界是属于第一方阵的。第三个“三”是三个主要措施。出台优先通行、上牌不受限制等清洁能源汽车优先政策；规划建设充电桩，到2020年车桩比例小于3：1，2025年小于2：1；政府让渡一些经济利益，进一步降低清洁能源汽车使用成本。[1]

2018年5月15日，海南省人民政府已发布《关于实行小客车保有量调控管理的通告》，决定自2018年5月16日0时起在全省实行小客车总量调控管理，并授权公安交通管理部门会同相关管理部门具体实施。已购车的单位或个人应在2018年5月31日向当地公证机构提出申请，取得公证证明文件。并宣布从8月1日0时起，新能源小客车增量指标通过排号方式取得，其他小客车增量指标通过摇号或竞价方式取得。8月26日下午，海南省首期小客车保有量调控增量指标配置仪式

[1] 《蹄疾步稳 开局良好 保持定力 埋头苦干——海南代表团团组开放活动答记者问实录》，《海南日报》2019年3月8日。

在海南日报新闻大厦三楼演播室举行，产生4类增量指标中签编码。此次摇号遵循“三重随机规则”产生中签编码，申请人中签概率平等，中签率为80.3%。[1]

海南全面深化改革开放“三区一中心”的战略定位之一，就是建设国家生态文明试验区。海南省省长沈晓明指出，围绕国家生态文明试验区建设，呵护绿水青山，海南正在推动一批标志性工程：一是设立海南热带雨林国家公园。《海南热带雨林国家公园体制试点方案》经中央全面深化改革委员会审议通过，确定总面积为4400余平方公里，目前正编制总体规划，推动生态搬迁。二是推广使用清洁能源汽车。发布《海南省清洁能源汽车发展规划》，到2020年实现公共服务领域清洁能源化，2030年全面禁售燃油汽车。三是启动“禁塑”工作。2020年底前，全省全面禁止生产、销售和使用一次性不可降解塑料袋、塑料餐具。四是建设全岛“气网”，实现农村“气代柴薪”。同时，深入推进生态环境六大专项整治，推进农村人居环境整治、农村污染物治理，切实提高项目对生态环境保护的要求，扎实推进生态文明试验区建设，确保海南生态环境质量只能更好、不能变差。[2]

六、海南要积极开展国家公园体制试点

海南如何为全国生态文明建设探索经验？习近平总书记要求：“要积极开展国家公园体制试点，建设热带雨林等国家公园，构建归属清晰、权责明确、监管有效的自然保护地体系。”[3]

党中央指出：“加强自然保护区监督管理。研究设立热带雨林等国

[1] 《海南首期小客车摇号中签率80.3%》，《海南日报》2018年8月27日。
[2] 沈晓明：《呵护绿水青山 建设生态文明》，《人民日报》2019年3月11日。
[3] 习近平：《在庆祝海南建省办经济特区30周年大会上的讲话》（2018年4月13日）。

家公园，构建以国家公园为主体的自然保护地体系，按照自然生态系统整体性、系统性及其内在规律实行整体保护、系统修复、综合治理。”[1]

海南也从“筑牢生态安全屏障”的高度，提出贯彻意见：“建设海南热带雨林国家公园和海洋国家公园，推进国家湿地公园建设，构建以国家公园为主体、分类科学、保护有力的自然保护地体系。对生态环境脆弱和敏感区域内居民逐步实施生态移民搬迁。”[2]

《国家生态文明试验区（海南）实施方案》提出，海南要“建立以国家公园为主体的自然保护地体系”：制定实施海南热带雨林国家公园体制试点方案，组建海南热带雨林国家公园统一管理机构。整合重组海洋自然保护地。按照自然生态系统整体性、系统性及其内在规律实行整体保护、系统修复、综合治理，理顺各类自然保护地管理体制，构建以国家公园为主体、归属清晰、权责明确、监管有效的自然保护地体系。加强自然保护区监督管理，2019 年年底前完成海南省自然保护区发展规划修编，扩大、完善和新建一批国家级、省级自然保护区。2020 年年底前完成自然保护区勘界立标、自然资源统一确权登记试点等工作。逐步建立空天地一体化、智能化的自然保护地监测和预警体系。[3]

2019 年 1 月 23 日，中央全面深化改革委员会第六次会议审议通过《海南热带雨林国家公园体制试点方案》（以下简称《试点方案》）。《试点方案》按照《建立国家公园体制总体方案》要求，以热带雨林生态系统原真性和完整性保护为基础，以热带雨林资源的整体保护、系

[1]　《中共中央　国务院关于支持海南全面深化改革开放的指导意见》（2018 年 4 月 11 日）。

[2]　《中共海南省委关于深入学习贯彻习近平总书记在庆祝海南建省办经济特区 30 周年大会上的重要讲话精神和〈中共中央　国务院关于支持海南全面深化改革开放的指导意见〉的决定》，《海南日报》2018 年 5 月 14 日。

[3]　《国家生态文明试验区（海南）实施方案》，新华社北京 2019 年 5 月 12 日电。

统修复和综合治理为重点，以实现国家所有、全民共享、世代传承为目标，通过理顺管理体制，创新运营机制，健全法制保障，强化监督管理，推进热带雨林科学保护和合理利用。围绕《试点方案》的背景、意义、主要内容等，《光明日报》记者采访了国家林业和草原局（国家公园管理局）有关负责人。

问：《试点方案》是在什么背景下出台的，有何重要意义？

答：党中央、国务院高度重视海南国家生态文明试验区建设。《中共中央　国务院关于支持海南全面深化改革开放的指导意见》明确提出：“研究设立热带雨林等国家公园，构建以国家公园为主体的自然保护地体系，按照自然生态系统整体性、系统性及其内在规律实行整体保护、系统修复、综合治理。”为此，国家林业和草原局（国家公园管理局）与海南省着手推动海南热带雨林国家公园建设，着力构建归属清晰、权责明确、监管有效的自然保护地体系。这是继三江源、东北虎豹、大熊猫、祁连山国家公园体制试点以后，中央全面深化改革委员会通过的又一个国家公园体制试点方案，是我国在建立以国家公园为主体的自然保护地体系建设方面取得的新进展。

建设海南热带雨林国家公园，具有以下重要意义：

一是筑牢海南绿色生态屏障的关键举措。我国热带雨林资源极其稀缺，主要分布在海南、云南南部、台湾南部、广西南部及西藏东南河谷地带。海南热带雨林是我国分布最集中、保存最完好的岛屿型热带雨林，资源极其宝贵。建设海南热带雨林国家公园，对筑牢海南绿色生态屏障极其关键、十分必要。

二是保护热带雨林生态系统原真性和完整性的有效途径。海南拥有独特的自然地理景观和完整的植被垂直带谱。自20世纪60年代海南省第一个自然保护区——尖峰岭国家级自然保护区建立以来，相继建立的各类自然保护地在一定程度上保护和恢复了热带雨林生态系统。

但是由于历史原因，当地热带雨林物种特色与群落特征受到威胁，整体保护和系统修复迫在眉睫。建设海南热带雨林国家公园，集中连片整合现有自然保护地，创新保护管理体制，实现统一规范高效管理，实施整体保护、系统修复和综合治理，能够更加有效保护热带雨林生态系统的原真性和完整性，从而实现珍稀自然资源的世代传承。

三是拯救我国热带珍稀濒危野生动植物资源的迫切需要。海南独特的地理位置和地质地貌类型，孕育多种热带特有、中国特有、海南特有的珍稀动植物种类，是生物多样性和遗传资源的宝库。建设海南热带雨林国家公园，整合多个单一自然保护地，修复热带雨林生态系统，建设生态廊道，有利于保护生物多样性、抢救濒危物种、维持区域生态平衡。

四是探索将“绿水青山”转化为“金山银山”路径的具体实践。海南热带雨林集中分布的区域是海南岛主要江河源头和重要水源涵养区，是海南生态安全的制高点和平衡点，也是黎、苗等少数民族传统聚居地。建设海南热带雨林国家公园，有利于正确把握生态保护与经济发展的关系，增强生态系统服务功能，健全生态保护补偿制度，促进当地脱贫，走出一条生态优先绿色发展的新路子。

问：海南热带雨林国家公园体制试点要达到什么目标？

答：到2020年结束试点，正式设立海南热带雨林国家公园。主要实现以下两个目标：

一是建设生态文明体制创新的探索区域。建立统一规范高效的海南热带雨林国家公园管理体制，彻底解决交叉重叠、多头管理的碎片化问题，构建归属清晰、权责明确、监管有效的以国家公园为主体的自然保护地体系，为当代人提供优质生态产品，为子孙后代留下自然遗产，为海南永续发展筑牢绿色生态屏障。

二是建设中国乃至全球热带雨林生态系统关键保护地。建成大尺度多层次的生态保护体系，热带雨林生态系统的原真性、完整性和多样性得到有效保护，受损的自然景观和生态系统得以修复，科研监测体系不断完善，国家公园的教育、游憩功能得以发挥。此外，热带物种数量保持稳定，濒危物种的生境条件明显改善，热带岛屿水源涵养功能巩固提升。

问：海南热带雨林国家公园范围如何划定？体现了哪些制度创新？

答：经反复论证，海南热带雨林国家公园体制试点区位于海南岛中部山区，东起吊罗山国家森林公园，西至尖峰岭国家级自然保护区，南自保亭县毛感乡，北至黎母山省级自然保护区，总面积4400余平方公里，约占海南岛陆域面积的七分之一。范围涉及九个市县，包括五指山、鹦哥岭、尖峰岭、霸王岭、吊罗山等五个国家级自然保护区和佳西等三个省级自然保护区，黎母山等四个国家森林公园、阿陀岭等六个省级森林公园及相关的国有林场。

海南热带雨林国家公园体制试点，着力在保护管理体制机制、自然生态整体保护和系统修复制度、社区协调发展制度、资金保障制度等方面有所创新。具体表现在：

研究组建统一管理机构。海南热带雨林国家公园管理机构履行国家公园范围内的生态保护、自然资源资产管理、特许经营管理、社会参与管理、宣传推介等职责，负责协调与当地政府及周边社区的关系。

统一行使所有权。按照自然资源统一确权登记办法，海南热带雨林国家公园作为独立自然资源登记单元，依法对区域内水流、森林、山岭、荒地、滩涂等所有自然生态空间统一进行确权登记。

构建协同管理机制。合理划分中央和地方事权，构建主体明确、责任清晰、相互配合的国家公园中央和地方协同管理机制。国家林业和草原局（国家公园管理局）加大指导和支持力度，地方政府根据需要配合国家公园管理机构做好生态保护工作，国家公园所在地方政府行使辖区（包括国家公园）经济社会发展综合协调、公共服务、社会管理、市场监管等职责。

建立健全资源管控制度。建立自然资源资产产权管理制度，科学评估资源、资产的价值，实行自然资源有偿使用制度。将国家公园划定的核心保护区纳入生态保护红线和海南省国土空间规划，实施统一管控。

建立健全监测监督机制。加强国家公园空间用途管制，强化对国家公园生态保护等工作情况的监管。同时，建立健全社会监督机制，形成举报制度和权益保护机制，以保障社会公众的知情权、监督权。[1]

七、海南要完善以绿色发展为导向的考核评价体系

海南如何为全国生态文明建设探索经验？习近平总书记要求海南："要完善以绿色发展为导向的考核评价体系，建立健全形式多样、绩效导向的生态保护补偿机制。"[2]

党中央明确要求海南："落实环境保护'党政同责、一岗双责'，构建以绿色发展为导向的评价考核体系，严格执行党政领导干部自然资源资产离任审计、生态环境损害责任追究制度。编制自然资源资产负债表，实行省以下环保机构监测监察执法垂直管理制度。支持海南在建立完善自然资源资产产权制度和有偿使用制度方面率先进行探索。加快完善生态保护成效与财政转移支付资金分配相挂钩的生态保护补偿机制。"[3]

《国家生态文明试验区（海南）实施方案》提出，构建完善绿色发

[1]《为海南永续发展筑牢绿色生态屏障——国家公园管理局负责人解读〈海南热带雨林国家公园体制试点方案〉》，《光明日报》2019 年 1 月 25 日。

[2] 习近平：《在庆祝海南建省办经济特区 30 周年大会上的讲话》（2018 年 4 月 13 日）。

[3]《中共中央　国务院关于支持海南全面深化改革开放的指导意见》（2018 年 4 月 11 日）。

展导向的生态文明评价考核体系。全面建立完善以保护优先、绿色发展为导向的经济社会发展考核评价体系，强化资源消耗、环境损害、生态效益等指标约束。完善政绩考核办法，根据主体功能定位实行差别化考核制度。出台海南省生态文明建设目标评价考核实施细则（试行）和绿色发展指标体系、生态文明建设考核目标体系。压紧压实海南省各级党委和政府生态环境保护责任，实行“党政同责、一岗双责”。开展省级和试点市县自然资源资产负债表试编，2020 年正式编制全省及各市县自然资源资产负债表。对领导干部实行自然资源资产离任审计，建立经常性审计制度。出台开展领导干部自然资源资产离任审计工作的实施意见，按照全覆盖要求建立轮审制度，探索建立自然资源与生态环境信息面向审计机关的开放共享机制。将生态环境损害责任追究与政治巡视、生态环境保护督察等紧密联系，发挥制度叠加效应。[1]

海南明确提出：“完善以绿色发展为导向的考核评价体系。建立体现生态文明要求的目标体系、考核办法、奖惩机制。把资源消耗、环境损害、生态效益等指标纳入经济社会发展综合评价体系，强化指标约束。创新经济社会发展考核办法，淡化并逐步取消省对市县 GDP、工业产值、固定资产投资的考核，根据《海南省总体规划》确定的主体功能分区和产业布局，实行差别化的绩效评价考核。探索建立绿色 GDP 核算体系。编制自然资源资产负债表，对领导干部实行自然资源资产和环境责任离任审计。”[2]“完善形式多元、绩效导向的生态保护补偿机制。建立健全归属清晰、权责明确、监管有效的自然资源资

[1] 《国家生态文明试验区（海南）实施方案》，新华社北京 2019 年 5 月 12 日电。

[2] 《中共海南省委关于进一步加强生态文明建设谱写美丽中国海南篇章的决定》（2017 年 9 月 22 日中国共产党海南省第七届委员会第二次全体会议通过），《海南日报》2017 年 9 月 25 日。

产产权制度，以及覆盖各类、全民所有的自然资源资产有偿使用制度，建设国际生态产品交易中心，创新生态产品价值实现机制。”[1]

“有什么样的考核‘指挥棒’，就会有什么样的政绩观”，对于用什么样的标准来考核政绩，海南强调不能简单以 GDP 增长率论英雄，要建立健全绿色 GDP 考核体系，引导各级干部真正把心思放在践行新发展理念上来，放在提高亩均效益上来，放在实现更高水平、更可持续的发展上来；要建立完善的考核奖惩机制，使勤政为民、政绩突出的干部得到褒奖，对不主动作为、敷衍塞责、好大喜功、弄虚作假，甚至失职渎职、徇私舞弊的干部，不但不能提拔重用，还要严查到底、绝不姑息。[2]

基于这样的思路，海南将从 2018 年开始取消部分市县 GDP 等考核，“打篮球”和“踢足球”分场比赛。

“各市县的任务不是轻了，而是更重了；省级统筹的责任不是小了，而是更大了；营商环境的标准不是低了，而是更高了；对干部工作能力和作风的要求不是松了，而是更严了。”在 2017 年 12 月 25 日的海南省委经济工作会议上，海南省委书记刘赐贵专门就市县干部如何适应新的市县发展综合考核评价办法作了深入分析，要求大家深刻认识、理解、把握和更好适应新考核评价办法，落实新发展理念、树立正确的政绩观，转变发展方式、优化经济结构、转换增长动力，彻底扭转简单以 GDP 增长率论英雄的政绩导向，真正实现高质量发展。

2018 年起正式实施新办法，根据《海南省主体功能区规划》将全

---

[1] 《中共海南省委关于深入学习贯彻习近平总书记在庆祝海南建省办经济特区 30 周年大会上的重要讲话精神和〈中共中央　国务院关于支持海南全面深化改革开放的指导意见〉的决定》，《海南日报》2018 年 5 月 14 日。

[2] 《刘赐贵主持召开省委财经领导小组（扩大）会议要求　以科学的考核评价体系　引导树立正确的政绩观》，《海南日报》2017 年 9 月 22 日。

省19个市县（区）（含洋浦，暂不含三沙）划分为五大类，分两个平台进行差别化的考核，并取消了除海口、三亚、洋浦、儋州、文昌、琼海、澄迈之外的12个市县GDP、工业产值、固定资产投资的考核。“形象点说，就是让‘打篮球的’和‘踢足球的’分场比赛。”刘赐贵说。

为什么要对市县考核评价办法作出如此大力度的调整？刘赐贵表示，这是坚决贯彻习近平新时代中国特色社会主义经济思想、落实中央部署的具体行动，也是立足海南省情实际、坚持生态立省、推动高质量发展、建设美好新海南的迫切需要，势在必行。下一步，还将进一步完善，最终全面取消对市县GDP、工业产值、固定资产投资的考核，建立健全绿色GDP核算体系。如何更好适应新办法？刘赐贵指出，要深刻认识、理解、把握四个方面的新变化和新要求。各市县的任务不是轻了，而是更重了，就是由以往单纯比经济总量、比发展速度，转变为比发展质量、发展方式、发展后劲，这就意味着抓工作的方式方法和着力点都发生变化了，各市县都要结合各自资源优势，优化发展模式和路径，做自己应该干、能够干、干得好的事，为全省发展做出实实在在的贡献。

考核评价办法的大调整，使省级统筹的责任不是小了，而是更大了，就是要坚持全省“一盘棋”的理念，严格落实“多规合一”，打破市县行政区划界限，按照全省一个大城市、一个大景区来规划布局重大基础设施，让“五网”连通全岛，加快推进区域协调和城乡融合发展。

营商环境的标准不是低了，而是更高了，就是要用最好的资源吸引最好的投资，着力从招商向选商转变，把那些自觉贯彻落实新发展理念，资金、技术雄厚，最大限度保护生态并发挥最佳效应，愿意与百姓共享资源红利的投资者引进来。

对干部工作能力和作风的要求不是松了，而是更严了，就是各级领导干部特别是“一把手”，一方面要有“本领恐慌”意识，缺什么补什么，提高专业能力，弘扬专业精神，不断提高适应新时代、实现新目标、落实新部署的能力，不断增强推动高质量发展和建设现代化经济体系的本领；另一方面，要持之以恒改进作风，弘扬特区精神，带头担当实干。[1]

海南努力践行绿水青山就是金山银山的理念，使生态文明建设迈出新步伐。主要表现在：完善以绿色发展为导向的生态文明体制机制。积极探索绿水青山转化为金山银山的实现路径。《国家生态文明试验区（海南）实施方案》和《海南热带雨林国家公园体制试点方案》，经中央全面深化改革委员会审议通过。改革省对市县经济社会发展目标考核办法，取消三分之二市县的地区生产总值、固定资产投资等考核。出台项目建设用地效益标准，提高投资项目的供地门槛。初步建立流域上下游生态保护横向补偿制度。基本完成《海南省清洁能源汽车发展规划》。

同时，污染防治和生态建设取得积极成效。全面落实海南省委关于加强生态文明建设 30 条措施。中央环保督察和国家海洋督察反馈问题整改有序推进。深化生态环境六大专项整治，重点开展违法用地、违法建筑治理。污水处理基础设施加快建设，城镇集中式饮用水水源水质全部达到或优于 III 类，完成 29 个城市黑臭水体消除任务，海口美舍河、鸭尾溪、大同沟治理进入生态环境部光荣榜。全面推进生态修复城市修补，全域创建卫生城市。装配式建筑推广应用取得突破，建成面积 82 万平方米。持续开展绿化造林，森林覆盖率稳定在 62.1%以

[1]　《刘赐贵在省委经济工作会议上就实行新考核评价办法对市县干部提出要求　落实新发展理念　树立正确政绩观　实现高质量发展》，《海南日报》2017 年 12 月 26 日。

上。全省湿地保护修复进展顺利，海口市荣获全球首批国际湿地城市称号。环境空气质量优良率98.4%，细颗粒物（PM2.5）年均浓度由上年的18微克/立方米降到17微克/立方米。[1]

八、海南要严格保护海洋生态环境

海洋事业关系民族生存发展状态，关系国家兴衰安危。习近平总书记在党的十九大报告中提出“坚持陆海统筹，加快建设海洋强国”，为新时代海洋事业指明了方向、确立了目标。海南作为海洋大省，承担着依托南海富民强省和维护我国南海权益的双重职责。

如何为全国生态文明建设探索经验？习近平总书记要求海南：“要严格保护海洋生态环境，建立健全陆海统筹的生态系统保护修复和污染防治区域联动机制。”[2]

党中央要求海南：“坚持统筹陆地和海洋保护发展。加强海洋生态文明建设，加大海洋保护力度，加强海洋权益维护，科学有序开发利用海洋资源，培育壮大特色海洋经济，形成陆海资源、产业、空间互动协调发展新格局。”“严格保护海洋生态环境，更加重视以海定陆，加快建立重点海域入海污染物总量控制制度，制定实施海岸带保护与利用综合规划。”[3]

海南提出贯彻意见：“建立重点海域入海污染物总量控制制度，制定实施海岸带保护与利用综合规划，实行最严格的围填海和占用自

[1] 沈晓明：《政府工作报告——2019年1月27日在海南省第六届人民代表大会第二次会议上》，《海南日报》2019年2月2日。

[2] 习近平：《在庆祝海南建省办经济特区30周年大会上的讲话》（2018年4月13日）。

[3] 《中共中央　国务院关于支持海南全面深化改革开放的指导意见》（2018年4月11日）。

然岸线管控制度。加强对海洋生态环境的司法保护。”[1]

2013 年习近平总书记考察海南时就要求，要着力在“增绿”和“护蓝”上下功夫。森林是自然生态系统的支柱。老百姓讲，在海南大地上插根扁担都能发芽。要充分利用这一优势，突出抓好“绿化宝岛”工程，巩固和扩大天然林、海防林和其他公益林的建设成果。海洋是支撑未来发展的资源宝库和战略空间。要坚持陆海统筹、河海兼顾、综合施策，突出做好海洋污染防控、红树林等典型生态系统和生物多样性保护、水土流失治理等工作，努力使海南的青山更绿、海水更蓝、沙滩更美、空气更清新，为子孙后代留下可持续发展的“绿色银行”。[2]

学习贯彻习近平总书记的要求，海南明确：一是严格保护海洋生态环境。加强海洋环境治理、海域海岛综合整治、生态保护修复。强化陆海污染同防同治，建立健全陆海统筹的生态系统保护修复和污染防治区域联动机制。推行减船转产和近海捕捞限额管理。科学规划、严格控制、规范管理滩涂和近海养殖，划定禁养区、限养区和适养区，在生态敏感区和滨海旅游区逐步实施退塘还林、退塘还湿、退塘还海。全面推行“湾长制”，建立海湾管理保护责任体系。实施蓝色海湾整治行动。推进绿色航运发展，严格控制港口和船舶污染。二是强化用海管理和海岸带保护。坚持依法用海、规划用海、集约用海、生态用海、科技用海，实施严格的围填海总量控制制度和规范审批程序，除国家和省重大基础设施建设、重大民生项目和重点海域生态修复治理项目外，严禁围填海。科学合理开发利用海域、海岛，对可开发利用的海域、无居民海岛，严格环境准入与环境保护要求。全面恢复修复受损

[1] 《中共海南省委关于深入学习贯彻习近平总书记在庆祝海南建省办经济特区 30 周年大会上的重要讲话精神和〈中共中央　国务院关于支持海南全面深化改革开放的指导意见〉的决定》，《海南日报》2018 年 5 月 14 日。

[2] 习近平：《在海南考察工作结束时的重要讲话》（2013 年 4 月 10 日）。

海岸带生态系统，严守海岸带生态保护红线，全面实施海岸带开发规划管控，实行岸线分级分类管理。建立海岸带管理责任制，对海岸带保护开发、海岸带防护设施建设、填海造地用海等实施动态管理。[1]

《国家生态文明试验区（海南）实施方案》确立海南建设国家生态文明试验区的一个战略定位，是“陆海统筹保护发展实践区”。《实施方案》据此提出“推动形成陆海统筹保护发展新格局”的各项举措：

1. 加强海洋环境资源保护。严格按照主体功能定位要求，加强海岸带保护，2019 年年底前编制完成海南省海岸带保护与利用综合规划，实施海岸带分类分段精细化管控，推动形成海岸带生态、生产、生活空间的合理布局。实施最严格的围填海管控和岸线开发管控制度，除国家重大战略项目外，全面停止新增围填海项目审批。加快处理围填海历史遗留问题。到 2020 年全省海岛保持现有砂质岸线长度不变。严控无居民海岛自然岸线开发利用。2020 年年底前编制完成海南省海洋自然资源资产负债表。加强海洋生态系统和海洋生物多样性保护，开展海洋生物多样性调查与观测，恢复修复红树林、海草床、珊瑚礁等典型生态系统，加大重要海洋生物资源及其栖息地保护力度，加强海洋类型各类保护地建设和规范管理。在三沙市开展岛礁生态环境综合整治专项行动，实施岛礁生态保护修复工程。

2. 建立陆海统筹的生态环境治理机制。结合第二次全国污染源普查，全面清查所有入海（河）排污口，实行清单管理，强化对主要入海河流污染物和重点排污口的监测。完善陆源污染物排海总量控制和溯源追究制度，在海口市开展入海污染物总量控制试点，2019 年制定海南省重点海域入海污染物总量控制实施方案。建立海洋资源环境承载能力监测预警机制，构建海洋生态灾害和突发生态环境事件应急体系，

---

[1] 《中共海南省委关于进一步加强生态文明建设谱写美丽中国海南篇章的决定》（2017 年 9 月 22 日中国共产党海南省第七届委员会第二次全体会议通过），《海南日报》2017 年 9 月 25 日。

建立海湾保护责任体系。出台海南省蓝色海湾综合整治实施方案，在全省各主要港口全面建立和推行船舶污染物接收、转运、处置监管联单制度，港口所在地政府统筹规划建设船舶污染物接收转运处置设施，着力加强船舶油污水、化学品洗舱水转运处置能力建设，确保港口和船舶污染物接收设施与城市转运、处置设施的有效衔接，强化船舶、港口和海水养殖等海上污染源防控。加快建立“海上环卫”制度，有效治理岸滩和近海海洋垃圾。

3. 开展海洋生态系统碳汇试点。调查研究海南省蓝碳生态系统的分布状况以及增汇的路径和潜力，在部分区域开展不同类型的碳汇试点。保护修复现有的蓝碳生态系统。结合海洋生态牧场建设，试点研究生态渔业的固碳机制和增汇模式。开展蓝碳标准体系和交易机制研究，依法合规探索设立国际碳排放权交易场所。[1]

海南如何为全国生态文明建设探索经验？要做的不只是实行最严格的生态环境保护制度、积极开展国家公园体制试点、完善以绿色发展为导向的考核评价体系、严格保护海洋生态环境这四个方面，推动形成绿色生产生活方式是很重要。

2010 年 4 月习近平考察海南时指出，“形成节约能源资源、保护生态环境的生活方式和消费模式”；2013 年 4 月考察海南时指出，“加快构建绿色生产体系，大力增强全社会节约意识、环保意识、生态意识”；2018 年 4 月在海南发表重要讲话时又指出，“鼓励海南省走出一条人与自然和谐发展的路子”，这些都与形成绿色生产生活方式密切相关。

党中央要求海南：“推动形成绿色生产生活方式。坚持‘绿色、循环、低碳’理念，建立产业准入负面清单制度，全面禁止高能耗、高污

[1] 《国家生态文明试验区（海南）实施方案》，新华社北京 2019 年 5 月 12 日电。

染、高排放产业和低端制造业发展，推动现有制造业向智能化、绿色化和服务型转变，加快构建绿色产业体系。实施能源消费总量和强度双控行动。支持海南建设生态循环农业示范省，加快创建农业绿色发展先行区。实行生产者责任延伸制度，推动生产企业切实落实废弃产品回收责任。减少煤炭等化石能源消耗，加快构建安全、绿色、集约、高效的清洁能源供应体系。建立闲置房屋盘活利用机制，鼓励发展度假民宿等新型租赁业态。探索共享经济发展新模式，在出行、教育、职业培训等领域开展试点示范。科学合理控制机动车保有量，加快推广新能源汽车和节能环保汽车，在海南岛逐步禁止销售燃油汽车。全面禁止在海南生产、销售和使用一次性不可降解塑料袋、塑料餐具，加快推进快递业绿色包装应用。”[1]

海南提出了这样的贯彻意见：“推动形成绿色生产生活方式。建立产业准入负面清单制度，全面禁止高能耗、高污染、高排放产业和低端制造业发展，构建绿色产业体系。实施能源消费总量和强度双控行动。开展能源综合改革，扎实推动电力和石油天然气体制改革，减少煤炭等化石能源消耗，加快构建以清洁电力和天然气为主体、可再生能源为补充的清洁能源保障体系。开展出口产品低碳认证。建立闲置房屋盘活利用机制，鼓励发展度假民宿等新型租赁业态。探索共享经济发展新模式，在出行、教育、职业培训等领域开展试点示范。科学合理控制机动车保有量，提前实施机动车国六排放标准，加快推广新能源汽车和节能环保汽车。全面禁止在海南生产、销售和使用一次性不可降解塑料袋、塑料餐具，加快推进快递业绿色包装应用。”[2]

---

[1] 《中共中央 国务院关于支持海南全面深化改革开放的指导意见》（2018 年 4 月 11 日）。

[2] 《中共海南省委关于深入学习贯彻习近平总书记在庆祝海南建省办经济特区 30 周年大会上的重要讲话精神和〈中共中央 国务院关于支持海南全面深化改革开放的指导意见〉的决定》，《海南日报》2018 年 5 月 14 日。

《国家生态文明试验区（海南）实施方案》提出“推动形成绿色生产生活方式”的各项具体要求：

1. 建设清洁能源岛。加快构建安全、绿色、集约、高效的清洁能源供应体系。大力推行“削煤减油”，逐步加快燃煤机组清洁能源替代，到 2020 年淘汰达不到超低排放要求的企业自备燃煤机组，各市县建成区范围内全面淘汰 35 蒸吨 / 小时及以下燃煤小锅炉。编制出台海南省清洁能源汽车发展规划，加快充电桩等基础设施建设，加快推广新能源汽车和节能环保汽车，在海南岛逐步禁止销售燃油汽车。加大天然气资源开发利用力度，加快推进东方气田、陵水气田、文昌至三亚天然气东部管线项目，按需有序推进清澜、洋浦、万宁、琼海气电项目规划建设，全面实施城镇燃气工程，在切实落实气源的前提下全面推广农村用气。加快推进昌江核电二期，有序发展光伏、风电等新能源，推进海洋能发电示范。推动清洁低碳能源优先上网，拓宽清洁能源消纳渠道。结合智能电网升级改造、现代农村电网建设、微电网示范建设、蓄能供冷等新型储能技术，实现可再生能源的规模化应用。

2. 全面促进资源节约利用。实施能源消费总量和强度双控行动，制定碳排放达峰路线图，提升各领域各行业节能标准要求。大力推行园区集中供热、特定区域集中供冷、超低能耗建筑、高效节能家电等，推广合同能源管理，完善市场化节能机制。到 2020 年全省能耗总量控制在 2598 万吨标准煤以内。实行最严格的节约用地制度，实施建设用地总量和强度双控行动，确保全省建设用地总量在现有基础上不增加，人均城镇工矿用地和单位地区生产总值建设用地使用面积稳步下降。实行城市土地开发整理新模式，推进城市更新改造，对低效、零散用地进行统筹整合、统一开发。继续深化全省闲置建设用地清理处置，推动低效土地再开发利用。建设用地指标主要用于基础设施和重大产业项目。针对不同产业类别、不同区域，将单位土地投资强度、产值等作为经营类建设用地出让控制指标，实施产业项目用地准入协议制度，建立履约评价和土地退出机制，提高土地利用效益。全面实施节水行动，落实最严格水资源管理制度，实施用水总量和强度双控行动。加快推进节水型社会、节水型城市和各类节水载体建设，深入推进农业水价综合改革，2020年年底前全面实行城镇非居民用水超定额累进加价制度。有计划、分阶段、分区域地推进装配式建筑发展，提高新建绿色建筑比例。

3. 加快推进产业绿色发展。支持海南制定实施产业结构调整负面清单和落后产能淘汰政策，开展“散乱污”企业综合整治，全面禁止高能耗、高污染、高排放产业和低端制造业发展，推动现有制造业向智能化、绿色化和服务型转变。培育壮大节能环保产业、清洁生产产业、清洁能源产业。以产业园区和重点工程建设为依托，广泛推行环境污染第三方治理和合同环境服务。推动低碳循环、治污减排、监测监控等核心环保技术工艺、成套产品、材料药剂研发与产业化。制定实施“限塑令”，2020年年底前在全省范围内全面禁止生产、销售和使用一次性不可降解塑料袋、塑料餐具等。推进快递绿色包装产品使用，2020年基本实现省内同城快递业务绿色包装应用全覆盖。推行生产者责任延伸制度，探索在全岛范围内采取押金制等方式回收一次性塑料标准包装物、铅酸蓄电池、锂电池、农药包装物等。鼓励生产企业加快建立动力电池回收体系。

4. 推行绿色生活方式。加快推行生活垃圾强制分类制度，选取海口市等具备条件的城市先行实施。出台海南省生活垃圾分类管理条例和海南省垃圾分类收集处理标准体系。在教育、职业培训等领域探索共享经济发展新模式。提倡绿色出行，优先发展公共交通，提高公共交通机动化出行分担率，促进小微型客车租赁和自行车互联网租赁规范健康发展。将生态文明教育纳入国民教育、农村夜校、干部培训和企业培训体系，融入社区规范、村规民约、景区守则。将生态文明教育摆在中小学素质教育的突出位置，完善课程体系，丰富教育实践。挖掘海南本土生态文化资源，创作一批生态文艺精品，创建若干生态文明教育基地。积极创建节约型机关、绿色家庭、绿色学校、绿色社区、绿色出行、绿色商场、绿色建筑等。2019 年全面推行绿色产品政府采购制度，优先或强制采购绿色产品。支持引导社会组织、志愿者在生态环境监管、环保政策制定、监督企业履行环保责任等方面发挥积极作用，健全举报、听证、舆论监督等公众参与机制，构建全民参与的社会行动体系。[1]

2018 年 12 月 27 日，生态环境部与海南省政府正式签订《全面加强海南生态环境保护战略合作协议》，双方将在共同推进海南生态环境保护顶层设计、打好污染防治攻坚战、绿色经济高质量发展、生态系统保护与修复等九方面进一步深化合作，共同推进国家生态文明试验区建设，提升海南自由贸易试验区和中国特色自由贸易港的绿色发展水平。

据了解，围绕生态环境保护顶层设计，生态环境部将通过支持海南实施《国家生态文明试验区（海南）实施方案》、开展生态环境中长期规划、建立实现高质量发展的生态环境目标指标体系与行动框架、支持深化“多规合一”改革、开展“三线一单”分区环境管控制度试点、深化生态保护红线管控制度改革、选派专业技术队伍进驻海南等方式，提供全方位的技术和经验支持。

推进海南自由贸易试验区和中国特色自由贸易港建设是签署省部合作协议的出发点和落脚点。生态环境部将支持海南建立与自由贸易试验区和中国特色自由贸易港相适应的环境质量标准、污染物排放标

---

[1]　《国家生态文明试验区（海南）实施方案》，新华社北京 2019 年 5 月 12 日电。

准、绿色产品和服务标准等标准体系，以最严格的环境标准推进海南经济高质量发展；支持海南重大项目和重点产业项目建设，提高审批效率；支持海南建设热带雨林国家公园，探索海洋类型国家公园试点，建立有效的热带生态系统和海洋生态系统保护地体系；加强海岛特殊地貌、特殊自然景观，海岛沙滩等资源保护。

打好污染防治攻坚战是省部合作协议的重要内容。生态环境部将支持海南制定包含蓝天保卫战、柴油车污染治理、实现污染源排放清单的更新和动态调整、饮用水水源地环境保护、污染水体治理、重点近岸海域综合治理、农业农村污染防治、补齐环境基础设施短板等内容的污染防治攻坚战总体行动计划；支持海南大气、水、土壤、农村环境整治，近岸海域等环境保护专项资金项目建设。

此外，生态环境部将指导海南省落实中央环保督察整改方案，推进解决环境难点问题，建立完善环保督察的长效机制。指导海南省谋划环保大数据和云平台顶层设计，推进生态环境信息化能力建设，支持在环境监测、监察执法、排污许可、危险废物监管、环境应急等领域开展智能化应用试点示范，支持海南建立覆盖水、气、土壤、生态、海洋、辐射等天地一体化监测网络。全方位支持海南省生态环境管理体制机制改革创新，指导海南率先完成生态环境监管机构改革等，全力支持海南推进高起点、高标准、高水平的国家生态文明试验区建设。

《协议》指出，海南将重点对标国际生态环境质量和资源利用效率一流的国家和地区，科学谋划生态环境保护顶层设计，坚持“多规合一”一张蓝图干到底。坚持以改善环境质量为核心，深入开展生态环境专项整治，全面加强水、大气、土壤污染治理等工作，如推行“削煤减油”，稳步推进绿色能源岛建设。提前实施“国六”标准，科学合理控制机动车保有量，推广新能源和清洁能源汽车，到2030年全岛基本实现使用清洁能源汽车等。

《协议》明确，海南将实行最严格的生态环境保护制度。进一步强化环境标准引领，制定实施严于国家标准的特色行业地方环境标准。全面禁止在海南生产、销售和使用一次性不可降解塑料袋、塑料餐具等。推行产业准入负面清单制度，严格制造业准入环境标准，全面禁止高能耗、高污染、高排放产业和低端制造业发展，加快构建高质量的绿色产业体系。深化低碳试点示范，积极探索“零碳岛”建设。

海南因海而生、向海而兴。根据《协议》，海南将科学合理开发利用海域海岛，实施严格的围填海总量控制制度。研究设立海洋类型国家公园，探索建设现代化海洋生态牧场，全面加强生态岛礁建设。建立海洋资源环境承载能力监测预警机制，构建海洋生态灾害和突发生态环境事件应急体系。开展海洋生态系统碳汇试点，加强应对气候变化与减排管理等。[1]

---

[1] 《生态环境部与省政府签订战略合作协议 9方面合作助力海南国家生态文明试验区建设》，《海南日报》2019年1月2日。

第九章　论中心：海南要坚持以人民为中心的发展思想

海南要坚持以人民为中心的发展思想，不断满足人民日益增长的美好生活需要，让改革发展成果更多更公平惠及人民。

——习近平：《在庆祝海南建省办经济特区30周年大会上的讲话》（2018年4月13日）

习近平总书记崇尚“以百姓之心为心”，始终把人民的梦想作为自己的梦想。“人民对美好生活的向往，就是我们的奋斗目标。”他把这个心声和愿望在琼州大地上传播，明确要求海南“做好民生工作，努力让人民过上更好生活”；尤其在庆祝海南建省办经济特区30周年大会上的重要讲话中，要求“海南要坚持以人民为中心的发展思想，不断满足人民日益增长的美好生活需要，让改革发展成果更多更公平惠及人民”，这为海南做好新时代的民生工作提供了根本遵循。海南全面深化改革开放成为重大国家战略，习近平总书记又号召“必须举全国之力、聚四方之才”，让各类人才在海南各尽其用、各展其才。海南再次成为“追梦人”实现梦想和成就抱负的开放热土。

一、希望国际旅游岛建设真正成为惠民工程

2010年4月11日至13日，习近平来到万宁、陵水、三亚、保亭、乐东、昌江、儋州、澄迈、海口和洋浦经济开发区、西联农场等地，深入农村、企业、学校进行调研。调研中，习近平十分关心民生问题。他先后到革命老区陵水黎族自治县滨河新区和保亭黎族苗族自治县三道镇什进村了解扶贫开发特别是困难群众的生产生活情况，到西联农场考察棚户区改造及保障性住房建设情况。他指出，扶贫开发要因地制宜、因势利导，在整体推进的同时一定要突出重点，着力解决最困难户的脱贫致富问题，使国际旅游岛建设真正成为惠民工程。在昌江黎族自治县思源实验学校和海南省经济技术学校，习近平实地考察了学校教学、学生食堂、实训基地等，对学校坚持扶贫与扶志、扶贫与育才相结合的做法给以肯定，鼓励学校继续搞好教育扶贫，勉励同学们发奋学习、提高素质、锻炼体魄，努力成为国家建设的有用之材，回报祖国、回报社会、回报父母。[1]

调研结束时，习近平召开海南党政干部座谈会并发表重要讲话，希望海南的同志深入贯彻落实科学发展观，团结一心、艰苦奋斗，努力把海南的工作做得更好。

习近平指出："这次我们还到贫困县陵水黎族自治县和一个比较贫困的村保亭黎族苗族自治县三道镇什进村调研，一方面感到海南扶贫开发工作成绩很大，同时也感到扶贫开发任务仍然艰巨。希望你们进一步加大新农村建设力度，特别要继续搞好扶贫开发，针对不同贫

[1]《习近平在海南调研时强调　切实加强和改进党的建设　推动经济发展方式加快转变》，《海南日报》2010年4月14日。

困地区、贫困村的实际，坚持因地制宜、因势利导、尊重民意，搞好扶贫开发规划，在整体推进的同时突出重点，重点解决最困难户的脱贫致富问题，使国际旅游岛建设成为惠民工程。”[1]

“使国际旅游岛建设成为惠民工程”，生动表达了习近平关心民生的强烈心声。

习近平始终把人民的梦想作为自己的梦想。43年前，他曾作为知青到陕北农村插队，一干就是七年，他的第一个“官衔”是构成中共组织体系“细胞”的大队（行政村）党支部书记。七年的农村生活、七年的甘苦与共，这段与黄土高原纯朴乡亲摸爬滚打在一起、同吃同住同劳动的岁月，不仅让习近平和当地老百姓结下了深厚情谊，也使他深切了解到什么是中国的农村、什么是老百姓的喜怒哀乐、什么是中国的基本国情。他对人民的深情和对脚下这片土地的担当，深深融入到他的人生追求之中。他曾坦诚地说，在他的一生中，对他帮助最大的“一是革命老前辈，一是我那陕北的老乡们”。不到16岁来到黄土地时，他曾一度迷惘、彷徨；22岁离开黄土地时，他已经有了坚定的人生目标——“要为人民做实事”。[2]

“1975年，我到清华大学学习。”说着说着，习近平陷入深深的回忆：“临行前，大队特意宰了几只羊，每户出个代表来给我送行。次日清晨，我一觉醒来，只听窗外人声鼎沸。推门一看，几乎全村的人都等候在门前。我只感到喉头哽咽，一句话也说不出来。当我坐上手扶拖拉机后，随着引擎轰轰的发动声，先是老人，然后是妇女，接着是后生，人群中一片哭声。七年啊，我多少次欲哭无泪，那天，我第一次哭了。陕北的人民养育了我，保护了我。我虽然告别了陕北的父老兄

[1] 《习近平同志在海南考察时的讲话》（2010年4月13日）。

[2] 《“人民群众是我们力量的源泉”——记中共中央总书记习近平》，新华社北京2012年12月23日电，引自《习近平谈治国理政》，外文出版社，2014年版，第429—430页。

弟，但再也离不开人民。我要为人民做事情，要同人民唱一曲悠扬的‘农家乐’。”[1]

1969 年 1 月，习近平与北京市知青同乘一辆火车奔赴延安农村，开始了上山下乡的艰苦历程；直到 1975 年 10 月离开这里上大学，他在西北农村梁家河扎根了七年。

就在那些与群众共患难、同苦乐的岁月中，我们看到梁家河一道最美的风景，那就是习近平知青岁月的痴迷读书生活。[2] 村干部至今仍然印象深刻的是，他们和习近平学习毛主席著作《为人民服务》的情景。“我们这个队伍完全是为着解放人民的，是彻底地为人民的利益工作的”，“只要我们为人民的利益坚持好的，为人民的利益改正错的，我们这个队伍就一定会兴旺起来。”……但见习近平反复地看，反复地读，爱不释手。[3] 由此，我们真切感受得到，共产党人的初心和宗旨，早已深深植入青年习近平的心中，永不褪色。

读书，拉近了习近平与群众的距离，使他很自然地与群众融在一起。读书，涵养了他的治国理政思想，可以说七年知青岁月，为习近平的治国理政思想注入了“以人民为中心”的基因。“15 岁来到黄土地时，我迷惘、彷徨；22 岁离开黄土地时，我已经有着坚定的人生目标，充满自信。”习近平总书记回忆说，“作为一个人民公仆，陕北高原是我的根，因为这里培养出了我不变的信念：要为人民做实事！”

从“要为人民做实事”，到“人民对美好生活的向往，就是我们的奋斗目标”，这是理想与信念的积淀与升华。

这些最基层的人生阅历，是习近平坚定“要为人民做实事”的最

---

[1] 蒋丰：《他耕耘在正定的原野上》（1985 年 1 月），载《知之深　爱之切》，河北人民出版社，2015 年版，第 244 页。

[2] 钟业昌：《梁家河最美的风景》，《学习时报》2018 年 8 月 20 日。

[3] 中央党校采访实录编辑室：《习近平的七年知青岁月》，中共中央党校出版社，2017 年版，第 165 页。

坚实的力量；也是始终坚持以人民为中心的发展思想的力量源泉。

习近平崇尚“以百姓之心为心”。在主政宁德时他就说，现在我们非常强调社会稳定。最重要的保证是什么？是群众，是千百万真心实意地拥护四项基本原则和改革开放的群众。“治政之要在于安民，安民之道在于察其疾苦。”古人议政的这句话，今天依然值得借鉴。只要我们把民众的疾苦了解到、处理好，“去民之患，如除腹心之疾”，只要我们能真正代表人民的根本利益，“以百姓之心为心”，我们的周围就会吸引和凝聚起千百万大众，还愁什么社会不稳?![1]

二、海南最有条件搞好基本公共服务均等化

2013 年 4 月习近平总书记再次在海南考察，他要求“做好民生工作，努力让人民过上更好生活”。

习近平总书记强调：“人民对美好生活的向往，就是我们的奋斗目标。我们党领导人民搞革命、搞建设、搞改革，最终目的是让人民过上好日子。回顾我们党的奋斗历史，凡是我们高度重视群众生活的时候，我们的事业就发展得比较顺利，反之就会遇到挫折。我们为什么要搞改革开放？还不是被逼出来的！那时国民经济已经濒临崩溃的边缘，人民温饱问题都难以解决。改革开放之所以得到全国人民衷心拥护，根本一条就是人民生活水平和质量不断得到提高。正所谓‘享天下之利者，任天下之患；居天下之乐者，同天下之忧’。不断提高人民物质文化生活水平，是事关党和国家长治久安的政治要求，我们要牢记在心、落实在行。”

---

[1] 习近平：《干部的基本功——密切联系人民群众》（1989 年 1 月），载《摆脱贫困》，福建人民出版社，1992 年版，第 16—17 页。

习近平总书记指出，海南已经明确了今后五年的民生奋斗目标，对今年民生工作作出了部署，提出将重点办好十件实事，而且这些实事是在向全社会公开征集意见的基础上确定的，这种工作方法很好，“知屋漏者在宇下”，我们就是要在准确把握人民群众意愿的前提下去办事，绝不能糊里糊涂办群众不满意、吃力不讨好的事情。

习近平总书记赞赏的“重点办好十件实事”，是海南省促进全民共享改革开放发展成果的一项重要举措。自2012年以来，海南省委、省政府将每年为群众办一批最急、最需、最迫切的民生实事，作为推动全省民生事业发展、解决突出民生问题的一项基本制度，构建了相应的体制机制。事前“问需于民”“问计于民”，充分听取民意民声；事中加强监督检查，密切跟踪进度，强力推进项目进展；事后“问政于民”，及时评估考核，有力确保了每项民生实事扎扎实实办好、群众实实在在受益，也有力推动了一年当中的民生改善，让更多群众更好共享发展成果。就在2019年年初，海南省委办公厅和省政府办公厅联合印发《省委、省政府2019年为民办实事事项》通知，确定海南当年要办好对全省学生眼科疾病筛查治疗、对农民小额贷款贴息、重度（一级）残疾人免费乘坐公共交通工具、建设30所公办幼儿园、提高学前教育“三类幼儿”资助标准、建设智慧警务便民服务站、开展“您读书，我买单”全民阅读活动、菜篮子工程（农贸市场升级改造）等八件实事。[1]

习近平总书记要求：“要加快推进民生领域体制机制创新，促进公共资源向基层延伸、向农村覆盖、向弱势人群倾斜，加快构建覆盖城乡、公平合理、普惠性强的基本公共服务体系。关键要抓住以下四

[1] 《省委、省政府2019年为民办实事事项确定 8件民生实事拟于下月启动实施》，《海南日报》2019年2月15日。

点。一是要抓重点，抓住人民最关心最直接最现实的利益问题，抓住最需要关心的人群，多做雪中送炭的事情。二是要抓实在，既尽力而为又量力而行，做那些现实条件下可以做到的事情，让群众得到看得见、摸得着的实惠。决不能开空头支票，也要防止把胃口吊得过高，否则就会失信于民。三是要抓持久，把保障和改善民生作为长期任务来抓，抓好可持续的制度建设。要发扬‘钉钉子精神’，一件事情接着一件事情办、一年接着一年干，锲而不舍向前走。四是要抓组织，各级干部要领着群众一起干，通过辛勤劳动创造幸福生活，而不能领导热群众不热，也不能群众热领导不热。这样抓下去，民生工作才能有活力、有动力、有后劲，才能不断取得新进步。”[1]

“知屋漏者在宇下”，语出汉代思想家王充的名著《论衡》第28卷。紧接着与之相承接的另一句是“知政失者在草野”。大意是说，漏雨与否住在这屋子里的人最清楚，政策策略是否妥当老百姓最有发言权。总书记引用之，意在强调执政者应当充分倾听民声、集纳民意，如此的施政过程才能够稳妥稳健，经得起考验。“享天下之利者，任天下之患；居天下之乐者，同天下之忧”，出自《苏轼集》第109卷内制诏敕类文章。其意为，享受世间之利，则应当承担天下的危难；获享世间之乐，则必当同时分担天下之忧患。其文句文意充满辩证法的色彩，是对执政者、施政者的深切期许，强调使命感、责任感。利与患、乐与忧，是辩证的统一。

古人的告诫，是关于人生、政治、修身、齐家的精练总结，对于执政理念的思考与把握，起到画龙点睛的作用，涉及最多的是提高应对危机的能力，问需于民，问计于民，强调服务意识，把民生民瘼放到心中最高位置来考量。习近平总书记引用不少苏轼的作品佳句，苏轼作

[1] 习近平：《在海南考察工作结束时的重要讲话》（2013年4月10日）。

为文学史上的大文豪，构成其人格精神基座的，是传统的儒家思想，这种思想的内核，塑造了苏轼的责任感与使命感，他身上锐意进取、济世报国的精神贯穿始终。这和习近平总书记引用前述古典修身治世名句的精神用意，也是高度吻合的。[1]

习近平总书记在海南的考察讲话中多次引用古语和古诗，这也引起记者的注意：在谈到要做好民生工作时，习近平两次引用古语。他说，改革开放之所以得到全国人民的衷心拥护，根本一条就是人民生活水平和质量不断得到提高，正所谓“享天下之利者，任天下之患；居天下之乐者，同天下之忧”，不断提高人民物质文化生活水平是事关党和国家长治久安的政治要求，我们要牢记在心，落实在行。习近平指出，海南已经明确了今后五年的民生奋斗目标，对今年民生工作作出了部署，提出将重点办好十件实事，而且这些实事是在向全社会公开征集意见的基础上确定的，这种工作方法很好，“知屋漏者在宇下”，我们就是要在准确把握人民群众意愿的前提下去办事，绝不能糊里糊涂办群众不满意、吃力不讨好的事情。[2]

习近平总书记对民生的高度重视，也体现在2013年考察海南途中。一路上，习近平惦记着海南各族群众的生产生活。他指出，抓民生要抓住人民最关心最直接最现实的利益问题，抓住最需要关心的人群，一件事情接着一件事情办、一年接着一年干，锲而不舍向前走。

三亚亚龙湾兰德玫瑰风情产业园，缤纷的玫瑰热情绽放，芬芳沁鼻。4月9日下午，习近平来到这里，和当地农民聊生产，话增收。

---

[1] 伍立杨：《殷殷期望 寄意深远——学习、解读习总书记引用的古典名句佳句》，《海南日报》2013年4月14日。

[2] 黄晓华：《习近平总书记考察海南讲话引经据典 借古喻今寄厚望》，《海南日报》2013年4月14日。

这家集玫瑰种植、玫瑰文化展示、旅游休闲度假于一体的玫瑰主题产业园，如今与周边八个黎族自然村的发展息息相关。产业园采用“公司＋合作社＋农户”的模式，拥有17家农民专业合作社，带动480户农户种植玫瑰鲜切花，已种花1000亩，每户农民每亩年收入两万元以上。听取经营模式汇报后，习近平对产业园带动农民增收致富的做法表示肯定。

花卉地里，几位黎族农民正在作业，习近平来到他们中间。“你们常年都在这工作吗？”“玫瑰花价格多少？”“一个月能挣多少钱？”“土地租金收入有多少？”习近平问得十分详细。看到技术员蒲日成正在修枝，习近平饶有兴致地向他请教修剪的学问。

随后，习近平来到花卉包装区，参观了花卉包装的流程。

吉阳镇沙塘村农民高正才开着皮卡车送花过来，习近平向他了解家庭收入情况。高正才告诉总书记，他加入玫瑰花专业合作社三年来纯收入近20万元，盖起了“玫瑰楼”，开上了“玫瑰车”。几位黎族花农希望和总书记合影，习近平欣然答应。看着大家头上戴的黎家竹笠，习近平称这竹笠很实用。站在旁边的李玉梅摘下帽子递给习近平，习近平双手接过并戴在了头上，现场顿时响起了热烈的掌声。拍完照，习近平又双手把竹笠戴回李玉梅头上。幸福的眼泪顿时从李玉梅的眼眶奔涌而出，她激动地说：“我要把这顶竹笠作为传家宝。”

临走时，习近平语重心长地对参加考察的海南领导干部说：“小康不小康，关键看老乡。”他希望大家把中央制定的强农惠农富农政策贯彻落实好，加大统筹城乡发展力度，促进城乡共同繁荣，让广大农民平等参与现代化进程，共同分享现代化成果。

习近平指出，独特的地理位置，丰富的作物资源，优越的自然环境，为海南发展热带特色农业提供了得天独厚的条件，要加快农业发展方式转变，促进农业结构优化，推动传统农业向标准化、品牌化、产业化的现代农业转型升级，做强做精做优热带特色农业，使热带特色农业真正成为优势产业和海南经济的一张王牌。[1]

学习贯彻落实习近平总书记考察海南的重要讲话精神，海南提出从四个方面“大力保障和改善民生，争创基本公共服务均等化的实践范例”。

不断提高基本公共服务综合供给能力。规范政府事权分担体制，合理划分省与市县基本公共服务事权和支出责任。调整优化财政支出结构，继续加大对基本公共服务的投入力度，大力推进民生领域体制机制创新，促进公共资源向基层延伸、向农村覆盖、向弱势群体倾斜。积极探索公共服务市场化、社会化、多元化途径，鼓励和引导社会组织广泛参与公共服务。

不断提高社会保障水平。加快建立以政府为主提供基本住房保障、以市场为主满足多层次需求的住房供应体系。健全各项社会保险制度，提高管理水平。逐步推行城乡一体的居民社会养老保险制度，促进居民社会养老保险与城镇从业人员基本养老保险的有效衔接和转移接续。实施更加积极的就业政策，大力扶持就业容量大的产业、中小微型企业发展。健全工资正常增长机制，稳步提高全省最低工资标准，完善低收入群体价格补贴与物价上涨联动机制。

大力发展教科文卫事业。优先发展教育，基本普及学前教育。继续深入实施教育扶贫移民工程，巩固提高九年义务教育。加快普及高中阶段教育，重点扶持发展职业教育，大力提高高等教育办学质量和特色。重视科技创新，加大科技投入，走创新驱动、引进集成、示范推广、跨越发展的科技创新之路。完善公共文化基础设施，建立结构合理、功能健全、供给有力的基本公共文化服务体系，广泛开展群众性

[1]　《美丽篇章藉春风——习近平总书记考察海南纪实》，《海南日报》2013 年 4 月 13 日。

文化、体育活动。加快建立健全覆盖城乡的公共卫生、医疗保障、药品供应和医疗服务四位一体的基本医疗卫生体系，建设辐射全岛的五大区域医疗中心和一小时三级医疗机构服务圈。加强医德医风建设，全面做好人口和计划生育工作，大力提升基本医疗服务质量和水平。

加强社会管理创新。深化社会管理体制改革，将管理资源向基层和社区倾斜，加快城乡社区建设，提高管理效能。加强顶层设计，实施社会管理资源优化重组，探索城市网格化管理。畅通社情民意表达渠道，建立完善能够及时有效回应公众期待和诉求的长效机制，完善利益协调、矛盾纠纷排查调处机制，完善信访制度。对可能引发重大治安问题和群体性事件的苗头反应灵敏、妥善处置，把矛盾化解在基层，解决在萌芽状态。健全社会管理方面的法规规章，明确责任主体，运用科技手段，强化对民生事业、旅游市场、交通秩序、食品药品安全、社会治安、失地农民安置等创新管理服务，提高社会管理服务的科学化水平。深入推进平安海南和法治海南建设，打造海岛型立体化治安防控体系。积极预防和依法严厉打击各类违法犯罪活动，完善各类突发事件应急处理机制，强化安全生产管理，确保社会和谐稳定。[1]

海南又进一步提出：“坚定不移践行以人民为中心的发展思想。让海南人民过上好日子是我们一切工作的出发点和落脚点。要坚持普惠性、保基本、均等化、可持续，提高公共服务共建能力和共享水平，解决人民群众最关心最直接最现实的利益问题，不断增强百姓获得感、幸福感，全面建成小康社会不落下一个海南百姓。”“建设美好新海南必须坚持以人民为中心的发展思想，加快构建覆盖城乡、公平合理、普惠性强的基本公共服务体系，不断增进人民福祉。”并把这种理念具

[1] 《中共海南省委关于学习贯彻落实习近平总书记视察海南重要讲话精神的决定》（2013 年 7 月 26 日中国共产党海南省第六届委员会第四次全体会议通过），《海南日报》2013 年 8 月 5 日。

体化为“全面提升基本公共服务均等化水平，加快建设全省人民幸福家园”：

打赢脱贫攻坚战。以高度的政治责任感和使命感，兑现脱贫攻坚的庄严承诺。创新扶贫开发体制机制，形成政府、市场、社会互为支撑，专项扶贫、行业扶贫、社会扶贫“三位一体”的大扶贫格局，层层压实责任，层层落地生根。把精准要求贯穿于脱贫攻坚各环节、全过程，做到精准识贫、精准帮扶、精准退出，实施精准扶贫“十大措施”，抓牢发展产业和实现就业两个关键，建立稳定脱贫长效机制。整合各类扶贫资源资金，精准投向，重点攻坚，确保贫困群众“两不愁三保障”。办好脱贫致富电视夜校，加强宣传引导，增强贫困群众自力更生、脱贫致富的意识和能力。充分发挥基层组织的作用，鼓励能人返乡创业扶贫。强化扶贫督查考核和责任追究，落实“五个绝对不允许”，确保脱贫取得实实在在成效。

促进教育优质均衡发展。加大教育投入，推动教育公平，提高办学水平，基本实现教育现代化。加快“一市（县）两校一园”建设，基本普及学前教育和高中阶段教育，均衡提升义务教育质量，稳步推进招生制度综合改革，加强特殊教育学校建设。围绕服务地方经济社会发展，完善职业教育、普通教育、继续教育相互联通的现代职业教育体系，扶持民办教育健康发展，支持海南大学等高校转型升级、争创“双一流”，促进国际合作办学。引进各层次优质教育资源，抓实“好校长好教师”等培养和引进工程，提高教学水平和教育质量。

建设健康海南。深化公立医院改革，完善分级诊疗制度，推进家庭医生签约服务、医联体建设和远程医疗服务，健全城乡全覆盖的基本医疗卫生服务体系。加快“一市（县）一院”建设，继续抓好“好院长好医生”“妇幼双百”引进工作，实施乡村医生支持计划。大力发展中医药事业，做强医药产业，健全药品供应保障机制。创建食品药品安全省。加强地中海贫血等筛查，完善计生服务管理，提高出生人口素质。强化热带病、传染病和重大疾病防控防治，加强职业健康管理，推广全民健身运动，大幅提升群众健康水平。

提高城乡居民收入。实施更加积极的就业政策，培育创业就业公共服务平台，促进充分就业，鼓励以创业带动就业，推行终身职业技能培训制度，确保零就业家庭和贫困家庭至少有一人稳定就业；健全工资正常增长机制，扩大中等收入群体；实施新一轮农民增收计划，持续增加农民收入；完善劳动关系协调机制，维护劳动者特别是农民工合法权益。加大物价调控力度，抓好“菜篮子”工程，完善低收入群体价格补贴与物价上涨联动机制，使城乡居民生活一年比一年好。

织密扎牢民生保障网。实施全民参保计划，建立更加便捷的社会保险转移接续机制，稳步提高保障水平，建成覆盖城乡居民更加公平、更可持续的社会保障制度。坚持城乡居民基本养老保险个人账户实账累积，完善居家为基础、社区为依托、机构为补充、医养相结合的养老服务体系。提高重特大疾病保障水平，深入推进医保异地就医结算，鼓励发展各类商业医疗健康保险。健全购租并举的住房制度，以政府为主提供基本保障，以市场为主满足多层次需求，推动住有所居向住有宜居迈进。发展社会福利和慈善事业，健全社会救助体系，强化民生兜底保障，努力让残疾人等困难群众都得到社会的关爱和救助。[1]

三、海南要坚持以人民为中心的发展思想

“中国人民将继续大胆创新、推动发展，坚定不移贯彻以人民为中

[1] 刘赐贵：《凝心聚力　奋力拼搏加快建设经济繁荣社会文明生态宜居人民幸福的美好新海南——在中国共产党海南省第七次代表大会上的报告》（2017 年 4 月 25 日），《海南日报》2017 年 5 月 2 日。

心的发展思想，落实新发展理念，建设现代化经济体系，深化供给侧结构性改革，加快实施创新驱动发展战略、乡村振兴战略、区域协调发展战略，推进精准扶贫、精准脱贫，促进社会公平正义，不断增强人民获得感、幸福感、安全感。”[1]习近平总书记把这样的思想，也体现到他对海南工作的关心和要求上。

2018 年 4 月在海南考察的习近平总书记，4 月 11 日下午首先来到博鳌乐城国际医疗旅游先行区规划馆，了解先行区功能定位和规划，听取建设情况介绍，察看国产磁控胶囊胃镜机器人等先进医疗设备，并同医疗专家们亲切交流。他强调，实现“两个一百年”奋斗目标，必须坚持以人民为中心的发展思想。经济要发展，健康要上去。人民群众的获得感、幸福感、安全感都离不开健康。要大力发展健康事业，为广大老百姓健康服务。[2]

两天后的 4 月 13 日，习近平总书记在庆祝海南建省办经济特区 30 周年大会上发表重要讲话时指出：“海南要坚持以人民为中心的发展思想，不断满足人民日益增长的美好生活需要，让改革发展成果更多更公平惠及人民。”

习近平总书记强调：“改革开放在认识和实践上的每一次突破和深化，改革开放中每一个新生事物的产生和发展，改革开放每一个领域和环节经验的创造和积累，无不来自亿万人民的智慧和实践。没有人民支持和参与，任何改革都不可能取得成功。只有充分尊重人民意愿，形成广泛共识，人民才会积极支持改革、踊跃投身改革。要坚持人民主体地位，发挥群众首创精神，紧紧依靠人民推动改革开放。”他

[1] 习近平：《开放共创繁荣　创新引领未来——在博鳌亚洲论坛 2018 年年会开幕式上的主旨演讲》（2018 年 4 月 10 日，海南博鳌）。

[2] 《习近平在海南考察时强调　以更高站位更宽视野推进改革开放　真抓实干加快建设美好新海南》，《人民日报》2018 年 4 月 14 日。

在总结海南等经济特区的成功实践时，又指出：“充分证明了人民是改革的主体，要坚持一切为了人民、一切依靠人民，发挥好广大人民群众的积极性、主动性、创造性，使广大人民群众成为推动改革开放的强大力量。”[1]

由此，习近平总书记又指出：“要坚持从人民群众普遍关注、反映强烈、反复出现的问题背后查找体制机制弊端，找准深化改革的重点和突破口。”“要始终把人民利益摆在至高无上的地位，加快推进民生领域体制机制改革，尽力而为、量力而行，着力提高保障和改善民生水平，不断完善公共服务体系，不断促进社会公平正义，推动公共资源向基层延伸、向农村覆盖、向困难群体倾斜，着力解决人民群众关心的现实利益问题。”[2]

这也是习近平总书记一贯的思想要求。他曾指出，改革既要往有利于增添发展新动力方向前进，也要往有利于维护社会公平正义方向前进，注重从体制机制创新上推进供给侧结构性改革，着力解决制约经济社会发展的体制机制问题；把以人民为中心的发展思想体现在经济社会发展各个环节，做到老百姓关心什么、期盼什么，改革就要抓住什么、推进什么，通过改革给人民群众带来更多获得感。[3]

党中央明确要求海南“加强和创新社会治理”，指出：“始终坚持以人民为中心的发展思想，完善公共服务体系，加强社会治理制度建设，不断满足人民日益增长的美好生活需要，形成有效的社会治理、良好的社会秩序，使人民获得感、幸福感、安全感更加充实、更有保障、更可持续。”并明确了两大具体任务：

---

[1] 习近平：《在庆祝海南建省办经济特区 30 周年大会上的讲话》（2018 年 4 月 13 日）。

[2] 习近平：《在庆祝海南建省办经济特区 30 周年大会上的讲话》（2018 年 4 月 13 日）。

[3] 《习近平主持召开中央全面深化改革领导小组第二十三次会议强调 改革既要往增添发展新动力方向前进 也要往维护社会公平正义方向前进》，《人民日报》2016 年 4 月 19 日，。

健全改善民生长效机制。坚决打赢精准脱贫攻坚战，建立稳定脱贫长效机制，促进脱贫提质增效。深化户籍制度改革，有序推进农业转移人口市民化，推动基本公共服务覆盖全部常住人口。大力实施基础教育提质工程，全面提升学前教育和中小学教育质量。完善劳动用工制度，健全最低工资标准调整和工资支付保障长效机制。开展激发重点群体增收活力改革试点，推进事业单位改革和人才评价机制改革，在国家政策框架内，加快完善与自由贸易试验区和自由贸易港建设相适应、体现工作绩效和分级分类管理的机关事业单位工资分配政策。创新社会救助模式，完善专项救助制度，在重点保障城乡低保对象、特困人员的基础上，将专项救助向低收入家庭延伸。全面实施全民参保计划。建立和完善房地产长效机制，防止房价大起大落。继续深化医药卫生体制改革。

打造共建共治共享的社会治理格局。加强预防和化解社会矛盾机制建设，正确处理人民内部矛盾。加强人口动态数据收集分析，建立人口监测预警报告制度。推动建立以社会保障卡为载体的“一卡通”服务管理模式。探索行业协会商会类、科技类、公益慈善类、城乡社区服务类社会组织依法直接登记制度，支持社会组织在规范市场秩序、开展行业监管、加强行业自律、调解贸易纠纷等方面发挥更大作用，推进行业协会商会脱钩改革。全面加强基层治理，统筹推进基层政权建设和基层群众自治，促进乡镇（街道）治理和城乡社区治理有效衔接，构建简约高效的基层管理体制。全面推进社会信用体系建设，加快构建守信激励和失信惩戒机制。围绕行政管理、司法管理、城市管理、环境保护等社会治理的热点难点问题，促进人工智能技术应用，提高社会治理智能化水平。[1]

---

[1]　《中共中央　国务院关于支持海南全面深化改革开放的指导意见》（2018年4月11日）。

刘赐贵专门谈到对坚持以人民为中心的发展思想的认识。他说，习近平总书记在“4·13”重要讲话中强调，要坚持以人民为中心的发展思想，不断满足人民日益增长的美好生活需要，让改革发展成果更多更公平惠及人民；要求始终把人民利益摆在至高无上的地位，加快推进民生领域体制机制改革，尽力而为、量力而行，着力提高保障和改善民生水平，不断完善公共服务体系，不断促进社会公平正义。海南建设自由贸易试验区和中国特色自由贸易港，出发点和落脚点都是为了老百姓真正得到实惠，只有这样才能让中国特色社会主义更有说服力。我们出台每一项政策、做每一项工作前，都要扪心自问，百姓能不能受益？实施的过程中要经常调研，百姓的获得感如何？我们要干就要干既经得起历史检验，也能让百姓得实惠的好事实事。近年来，我们虽然把新增财力的 70%以上投入民生，但基本公共服务保障的质量水平还不够高。这需要我们以钉钉子的精神，不断提高基本公共服务的标准和普惠水平，增强人民获得感、幸福感、安全感。

一要坚决打赢脱贫攻坚战。中央要求海南到 2020 年要与全国同步全面建成小康社会、确保现行标准下农村贫困人口实现脱贫、贫困县全部摘帽。这是建设自由贸易试验区和中国特色自由贸易港的重要前提和底线目标。要整合扶贫资源重点投向中部山区的深度贫困村和贫困群体；把建立稳定脱贫长效机制作为重中之重，坚持打牢产业基础、壮大集体经济；办好脱贫致富电视夜校，增强贫困群众自力更生、脱贫致富的意识和能力；各级党委政府要“尽锐出战”，充分发挥基层党组织作用，强化扶贫考核和责任追究，落实好“五个绝对不允许”，确保 2020 年如期完成任务。

二要促进教育医疗优质均衡发展。近年来，全省教育、医疗保障水平有了长足进步，但海南基础差、底子薄，不少突出问题还亟待解决。比如全省公办学前教育资源严重短缺，公办幼儿园、就读幼儿占全省总数的比例低于全国平均水平。全省大部分疾控机构实验室 A、B 类设备达标率低于全国平均水平；每千农业人口拥有医生和卫生员为 0.84 人，低于全国 1.53 人的平均水平；等等。这些问题倒逼我们要加快提升教育医疗水平。继续大力抓好“一市（县）两校一园”建设，引进岛外优质教育资源，满足群众对“上好学”的迫切需求；着力补齐学前教育和特殊教育短板，争取每个行政村都有优质公办幼儿园，每个 30 万以上人口的市县都有特教学校，实行“医教结合”；大力引进国内外优质医疗资源，加快健康海南和“一市（县）一院”建设，抓好“好院长好医生”“妇幼双百”等引进工作，鼓励社会力量发展高水平医疗机构；建立形式多样、务实高效的帮扶联盟，开展基层医疗卫生机构标准化建设三年行动计划，力争到 2022 年达到全国领先水平。

三要大力提升公共文化服务。当前，我省仍存在着文化精品力作少、产业体量小、文化设施欠账多、基层公共文化服务有效性不足等突出问题，特别是农村文化基础设施建设和管理运营水平低。比如全省乡镇文化站自 2009 年建成投入使用后，各类配套资源没有及时更新，已建文体活动室、农家书屋利用率低。解决这些问题，关键是要加快构建标准统一、功能完善、互联互通的四级文化基础设施网络，打造基本公共文化服务标准化均等化先行区；深入实施文化惠民工程，推进各市县“两馆一站”建设，全面提升管理水平和服务效能；加大文艺精品创作力度，激活文化发展体制机制，用更多更好的文艺精品和文化产品来温润心灵、教化人心，把海南建设成为文化产业繁荣、文化生活富足、文明风尚更美的海南文明岛。

四要努力提高居民收入水平。2017 年海南城镇和农村常住居民人均可支配收入分别为 30817 元、12902 元，均低于全国人均水平。要坚决打击“菜霸”“砂霸”“运霸”，加大物价调控力度，抓好菜篮子工程，完善低收入群体价格补贴与物价上涨机制，让群众生活稳步提升；

必须着力研究和攻克物价调控的难题，从交通物流等方面的“疏”、住房医疗等方面的“控”和针对特定群体的“补”三管齐下，尽早将海南的物价涨幅降下来，逐步改变“高物价、低收入”长期倒挂现象；必须大力扶持创业孵化基地、创业示范点和中小微企业，落实高校毕业生就业创业帮扶政策，为重点群体就业创业减免税费，实现更高质量和更充分的就业。

当然，也不要脱离经济发展的实际水平盲目许诺、吊高胃口，要尽力而为、量力而行，把每一分钱都花在刀刃上，多办利民实事、多解民生难事、兜牢民生底线。[1]

刘赐贵还表示，坚持以人民为中心的发展思想，就是要不断增强人民群众的获得感幸福感安全感。习近平总书记强调，海南要坚持以人民为中心的发展思想，不断满足人民日益增长的美好生活需要，让改革发展成果更多更公平惠及人民。海南建设自由贸易试验区和中国特色自由贸易港，出发点和落脚点都是为了老百姓得到实惠。坚决打赢脱贫攻坚战，实施好精准扶贫“十大措施”，办好《脱贫致富电视夜校》，强化扶贫考核和责任追究，建立稳定脱贫长效机制，确保2020年如期完成任务。促进教育医疗优质均衡发展，继续大力抓好“一市（县）两校一园一院”建设，引进岛外优质教育资源，鼓励社会力量发展高水平医疗机构，满足群众对“上好学”“看好病”的迫切需要。大力提升公共文化服务，深入实施文化惠民工程，加大文艺精品创作力度，打造基本公共文化服务标准化均等化先行区。努力提高居民收入水平，大力扶持创业就业，加大物价调控力度，抓好菜篮子工程。[2]

海南省委贯彻落实习近平总书记的重要讲话精神，提出从四个方

---

[1] 刘赐贵：《关于深入学习习近平总书记“4·13”重要讲话精神的十点认识》（2018年10月13日），《海南日报》2018年10月17日。

[2] 刘赐贵：《努力成为新时代全面深化改革开放新标杆》，《人民日报》2018年10月29日。

面“加强和创新社会治理，不断完善公共服务体系”。

坚决打赢精准脱贫攻坚战。完善“省负总责、市县抓落实、强化乡镇村主体责任”机制，层层压实责任。坚持精准识贫、精准帮扶、精准退出，整合各类扶贫资源资金，精准投向，抓牢发展产业和实现就业两个关键，注重扶志、扶智，重点攻克深度贫困地区脱贫任务，建立稳定脱贫长效机制，促进脱贫提质增效。到2020年，确保与全国同步实现全面建成小康社会，确保现行标准下农村贫困人口实现脱贫、贫困县全部摘帽。

提升社会事业发展水平。大力引进岛外优质教育医疗资源，加快“一市（县）两校一园一院”建设，全面提升教育医疗水平。深化基础教育综合改革，大力实施基础教育提质工程。协调推进“三医”联动改革，深化公立医院综合改革。深入开展社会文明大行动，创建海南文明岛。加快数字图书馆、数字博物馆、网上剧院等建设，构建标准统一、互联互通的公共数字文化服务网络，提升城乡公共文化设施建设管理服务水平。落实全民健身国家战略，推进公共体育服务设施建设。

织密扎牢民生保障网。实施就业优先战略和积极就业政策，大力培育创业就业公共服务平台，推行终身职业技能培训制度。完善劳动用工制度，健全最低工资标准调整和工资支付保障长效机制。开展激发重点群体增收活力改革试点，推进事业单位改革和人才评价机制改革，加快完善与自由贸易试验区和自由贸易港建设相适应、体现工作绩效和分级分类管理的机关事业单位工资分配政策和正常增长机制。全面实施全民参保计划，基本实现社会保险法定人员全覆盖。创新社会救助模式，完善专项救助制度，在重点保障城乡低保对象、特困人员的基础上，将专项救助向低收入家庭延伸。加快推进社会养老服务设施建设。建立健全与本地居民收入水平相适应的住房供应保障体系。

打造共建共治共享的社会治理格局。加强预防和化解社会矛盾机制建设。加快综治中心、雪亮工程、网格化管理“三位一体”建设，构建跨部门政法大数据平台，推进人工智能技术应用，提高社会治理社会化、智能化、法治化、专业化水平。采取有力措施，坚决遏制黄赌毒。加强人口动态数据收集分析，建立健全实有人口基础信息采集、人口信息共享、人口形势协同分析、人口与发展综合决策等机制。推动建立以社会保障卡为载体的“一卡通”服务管理模式。探索行业协会商会类、科技类、公益慈善类、城乡社区服务类社会组织依法直接登记制度，推进行业协会商会脱钩改革。统筹推进基层政权建设和基层群众自治，促进乡镇（街道）治理和城乡社区治理有效衔接，构建简约高效的基层管理体制。加快构建和谐劳动关系。全面推进社会信用体系建设，加快构建守信激励和失信惩戒机制。[1]

从政府工作角度，海南将“更好保障和改善民生，让自贸试验区发展红利更多惠及全岛百姓”。

决战脱贫攻坚战。把脱贫攻坚作为建设自贸试验区和自贸港的重要前提和底线目标抓好抓实。做到“两个确保、一个巩固、一个提升、一个延伸”，即确保五指山、临高、白沙三个国定贫困县摘帽和剩余的三个贫困村出列；确保剩余的4.5万贫困人口基本脱贫，严格控制脱贫人口错退率、贫困人口漏评率，群众认可度高于90%；巩固现有脱贫成果，争取返贫率降至最低；提升基层党组织战斗堡垒作用和帮扶干部能力水平；逐步探索将帮扶政策向收入略高于建档立卡贫困人口的边缘人群延伸，防止新增贫困人口，提高群众满意度。坚持工作不松

[1] 《中共海南省委关于深入学习贯彻习近平总书记在庆祝海南建省办经济特区30周年大会上的重要讲话精神和〈中共中央　国务院关于支持海南全面深化改革开放的指导意见〉的决定》，《海南日报》2018年5月14日。

懈、不跑偏、不掉以轻心，把每项措施任务压实到具体单位、具体人头，以更大气力抓好脱贫攻坚，为 2020 年全面打赢脱贫攻坚战打下坚实基础。

补齐教卫文体事业短板。继续实施“一市（县）两校一园一院”工程，积极引进国内外优质教育卫生等资源和人才。把教育事业放在优先位置，推进高等教育“1+2+X”总体布局，推动海南大学加快建设世界一流学科和国内一流大学，支持海南师范大学大力振兴教师教育、海南医学院医教协同、海南热带海洋学院等高校向应用型发展，优化中小学和中等职业学校布局，确保全省通过“全国义务教育发展基本均衡县（市、区）”国家评估认定，加快学位紧张地区公立幼儿园建设步伐。大力实施基础教育提质工程，实现基础教育主要指标达到全国中等偏上水平。以小病不进城、大病不出岛、基层卫生服务水平全国领先为目标，扎实推进基层医疗卫生机构标准化建设三年行动计划，2019 年实现基础建设投入使用、设备购置全部到位、信息化建设基本完成，着力构建“15 分钟城市健康服务圈、30 分钟乡村健康服务圈”。试点推进基于按人头医保总额预付的新型医联体改革。率先实现医保省级统筹，抓好药品集中采购，把更多救命救急的好药纳入医保，切实减轻群众医药费用负担，严厉打击欺诈骗保行为，努力提高医疗服务和保障能力。努力建设和完善以热带病为特色、具有海南特点的疾病预防和控制体系。在五指山等五个市县试点实行基层卫生人才编制“县属乡用、乡属村用”和优秀教育人才公开竞聘，调整提高基层教育卫生人员工作补贴，让更多好教师、好医生安心在基层为群众服务。完善城乡公共文化和体育服务体系，让群众文体活动就近就便、丰富多彩。

加强民生兜底保障。把菜价稳定作为今年提高群众满意度的重要民生工作来抓，认真落实好“菜十条”。制定切实可行措施，确保物价稳定。推动建立以社会保障卡为载体的“一卡通”服务管理模式。落实就业优先政策，促进高校毕业生、农民工等群体就业创业。做好退役军人接收安置、服务管理和保障工作。合理调整最低工资标准，提高技术工人待遇，保障农民工工资足额发放。完善住房保障和供应体系，加快建设面向本地居民和引进人才的商品住房和租赁住房。在海口江东新区、三亚总部经济及中央商务区等新建区域，尽快实现直饮水。推进无障碍环境建设，支持公益慈善事业发展，建立农村留守老人探访制度，专项救助向低收入群体延伸。坚持事先问需于民、事后问效于民，办好提高学前教育孤儿、残疾幼儿及家庭经济困难幼儿资助标准、建设智慧警务便民服务站等民生实事。确保区域粮食安全。

深化社会治理创新。全面推行“大社区”综合服务新模式，构建简约高效基层治理新格局。扩大大数据技术在交通管理、应急管理、市场和安全监管等领域的应用。用最严的准入、最严的执法、最严的监管，努力把海南建成全国食品药品最安全的省份之一。广泛动员社会各界参与社会治理，积极引进社会资本投入社会治理。规范社会组织管理，发挥积极作用。深入开展社会文明大行动，支持三亚、文昌、澄迈创建全国文明城市，推进海口市琼山区、美兰区全国新时代文明实践中心试点建设。建立海陆空立体化治安防控新体系，深入推进扫黑除恶专项斗争，坚决打赢禁毒三年大会战。推进领导干部接访下访、包案化解信访突出问题，依法及时就地解决群众合理诉求。

加强国防动员、海防、海上维权工作。促进各民族交往交流交融和宗教关系健康和谐。支持侨务、对台、工会、共青团、妇女儿童、老龄等事业不断取得新进步。[1]

---

[1] 沈晓明：《政府工作报告——2019 年 1 月 27 日在海南省第六届人民代表大会第二次会议上》，《海南日报》2019 年 2 月 2 日。

四、把优秀人才吸引到国际旅游岛建设的各项事业中来

在2010年4月考察海南的重要讲话中，习近平指出：“要从党和人民事业出发，培养识人的慧眼、举贤的魄力，不断提高选贤任能的本领。要进一步扩大选人用人视野，广开举贤荐能之路，多管齐下，把优秀人才吸引到国际旅游岛建设的各项事业中来，使他们能够充分发挥聪明才智、建功立业。”[1] 这是在海南刚开始进行国际旅游岛建设的时候，习近平从吸引人才和发挥人才作用的角度，要求海南进一步扩大选人用人视野，广开举贤荐能之路，多管齐下，把优秀人才吸引到国际旅游岛建设的各项事业中来，使他们能够充分发挥聪明才智、建功立业。这充分体现了他对人才工作的充分重视。

习近平对人才的高度重视，要追溯到他在河北省正定县工作之时。

1983年3月29日，《河北日报》头版头条公开发表中共正定县委、正定县人民政府《关于进一步解放思想，放宽政策，加快我县经济发展的若干规定》（正发〔1983〕14号），这个《规定》由县委书记习近平主持起草、审定。《规定》公开发表后，引起县内外很大反响。许多有志有识之士，有才有能之人，纷纷投书或亲赴正定县，表示愿为振兴正定贡献一分力量。不到一个月，县人才技术开发公司就已接待来信来访150人次。其中，具有工程师、助理工程师或相当职称的46人，还有一些是属于有一技之长或自学成才的人。但是，因宣传工作配合得不够及时，舆论造得不够充分，致使部分同志认识上存在三个问题：一叫不理解，二叫有顾虑，三叫有误解。习近平认为，这几方面问题，具有一定的代表性，各级领导应当引起注意，并认真加以解决。

---

[1]　《习近平同志在海南考察时的讲话》（2010年4月13日）。

因此，4 月 25 日，习近平在全县“放宽政策、振兴经济”三级干部会议上发表讲话，他旁征博引，并紧紧联系正定实际，围绕“为什么要招贤纳士、博揽人才”，充分阐述“人才对发展经济的作用不可估量”；他又对《九条》措施作出几点说明，以统一大家的思想；并提出怎样贯彻落实好《九条》措施的四条要求。[1]

习近平对人才的高度重视，在正定发展为念好“人才经”。1984 年 5 月，正定县委书记习近平在石家庄地委召开的县委书记会议上发言，题目就是《念好“人才经” 开拓翻番路》。他开篇就说：“近年来，随着工作着重点的转移，商品生产的发展，我们越来越感到人才工作的重要。1978 年以来，我县工农业总产值递增速度一直保持在 10%以上，总的说，是一靠政策，二靠科学，但归根结底，还是通过掌握政策、懂得科学的人在起作用，通过一大批党政干部、知识分子、科技人员和方方面面的各种人才在起作用。大家说，这几年，生产发展靠了‘人才经’。实现翻两番，更要靠‘人才经’。”

习近平接着阐述“从战略高度认识人才”，这是几段精辟的论述：“开发人才是一项具有特殊地位的战略任务，关系四化成败，关系国家兴衰。有人讲，致天下之治者在人才，成天下之治者在教化。古往今来，人们无不把人才之治作为富国之根本、兴邦之大计。”“从我国历史看，人才史总是与政治史、经济史、文化史同步兴衰的。人才荟萃，才出现诸子百家；明君贤吏，成就了盛唐之治。言之所立，业之所兴，孕育了丰富久远的文明史。从一定意义上讲，中国落后挨打的近代史，也是吃了无富国强兵之才的亏。”“从国外看，几个主要资本主义国家的发展，无不与人才有着密切关系。英国，依靠一批人才的技术发明，

[1] 习近平：《人才对发展经济的作用不可估量》，载《知之深 爱之切》，河北人民出版社，2015 年版，第 54 页。

开启了工业革命；美国，由于科学家的大量涌入，成了世界富豪；日本，具有远见卓识，倾力于全国性的智力投资，尽管资源贫乏，仍然奇迹般地崛起，成为经济强国。”

习近平说：“现在，各个国家无不把开发人才放在特殊重要的位置，人们把十几年后的世界视为智能世纪，竞相跻身于科学技术领先地位。在这方面，我们国家落后了许多，更显出人才开发的重要性和紧迫性。百端待举，人才匮乏，带有很大的普遍性。人才兴，国家兴，我们越来越深刻地认识了这个真理。”

习近平又提出“多种渠道开发人才”。他提出这样六条渠道：（一）内用。就是用好现有知识分子。（二）外招。就是把握人才流动规律，多方面创造人才流入条件。（三）上请。就是聘请专家、学者当顾问，扩大眼界，开阔视野，研究战略，致力发展。（四）下挖。就是发现、起用商品生产中一批崭露头角的新素质分子，为他们清障拆卡，让他们领路示范，促进经济活动的发展。（五）近补。就是根据目前工作需要，搞好在职干部职工的文化补习、知识更新、培养提高工作。（六）远育。就是用发展眼光和战略观点抓好教育，重视智力投资，搞好人才培养。[1]

习近平最后还谈了开发人才工作的几点体会。就是做好开发人才工作，要正确树立这四个观点：群众观、长远观、智力效益观和自我开发观。

对正定，青年习近平抱有这样的信心：“诗人龚自珍有句名言：‘我劝天公重抖擞，不拘一格降人才。’我们相信，在党的十二大精神指引下，各级领导认真执行党的有关政策，扫除各种云雾灰尘，则人才

[1] 习近平：《念好“人才经” 开拓翻番路》（1984年5月16日），载《知之深　爱之切》，河北人民出版社，2015年版，第154—165页。

就如群星当空，尽在眼前，翻两番的目标，将随着人才的开发而早日实现；振兴正定的大业，将随着人才的荟萃而必获成功！”[1]

正定念好“人才经”的经验，受到中央媒体的关注。《中国青年》记者蒋丰采写正定县委书记习近平的通讯当中就写道：“福建念‘山海经’，青海念‘草木经’，我们正定要念‘人才经’”，“正定县委、县政府的大院门上，除了应有的几块长牌外，还有一块引人注目的长牌：正定县人才技术开发公司。习近平兴致勃勃地讲：‘依靠一乡一县的人才毕竟有限，社会才是无限的智能宝库。’1983 年，正定县通过电台、电视、报纸、杂志向全国发布‘招贤榜’，欢迎有志之士、有识之才，到正定这块土地上来施展抱负。很快有 24 个省、市的 600 多封来鸿飞到正定，200 人在正定应聘。这座曾孕育了多少英才的古城，如今，又为当代人才驰骋睿智提供了广袤的原野。难怪有人说：习近平像一个‘人才吸入器’，在拼命地吸收人才。这，只能用习近平的话来解释：‘人才，关系着事业的成败。’”[2]

《人民日报》当年也发表通讯介绍正定县念活一部“人才经”：“曾经以粮棉高产闻名的河北省正定县，近两年大念‘人才经’，在人才资源的开发和起用方面闯出一条新路，取得了经验。”他们的主要做法是：充分合理使用本县人才；广招四方英才；聘请专家、学者当顾问，组织顾问团；发现、培养和使用在商品生产中崭露头角的青年；采取多种方式鼓励全县干部、职工学习，全面提高他们的素质；开展多渠道、多种形式办学；通过搞经济、技术协作，借城市雄厚的人才、技术之“光”，为乡镇企业服务。报道最后说：“正定县把开发智力作为战

[1] 习近平：《人才对发展经济的作用不可估量》（1983 年 4 月 25 日），载《知之深　爱之切》，河北人民出版社，2015 年版，第 54 页。

[2] 蒋丰：《他耕耘在正定的原野上》（1985 年 1 月），载《知之深　爱之切》，河北人民出版社，2015 年版，第 248—250 页。

略重点，念活了一部‘人才经’，也促进了经济的起飞。1984 年，全县 10 项经济指标创历史最高水平，工农业总产值达到 38650 多万元，比 1980 年翻了一番，农民人均收入达到 478 元。”[1]

习近平到福建省宁德地区工作时还忆起正定念活“人才经”的事，并列入他的《从政杂谈》中，就是要念好“人才经”。他说：“如何选用人才，是领导者的一个十分重要的问题。列宁说：‘要研究人，要发现有才干的工作人员。现在关键就在这里；不然的话，一切命令和决定不过是些肮脏的废纸而已。’我在河北正定县工作时，县委提出，福建念‘山海经’，青海念‘草木经’，我们正定念‘人才经’。‘人才经’，可以用知、举、用、待、育五个字来概括。‘知’就是识别人才。‘举’就是荐纳人才。‘用’就是量才授任。‘待’就是尊重人才。‘育’就是培养人才。”[2]

在浙江省工作时，习近平更加强调“人才资源是第一资源”，指出要做到求贤若渴，爱才如命，惜才如金，唯才是用。人才引进要有新思路、宽眼界、大举措，这就要有国际眼光，从全国范围、世界范围吸引人才；同时要创新机制，以各种形式吸引海内外优秀人才来浙江工作、为浙江服务；还要营造尊重特点、鼓励创新、信任理解、宽容失败的良好环境，使浙江真正成为各类人才创新、创业的天堂和乐园。[3]

---

[1] 王庚南、杨振武、高培琦：《用才　招才　选才　育才　正定县念活一部“人才经”》，《人民日报》1985 年 4 月 8 日。

[2] 习近平：《从政杂谈》（1990 年 3 月），载《摆脱贫困》，福建人民出版社，1992 年版，第 40—42 页。

[3] 习近平：《引进人才要防止“近亲繁殖”》（2003 年 8 月 2 日），载《之江新语》，浙江人民出版社，2007 年版，第 11 页。

五、使海南成为人才荟萃、技术创新之岛

习近平总书记把“振兴正定的大业，将随着人才的荟萃而必获成功”的理想，深情寄托于海南，他真情希望海南岛能成为人才荟萃之岛。

在2013年4月考察海南的重要讲话中，习近平总书记这样指出：“人才是事业发展的第一资源。要以更加开阔的胸怀，在人才培养、引进、使用上大胆创新，努力让各类人才留得住、用得好，使海南成为人才荟萃、技术创新之岛。要继续完善政策措施，调动更多高层次人才和急需紧缺人才以多种形式为海南发展服务。用好用活人才是人才工作的根本。《论语》中说：‘使人者，器之。’就是说使用人，要按照个人才能合理使用。越是人才资源相对紧缺，越要注重通过使用人才促进人才成长。各级领导干部要有爱才之心、识才之智、容才之量、用才之艺，为人才发展和发挥作用营造良好环境，努力使各层次各方面人才都能各得其所、各展其长。”[1]

海南省委提出贯彻意见：“加强人才队伍建设。加快制定实施进一步加强党管人才工作的实施意见。加强人才政策创新，构建符合市场经济规律和人才发展规律、适应海南发展需要的人才政策体系和有利于人才政策措施落实的工作机制。实施创业英才培养计划等重大人才工程，大力引进现代服务业、海洋资源开发、热带现代农业、教育、医疗卫生等领域的高层次人才、急需紧缺人才和创新创业团队。注重引进项目与引进人才相结合，注重使用人才与促进人才成长相结合，着力完善选人才用人才的政策措施和工作机制。”[2]

---

[1] 习近平：《在海南考察工作结束时的重要讲话》（2013年4月10日）。

[2] 《中共海南省委关于学习贯彻落实习近平总书记视察海南重要讲话精神的决定》（2013年7月26日中国共产党海南省第六届委员会第四次全体会议通过），《海南日报》2013年8月5日。

海南省委进一步提出："人才是事业发展的第一资源。实施人才强省战略，抓好'百人专项'等工程，大力引进和培养创新创业领军人才、产业和社会事业发展紧缺人才，加大柔性引才力度，用好'候鸟型'人才；完善培养机制，着力培养基层急需技能人才；开展'一站式'服务，妥善解决人才落户、安居、社保、医疗、子女入学等后顾之忧；鼓励大学毕业生在琼就业创业，推动人才向基层、艰苦地区、少数民族地区流动，确保各类人才各得其所、各展其才。"[1]

六、让各类人才在海南各尽其用、各展其才

2018 年 4 月 13 日，习近平总书记在庆祝海南建省办经济特区 30 周年大会上发表的重要讲话中强调："事业因人才而兴，人才因事业而聚。'人材者，求之则愈出，置之则愈匮。'海南全面深化改革开放是国家的重大战略，必须举全国之力、聚四方之才。海南建省办经济特区初期就有'十万人才过海峡'的壮举。吸引人才、留住人才、用好人才，最好的环境是良好体制机制。要支持海南大学创建世界一流学科，鼓励国内知名高校和研究机构在海南设立分支机构，鼓励海南引进境外优质教育资源，举办高水平中外合作办学机构和项目，支持海南开展国际人才管理改革试点，允许外籍和港澳台地区技术技能人员按规定在海南就业、永久居留。允许在中国高等院校获得硕士及以上学位的优秀外国留学生在海南就业创业，扩大海南高校留学生规模。支持海南探索建立吸引外国高技术人才的管理制度。海南要坚持五湖四海广揽人才，在深化人才发展体制机制改革上有突破，实行更加积

[1] 刘赐贵：《凝心聚力　奋力拼搏　加快建设经济繁荣社会文明生态宜居人民幸福的美好新海南——在中国共产党海南省第七次代表大会上的报告》（2017 年 4 月 25 日），《海南日报》2017 年 5 月 2 日。

极、更加开放、更加有效的人才政策，创新人才培养支持机制，构建更加开放的引才机制，全面提升人才服务水平，让各类人才在海南各尽其用、各展其才。”[1]

1988年4月1日，海南省人才交流服务中心派出人员离琼赴内地，在北京、西安、武汉、重庆设立人才引进办事机构，招贤纳士，引进海南开发建设急需的人才。海南建省办经济特区，成了全国人才流向的一个热点，当时除台湾省以外的29个省、市、自治区都有人来信来访，要求调进海南工作。从1987年秋季起，不断涌向海南的内地年轻人，几乎将海安和海口两个寂寞多年的港口挤爆，高潮一直到1988年夏天。这次壮举被称为“十万人才过海峡”。

习近平重视海南的人才建设，而“坚持发挥人才的关键性作用”也作为一条“基本原则”，写进中央12号文件之中，这就是：“坚持人才是第一资源，在人才培养、引进、使用上大胆创新，聚天下英才而用之，努力让各类人才引得进、留得住、用得好，使海南成为人才荟萃之岛、技术创新之岛。”[2] 这是重申了五年前习近平总书记关于“使海南成为人才荟萃之岛、技术创新之岛”的重要论述。

党中央还这样明确要求海南“完善人才发展制度”：

实施人才强国战略，深化人才发展体制机制改革，实行更加积极、更加开放、更加有效的人才政策，加快形成人人渴望成才、人人努力成才、人人皆可成才、人人尽展其才的良好环境。

创新人才培养支持机制。鼓励海南充分利用国内外优质教育培训资源，加强教育培训合作，培养高水平的国际化人才。支持海南大学创建世界一流学科，支持相关高校培育建设重点实验室。鼓励国内知

[1] 习近平：《在庆祝海南建省办经济特区30周年大会上的讲话》（2018年4月13日）。
[2] 《中共中央　国务院关于支持海南全面深化改革开放的指导意见》（2018年4月11日）。

名高校和研究机构在海南设立分支机构。完善职业教育和培训体系，深化产教融合、校企合作，鼓励社会力量通过独资、合资、合作等多种形式举办职业教育。鼓励海南引进境外优质教育资源，举办高水平中外合作办学机构和项目，探索建立本科以上层次中外合作办学项目部省联合审批机制。支持海南通过市场化方式设立专业人才培养专项基金。完善促进终身教育培训的体制机制。

构建更加开放的引才机制。加大国家级人才计划对海南省人才队伍建设的支持力度。紧紧围绕强化公益属性的目标深化事业单位改革，除仅为机关提供支持保障的事业单位外，原则上取消行政级别，允许改革后的事业单位结合实际完善有利于激励人才的绩效工资内部分配办法。促进教师、医生、科研人员等合理流动。创新“候鸟型”人才引进和使用机制，设立“候鸟”人才工作站，允许内地国企、事业单位的专业技术和管理人才按规定在海南兼职兼薪、按劳取酬。支持海南开展国际人才管理改革试点，允许外籍和港澳台地区技术技能人员按规定在海南就业、永久居留。允许在中国高校获得硕士及以上学位的优秀外国留学生在海南就业和创业，扩大海南高校留学生规模。支持海南探索建立吸引外国高科技人才的管理制度。

建设高素质专业化干部队伍。坚持党管干部原则，坚持正确选人用人导向，突出政治标准，注重培养专业能力、专业精神，增强干部队伍助推海南全面深化改革开放的能力。推进公务员聘任制和分类管理改革，拓宽社会优秀人才进入党政干部队伍渠道，允许在专业性较强的政府机构设置高端特聘职位，实施聘期管理和协议工资。加强海南与国内发达地区的公务员学习交流，开展公务员国际交流合作，稳妥有序开展公务人员境外培训。加强优秀后备干部储备，完善鼓励干部到基层一线、困难艰苦地区历练的机制。

全面提升人才服务水平。加大优质公共服务供给，满足人才对高品质公共服务的需求。大力引进优质医疗资源，鼓励社会力量发展高水平医疗机构，推进国际国内医疗资源合作，积极引进优秀卫生专业技术人员。深度推进跨省异地就医住院医疗费用直接结算，鼓励发展商业补充保险。推进社会养老服务设施建设。加快数字图书馆、数字博物馆、网上剧院等建设，构建标准统一、互联互通的公共数字文化服务网络。出台专门政策解决引进人才的任职、住房、就医、社保、子女教育等问题。[1]

为深入学习贯彻习近平总书记“4·13”重要讲话和中央 12 号文件精神，海南省委提出“大力实施人才强省战略，完善人才发展制度”。

加大人才培养力度。打造“南海名家”“南海英才”“南海工匠”等系列人才培养品牌，着力培养一批具有较强发展潜力的高端人才。制定实施重点产业领域领军型青年人才培养计划。完善职业教育和培训体系，深化产教融合、校企合作，鼓励社会力量通过独资、合资、合作等多种形式举办职业教育。支持海南大学创建世界一流学科，加强热带农林、热带海洋、热带医学、国际旅游等特色学科建设。聚焦特色领域和重点产业，积极引进国内知名高校和研究机构在海南设立分支机构。大力引进境外优质教育资源。鼓励省内外高校、高中阶段学校和学前教育机构开展高水平中外合作办学，创办一批具有海南特色的国际学校。鼓励外国教育机构、其他组织或个人单独举办非义务教育阶段学校和培训机构。制定实施本科以上层次中外合作办学项目部省联合审批办法，完善联合审批机制。通过市场化方式设立专业人才培养专项基金。

推动“百万人才进海南”。深度对接国家级人才计划，完善人才援琼机制。制定实施全省统一的人才政策，吸引集聚懂国际规则、懂国

[1] 《中共中央　国务院关于支持海南全面深化改革开放的指导意见》（2018 年 4 月 11 日）。

情、懂省情的各类人才。对顶尖人才集中政策和财力予以重点支持，争取团队整建制引进。有针对性地制定实施系列引才计划，面向国内外引进一批学科带头人、科技领军人才、急需紧缺高层次人才和团队。扩大海南高校留学生规模。吸引国内外高校毕业生落户海南，着力解决青年人才就业创业初期的实际需求。创新“候鸟型”人才引进机制，允许内地国企、事业单位的专业技术和管理人才按规定在海南兼职兼薪、按劳取酬。开展国际人才管理改革试点，研究制定外籍、港澳台地区技术技能人员及外国留学生在海南就业、创业、居留等有关规定。探索建立吸引外国高科技人才的管理制度。

优化人才服务环境。进一步放宽人才落户准入，允许各类高层次人才、知名高校和海外留学归国的本科以上毕业生在全省自由落户。实施人才安居政策，通过提供人才公寓、发放购房补贴或租赁补贴等形式多渠道解决人才居住需求，以生态环境优势和居住成本优势增强对省外人才的吸引力。深度推进跨省异地就医住院医疗费用直接结算，扩大异地就医人群范围，鼓励发展商业补充保险。完善高层次人才子女入学、配偶就业、医疗保障等政策。打造人才服务“一站式”平台，开通服务绿色通道，推动落实人才待遇。[1]

2018 年 5 月 13 日，海南省委七届四次全会审议通过了《百万人才进海南行动计划（2018—2025 年）》，诚邀国内外优秀人才加盟海南自贸区（港）建设。当天（5 月 13 日）晚上，海南省政府新闻办举行新闻发布会，省委副书记、省人才工作领导小组组长李军就《行动计划》进行介绍解读。

李军介绍，出台《行动计划》是贯彻落实习近平总书记和党中央

[1]　《中共海南省委关于深入学习贯彻习近平总书记在庆祝海南建省办经济特区 30 周年大会上的重要讲话精神和〈中共中央　国务院关于支持海南全面深化改革开放的指导意见〉的决定》，《海南日报》2018 年 5 月 14 日。

对海南人才工作新要求的具体行动，是解决海南建设全岛自由贸易试验区和中国特色自由贸易港人才短板的迫切需要，是适应全国各地人才争夺战形势所需的务实之举。为贯彻落实习近平总书记“4·13”重要讲话和中央12号文件精神，加快建设一支规模宏大、结构合理、素质优良的人才队伍，海南省委明确提出实施“百万人才进海南”战略，经充分听取意见建议并反复研究论证，起草制定《行动计划》并在今天（5月13日）召开的省委七届四次全会上审议通过。

据了解，《行动计划》主要内容分五个部分，第一部分是指导思想，第二部分是发展目标，第三部分是基本原则，第四部分是行动举措，第五部分是组织实施。其中，在发展目标上，设定了两个阶段，一是争取到2020年，吸引各类人才20万人左右；二是争取到2025年，实现“百万人才进海南”目标。在行动举措上，共分四大块，第一块是各级各类各领域人才的引进计划，第二块是各级各类各领域人才的培养计划，第三块是人才平台载体建设和对人才的创新创业支持，第四块是提升人才服务保障水平的具体措施。[1]

在建设全国最大自由贸易试验区和全球最大自由贸易港的时代背景下，海南对人才的呼唤又是国际性的、年轻性的、技术性的。习总书记向世界宣布，允许外籍和港澳台地区技术技能人员按规定在海南就业、永久居留；允许在中国高等院校获得硕士及以上学位的优秀外国留学生在海南就业创业，支持海南探索建立吸引外国高技术人才的管理制度。

潮起海之南，共享新机遇。

2018年11月10日上午，海南省“聚四方之才”招聘会在北京市

---

[1] 《省委七届四次全会审议通过〈百万人才进海南行动计划（2018-2025年）〉诚邀国内外优秀人才加盟海南自贸区（港）建设 李军代表省委省政府作发布并答记者问》，《海南日报》2018年5月14日。

中关村国家自主创新示范区展示中心举行。海南省省长沈晓明作主旨推介，向国内外人才发出邀请："海南是一个能让你实现梦想和抱负的地方，海南还有诗和远方等着你。让我们一起去海南。"

沈晓明说，习近平总书记在庆祝海南建省办经济特区 30 周年大会上宣布，支持海南全岛建设自由贸易试验区，逐步探索、稳步推进中国特色自由贸易港建设。自由贸易港之所以花落海南，是因为海南有改革开放的基因，改革开放既是海南发展的需要，也是生存的需要；有与生俱来的区位优势，是相对独立的地理单元，具有建设自由贸易港的先天条件。

沈晓明指出，中央赋予了海南"三区一中心"战略定位，这将给海南带来三个方面的变化。一是海南将成为人流、物流、资金流的重要交汇点，继而成为全球资源配置的重要节点。国内外著名企业纷纷重新布局海南，给年轻人带来大量优质的就业机会。"今天，我把多数岗位都带来了。"二是投资贸易自由化和便利化将带来前所未有的投资机会，海南将成为外资进入中国的重要通道。三是国际旅游消费中心、国家生态文明试验区与国际旅游岛良性互动，将助推旅游产业升级。

"海南是一个能让你实现梦想和抱负的地方，海南还有诗和远方等着你。"沈晓明结合自己在海南工作一年半的经历，向应聘者介绍了海南的诗和远方。他说，海南的气候冬天不冷、夏天不热，空气质量优良率年年超过 99%；这里既有椰风海韵、碧海蓝天、阳光沙滩，又有热带雨林，可谓一步一景、处处是景；这里还民风淳朴，开放、包容。[1]

此次人才招聘会是为了深入贯彻落实习近平总书记"4·13"重要讲话和中央 12 号文件精神，落实海南省委《百万人才进海南行动计划

[1]《沈晓明在海南省"聚四方之才"招聘会上说："海南是实现梦想和抱负的地方，有诗和远方等着你"》，《海南日报》2018 年 11 月 11 日。

(2018—2025 年)》而举办的高规格招才引智大会。招聘会围绕海南省重点产业发展，以招商带动引智，以项目需求开展引才，积极引进党政机关、事业、企业单位急需紧缺人才，为中国（海南）自由贸易试验区和中国特色自由贸易港建设提供智力支撑和人才保障。并致力于把活动打造成海南引才的重要渠道、宣传人才政策的重要平台、展示开放形象的重要窗口。

海南省启动“南海系列”育才计划首批申报评选，最高将给予培养对象每人 50 万元人才补贴。2019 年 1 月 17 日，海南省委人才工作委员会办公室发布公告，启动海南省南海名家、南海英才、南海工匠和南海乡土人才培养计划（简称“南海系列”育才计划）第一批申报评选工作，以加大本地高层次人才培养支持力度，带动全省各类人才队伍建设。这些纳入培养计划的人才将成为海南省冲击国家级人才项目人选的重要力量。[1]

“举全国之力、聚四方之才”的行动在继续火热上演。2019 年 3 月 1 日，海南省面向国内外公开选聘高端管理人才新闻发布会举行，海南省面向国内外公开选聘高端管理人才，为海南自贸区、自贸港建设提供人才支撑。

海南省委组织部副部长、省委人才发展局局长张应端表示，自 2018 年 4 月 13 日以来，海南自贸区、自贸港建设发展不断升温，对人才需求越来越迫切。

海南此次面向国内外公开选聘 20 名高端管理人才，涉及医疗、金融、教育、文化、互联网、航运等方面。其中，选聘高端特聘管理人才三名，分别是海南博鳌乐城国际医疗旅游先行区管理局首席医务官、

[1] 《我省启动“南海系列”育才计划首批申报评选　加大本地高层次人才培养支持力度，最高将给予培养对象每人 50 万元人才补贴》，《海南日报》2019 年 1 月 18 日。

省大数据管理局大数据架构师、洋浦经济开发区管理委员会港航首席运营官。此外，省属企事业单位管理人才七名、省国资委监管企业管理人才四名、地级市属企事业单位管理人才五名、地级市承担政府管理职责机构管理人才一名。

在选聘职位设置上，首次设立高端特聘职位，涉及医疗卫生健康、大数据和航运物流三个方向，力争发挥特聘人才在相应领域的优势，优化人才队伍结构，探索建立更加开放灵活的引才机制。“这是海南首次面向国内外选聘省属国有企业职业经理人。”张应端说，此次公开选聘四名职业经理人，目的就是深化国有企业干部人事制度改革，创新市场化选人用人机制，引进、培养一批德才兼备、善于经营、充满活力的职业经理人，提升企业经营活力和经济效益，更好地服务海南自贸区、自贸港建设。

据介绍，海南在此次选聘的方式上有较大突破。在选聘程序上，由海南省委组织部组成专家评审小组开展履历业绩分析后，再进行面谈测评，提出建议人选进行考察；在报名资格条件上，既允许与选聘职位同一层级的干部参加，也允许下一层级的干部参加；在人选范围上，坚持广纳贤才与挖掘培养本土人才并重。此外，此次公开选聘采取省市联动方式，统一发布公告、统一选聘程序、统一组织专家测评、统一部署组织考察、统一公布结果。

这次公开选聘的人才在管理模式和薪酬待遇方面采取更加灵活的方式。一是对省属和地级市属企事业单位管理人才，按两种方式给予薪酬待遇：实行聘期管理的（每一聘期五年），采用协议工资制，考核合格可连续聘任；实行体制内管理的，实施同类人员正常工资制。二是对高端特聘管理人才和地级市承担政府管理职责机构管理人才，实行聘期管理（每一聘期五年），由用人单位采用协议工资制，考核合格可连续聘任。三是对省国资委监管企业管理人才，按照职业经理人制度管理，由企业董事会聘任，实行市场化薪酬及契约化管理。此外，符合海南相应人才引进政策中明确的高层次人才条件的，按照相关政策享受待遇。[1]

[1] 《海南省面向国内外公开选聘高端管理人才服务自贸区建设》，中新网海口 2019 年 3 月 1 日电。

第十章　论方向：海南要确保全面深化改革开放正确方向

海南要坚持和加强党的全面领导，确保全面深化改革开放正确方向。坚持党的领导，全面从严治党，是改革开放取得成功的关键和根本。经济特区处于改革开放前沿，对全面加强党的领导和党的建设有着更高要求。

——习近平：《在庆祝海南建省办经济特区 30 周年大会上的讲话》（2018 年 4 月 13 日）

习近平总书记十分重视建设一支开拓进取、真抓实干、清正廉洁的高素质的海南干部队伍。在党中央赋予海南经济特区改革开放新的重大责任和使命，推动海南成为新时代全面深化改革开放的新标杆的时代大背景下，如何确保海南全面深化改革开放始终沿着正确的方向前进？答案就是：“海南要坚持和加强党的全面领导，确保全面深化改革开放正确方向。”坚持用习近平新时代中国特色社会主义思想武装头脑，在践行“四个意识”和“四个自信”上勇当先锋，在讲政治、顾大局、守规矩上做好表率，海南广大干部群众正沿着习近平总书记指引的方向奋勇前进，以“功成不必在我”的精神境界和“功成必定有我”的历史担当，投身到全岛建设自由贸易试验区和探索建设中国特色自由贸易港的火热实践中，奋力书写党和人民满意的时代答卷。

一、海南要努力建设一支开拓进取、真抓实干、清正廉洁的高素质干部队伍

2010 年 4 月，习近平在海南就建设国际旅游岛问题进行考察，他要求海南“努力建设一支开拓进取、真抓实干、清正廉洁的高素质干部队伍”。

“大政方针确定之后，干部就是决定因素。海南各级党组织要一如既往地认真贯彻党的十七届四中全会精神，在全面加强和改进新形势下党的建设实践中，重点抓好干部队伍建设，为推动经济社会又好又快发展提供坚强的组织保障。”习近平强调这四个方面的要求：

第一，坚持教育培训和实践锻炼相结合，不断提高各级干部推动科学发展、促进社会和谐的能力。建设海南国际旅游岛，首先必须加强和改进各级干部的学习，促进干部知识结构的转型升级，提高干部的知识水平。最近中央强调要大力推进学习型党组织、学习型领导班子建设，很大程度上就是要解决干部队伍中存在的面临新形势新任务知识水平跟不上的问题。如果我们的领导干部只熟悉传统产业，对现代产业知之甚少，如果缺乏世界眼光，就难以领导好经济发展方式转变和国际旅游岛建设。可以说，提高干部队伍的知识水平，自觉用新知识、新理念为经济发展方式转变和国际旅游岛建设提供动力，比以往任何时候都更加紧迫地摆在海南各级领导干部面前。希望海南进一步加大干部教育培训工作力度，围绕国际旅游岛建设的需要，开展各种专题培训，进一步加强干部队伍教育培训的针对性和有效性，大幅

度提高各级干部队伍的素质。

实践出真知，一线出人才，在加强干部教育培训的同时，要注重加强干部的实践锻炼，引导干部在改革发展的主战场、维护稳定的第一线、服务群众的最前沿砥砺品质、增长才干、提高本领。要引导和鼓励干部特别是年轻干部到基层和矛盾多、困难大、任务重的地方去，有计划地安排他们到薄弱环节专项整治、征地拆迁、信访部门、重大工程建设等艰苦和复杂环境中经受磨炼，增强抓发展、解民忧、保稳定的实际本领。去年（2009 年）以来，你们实施干部“联百村进百企促发展”行动计划，打算用三年时间选派 1200 名干部到农村作为农村工作指导员和企业工作联络员，深入基层协助做好经济社会发展各项工作，这个措施既能锻炼干部，又能促进工作，应当扎实推进，务求实效。

第二，树立正确用人导向，营造心齐气顺、风正劲足的良好环境。用人导向是选人用人的风向标。海南要始终坚持德才兼备，以德为先的用人标准，完善选人用人机制，提高干部工作民主质量，积极探索把人选准用好的有效途径和办法，真正把那些政治上靠得住、工作上有本事、作风上过得硬、人民群众信得过的干部选拔上来。尤其要注意选拔那些坚持科学发展有韧劲、谋划科学发展有思路、推动科学发展有激情、实现科学发展有贡献的优秀干部。近年来，你们创新选人用人理念，提出干部工作“三个服务”“三个怎么看”“三个平时”的基本要求，不断创新干部提名方式、差额选任方式、干部退出机制，方向和思路是对头的，应当在实践中进一步总结、丰富和完善。树立正确用人导向，领导干部特别是主要领导干部责任重大。要从党和人民的事业出发，培养识人的慧眼、举贤的魄力，不断提高选贤任能的本领。要进一步扩大选人用人视野，广开举贤荐能之路，多管齐下，把优秀人才吸引到国际旅游岛建设的各项事业中来，使他们能够充分发挥聪明才智、建功立业。

第三，大力弘扬解放思想、求真务实、艰苦奋斗的作风。建设海南国际旅游岛，既是对干部能力的考验，也是对干部作风的考验。海南各级党组织要大力加强干部队伍作风建设，进一步以优良作风促进海南发展，做到在解放思想中优化发展蓝图，在艰苦奋斗中实现发展蓝图。特别要求真务实、狠抓落实，不断提高执行力。真抓实干，是我们党的成事之道。中央的决策部署再好，如果落实不到真抓实干的行动上，最终就不可能取得实效。希望海南的同志坚持把落实作为一种纪律来要求、作为一种习惯来培养，以落实为动力，推动作风来一个大转变、执行力来一个大提升。要从小事、具体事情抓起，对于群众反映强烈的作风方面突出问题要一抓到底，切实抓出成效。领导干部要从文山会海中解放出来，带头深入基层、带头深入群众，及时检查工作部署、工作目标的落实情况，及时发现和解决执行过程中出现的问题。只有大家齐心协力抓落实，一个步骤一个步骤地紧盯，一个问题一个问题地解决，一个项目一个项目地突破，建设海南国际旅游岛的目标才能早日实现。

第四，树立正确的权力观，干干净净干事。随着国际旅游岛建设的推进，各种投资、项目建设以及各种专项资金会越来越多。在这种情况下，始终保持清正廉洁，是对各级领导干部的现实考验。各级党组织要把反腐倡廉建设放在更加突出的位置，采取切实有效措施，对领导干部严格要求、严格教育、严格管理、严格监督。廉洁从政，既要靠他律，坚持用制度管权、管事、管人，坚持法律面前人人平等、制度面前没有特权，制度约束没有例外，也要靠自律，靠党性修养、品德养成。要教育和引导各级领导干部牢固树立正确权力观，自觉把权力行使的过程作为为人民服务的过程，始终做到公正用权、依法用权、为民用权、廉洁用权。要加强对国际旅游岛建设重大政策措施和重点工作落实情况的监督检查，严肃查处谋取不正当利益、搞权钱交易的违法违纪案件，为国际旅游岛建设创造良好的社会环境。[1]

习近平围绕如何“努力建设一支开拓进取、真抓实干、清正廉洁的高素质干部队伍”问题，提出的这四个方面的要求，涉及对干部的教育培训和实践锻炼，树立正确用人导向，大力弘扬解放思想、求真务实、艰苦奋斗的作风，以及树立正确的权力观等方方面面，体现出习近平对海南干部队伍建设的高度重视和关心，为海南努力建设一支开拓进取、真抓实干、清正廉洁的高素质干部队伍指明了方向和重点。

二、为国际旅游岛建设提供坚强组织和人才保证

2013 年 4 月，习近平总书记再次在海南考察时同样要求海南“加强干部队伍和人才队伍建设，为国际旅游岛建设提供坚强组织和人才保证”。

习近平总书记指出：“建设海南国际旅游岛，干部是决定因素。同国际旅游岛建设要求相比，我们的干部队伍还存在一些不够适应的地方。抓干部队伍建设，立足点要放在提高干部素质和能力上。要通过加强教育培训、健全培养机制、严格管理监督，引导干部坚定正确政治方向，增强工作本领，在实践中丰富阅历、磨砺意志，提高适应不同环境特别是艰苦环境、处理各种矛盾特别是复杂矛盾的能力，教育干部不尚空谈、多干实事，努力创造一流业绩。”

习近平总书记强调：“干部作风怎么样，不仅直接关系海南发展，而且关系全国和世界各地游客的观感、关系我国国际形象。海南抓干部作风建设，要从这样的高度来认识和谋划。中央政治局制定八项规

---

[1]　《习近平同志在海南考察时的讲话》（2010 年 4 月 13 日）。

定之后，海南结合自身实际出台了改进工作作风的20条规定。今年3月，你们又对深入整治‘庸懒散奢贪’作出部署，动真碰硬，取得初步成效。3月19日，我看了当天人民日报刊登的两封党员来信，反映的都是作风建设方面上有政策、下有对策的问题，讲得很透彻，令人深思。这也说明，作风问题具有顽固性和反复性，绝不能抓抓停停、刮一阵风，一定要持之以恒抓下去，踏石留印，抓铁有痕，以实际行动取信于民。”

如何把作风建设引向深入？习近平总书记强调重点从三个方面来抓：一是自上而下，对照党的优良作风和中央关于改进作风的要求，对形式主义、官僚主义、享乐主义等不良作风的种种表现进行排查梳理，分清哪些是单位的问题，哪些是班子的问题，哪些是个人的问题，逐一整改纠正，不留死角，不搞例外，不讲情面。二是领导带头，深刻剖析不良作风的根源和危害，牢固树立马克思主义的群众观点，使每个干部都懂得作风和党性的关系，都牢记人民公仆的身份和职责，从思想上、情感上增强抵御不良作风的能力。三是从实际出发，建立健全弘扬优良作风、反对不良作风的长效机制，分解落实工作责任，做到有问题能及时发现、发现问题能有效解决、已解决问题不再反弹。

习近平总书记指出：“‘善禁者，先禁其身而后人。’领导干部一定要以身作则，要求别人做到的首先自己做到，讲党性、重品行、作表率，切实做到严于律己、为政清廉。各级干部都要敢于担当，在求真务实上下功夫，把作风转变的成效体现在实干上。没有规矩不成方圆，有了规矩就必须严格遵守。要加大监督检查力度和责任追究力度，执好纪、问好责、把好关，对不守规矩的要严格执行纪律处分规定，用最严格的制度、最严密的监督来保障和巩固作风建设成果。”[1]

---

[1] 习近平：《在海南考察工作结束时的重要讲话》（2013年4月10日）。

在这个重要讲话中，习近平总书记着眼于为国际旅游岛建设提供坚强组织和人才保证，而着重谈了对加强干部队伍和人才队伍建设所涉及的海南干部队伍素质和能力建设、作风建设和领导干部自身建设提出明确要求。

习近平总书记在海南考察期间的重要讲话中，数次引用古人名句、古典诗句来阐述其思想。这些古典诗句、名句，引用得恰到好处，蕴涵着深厚的文化底蕴和情感资源。仔细揣摩这些古典名句的内涵，有助于对习近平讲话内容、主旨的理解和领会。借古喻今寄厚望，真的是谆谆告诫，语重心长，殷殷期望，寄意深远。

"善禁者，先禁其身而后人"，出自东汉思想家荀悦的《申鉴·政体》。紧接着的一句是"不善禁者，先禁人而后身"。其意是说禁令之施行，应先己后人，如此方能令行而禁止，如此也才能称为善禁，达到以身作则、率先垂范这样一种做人为官的境界。如此可臻于果断敢行、吏治严明，用纪律、法律来约束，是对吏治风纪走上正轨的期许。这是整肃风纪、中兴济治的一个基点。

"使人者器之"，出自《论语·子路》，是对领导者用人的告诫，属于领导艺术和用人智慧的范畴。用人如使器，须扬长避短，量才使用，选贤任能，使之各尽所能，进而建立起高效的行政团队。[1]

"建设美好新海南，关键在党。抓好党建是最大政绩。各级党组织要认真履行全面从严治党的主体责任和监督责任，更好承担起建设美好新海南的历史重任。"这是海南省委学习贯彻习近平总书记重要讲话精神提出的要求，并提出从以下几个方面推动全面从严治党向纵深发展，营造风清气正的政治生态。

全面加强和规范党内政治生活。认真贯彻《关于新形势下党内政

[1] 伍立杨：《殷殷期望　寄意深远——学习、解读习总书记引用的古典名句佳句》，《海南日报》2013 年 4 月 14 日。

治生活的若干准则》和《中国共产党党内监督条例》，着力增强党内政治生活的政治性、时代性、原则性、战斗性。扎实推进“两学一做”学习教育常态化制度化，坚定“四个自信”，增强“四个意识”，筑牢理想信念，始终不忘初心，坚守正道。突出用好组织生活这个经常性手段，用好批评和自我批评这个有力武器，加强党性修炼，勇于自我革命。落实民主集中制，坚持集体领导、民主集中、个别酝酿、会议决定的原则，凡属重大事项都必须经集体讨论作出决定。注重思想道德建设，用党内政治文化、优秀传统文化滋养和熏陶广大党员干部，不断提升道德境界，坚守精神追求。

大力抓好干部队伍和人才队伍建设。坚持好干部标准，科学精准选人用人，加强年轻干部、女干部、少数民族干部、党外干部的培养选拔，建设一支忠诚干净、勇于担当、思想解放、能力突出的干部队伍。强化干部教育培训，提升干部综合素质和专业化能力。按照“三个区分开来”的要求，建立健全容错纠错机制，推行绩效考核，强化正向激励，旗帜鲜明为敢于担当的干部担当、为敢于负责的干部负责。推进干部能上能下，形成优者上、庸者下、劣者汰的鲜明导向。着力整治选人用人上的不正之风，坚决防止干部“带病提拔”“带病上岗”，以用人环境的风清气正促进政治生态的山清水秀。

着力加强党的基层组织建设。党的工作最坚实的力量支撑在基层，必须十分重视基层工作，各级书记要亲自抓，层层强化、久久为功。坚持政治功能与服务功能相统一，围绕脱贫攻坚、全域旅游、美丽乡村建设等重点工作，着力抓好农村基层党组织建设，切实抓好城市基层、机关、国企、学校、科研院所、非公有制经济组织和社会组织等领域党建工作。加大投入，确保基层党组织有资源、有能力、有阵地为群众服务。实施“互联网＋党建”等工程，与时俱进推进基层党建。选好配强训优基层党组织书记，畅通同群众的沟通渠道，推进基层民主公开，保持与群众的血肉联系。严格党员发展教育管理监督，有效管理流动党员。

持之以恒改进作风。作风出凝聚力、战斗力，关系民心向背，要打好改进作风攻坚战、持久战。坚持以上率下、领导带头，坚决贯彻落实中央八项规定精神和省委省政府20条规定。抓住领导干部这个“关键少数”，紧盯老问题、关注新动向，对以形式主义、官僚主义应付中央和省委决策部署的，严肃问责。弘扬优良作风，集中整治不作为、慢作为、乱作为等现象，深入开展党风政风行风社会评价，把纠正“四风”往深里抓、实里做，保持力度和韧劲。政策千条万条，不落实就等于白条，各级领导干部要深入一线、亲力亲为抓落实，带动广大党员群众苦干实干，使“马上就办，办就办好”成为特区精神的生动诠释。

标本兼治严惩腐败。反腐败斗争关系党的生死存亡，关系海南持续健康发展。要坚持无禁区、全覆盖、零容忍，重点查处不收敛不收手，问题线索反映集中、群众反映强烈，现在重要岗位且可能还要提拔使用的领导干部，运用好监督执纪“四种形态”，抓早抓小，重拳反腐，形成震慑，减少存量、遏制增量，巩固反腐败斗争压倒性态势。加强基层反腐，严肃查处侵吞挪用、吃拿卡要等微腐败，提升群众对党组织的信任度。充分发挥巡视巡察、派驻监督和审计监督的作用，确保监督无死角。落实国家监察体制改革，实现对公职人员监察全覆盖。完善党内法规制度，把权力关进制度的笼子。强化党风党纪教育，筑牢拒腐防变的思想防线。党员领导干部要带头执行党章党规党纪，把好用权“方向盘”，系好廉洁“安全带”，为广大干部群众树立标杆、作出表率。[1]

---

[1] 刘赐贵：《凝心聚力　奋力拼搏　加快建设经济繁荣社会文明生态宜居人民幸福的美好新海南——在中国共产党海南省第七次代表大会上的报告》（2017年4月25日），《海南日报》2017年5月2日。

三、海南要坚持和加强党的全面领导

海南全面深化改革开放、全岛建设自由贸易试验区和逐步探索、稳步推进中国特色自由贸易港建设，如何始终确保改革开放沿着正确的方向前进，这是全局性、原则性、根本性的问题。

“海南要坚持和加强党的全面领导，确保全面深化改革开放正确方向。”习近平总书记强调：“坚持党的领导，全面从严治党，是改革开放取得成功的关键和根本。经济特区处于改革开放前沿，对全面加强党的领导和党的建设有着更高要求。广大党员、干部要坚定维护党中央权威和集中统一领导，自觉在思想上政治上行动上同党中央保持高度一致，自觉站在党和国家大局上想问题、办事情，在践行‘四个意识’和‘四个自信’上勇当先锋，在讲政治、顾大局、守规矩上做好表率。要用新时代中国特色社会主义思想武装头脑，帮助广大党员、干部坚定理想信念、更新知识观念、掌握过硬本领，更好适应新形势新任务的需要。要加强基层组织建设，把每一个基层党组织都打造成坚强的战斗堡垒。要以改革创新精神抓好党建，持之以恒正风肃纪，深入推进反腐败斗争，教育引导广大党员、干部自觉抵制不良风气对党内生活的侵蚀，营造风清气正的良好政治生态。”[1]

坚持党的领导，全面从严治党，是改革开放取得成功的关键和根本；经济特区处于改革开放前沿，对全面加强党的领导和党的建设提出了新的更高的要求。海南广大党员、干部要坚定维护党中央权威和集中统一领导，自觉在思想上政治上行动上同党中央保持高度一致，自觉站在党和国家大局上想问题、办事情，在践行“四个意识”和“四

[1] 习近平：《在庆祝海南建省办经济特区30周年大会上的讲话》（2018年4月13日）。

个自信”上勇当先锋，在讲政治、顾大局、守规矩上做好表率。这是党的领袖对海南省各级党员干部的政治嘱托，是要时刻牢记、坚决做到的政治要求。

习近平总书记明确指出：“海南等经济特区的成功实践，充分证明了无论改什么、改到哪一步，都要坚持党的领导，确保党把方向、谋大局、定政策，确保党始终总揽全局、协调各方。”[1]

党中央进一步明确推进海南全面深化改革开放的“保障措施”，要求：“毫不动摇加强党对改革开放的领导，进一步强化政策支持，建立健全‘中央统筹、部门支持、省抓落实’的工作机制，坚定自觉地把党中央、国务院的决策部署落到实处。”[2]

“坚持和加强党的全面领导，确保全面深化改革开放正确方向”，就是要坚定维护党中央权威和集中统一领导。坚持把党的领导贯穿于海南全面深化改革开放全过程，以更高要求全面加强党的领导和党的建设，充分发挥党总揽全局、协调各方的作用，确保改革开放的中国特色社会主义方向。把党的政治建设摆在首位，把坚持党中央权威和集中统一领导作为党的政治建设的首要任务，坚定执行党的政治路线，严格遵守政治纪律和政治规矩，在政治立场、政治方向、政治原则、政治道路上同以习近平同志为核心的党中央保持高度一致。严格执行新形势下党内政治生活若干准则，完善和落实民主集中制的各项制度，增强党内政治生活的政治性、时代性、原则性、战斗性。加强基层党组织建设，着力提升组织力，增强政治功能，把每一个基层党组织都打造成坚强的战斗堡垒。[3]

---

[1] 习近平：《在庆祝海南建省办经济特区30周年大会上的讲话》（2018年4月13日）。

[2] 《中共中央　国务院关于支持海南全面深化改革开放的指导意见》（2018年4月11日）。

[3] 《中共海南省委关于深入学习贯彻习近平总书记在庆祝海南建省办经济特区30周年大会上的重要讲话精神和〈中共中央　国务院关于支持海南全面深化改革开放的指导意见〉的决定》，《海南日报》2018年5月14日。

“坚持和加强党的全面领导，确保全面深化改革开放正确方向”，就是要切实发挥法治引领和保障改革的作用。推进科学立法、民主立法，提高立法质量，建立健全与国家法律体系相配套、与国际惯例相接轨、与中国特色自由贸易港建设相适应的法规构架。需要调整现行法律或行政法规的，经全国人大或国务院统一授权后抓紧实施。同时，充分发挥经济特区立法权作用，积极争取并行使好国家赋予海南更大的经济特区立法权。探索建立与行政体制改革相适应的司法体制，合理设置司法机关，深化司法体制综合配套改革，全面落实司法责任制，实行法院、检察院内设机构改革试点，建立法官、检察官员额退出机制。[1]

刘赐贵谈到“对坚持和加强党的全面领导的认识”时说，加强党的领导，首先要让各级党组织强起来。全省各级党委（党组）要把管党治党作为最根本的职责担起来，把全面从严治党落到实处。当前正推进机构改革，各市县和部门的党组织设置工作要同步进行，新调整的党委（党组）要充分发挥把方向、管大局、保落实的重要作用，不折不扣贯彻落实党中央和上级党组织的决策部署。要夯实基层党建，不断加强支部标准化、规范化建设，推动全省基层党建工作全面进步、全面过硬，打造更多坚强的战斗堡垒。2018 年“八一”前夕，海口舰被中宣部授予“时代楷模”称号，要把学习海口舰官兵忠诚使命、敢为人先、作风过硬的精神作为当前学习先进典型的重点工作抓实抓好。各级党委（党组）要结合“勇当先锋、做好表率”专题活动，引导广大党员干部结合工作实际，在脱贫攻坚、乡村振兴、改善营商环境、自由贸易试验区建设等方面勇当先锋、做好表率。

[1] 《中共海南省委关于深入学习贯彻习近平总书记在庆祝海南建省办经济特区 30 周年大会上的重要讲话精神和〈中共中央　国务院关于支持海南全面深化改革开放的指导意见〉的决定》，《海南日报》2018 年 5 月 14 日。

二要旗帜鲜明坚持党管宣传、党管意识形态。前不久，中央巡视组为我们指出不少突出问题，比如对意识形态领域工作重视不够、落实不力，理念、方法、手段创新不足，网上、高校、宗教、新闻出版等领域意识形态问题较多。这都暴露出我们在意识形态、舆论引导等方面政治敏锐性不够、责任制落实不力的问题，与当前意识形态工作的极端重要性和海南作为意识形态高度敏感省份的要求还不相适应。我们召开了全省宣传思想工作会议，各级党委（党组）书记要抓好贯彻落实，严格落实意识形态工作责任制，切实担起第一责任人责任，旗帜鲜明把方向、抓导向、管阵地、强队伍。要增强政治鉴别力，立场坚定、旗帜鲜明地同各种错误思想作斗争，尤其是在重大风险底线上必须守土尽责。坚持政治家办报、办刊、办台、办网站，所有报道都要体现党的意志、反映党的主张，自觉维护全党的团结统一、维护党中央权威。[1]

坚持和加强党的全面领导，确保全面深化改革开放的正确方向。习近平总书记强调，坚持党的领导，全面从严治党，是改革开放取得成功的关键和根本。要进一步夯实基层党组织，不断加强支部标准化、规范化建设，推动基层党建工作全面进步、全面过硬，打造更多坚强战斗堡垒。旗帜鲜明坚持党管宣传、党管意识形态，严格落实意识形态工作责任制，立场坚定、旗帜鲜明地同各种错误思想作斗争，坚持政治家办报、办刊、办台、办网站，坚定维护以习近平同志为核心的党中央权威和集中统一领导。打造高素质专业化干部队伍，实施好“百万人才进海南”行动计划，高度重视本地人才的培养使用，进一步发挥本土人才与引进人才的叠加优势。落实“三个区分开来”和容错

[1] 刘赐贵：《关于深入学习习近平总书记“4·13”重要讲话精神的十点认识》（2018 年 10 月 13 日），《海南日报》2018 年 10 月 17 日。

纠错机制，激励广大干部担当作为。带头持之以恒正风肃纪，落实全面从严治党的主体责任和监督责任，落实中央八项规定精神，自觉遵守民主集中制、“三重一大”、个人重要事项报告等制度，按制度行使权力。[1]

媒体也观察到，习近平总书记出席庆祝海南建省办经济特区30周年大会并发表重要讲话，宣布党中央决定支持海南全岛建设自由贸易试验区，支持海南逐步探索、稳步推进中国特色自由贸易港建设，分步骤、分阶段建立自由贸易港政策和制度体系。对于新时代全面深化改革开放，这无疑是一步大棋。走好这步棋，坚持党的领导全面从严治党是根本保证。

习近平强调：“经济特区处于改革开放前沿，对全面加强党的领导和党的建设有着更高要求。”他指出：“坚持党的领导，全面从严治党，是改革开放取得成功的关键和根本。”

讲话中，习近平深情回顾了30年来在党中央坚强领导和全国大力支持下，海南经济特区取得的巨大成就，得出了一条重要启示——无论改什么、改到哪一步，都要坚持党的领导，确保党把方向、谋大局、定政策，确保党始终总揽全局、协调各方。

全面加强党的领导是五年多来习近平部署各项改革工作的首要要求。在历次中央深改组会议上，他反复强调要聚焦“关键少数”，强化“主体责任”，要求党政主要负责同志要亲力亲为抓改革，扑下身子抓落实。释放的信息非常明确，就是要将党的领导贯穿改革全过程，确保改革沿着正确的方向扎实推进。

习近平强调，广大党员、干部要坚定维护党中央权威和集中统一领导，自觉在思想上政治上行动上同党中央保持高度一致，从践行

[1] 刘赐贵：《努力成为新时代全面深化改革开放新标杆》，《人民日报》2018年10月29日。

“四个意识”和“四个自信”到基层党组织建设，他都进行了十分具体的部署。

同时，习近平要求，要以改革创新精神抓好党建，持之以恒正风肃纪，深入推进反腐败斗争，教育引导广大党员、干部自觉抵制不良风气对党内生活的侵蚀，营造风清气正的良好政治生态。[1]

四、在践行“四个意识”和“四个自信”上勇当先锋，在讲政治、顾大局、守规矩上做好表率

为确保海南全面深化改革开放正确方向，习近平总书记要求海南广大党员、干部要坚定维护党中央权威和集中统一领导，自觉在思想上政治上行动上同党中央保持高度一致，自觉站在党和国家大局上想问题、办事情，在践行“四个意识”和“四个自信”上勇当先锋，在讲政治、顾大局、守规矩上做好表率。[2] 对于海南的广大党员、干部来说，坚决维护习近平总书记的核心地位、坚决维护党中央权威和集中统一领导，必须落实到学习贯彻习近平总书记重要讲话精神等具体行动上，切实解决贯彻落实中央决策部署的偏差、温差、落差问题，以具体成效体现对党的绝对忠诚。必须以政治建设为统领，严明党的政治纪律和政治规矩，严格遵守党章和党内政治生活准则，旗帜鲜明反对两面派、两面人，不断净化政治生态。[3]

为此，海南省委决定从 2018 年 7 月到年底，在全省广大党员、干部中开展“在建设海南自由贸易试验区和中国特色自由贸易港实践中勇当先锋、做好表率”专题活动。

[1]《新时代全面深化改革开放，习近平下了一步大棋》，新华网 2018 年 4 月 14 日。

[2] 习近平：《在庆祝海南建省办经济特区 30 周年大会上的讲话》（2018 年 4 月 13 日）。

[3] 刘赐贵：《努力成为新时代全面深化改革开放新标杆》，《人民日报》2018 年 10 月 29 日。

专题活动的主题是：动员和组织全省广大党员、干部坚定维护以习近平同志为核心的党中央权威和集中统一领导，自觉在思想上政治上行动上同党中央保持高度一致，自觉站在党和国家大局上想问题办事情，在践行“四个意识”和“四个自信”上勇当先锋，在讲政治、顾大局、守规矩上做好表率，在全面深化改革开放上敢闯敢试、敢为人先、埋头苦干，在建设海南自由贸易试验区和中国特色自由贸易港上锐意创新、建功立业。明确活动目的：促进全省广大党员、干部坚持用习近平新时代中国特色社会主义思想武装头脑，进一步把思想和行动统一到习近平总书记“4·13”重要讲话、中央12号文件和中办发29号文件以及省委七届四次全会精神上来，不折不扣贯彻中央精神、落实省委部署；教育引导广大党员、干部牢固树立“四个意识”、坚定“四个自信”、铸牢“五个过硬”，进一步解放思想、开拓创新、勇于担当、主动作为，自觉抵制不良风气的侵蚀；大力倡导党员、干部“想干事”“会干事”“敢干事”“干成事”“不出事”，坚决防止空喊口号、纸上谈兵，不切实际、头脑发热，朝令夕改、决策摇摆，等待观望、无所作为，投机取巧、一夜暴富等五种不良倾向，大胆探索、脚踏实地，全力推进海南自由贸易试验区和中国特色自由贸易港建设，加快建设经济繁荣、社会文明、生态宜居、人民幸福的美好新海南，争创新时代中国特色社会主义生动范例，让海南成为展示中国风范、中国气派、中国形象的靓丽名片。

专题活动内容，主要围绕以下十个方面学、思、践、悟，争当先锋、做好表率：

（一）坚定践行“四个意识”，增强“四个自信”。广大党员、干部要坚持党的领导，旗帜鲜明讲政治、顾大局、守规矩，坚决维护以习近平同志为核心的党中央权威和集中统一领导，坚持用习近平新时代中国特色社会主义思想武装头脑、指导实践，坚持用习近平总书记

“4·13”重要讲话、中央12号文件、中办发29号文件精神和中央推进海南全面深化改革开放领导小组部署统领海南当前各项工作，坚定不移走中国特色社会主义道路，坚定不移改革开放。要严守政治纪律和政治规矩，旗帜鲜明反对两面派、两面人，坚决反对妄议大政方针，台上一套、台下一套，当面一套、背后一套，只表态不作为等现象，不断培厚良好政治生态土壤，净化政治生态。

（二）大力弘扬敢闯敢试、敢为人先、埋头苦干的特区精神。解放思想、求真务实，敢于打破条条框框、思维定式，大胆试、大胆闯、自主改，站位在先、思考在先、学习在先、行动在先，不断创造新经验；主动作为、勇于担当，善啃硬骨头，敢于直面各种困难矛盾，敢于突破利益固化的藩篱，善做善成；树立正确政绩观，以“功成不必在我”的精神境界和“功成必定有我”的历史担当，以实干作风，改革创新、攻坚克难，不断锐意进取、担当作为，实现自由贸易试验区和中国特色自由贸易港建设目标。按照“三个区分开来”的要求，建立健全容错纠错机制，为敢于干事创业的干部撑腰鼓劲，满怀热情关心关爱干部，激励广大党员、干部新时代新担当新作为。

（三）营造法治化、国际化、便利化的营商环境和公平开放统一高效的市场环境。对标国际一流标准，加快构建与国际贸易规则接轨的体制机制，实施市场准入负面清单和自由贸易试验区外商投资负面清单制度，推动全方位高水平对外开放。推广“极简审批”，加快商事制度改革，优化“互联网+政务服务”，探索企业自主登记等制度，最大限度扩大企业自主权。加强对产权的司法保护。逐步建立“一线放开、二线安全高效管住”的监管体系。构建多元化国际商事纠纷解决机制和国际化的法律服务平台。坚决守住不发生系统性区域性风险的底线。

（四）转变政府职能，全面提升政府现代化治理能力。深化“放管服”改革，最大限度减少政府对市场资源的直接配置和市场活动的直接干预，健全以“双随机、一公开”为基本手段、以重点监管为补充、以信用监管为基础的新型监管机制。深化综合执法改革，提高执法效能。以便利和品质为导向，完善政府服务体系，提高政府服务效率，努力提供公平可及的公共服务。增强政府公信力和执行力，打造依法廉洁高效政府。率先完成地方党政机构改革，建立与自由贸易试验区和中国特色自由贸易港建设要求相适应的行政管理体制。

（五）坚决打赢脱贫攻坚战。严格执行“省负总责、市县抓落实、强化乡镇村主体责任”机制，层层压实责任。充分发挥基层党组织战斗堡垒作用和党员先锋模范作用，突出抓党建促脱贫攻坚工作。坚持精准识贫、精准帮扶、精准退出，整合各类扶贫资源资金，精准投向，抓牢发展产业和实现就业两个关键，注重扶志、扶智，激发干部、群众的内生动力，实现自主发展，重点攻克深度贫困地区脱贫任务，建立稳定脱贫长效机制，确保与全国同步实现全面建成小康社会目标。

（六）坚持问题导向，着力破除体制机制弊端。深化供给侧结构性改革，推动经济高质量发展。统一思想、形成共识，着力深化省域“多规合一”改革，加快推进财税金融体制改革、城乡融合发展体制机制改革，稳步推进行政区划调整、事业单位分类改革，深化司法体制改革、农垦改革、国有企业改革等，不断解放和发展社会生产力。推动思想境界实现新提升、工作能力迈上新台阶、改革创新取得新突破、工作作风展现新风貌，推动海南经济社会持续健康发展。

（七）深入开展百日大招商（项目）活动。以发展旅游业、现代服务业、高新技术产业为主导，以深化产业园区产城融合发展为重点，紧紧围绕12个重点产业、“五网”基础设施、实施乡村振兴战略、生态环境六大专项整治、民生事业等谋划项目，立足海口江东新区和三亚总部基地，重点对世界500强、全球行业领军企业和知名品牌企业开展点对点招商，充分发挥海南籍华人华侨在招商引资中的作用，圆满完成124项重点招商任务，实现优质资源集聚，加速形成产业集群。

（八）推动百万人才进海南。贯彻落实好《百万人才进海南行动计划（2018—2025年）》和《2018年海南省党政机关急需紧缺人才招录方案》《2018年海南省选调优秀大学毕业生到基层培养锻炼工作方案》《海南省省级人才服务“一站式”平台工作方案》三个配套政策，构建更加开放的引才机制，营造更加良好的留才环境，聚焦重点领域、重点产业发展需要聚集人才，培养使用好海南本地人才，建设高素质专业化人才和干部队伍，全面提升人才服务水平，让各类人才在海南各尽其用、各展其才。

（九）建设国家生态文明试验区。实行最严格的生态环境保护制度，持续开展生态环境六大专项整治；完善生态文明制度体系，构建国土空间开发保护制度，培育生态文明理念，推动形成绿色生产生活方式；高水平建设“美丽海南百镇千村”，深入开展农村人居环境整治行动，形成宜居的城乡环境，以有效举措实施好乡村振兴战略，谱写美丽中国海南篇章。

（十）持之以恒正风肃纪反腐。严格落实全面从严治党的主体责任和监督责任，坚持完善党内法规制度，加强党风党纪教育；坚持以上率下，巩固拓展落实中央八项规定精神成果，继续整治“四风”问题；坚持开展批评和自我批评，坚持惩前毖后、治病救人，运用好监督执纪“四种形态”，抓早抓小、防微杜渐；坚持无禁区、全覆盖、零容忍，坚持重遏制、强高压、长震慑，夺取反腐败斗争压倒性胜利；坚持推动巡视巡察、派驻监督、监察监督全覆盖。[1]

[1] 中共海南省委办公厅：《关于开展“在建设海南自由贸易试验区和中国特色自由贸易港实践中勇当先锋、做好表率”专题活动方案》，《海南日报》2018年7月9日。

五、用新时代中国特色社会主义思想武装头脑

为确保海南全面深化改革开放坚持正确方向，习近平总书记要求要用新时代中国特色社会主义思想武装头脑，帮助广大党员、干部坚定理想信念、更新知识观念、掌握过硬本领，更好适应新形势新任务的需要。[1]

这是党中央对海南加强党的领导提出的明确要求：“坚持党对一切工作的领导，充分发挥党总揽全局、协调各方的作用。海南省委要把党的政治建设摆在首位，用习近平新时代中国特色社会主义思想武装海南党员干部。着眼于健全加强党的全面领导的制度，优化党的组织机构，建立健全省委对全面深化改革开放工作的领导体制机制，更好发挥党的职能部门作用，提高党把方向、谋大局、定政策、促改革的能力和定力。”[2]

这也是中央领导对海南的要求。2019 年 3 月 10 日上午，出席十三届全国人大二次会议的海南代表团在人民大会堂海南厅举行全体会议，审议外商投资法草案。中共中央政治局常委、中央纪委书记赵乐际参加海南代表团审议。听取代表发言后，赵乐际充分肯定海南工作取得的新成绩，希望海南深入学习贯彻习近平新时代中国特色社会主义思想，学习贯彻习近平总书记关于海南工作重要指示精神，牢牢把握党中央对海南在新一轮改革开放中的战略定位，用好用足机遇，大胆探索创新，凝心聚力、抓好落实，加快建设自由贸易试验区，探索建设中国特色自由贸易港，以实际行动践行“两个维护”，以新的更大成绩不

---

[1] 习近平：《在庆祝海南建省办经济特区 30 周年大会上的讲话》（2018 年 4 月 13 日）。
[2] 《中共中央　国务院关于支持海南全面深化改革开放的指导意见》（2018 年 4 月 11 日）。

负党中央重托。赵乐际说，深化国家监察体制改革是全面深化改革的重要内容，要把党内监督同国家机关监督、民主监督、司法监督、群众监督、舆论监督贯通起来，健全党和国家监督体系，以有力有效的监督保障各项任务落实。[1]

如何做到坚持用习近平新时代中国特色社会主义思想武装头脑？海南省委提出，推进“两学一做”学习教育常态化制度化，深入开展“不忘初心、牢记使命”主题教育，促使广大党员干部坚定理想信念、更新知识观念、掌握过硬本领，在践行“四个意识”和“四个自信”上勇当先锋，在讲政治、顾大局、守规矩上做好表率。牢牢掌握意识形态工作领导权，注重提升网络综合治理能力，坚决维护以政权安全和制度安全为核心的国家政治安全，坚决捍卫中国共产党领导和我国社会主义制度。深化新时代中国特色社会主义和中国梦宣传教育，推动社会主义核心价值观融入社会发展各方面，坚定文化自信。

海南省委要求，建设高素质专业化干部队伍。坚持正确选人用人导向，匡正选人用人风气，落实省委关于认识好干部、培养好干部、用好好干部的十条要求，突出政治标准，着力提拔重用全面践行“四个意识”和“四个自信”、坚决维护党中央权威、全面贯彻执行党的理论和路线方针政策、“忠诚干净、勇于担当、思想解放、能力突出”的好干部。强化干部教育培训，加强与国内发达地区的公务员交流学习，开展公务员国际交流合作，稳妥有序开展公务人员境外培训，注重培养专业能力、专业精神。推进公务员聘任制和分类管理改革，拓宽社会优秀人才进入党政干部队伍渠道。在专业性较强的政府机构设置高端特聘职位，实施聘期管理和协议工资。加强后备干部储备，完善鼓

[1] 《以实际行动践行“两个维护” 加快建设自由贸易试验区、探索建设中国特色自由贸易港》，《海南日报》2019年3月11日。

励干部到基层一线、困难艰苦地区历练的机制。完善体现新发展理念和正确政绩观要求的干部考核评价体系。按照“三个区分开来”，建立健全激励机制和容错纠错机制，旗帜鲜明为敢于担当、踏实做事、不谋私利的干部撑腰鼓劲。[1]

十八大以来，特别是海南省第七次党代会以来，海南省委坚持全面从严治党，把政治建设摆在首位，全省广大党员干部进一步增强“四个意识”“四个自信”，自觉维护以习近平同志为核心的党中央权威和集中统一领导。但中央巡视组的“政治体检”让我们清醒看到，海南在党的建设、全面从严治党中依然存在一些不足和薄弱环节，比如学习贯彻落实习近平新时代中国特色社会主义思想和十九大精神有待加强，贯彻中央重大决策部署不彻底，政治纪律和政治规矩有待强化，意识形态工作责任制落实不够到位，等等。七届省委第三轮巡视也发现，仍有相当部分党员干部政治理论学习不实不深不透，特别是基层党员干部还存在不少理论盲点、政策盲点，对海南经济特区新的战略定位、现阶段我国社会的主要矛盾、“五位一体”“四个全面”和五大发展理念等内容掌握不牢，等等。海南省委书记刘赐贵据此指出，这些现象暴露出一些部门和市县在政治建设上的短板和漏项，应引起高度警醒。

刘赐贵强调，坚决维护党中央的权威和集中统一领导，不能当成口号空喊，而要落实到具体行动上，其中最具体的行动就是学习贯彻落实好习近平总书记“4·13”重要讲话精神，这是海南省当前的首要政治任务，也是长期的工作重点。国务院副总理韩正强调，贯彻中央的精神，贯彻习近平总书记的讲话，一定要消化以后真正落实好。所以

[1] 《中共海南省委关于深入学习贯彻习近平总书记在庆祝海南建省办经济特区 30 周年大会上的重要讲话精神和〈中共中央 国务院关于支持海南全面深化改革开放的指导意见〉的决定》，《海南日报》2018 年 5 月 14 日。

当务之急，就是要学深悟透习近平总书记重要讲话精神。党政“一把手”是“关键少数”，要当好“领头雁”，始终在思想上政治上行动上同以习近平同志为核心的党中央保持高度一致，以抓贯彻落实、抓改革开放的具体成效体现对党的绝对忠诚；要带领本部门本地区自觉用习近平总书记“4·13”重要讲话和中央 12 号文件精神统领各项工作，切实解决贯彻落实中央决策、省委部署的偏差、温差、落差问题；要坚持以政治建设为统领，严明党的政治纪律和政治规矩，严格遵守党章和党内政治生活准则，做到令行禁止，坚决抵制和反对“七个有之”，旗帜鲜明反对两面派、两面人，坚决反对妄议大政方针、台上一套台下一套、当面一套背后一套、只表态不作为等现象，严肃查处违反政治纪律问题，不断净化政治生态。[1]

海南面临的历史机遇前所未有，挑战和考验也前所未有。特别是海南自由贸易试验区和中国特色自由贸易港建设，对各级领导干部来说是全新的课题和挑战，不少干部存在本领恐慌、知识储备不足的问题，迫切要求加强学习。为此，海南省委、省政府决定举办领导干部周末学习专题讲座，邀请各相关领域的顶尖专家授课，就是要加强领导干部的学习培训，帮助大家深刻理解海南全面深化改革开放的使命，充分掌握新概念、新知识、新经验，进一步拓宽国际视野、理清工作思路、更新知识结构，增强落实工作的执行力，以实际行动在建设海南自由贸易试验区和中国特色自由贸易港实践中勇当先锋、做好表率。第一轮重点聚焦“开放型经济”举办八场系列讲座。2018 年 7 月 21 日上午，首场领导干部周末学习专题讲座开讲，邀请到上海 WTO 事务咨询中心理事长兼总裁王新奎教授，讲授“以供给侧结构性改革为主线

[1] 刘赐贵：《关于深入学习习近平总书记“4·13”重要讲话精神的十点认识》（2018 年 10 月 13 日），《海南日报》2018 年 10 月 17 日。

建设海南自由贸易试验区和中国特色自由贸易港”。全省领导干部周末学习专题讲座首场讲座获得广泛认可——消除“知识恐慌”“本领恐慌”的“及时雨”。[1]

2018 年 12 月 9 日上午，新一轮全省领导干部周末学习专题讲座开讲，新一轮专题讲座则聚焦“中央 12 号文件配套方案政策”，邀请有关文件起草者进行权威深入的政策解读。首场邀请到商务部党组成员、部长助理李成钢解读《中国（海南）自由贸易试验区总体方案》。讲座开始前，海南省委书记刘赐贵、省长沈晓明会见了李成钢。刘赐贵指出，海南全岛建设自由贸易试验区和中国特色自由贸易港是一项全新的事业，需要我们不断探索创新。特别是相较国内其他自贸试验区，海南全岛自贸区面积广阔、人口众多、兼容城乡，必须在自贸区建设中实现全省协调发展，这对党员干部的综合能力素质提出了更高要求，加强学习十分必要。全省党员干部都要有针对性地开展学习，提升理解政策、掌握政策、落实政策的能力。当前，海南自由贸易试验区的政策和制度体系正逐步建立。要通过学习，深入理解把握中央 12 号文件各配套方案。对每项方案都要细化分解为一项项任务，逐项建立工作台账，经常督查考核。各级领导干部要结合各自工作职责，深入学、反复学，把本领域本岗位的有关内容学深吃透，有力推动本职工作，在海南自贸区自贸港建设中勇当先锋、做好表率。[2]

海南的广大党员、干部，不但要坚定理想信念，还要更新知识观念，掌握过硬本领，才能更好适应新形势新任务的需要。

在海南省委七届四次全会上的总结讲话中，刘赐贵提出勇担重任、善抓落实，确保全会作出的各项决策部署落地生根。他说，这次全会

---

[1]　《全省领导干部周末学习专题讲座首期开讲》，《海南日报》2018 年 7 月 22 日。

[2]　《全省领导干部周末学习专题讲座开讲〈中国（海南）自由贸易试验区总体方案〉》，《海南日报》2018 年 12 月 10 日。

对学习贯彻习近平总书记重要讲话和中央 12 号文件精神作出全面系统部署，接下来，全省就要按照全会《决定》的部署，不折不扣抓好落实。各级党委政府要把这作为首要政治任务和长期重点工作，党政一把手是第一责任人，班子成员要按照分工落实责任，广大干部要认清方位、认领责任、全面行动起来，带动全省上下形成勇挑时代重担、狠抓贯彻落实、齐心拼搏奋斗的强大合力。

刘赐贵说，在抓落实的过程中要解决本领恐慌的问题。面对建设自贸区（港）的新形势、新任务、新挑战，不少干部都有本领不足的问题，对什么是自贸区（港）、什么是国际一流标准、怎么达到国际一流标准，对怎么抓住窗口期有效推动落实一系列配套政策，对怎么把新理念新思路新业态尽快转化为发展的新动能等，都还存在不了解或者理解不深入、认识有偏差等问题。对不懂的东西，唯一的办法就是学习。习近平总书记深刻指出："在每一个重大转折时期，面对新形势新任务，我们党总是号召全党同志加强学习；而每次这样的学习热潮，都能推动党和人民事业实现大发展大进步。"对海南来说，目前也处在重大转折时期，面对新形势新任务，我们比任何时候都更需要加强学习培训、提升实干本领。

学习提高主要通过这几种途径：选派干部到中央和国家部委、国内先进地区挂职；从全国选调熟悉自贸区（港）建设的行家里手来海南挂职；用好中央赋予的政策，有针对性地开展国际交流培训，走出国门学；按照"干什么学什么""缺什么补什么"的要求办好各类培训班，就地培养提高；当然，最关键的还是靠自学。要强化学习的责任感、紧迫感、危机感，利用一切机会、争分夺秒恶补专业知识，尽快在各自领域掌握"金刚钻"、干好"瓷器活"，全面提高贯彻落实习近平总书记重要讲话和中央 12 号文件精神的本领。

除了提高自身本领，还要着力抓好"百万人才进海南"工作。人才是制约海南发展十分关键的因素，习近平总书记重要讲话和中央 12 号文件都用了很大的篇幅讲人才，要求“举全国之力、聚四方之才”“构建更加开放的引才机制”。什么是人才？建设自贸区（港）需要方方面面的人才，只要在海南创新创业就业、找到合适岗位、促进经济社会发展的，就是人才。今天（5 月 13 日）通过的《行动计划》和陆续配套出台的人才政策，都可以从即将建立的“百万人才进海南”官网上浏览到。提出“百万人才进海南”，主要是因为海南 20 多万家注册企业急需人才，是因为建设国家南繁科研育种基地（海南）、国家热带农业科学中心、全球动植物种质资源引进中转基地、航天领域重大科技创新基地和国家深海基地南方中心，海南大学创建世界一流学科，以及海南省大专院校、科研院所发展需要人才，是因为党政机关也需要大批人才。“百万人才进海南”的关键在于“进”，企业要抓住这个机遇向国内外招揽人才，要注重人才带人才、项目带人才，百日大招商（项目）活动和“百万人才进海南”的这“双百”之间是互为影响、互为作用的。所有人才进来都是为海南改革开放服务的，不要把引进人才和本地人才对立起来，要更好地促进本、外地人才紧密结合，发挥更大作用。

刘赐贵强调，要解决干部作风问题。对标争创新时代中国特色社会主义生动范例的重大使命，必须进一步转变干部作风，提高干部执行力、创造力。习近平总书记告诫我们：“历史从不眷顾因循守旧、满足现状者，机遇属于勇于创新、永不自满者。”习近平总书记和党中央赋予海南的机遇这么重大、使命这么光荣、任务这么艰巨，国内外这么关注，全省人民这么期待，全国各地也都在深入学习习近平总书记重要讲话和中央 12 号文件精神、谋划新的改革开放举措，所以我们真是一天也等不起。

必须弘扬特区精神，以一天当三天用、不惜脱几层皮的作风，对照这次全会确定的各项任务时间表、路线图和责任分工，时不我待、只争朝夕、你追我赶、苦干实干，争取打实基础、早见效果。必须主动作为、勇于担当，善啃硬骨头，敢于直面各种困难矛盾，敢于突破利益固化藩篱，把问题解决好，把事办成。必须坚持领导带头、以上率下，发挥好“关键少数”的关键作用，省委、省政府从我和沈晓明同志做起，各市县、各部门、各单位从党政一把手做起，要心无旁骛干好工作。如果整天考虑个人得失、盘算小算盘，到头来就不会有“如意算盘”。必须一级做给一级看、一级带着一级干，层层压实责任，当好改革开放的开拓者、促进派、实干家。2018 年任务十分繁重，省委工作安排也十分明确，各级一把手要以只争朝夕的精神推动工作落实。干得怎么样，给力干，还是半心半意干，还是应付着干，组织和人民群众是清楚的。在干的过程中要旗帜鲜明为敢于担当者担当、为敢于负责者负责，落实“三个区分开来”，带动广大干部狠抓落实、攻坚克难。必须做到解放思想、求真务实，以新时代新标杆来衡量各项工作成效，敢于打破条条框框、思维定式，只要是有利于加强和完善党的领导、增强中国特色社会主义说服力和优越性、加快推动自贸区（港）建设的，就要大胆试、大胆闯、自主改，不断创造新经验、夺取新胜利。必须树立正确的政绩观，以“功成不必在我”的精神境界和“功成必定有我”的历史担当，保持历史耐心，发扬钉钉子精神一任接着一任干，不达目标不罢休。

刘赐贵强调，要解决工作方法问题。全面深化改革开放是系统工程，在任务落实的过程中决不能各自为战、顾此失彼，必须谋定而动、举一反三、走一步看三步，不断增强全局性、预见性、协同性，统筹推进各项工作。

一方面，要处理好当前和长远的关系。既要立足当前，突出抓好 356 项具体任务的推进落实，能马上落地的马上落地，需分步实施的尽快开局，特别是要精心组织实施好百日大招商（项目）活动，启动“百万人才进海南”，推动房地产调控转型，高水平规划建设海口、三亚中央商务区，加快培育新的经济增长点，用高质量发展打消外界疑虑，坚定改革信心；又要着眼长远目标、坚持稳中求进，不断加深对习近平总书记重要讲话和中央12号文件精神的理解认识，把握好“四步走”时间节点，倒推各项任务的序时进度，科学调配资源，统筹谋划实施，压茬推进自贸区（港）建设，稳扎稳打实现既定目标。

另一方面，要处理好重点和全局的关系。当前重点任务就是建设自贸区，既要集中力量攻坚突破，也要抓点带面、强化改革举措系统集成，让各项改革举措在政策取向上相互配合、在实施过程中相互促进、在改革成效上相得益彰，在朝着全面深化改革总目标聚焦发力的过程中，形成更加成熟更加定型的制度体系。建设自贸区是当前唯此为大的工作，但不是说其他工作就不抓了。要一以贯之聚力打好脱贫攻坚战；一以贯之抓好当前经济工作，抓实12个重点产业、“五网”基础设施、六类产业园区、“美丽海南百镇千村”建设，确保经济运行稳中有进的态势；一以贯之抓好生态环境六大专项整治、社会文明大行动等各项工作，推动海南经济社会持续健康发展。六大专项整治第一项是打击和拆除违法建筑，违法建筑破坏了法制、破坏了生态、破坏了公平、破坏了秩序、破坏了规划，是不能容忍的，必须依法依规严厉处置。六大专项整治是生态环境只能更好、不能变差的需要，是建设美好新海南的需要，是自贸区（港）良好环境的重要组成部分，务必一项一项扎实推进，各地都要有看得见的成效。[1]

---

[1] 《刘赐贵同志在省委七届四次全会上的总结讲话》（2018年5月13日），《海南日报》2018年5月15日。

六、把每一个基层党组织都打造成坚强的战斗堡垒

为确保海南全面深化改革开放正确方向，习近平总书记要求要加强基层组织建设，把每一个基层党组织都打造成坚强的战斗堡垒。[1]

把基层党组织建设成为坚强的战斗堡垒，是习近平总书记的一贯要求。他在第二次中央新疆工作座谈会上强调："要把抓基层、打基础作为稳疆安疆的长远之计和固本之举，努力把基层党组织建设成为服务群众、维护稳定、反对分裂的坚强战斗堡垒，让党的旗帜在每一个基层阵地上都高高飘扬起来。"[2] 由此也可见，把着眼点落在"每一个基层党组织"上，这是习近平总书记对海南党建工作更高更具体的要求。

党中央明确要求海南："加强基层党组织建设，着力提升组织力，增强政治功能，引导广大党员发挥先锋模范作用，把基层党组织建设成为推动海南全面深化改革开放的坚强战斗堡垒。"[3]

党的基层组织是确保党的路线方针政策和决策部署贯彻落实的基础。党的十九大报告提出，要以提升组织力为重点，突出政治功能，把企业、农村、机关、学校、科研院所、街道社区、社会组织等基层党组织建设成为宣传党的主张、贯彻党的决定、领导基层治理、团结动员群众、推动改革发展的坚强战斗堡垒。并要求，党支部要担负好直接教育党员、管理党员、监督党员和组织群众、宣传群众、凝聚群众、服务群众的职责，引导广大党员发挥先锋模范作用。坚持"三会一课"制

---

[1] 习近平：《在庆祝海南建省办经济特区30周年大会上的讲话》（2018年4月13日）。

[2] 《习近平在第二次中央新疆工作座谈会上强调　坚持依法治疆团结稳疆长期建疆　团结各族人民建设社会主义新疆》，《人民日报》2014年5月30日。

[3] 《中共中央　国务院关于支持海南全面深化改革开放的指导意见》（2018年4月11日）。

度，推进党的基层组织设置和活动方式创新，加强基层党组织带头人队伍建设，扩大基层党组织覆盖面，着力解决一些基层党组织弱化、虚化、边缘化问题。扩大党内基层民主，推进党务公开，畅通党员参与党内事务、监督党的组织和干部、向上级党组织提出意见和建议的渠道。注重从产业工人、青年农民、高知识群体中和在非公有制经济组织、社会组织中发展党员。加强党内激励关怀帮扶。增强党员教育管理针对性和有效性，稳妥有序开展不合格党员组织处置工作。[1]

对新时期党的基层组织工作的重要性，习近平早在河北省正定县工作时就有充分的认识。他说，要充分认识党的基层组织是党和党的领导机关联系人民群众的桥梁和纽带，是在社会基层中领导群众进行革命和建设的战斗堡垒。党的路线、方针、政策要靠党的基层组织来贯彻，党的工作任务要靠党的基层组织带领广大群众来完成。在党的工作重心发生伟大转折的新的历史时期，加强党的基层组织建设，用党的组织工作、组织路线去保证党的政治路线的实现，保证四化建设的顺利进行，尤为重要。[2]

习近平到海南考察指导工作，到党的基层组织调研也是重要内容。

2013 年 4 月 8 日下午 4 时，习近平走进潭门镇渔民协会办公地时，潭门渔民陈传炬等三位船主在这里办理出海手续。潭门镇渔民协会有 2000 多渔民会员，被称为“渔民之家”。工作人员正为三位船主办理“联帮表”，让他们出海后可以互帮互助，共同抵御危险。

习近平向工作人员询问协会的服务内容，并和陈传炬攀谈起来。“你的船有多大?”“110 多吨的。”“到南沙捕鱼放心吗?”“很放心。”

[1] 习近平：《决胜全面建成小康社会　夺取新时代中国特色社会主义伟大胜利——在中国共产党第十九次全国代表大会上的报告》（2017 年 10 月 18 日）。

[2] 习近平：《建设适应四化需要的党的基层组织》（1983 年 8 月 16 日），载《知之深　爱之切》，河北人民出版社，2015 年版，第 86 页。

渔民协会党支部书记戴于岛介绍，潭门渔民建立了特殊的海上党组织——南海渔业党支部。渔民出海时，每五艘渔船成立一个党小组，党组织的作用延伸到广袤海疆。习近平对此表示肯定，指出要有效发挥基层党组织在渔民当中的带头作用。离开时，习近平和即将出海的渔民一一握手，祝大家打鱼顺利，“打更多的鱼，更大的鱼”。[1]

2018 年 4 月 13 日，接近正午时分，在海南考察的习近平顶着骄阳来到海口市秀英区石山镇施茶村，看望农民群众，考察乡村振兴战略实施情况。

这个村坐落在琼北最高的火山脚下，过去因自然条件差，村里没有产业，村民没有收入。近年来，村党支部带领群众发展石斛产业，成为远近闻名的在火山岩上发展互联网种植的明星村，农民人均纯收入超过 1 万元。在村志馆，习近平认真听取介绍，不时询问。对该村以党建为统领，带动农民发展农业产业、增加农民收入、保护生态环境，因地制宜探索出了“企业 + 合作社 + 农户”致富路的做法表示肯定。听村支部书记洪义乾讲到村里没有吸毒的、没有打架斗殴的、没有上访的时，他夸奖道：“这个很好。”随后，习近平沿着石板路步行进施茶村火山石斛园，边走边听村党支部书记介绍石斛规模化种植、智能喷灌系统、水肥一体化系统运行情况。几位正在园中劳动的村民围过来，兴奋地同总书记握手。村民们告诉总书记，家门口有了石斛园，外出打工的村民们都回乡了，每个月发工资，年底有土地入股分红，日子越过越有奔头。习近平强调，全面建成小康社会，城市和乡村都要发展好。乡村振兴，关键是产业要振兴。要鼓励和扶持农民群众立足本地资源发展特色农业、乡村旅游、庭院经济，多渠道增加农民收入。农村基层党组织要成为带领农民群众共同致富的主心骨和坚强战斗堡

[1]　《美丽篇章藉春风——习近平总书记考察海南纪实》，《海南日报》2013 年 4 月 13 日。

垒。[1]

要把农村基层党组织建设成为坚强战斗堡垒。抓好“三农”工作关键在基层党组织，要把抓基层、打基础作为长远之计和固本之举。要坚持把党的政治建设摆在首位，严格落实“三会一课”等制度，教育引导农村党员干部牢固树立“四个意识”、增强“四个自信”。要强化农村基层党组织职能，对软弱涣散、不团结、不理事的班子抓紧整顿，配强用好第一书记，对不合格不称职不胜任的及时调整，多从有一定政治素质、眼界和能力的返乡大学生、退伍军人、农民工中培养带头人，决不允许宗族势力、黑恶势力染指村级组织。[2]

海南省2018年度市县、省直党（工）委书记抓基层党建工作述职评议会在海口举行，海南省委书记刘赐贵主持会议并作综合点评。他强调，要把树牢“四个意识”、坚定“四个自信”、做到“两个维护”体现在加强党建的实际行动上，切实用习近平新时代中国特色社会主义思想武装全省党员干部，以“功成不必在我”的精神境界和“功成必定有我”的历史担当，把基层党组织建成推动海南全面深化改革开放的坚强战斗堡垒，确保海南全岛自由贸易试验区和中国特色自由贸易港建设顺利推进。

会上，全省19个市县党委书记逐一就上年度抓基层党建工作情况进行述职，省委直属机关工委、省洋浦工委、省国资委党委三位省直党（工）委书记作书面述职，挂点省领导分别作点评。省级党员领导干部就2018年度抓农村党建促脱贫攻坚联系点工作情况作书面述职。

刘赐贵对2018年度海南省抓基层党建工作的成效给予充分肯定，

---

[1] 《习近平在海南考察时强调　以更高站位更宽视野推进改革开放　真抓实干加快建设美好新海南》，《人民日报》2018年4月14日。

[2] 刘赐贵：《在省委七届五次全会上的讲话》（2018年8月31日）。

深入剖析了当前存在的问题和挑战，对下一步基层党建作出具体部署，要求重点抓好五方面工作的落实。一要落实坚持党对一切工作的领导，始终把党的政治建设摆在首位，开展好“不忘初心，牢记使命”主题教育活动，把“四个意识”“四个自信”“两个维护”体现在履职尽责的实际行动上。二要落实健全加强党的全面领导的制度，优化现有基层组织结构，实现党组织在新业态新产业新群体中全覆盖。三要落实加强基层党组织建设，打造推动海南全面深化改革开放的坚强战斗堡垒。重点要派驻好乡村振兴工作队，实现所有镇、村全覆盖，与基层党组织形成合力，共同履行好十项任务。四要落实以改革创新精神抓好党建，围绕全岛自由贸易试验区和中国特色自由贸易港建设需求开展党员教育培训，落实省委认识好干部、培养好干部、用好好干部的10条要求，深入推进反腐败斗争，自觉抵制不良风气对党内生活的侵蚀，以问题和需求为导向创新党组织活动，营造风清气正的良好政治生态。五要落实新发展理念，树立正确的政绩观。要完善基层干部考核体系，健全激励和纠错容错机制，旗帜鲜明为敢于担当、踏实做事、不谋私利的干部撑腰鼓劲，牢固树立“功成不必在我”的精神境界和“功成必定有我”的历史担当，坚持全省一盘棋、全岛同城化，按照各自定位久久为功谋发展、抓发展、促发展。[1]

刘赐贵再次强调：“要加强乡村治理，选好配强农村党组织书记，把每一个农村党支部都建成坚强战斗堡垒；深化村民自治，健全村级议事协调、事务公开等制度；大力移风易俗，整治铺张浪费、厚葬薄养等陋习。”[2]

---

[1]《刘赐贵在市县、省直党（工）委书记抓基层党建工作述职评议会上要求　把基层党组织建成推动海南　全面深化改革开放的坚强战斗堡垒》，《海南日报》2019年2月13日。

[2] 刘赐贵：《在传达全国“两会”精神电视电话会议上的讲话》（2019年3月17日），传达全国“两会”精神电视电话会议材料。

作为村党总支部书记、村委会主任，在推进脱贫攻坚和乡村振兴的过程中如何发挥基层组织作用？这也成为2019年全国两会中央广播电视总台记者关注的问题。

对此，全国人大代表陈飘回答说，感谢媒体对农村基层的关心。我是一名来自基层的人大代表，深切地感受到基层党组织对我们老百姓的带动作用。2015年8月，我被任命为陵水黎族自治县英州镇母爸村党总支部书记。上任后，我带头维护班子团结，坚持“三会一课”“四议两公开”制度，真正做到公平公正公开，同时充分调动党员干部的积极性，发挥基层党组织战斗堡垒作用，赢得了群众对基层党组织的尊重和信任。在2016年6月的换届选举中，我被高票推选为村党总支部书记、村委会主任。当选后，我把带领村民脱贫致富，当作村“两委”班子的首要任务。常年来，母爸村以种植芒果为主要产业，但因缺乏组织的带动，销路并不宽敞。近年来，我们扎实推进产业扶贫，汇聚村集体智慧，将芒果注册商标，邀请知名电商入村考察，积极推动线上销售，并引进技术团队进行标准化管理，实现产品品质、产量提升，真正促进老百姓增收。现在，海南正深入开展乡村振兴工作，母爸村由村“两委”干部牵头成立了农业专业公司，积极引进特色种植养殖项目，利用“党员活动日”等，定期组织党员对村容村貌进行整治，并健全共青团等组织，发挥他们的带动作用，促进乡村治理。我相信，只要充分发挥好基层组织战斗堡垒作用，我们一定能将村庄建成“产业兴旺、生态宜居、乡风文明、治理有效、生活富裕”的美好新农村。[1]

---

[1]　《蹄疾步稳　开局良好　保持定力　埋头苦干——海南代表团团组开放活动答记者问实录》，《海南日报》2019年3月8日。

七、要以改革创新精神抓好党建，持之以恒正风肃纪

为确保海南全面深化改革开放正确方向，习近平总书记要求："要以改革创新精神抓好党建，持之以恒正风肃纪，深入推进反腐败斗争，教育引导广大党员、干部自觉抵制不良风气对党内生活的侵蚀，营造风清气正的良好政治生态。"[1]

党中央要求："完善体现新发展理念和正确政绩观要求的干部考核评价体系，建立激励机制和容错纠错机制，旗帜鲜明地为敢于担当、踏实做事、不谋私利的干部撑腰鼓劲。牢牢掌握意识形态工作领导权，把社会主义核心价值观融入社会发展各方面，坚定文化自信。持之以恒正风肃纪，强化纪检监察工作，营造风清气正良好环境。深化政治巡视。全面落实监察法。"[2]

海南省委提出"持之以恒正风肃纪反腐"，要求严格落实全面从严治党的主体责任和监督责任。坚持以上率下，巩固和拓展落实中央八项规定精神成果，严格执行省委省政府33条实施细则，坚持不懈改作风转作风，坚决反对特权思想和特权现象。坚持开展批评和自我批评，坚持惩前毖后、治病救人，运用监督执纪"四种形态"，抓早抓小、防微杜渐，重点强化政治纪律和组织纪律，带动廉洁纪律、群众纪律、工作纪律、生活纪律严起来。坚持无禁区、全覆盖、零容忍，坚持重遏制、强高压、长震慑，坚持受贿行贿一起查，坚决夺取反腐败斗争压倒性胜利。完善党内法规制度，加强党风党纪教育，引导广大党员、干部自觉抵制不良风气对党内生活的侵蚀。深化政治巡视，充分发挥巡视

[1] 习近平：《在庆祝海南建省办经济特区30周年大会上的讲话》（2018年4月13日）。

[2] 《中共中央　国务院关于支持海南全面深化改革开放的指导意见》（2018年4月11日）。

巡察、派驻监督的作用。推动全面从严治党向基层延伸，大力整治群众身边腐败问题。加强廉洁政府建设，制定公职人员行为规范守则和具体规章，构建亲清新型政商关系。全面落实监察法，持续深化纪检监察体制改革，实现对所有行使公权力的公职人员监察全覆盖。[1]

带头持之以恒正风肃纪。全面从严治党永远在路上。职位越高，权力越大，越要加强自我约束。海南省委书记刘赐贵指出：“最近，我听取了省委巡视报告，有些党员干部违纪违法情况触目惊心。大家要汲取深刻教训，引以为戒，否则不仅会对自己的家庭造成极大伤害，也会对自由贸易试验区和中国特色自由贸易港建设造成严重伤害。各级党员干部带头遵守政治纪律、组织纪律、廉洁纪律、群众纪律、工作纪律、生活纪律；带头落实全面从严治党的主体责任和监督责任；带头落实中央八项规定精神和省委省政府 33 条实施细则，管好家属子女和身边工作人员，坚决反对特权思想和特权现象；带头自觉遵守民主集中制、‘三重一大’、个人重要事项报告等制度；带头按规则、按制度行使权力，确保手中权力的行使不偏向、不变质、不越轨、不出格。”[2]

八、“功成不必在我”“功成必定有我”

习近平总书记在庆祝海南建省办经济特区 30 周年大会上发表重要讲话的最后，饱含深情地嘱咐海南的广大干部群众说：“历史从不眷顾因循守旧、满足现状者，机遇属于勇于创新、永不自满者。一切伟

[1] 《中共海南省委关于深入学习贯彻习近平总书记在庆祝海南建省办经济特区 30 周年大会上的重要讲话精神和〈中共中央 国务院关于支持海南全面深化改革开放的指导意见〉的决定》，《海南日报》2018 年 5 月 14 日。

[2] 刘赐贵：《关于深入学习习近平总书记“4·13”重要讲话精神的十点认识》（2018 年 10 月 13 日），《海南日报》2018 年 10 月 17 日。

大成就都是接续奋斗的结果，一切伟大事业都需要在继往开来中推进。历代经济特区建设者以他们的智慧、勇气、汗水书写了辉煌篇章。今天，海南广大干部群众要不忘初心、牢记使命，以‘功成不必在我’的精神境界和‘功成必定有我’的历史担当，保持历史耐心，发扬钉钉子精神，一张蓝图绘到底，一任接着一任干，在实现‘两个一百年’奋斗目标、实现中华民族伟大复兴中国梦的新征程上努力创造无愧于时代的新业绩！”[1]

党中央要求：“完善实施机制。海南省要发挥主体责任，主动作为、真抓实干，敢为人先、大胆探索，以‘功成不必在我’的精神境界和‘功成必定有我’的历史担当，一任接着一任干，一茬接着一茬干，将蓝图一绘到底。要制定预案，稳定市场预期，坚决防范炒房炒地投机行为。研究建立重大问题协调机制，统筹推进海南全面深化改革开放工作。”[2]

海南省委提出：完善狠抓落实的工作机制。严格落实各级党委、政府的主体责任，建立健全工作责任制，形成一级抓一级、层层抓落实的工作机制。切实加强省委对全面深化改革开放的领导，省委全面深化改革开放委员会负有对全岛自由贸易试验区和中国特色自由贸易港建设的总体设计、统筹协调、整体推进、督促落实等职能。健全省部协调机制，加强与中央和国家有关部门协同协作，共同研究解决重大问题，推动改革任务落实。各级党委、人大、政府、政协及各有关部门要按照本决定要求，结合《关于贯彻落实习近平总书记在庆祝海南建省办经济特区 30 周年大会上的重要讲话和〈中共中央　国务院关于支持海南全面深化改革开放的指导意见〉的任务清单和责任分工》，研究制定条块结合、上下衔接的具体行动计划、工作方案，明确路线图、

[1] 习近平：《在庆祝海南建省办经济特区 30 周年大会上的讲话》（2018 年 4 月 13 日）。

[2] 《中共中央　国务院关于支持海南全面深化改革开放的指导意见》（2018 年 4 月 11 日）。

时间表。各市县各部门贯彻落实情况要及时向省委报告。建立健全改革督察制度，实现督察问责常态化、长效化，确保各项改革开放政策措施落地见效。[1]

习近平总书记在海南亲自向全世界宣布，党中央决定支持海南全岛建设自由贸易试验区，逐步探索、稳步推进中国特色自由贸易港建设，赋予了海南改革开放前所未有的新的重大历史机遇。全省干部群众无比振奋，迸发出了空前的激情和热情。海南省委及时把大家的激情、热情引导到贯彻落实习近平总书记“4·13”重要讲话和中央12号文件精神上来，做了大量卓有成效的工作，工作强度、工作难度之大前所未有，工作成效也正在逐步显现，海南全面深化改革开放、高质量发展的良好势头正在加快形成。

对此，海南省委书记刘贵赐认为，事实证明，海南的干部是能干事、干成事的。一定要坚定信心，再接再厉，以“功成不必在我”的精神境界和“功成必定有我”的历史担当，发扬钉钉子精神，一张蓝图绘到底，一任接着一任干，加快建设美好新海南，努力打造新时代全面深化改革开放的新标杆，争创中国特色社会主义生动范例，为实现“两个一百年”奋斗目标、实现中华民族伟大复兴中国梦做出新的更大贡献，决不让千载难逢的发展机遇在我们手上错失，以争创中国特色社会主义生动范例的优异成绩，不负习近平总书记和党中央的重托，不负全国人民的期望。

当然，也要清醒看到，对照习近平总书记和党中央赋予海南的新使命、新要求、新目标、新机遇，海南的基础还比较薄弱，发展水平还有不足，能力本领还有欠缺。这就更加需要始终按照习近平总书记和

[1]　《中共海南省委关于深入学习贯彻习近平总书记在庆祝海南建省办经济特区30周年大会上的重要讲话精神和〈中共中央　国务院关于支持海南全面深化改革开放的指导意见〉的决定》，《海南日报》2018年5月14日。

党中央的要求办事，始终确保海南全面深化改革开放的正确方向，坚决防止五种不良倾向。

一要坚决防止空喊口号、纸上谈兵的倾向。决不能表态多调门高、行动少落实差，热衷于以文件落实文件、以会议落实会议，看起来忙忙碌碌，实际上是做表面文章、敷衍塞责、应付上级。海南建设自贸区（港），光喊是喊不出来的，关键靠做、靠干，事业一定是靠干出来的。一定要用实干来体现对以习近平同志为核心的党中央的绝对忠诚，尽职尽责抓好贯彻落实，立行立做。

二要坚决防止不切实际、头脑发热的倾向。决不能好大喜功、急躁冒进、急功近利，把敢闯敢试、敢为人先搞成瞎干蛮干、顾此失彼，甚至留下难以挽回的败笔。要坚决守住房地产、金融、地方政府债务、生态环境保护等底线，禁止“黄赌毒”，不以转口贸易和加工制造为重点，大力发展旅游业、现代服务业、高新技术产业，不是什么项目都要，而是要符合海南生态需求、发展定位的项目。海南建设自贸区（港）是不可能轻轻松松、敲锣打鼓实现的，一定要对前进路上的困难和挑战有足够清醒的认识，保持战略定力，做到脚踏实地、谋定而动、善作善成。

三要坚决防止朝令夕改、决策摇摆的倾向。全省各级各部门特别是各级领导干部要汲取历史教训，在定政策、作部署、抓落实上，决不能不顾大局改头换面、不顾实际发号施令，或者领导一换就另起炉灶、推倒重来，为了自己出政绩，新官不理旧账，造成干部群众无所适从，延误宝贵发展时机。一定要有“功成不必在我”的精神境界和“功成必定有我”的历史担当，一任接着一任干、一张蓝图绘到底。今天（5月13日）通过的《决定》和《行动计划》，要成为全省各级党组织的统一意志宣传好、贯彻好，这是组织纪律。

四要坚决防止等待观望、无所作为的倾向。决不能认为海南建设自贸区（港）的基础差、要求高、难度大，自身又存在本领恐慌，就妄自菲薄、不思进取、习惯于“等靠要”。一定要从更高的政治站位、更宽的历史视野全面看问题，不断增强“四个意识”，牢固树立“四个自信”，主动对号入座认领任务，主动思考谋划、调查研究，主动攻坚克难、推动落实，以积极进取赢得未来。

五要坚决防止投机取巧、一夜暴富的倾向。我们要坚决摒除一夜暴富的社会投机心理，决不能放任这种投机取巧、不劳而获、浑水摸鱼的行为破坏海南发展大局。一定要通过完善制度、宣传教育、惩戒警示等多管齐下进行治理，堵住漏洞、防范风险，无比珍惜习近平总书记和党中央赋予海南新的重大使命和历史机遇，以脚踏实地、埋头苦干的新气象、新作为，努力创造新业绩、形成新标杆。[1]

自由贸易试验区和中国特色自由贸易港建设作为海南全面深化改革开放的重要部分，近一年来取得了哪些重要进展？海南省又如何考虑全面深化改革开放的其他要求，与自贸区自贸港建设同期部署，形成系统合力？面对经济外向度低、规模化的产业支撑还未形成等发展中存在的问题，海南省将采取哪些举措来补齐短板？全国人大代表、海南省委书记、省人大常委会主任刘赐贵接受新华网专访，充分回答了海南全岛建设自由贸易试验区和探索建设中国特色自由贸易港近一年来的热点问题，也是对海南广大干部群众抢抓千载难逢历史机遇所呈现的担当作为精神的很好回答。

新华网：当前，临近习近平总书记“4·13”重要讲话发表一周年。近一年来，海南推进自由贸易试验区和中国特色自由贸易港建设的主要工作和重大进展主要集中在哪几个方面？

刘赐贵：2018年4月以来，海南坚决贯彻落实习近平总书记“4·

---

[1]　《刘赐贵同志在省委七届四次全会上的总结讲话》（2018年5月13日），《海南日报》2018年5月15日。

13”重要讲话和中央12号文件精神，以“一天当三天用”的苦干实干作风，推动海南自由贸易试验区、中国特色自由贸易港建设，一系列工作举措正在得到落实。

一是重创新。以制度创新为核心，深化省域“多规合一”改革，全省重点园区“六个试行”极简审批改革入选全国28项优化营商环境典型做法；率先完成省级机构改革；国际贸易“单一窗口”建设取得进展；自由贸易账户体系正式上线，全国首单知识产权证券化、天然橡胶价格（收入）保险、设立国际热带农产品交易中心等金融领域制度创新成效明显；空域精细化管理改革、博鳌乐城国际医疗旅游先行区超级医院等体制机制创新取得成效。

对标世界银行标准，制定了《海南省优化营商环境行动计划(2018—2019年)》，提出40条创新、务实举措，提出大力引进外资十大举措，对外资全面实行准入前国民待遇加负面清单管理制度。确定并推进创新自由贸易试验区和中国特色自由贸易港的有效管理体制、推动生态保护红线落地、严控房地产、完善全省园区规划布局、继续深化园区项目极简审批改革、创新对外经贸促进体制、加快建设热带雨林国家公园、打造军民融合发展示范基地、坚持法治先行、推动区域协调城乡融合发展、加快推进市县党政机构改革、全面加强党的领导等12项体制机制创新，努力打造新时代全面深化改革开放的新标杆。

二是打基础。以“功成不必在我”的精神境界和“功成必定有我”的历史担当，坚持全省一盘棋、全岛同城化的理念，久久为功，先谋后动，着力从人才发展、教育医疗、基础设施、乡村振兴等方面入手，夯实高质量发展的基础。大力实施“百万人才进海南”行动计划，引进国内外优秀人才4.2万名，其中高层次人才890多人；同步实施“南海名家”“南海英才”“南海工匠”、党政人才、重点产业人才、农村人才等培训计划，共培训各类人才59万人次。主动谋划实施12个先导性项目，大力推进城乡光、电、路、气、水“五网”现代化基础设施建设，自然村光纤宽带网络覆盖率81%、4G网络信号覆盖率98%，已在博鳌地区开展5G网络试点，全省年户均停电时间降到23.5小时，“丰”字形高速公路网、气网环岛主干网及水利设施加快建设。加快教育医疗等民生投入，与国内外先进教育、医疗机构广泛开展合作办学、办医，引进英国哈罗公学等一批国内外知名学校。召开海南省委七届五次全会，对脱贫攻坚和乡村振兴作出全面系统部署，2019年派出8083名各级干部组成2757个乡村振兴工作队，进驻全省所有乡镇、行政村，以“美丽海南百镇千村”建设为抓手推动乡村振兴，加快把海南广阔农村好好发展起来，更好体现中国特色、争创生动范例。

三是守底线。严守生态底线，主要发展以旅游业、现代服务业、高新技术产业等环保低碳产业，所有新上项目，都不允许对生态环境形成增量压力；对存量环境问题，坚决落实中央环保督察和国家海洋督察整改，深入实施生态环境六大专项整治和海岸带整治，以地方立法方式对填海造地进行严格管控；启动设立海南热带雨林国家公园，率先全域推广清洁能源汽车，确保生态环境只能更好、不能变差。

守住安全底线，坚决不搞“黄赌毒”，重拳打击暴恐活动，开展禁毒三年大会战和扫黑除恶专项斗争，揪出幕后“保护伞”。

严格落实意识形态工作责任制，建立意识形态工作联席会议制度，守住意识形态底线，强化舆论引导，防止恶意炒作。

四是防风险。实施“两个暂停”、全域限购等最严格的房地产市场调控措施，妥善解决本地居民和引进人才住房问题，有效防止炒房炒地，房价没有出现大起大落。

加快推进政务大数据应用和社会管理信息平台建设，着力构建全天候、实时性的人流、物流、资金流进出岛信息管理系统，为推动人流、物流、资金流高效便捷流通并有效管住做好了技术准备。

有效防控金融债务风险，努力吸引民间投资和外资，最大限度发挥投资效益，提高金融服务实体经济水平。

新华网：自由贸易试验区和中国特色自由贸易港建设是海南全面深化改革开放的重要部分。除了抓紧推进自由贸易试验区和中国特色自由贸易港建设外，海南省如何考虑全面深化改革开放的其他要求，与自由贸易试验区和中国特色自由贸易港建设同期部署，形成系统合力？

刘赐贵：改革开放是经济特区的灵魂，是发展海南的关键一招。2018 年以来，我们以全岛自由贸易试验区建设为抓手，全面深化改革开放。一是坚持和加强党的全面领导。始终牢固树立“四个意识”、坚定“四个自信”、做到“两个维护”，严格遵守党的政治纪律、政治规矩，坚持党对一切工作的领导，充分发挥党总揽全局、协调各方的作用，确保全面深化改革开放正确方向。二是推动高质量发展。以供给侧结构性改革为主线，调优扶强以服务业为主导的 12 个重点产业，目前占 GDP 比重已超六成，成为经济增长的主要支撑力量；重点培育南繁育种、深海科技、航天科技三大高新技术产业。2018 年全省 GDP 增长 5.8%，地方一般公共预算增长 11.7%，实际利用外资增长 112.7%，进出口总额增长 20.8%，经济总体平稳、稳中有进。三是全面扩大对外开放。59 国人员入境免签政策落地实施，新开、恢复境外航线 30 条，离岛购物免税政策效应放大，购物额度提高到 3 万元，2018 年旅游总人数和收入分别增长 11.8%和 14.5%；结合“国际贸易陆海新通道”建设，积极推动洋浦开发开放；大力发展国际医疗旅游和高端医疗服务，尽快实现博鳌乐城国际医疗旅游先行区医疗技术、设备、药品与国际先进水平“三同步”。四是服从和服务国家重大战略。深度融入海洋强国、“一带一路”建设、军民融合发展等重大战略，全面加强支撑保障能力建设，切实履行好党中央赋予的重要使命，自觉扛起海南的责任担当。

在协同推进各项改革开放举措时，把中央赋予的各项政策细化为具体项目，通过“百日大招商”，大批符合海南定位的产业项目落户，2018 年 11 月 28 日、12 月 28 日两次集中开工项目投资 1400 多亿元、签约 1900 多亿元。2019 年是海南省委确定的全面深化改革开放政策落实年，继续推动在 3 月 18 日、5 月 18 日、7 月 18 日、9 月 18 日、11 月 18 日等时间节点，集中签约开工注册一批项目和企业，确保项目落地、政策见效。

新华网：海南省仍然是一个欠发达地区，经济外向度很低，规模化的产业支撑还未形成，同时在营商环境、政策落地便利性等方面仍有短板。请问海南省将采取哪些举措解决目前存在的突出问题，补齐发展存在的突出短板？

刘赐贵：海南是在较为薄弱的基础上建设自由贸易试验区、探索建设中国特色自由贸易港，当务之急是切实补齐人才、教育、医疗和基础设施等短板，解决企业成本居高不下等突出问题，着力营造一流营商环境。

一是提质升级基础设施。坚持“全省一盘棋、全岛同城化”，按照人口集聚、产业发展、园区布局等需求谋划建设以光、电、路、气、水“五网”为重点的基础设施，用 5—10 年时间，大幅提升基础设施网络化智能化水平，大力推动城乡基础设施建设一体化，不断拓展新型领域基础设施发展空间，形成对构建开放型经济新体制的有力支撑。

二是科学合理规划布局产业园区。坚决落实高质量发展的理念，按照“多规合一”要求科学调整、优化布局产业园区，规划建设若干可大可小、可集中可分散的专业产业园区。依法在全省重点产业园区推广“六个试行”，大力向园区放权。探索设立园区管理服务法定机构，设立综合审批部门，建设国际投资“单一窗口”，实行“一枚公章管审批”，制定“极简审批”专属流程，为谋划实施自由贸易港有关政策打好基础。

三是有效降低成本。创新土地供给机制，简化用地审批程序，在用电、用水、用气等要素供给方面不设置任何门槛，降低企业用地、用电、用气等经营成本；全面落实税费优惠政策，对小微企业、科技型初创企业实施普惠性税收免除，全面推进涉企行政事业性零收费，降低制度成本；推出更多的“全省通办”事项，优化政府服务，简化融资手续，降低中小企业获得信贷的难度和交易成本。

四是营造一流营商环境。加快建立与国际规则惯例相接轨，与全岛自由贸易试验区、自由贸易港建设要求相适应的法律法规体系和管理制度；大力推动投资贸易监管与国际接轨，经济活动和管理方式遵循国际惯例，引入国际通用的行业规范标准；最大幅度放宽市场准入，最大程度取消投资者资质要求、股比限制、经营范围限制等门槛，建立以放宽市场准入为重点的贸易和投资便利化制度，让法治化、国际化、便利化营商环境成为海南的核心竞争力。

五是补齐人才短板。深入实施“百万人才进海南”行动计划，坚持人才培养和引进“双轮驱动”，突出多元化、国际化、市场化特点，协同引进人才、平台、团队、项目；加大本地人才培养力度，形成本地人才和引进人才的叠加优势；对国外和港澳台人才来琼服务提供便利的出入境、居留和个人所得税减免等优惠政策，形成充满活力、富有效率、更加开放的人才制度环境和具有国际竞争力的外国人才政策体系，为各类人才在海南就业创业生活营造良好环境。[1]

“一年来，我们对标习近平总书记‘4·13’重要讲话和中央12号文件要求，全面深化改革开放，海南自贸区建设呈现出全面发力、多点突破、蹄疾步稳、纵深推进的良好态势。”海南省省长沈晓明代表接

[1] 刘赐贵：《补齐发展短板　切实推进自贸区自贸港建设》，新华网2019年3月7日。

受《光明日报》记者采访时也这样表示。

沈晓明代表介绍，海南坚持先谋后动，强化与中央和国家有关部门对接，中央明确的第一批11个配套方案，五个已经印发实施，其他将陆续出台。按照“明、短、快”原则，经过几轮研究梳理，海南确定了基础保障类、产业类、生态文明建设类三大类12项先导性项目。目前，这12个项目均已启动建设并取得积极进展，“其中，继上海之后第二个获批建设的自由贸易账户体系在2019年1月1日正式上线；国际贸易‘单一窗口’国家标准版覆盖海空港口岸并拓展至海关特殊监管区，海南升级版启动建设；国家深海基地南方中心、国家南繁科研育种基地、全球动植物种质资源引进中转基地建设稳步推进；海口江东新区、三亚总部经济及中央商务区规划编制和基础设施建设取得重要进展”。

只有管得住、才能放得开。沈晓明代表说，海南地理位置独特，是相对独立的地理单元，为“管得住”创造了有利条件，具有成为全国改革开放试验田的独特优势。目前，在“管”的方面，海南提升大数据中心功能，初步建立起了人流、物流、资金流进出岛有效管控的技术框架，通过信息化手段准确把握各类进出岛信息，精确掌握进出岛的每一个人、每一件物品、每一分钱。2018年11月底，已完成62个单位物流数据整合。在资金流的监管上，海南正组织23家在琼金融机构升级改造系统接入资金流“T+0”数据，计划于2019年6月底前完成全省23家商业银行“T+0”实时数据的采集和监测分析。

沈晓明代表认为，营商环境是海南自贸区建设的重要内容和顺利推进的重要因素，要优化营商环境确保市场公平透明可预期，要围绕“让企业怎么能在海南赚钱”建设好营商环境，帮助企业解决实实在在的困难。为此，2018年年底海南制定了《海南省优化营商环境行动计划（2018—2019年）》，主要是参照世界银行对各个国家和地区营商环境的评价标准和评价体系制定总体框架，比如企业的设立、施工许可的获得等等，提出 40 条创新、务实举措。

“营商环境应该和生态环境一起，成为海南的核心竞争力。海南将把不断优化营商环境当作政府 365 天的日常工作，开展省和市县营商环境第三方评价，发布优化营商环境年度行动计划和评价报告，努力使海南的营商环境达到国内一流水平。”沈晓明代表表示。

沈晓明代表坦言，海南在发展的过程中也面临几大痛点：一是经济结构不够合理，经济外向度低，创新驱动不够，帮助企业的举措不够。二是在加强房地产调控、严格依法依规管理土地、不断提高生态环保和亩均产出要求、固定资产投资高位运行的情况下，如何保持投资可持续增长，在解决这个问题上下的功夫还不够。三是人才短缺，干部知识结构、能力水平与自贸试验区和自贸港建设要求不适应。四是城乡居民收入相对较低，而物价水平相对较高，人民群众的获得感有待提高。

沈晓明代表说，2019 年是海南全面深化改革开放的政策落实年，海南将高标准高质量建设自贸试验区，加快探索建设中国特色自由贸易港进程。以制度创新为核心，推进自贸试验区建设。加快搭建自贸试验区政策和制度体系的“四梁八柱”，落实好自贸试验区总体方案，加强与国家部委对接，做好配套文件的报批和实施。以敢为人先的勇气，推出一批具有海南特点、可复制可推广的制度创新成果，充分发挥改革开放试验田作用。[1]

2019 年的全国两会，海南给国内外展现的是“蹄疾步稳，开局良好”的自贸区（港）建设发展新局面。

---

[1] 《发挥独特优势 优化营商环境——访海南省省长沈晓明代表》，《光明日报》2019 年 3 月 7 日。

2019年3月7日下午，出席十三届全国人大二次会议的海南代表团在住地举行全体会议，审查计划报告和预算报告，并向境内外媒体开放。全国人大代表、海南省委书记、省人大常委会主任刘赐贵，全国人大代表、海南省委副书记、省长沈晓明等回答了中外记者的提问。96家境内外媒体机构、143名记者到会采访。

约16时15分，代表审议发言结束，进入媒体提问环节。各路镜头聚焦海南代表团，人民日报、中新社、香港大公文汇传媒、新华社、央广、马来西亚星报、央视等媒体记者先后提问。

“各界对海南自由贸易试验区和中国特色自由贸易港建设有很高的期望，现在进展如何，下一步有什么打算?”俄罗斯塔斯社记者的第一个提问，就充分反映了国内外对海南自贸区、自贸港的关注，对更多了解海南的渴望。

“蹄疾步稳，开局良好。”刘赐贵用八个字回应社会关注。他表示，近一年来，全省上下树牢“四个意识”、坚定“四个自信”、践行“两个维护”，深入学习贯彻落实习近平总书记“4·13”重要讲话和中央12号文件精神，凝心聚力、谋定而动、蹄疾步稳，以“一天当三天用”的干劲，加快建设全岛自由贸易试验区和探索建设中国特色自由贸易港，按照高质量发展要求，坚持全省一盘棋、全岛同城化理念，对外开放持续扩大，经济结构不断优化，发展质量明显提升，市场主体迅速增长，各类人才纷至沓来，并不断取得制度创新成果。2019年是海南省委确定的全面深化改革开放政策落实年，我们将牢牢抓住千载难逢的发展机遇，扎实推进自由贸易试验区建设，围绕“中国特色”“最高水平的开放形态”“分步骤、分阶段”等关键问题探索中国特色自由贸易港的政策和制度体系，履行好海南新的重大使命。

在回答关于实施乡村振兴战略的问题时，刘赐贵表示，海南80%的陆域面积、60%的人口在农村，乡村振兴与否直接关系到海南自由贸易试验区和中国特色自由贸易港建设能否成功。目前，海南派出由8083名干部组成的2757支乡村振兴工作队，进驻到全省所有乡、镇、村，计划用两年时间抓好基层组织建设、脱贫攻坚、美丽乡村建设、人居环境整治、产业发展和优化、社会文明大行动、提升社会治理水平、加强“五网”基础设施建设、发展集体经济、促进农民增收等十项任务，加快城乡融合、区域协调发展，努力实现产业兴旺、生态宜居、乡风文明、治理有效、生活富裕的目标，同心协力把海南的广阔农村好好发展起来，更好地争创新时代中国特色社会主义生动范例。

沈晓明回应海南房地产调控时说，2018年以来海南房地产调控效果达到预期、好于预期。下一步，我们会保持定力，坚定不移一手抓房地产调控，一手抓长效机制的建立。保持房地产调控政策的连续性、稳定性，完善住房保障供应体系，鼓励存量商品房和存量商品房用地转型，加快建立长效机制，维护房地产市场健康稳定。

在回答关于《海南省清洁能源汽车发展规划》的提问时，沈晓明用了“三个三”进行解读。海南推广应用清洁能源汽车具有能源结构清洁、相对独立地理单元便于管理、气温接近电池最佳使用温度等三个优势；明确了到2020年、2025年、2030年三个时间节点；出台了清洁能源汽车优先政策、规划建设充电桩、政府让渡一些经济利益等三个主要措施。

18时，提问结束时，还有很多媒体记者希望提问，刘赐贵特别嘱咐有关部门，要积极组织媒体记者到海南实地采访，更好地了解海南、认识海南、宣传海南。[1]

---

[1]　《近百家境内外媒体采访海南代表团团组开放活动　全岛自贸试验区和中国特色自贸港建设吸引世界目光》，《海南日报》2019年3月8日。

一代人有一代人的使命，一代人有一代人的担当。

历史的机遇和责任落在了这一代人的肩上。全面深化改革开放、全岛建设自由贸易试验区和探索建设中国特色自由贸易港成为摆在海南广大党员、干部面前的必答题，而不是选择题。更加紧密团结在以习近平同志为核心的党中央周围，以“功成不必在我”的精神境界和“功成必定有我”的历史担当，发扬敢闯敢试、敢为人先、埋头苦干的特区精神，就一定能在推动海南成为新时代全面深化改革开放的新标杆的新征程中，书写党中央和人民满意的优秀答卷，为实现“两个一百年”奋斗目标、实现中华民族伟大复兴的中国梦做出新的更大的贡献！

后　记

为了深入学习贯彻党的十九大精神，2017 年 10 月 29 日，海南省社会科学界联合会、海南省社会科学院率先成立了海南省习近平新时代中国特色社会主义思想学习研究中心，分两批面向全国公开招标立项支持 13 项课题，本书为第一批重点课题研究成果，并列入“新时代海南发展研究丛书”出版。

本课题最初的研究内容是“习近平美好新海南建设思想”。2018 年 4 月 13 日，习近平总书记出席庆祝海南建省办经济特区 30 周年大会并发表重要讲话，此后研究的重点就及时调整到海南全面深化改革开放这个国家的重大战略上，形成了《走向中国特色自由贸易港——十论学习习近平总书记“4·13”重要讲话精神》这一学习研究成果。

在这个过程中，由组织安排，2018 年 5 月我有幸时隔 20 年后再次到中央党校学习，较为系统地学习了习近平新时代中国特色社会主义思想，深入地研读了《习近平谈治国理政》《习近平党校十九讲》和《习近平的七年知青岁月》《知之深　爱之切》《摆脱贫困》《之江新语》《干在实处 走在前列——推进浙江新发展的思考与实践》等著作。由于工作上的关系，我还到了梁家河、宁德等习近平总书记曾经工作生活过的地方参观学习，真切感受到习近平总书记与人民群众的深厚情谊，以及他丰富的地方工作经验对治国理政新理念新思想新战略形成的重大影响。这些都为我深入学习研究习近平总书记“4·13”重要讲话精神创造了良好的认知条件。

在这个过程中，我还较为深入地研究了“海南探索‘自由港’历程(1978—2018年)”，回答了海南的“岛门”是怎样打开的历史命题，《习仲勋与海南》也已经三易其稿，还写出了《琼台千年——历史视野中的海南“自由港”》上卷书稿，整理完成了1984年至2018年的个人文集《海南发展问题研究》，此外还主编了海南蓝皮书《中国（海南）自由贸易试验区发展报告（2019)》，这些也为深入学习研究习近平总书记“4·13”重要讲话精神积累了相关的历史知识和情怀元素。

回想起来，从1980年秋季“过海”到内地读大学，我就开始关注海南问题；到1984年夏季毕业，开始研究海南问题。当年12月，写出了《试论建立海南自由贸易区》一文，内容包括建立自由贸易区的必要性与可能性、模式的选择与修正、问题的提出与解决的途径三部分。认为，海南自由贸易区不只是通常所理解的面向贸易的自由贸易区，而是根据海南的实际对各种各样的模式进行选择与修正，“以建立具有海南特色的自由贸易区”。就在那时，1985年1月，我还陪同华南师范大学研究人员到文昌清澜港调研建设“自由港”问题。后来他们果然在《国际贸易》杂志1986年第6期上发表题为《海南岛建立自由港初探》的文章，提出从经济环境看，三亚湾发展成为国际旅游港、青澜港发展为自由港将会更加适宜。这应该是国家级刊物第一次公开刊登研究海南建立“自由港”的文章。从那以后，跟随海南对外开放的步伐前进，我还就海南建设自由经济区、第二关税区、特别关税区、“再造香港”、与台湾“共同开发”等问题进行研究。2008年1月28日，中国现代化战略研究课题组、中国科学院中国现代化研究中心编著的《中国现代化报告2008—国际现代化研究》在北京发布，报告从国家战略需要的高度，建议将建立“海南自由贸易区”作为中国现代化进程的一步重要棋子，提升中国与亚洲国家的合作水平和互动能力。为推进这个重大构想能够实现，全国“两会”期间的2008年3月11日晚上，海南日报社和中国科学院中国现代化研究中心在北京联合举办“海南自由贸易区专家座谈会”，我当时以海南日报社总编辑的身份有幸主持了这个座谈会。当时大家热议：“如果说建省办经济特区是海南发展的第一个春天，那么，建立自由贸易区，则是海南发展的第二个春天，可使海南迅速走向世界的前沿。”如今想来，依然十分激动。这些沉淀经年的往事，随着亲耳聆听习近平总书记“4·13”重要讲话而不断翻滚潮涌出来——“党中央决定支持海南全岛建设自由贸易试验区，支持海南逐步探索、稳步推进中国特色自由贸易港建设，分步骤、分阶段建立自由贸易港政策和制度体系”……听着听着，那真叫百感交集，如同梦中！

时代为我们创造了最好的写作题材。就在这样千载难逢的新的重大历史机遇前面，本书将海南全面深化改革开放、全岛建设自由贸易试验区、探索建设中国特色自由贸易港作为一个重大历史事件，在很大程度上记录与再现了近一年来在“中央统筹、部门支持、省抓落实”的工作机制作用下，海南全省上下以“一天当三天用”的干劲，认真学习贯彻落实习近平总书记“4·13”重要讲话和中央12号文件精神的决策部署、谋定而动和良好开局，所采用数据资料截止时间为2019年3月19日，内容是当日各大媒体刊登栗战书委员长的《全国人民代表大会常务委员会工作报告》，当中提到开展“海南自由贸易港法等立法调研、起草，确保如期完成立法”，这也是要特别加以说明的。

另外需要说明，2019年1月23日，中央全面深化改革委员会第六次会议审议通过了《国家生态文明试验区（海南）实施方案》，至5月12日新华社受权发布了该方案全文。本书此前所引用的是《国家生态文明试验区（海南）实施方案（公开征求意见稿）》（2018年9月29

日)，因此又重新对照中共中央办公厅、国务院办公厅印发的《国家生态文明试验区（海南）实施方案》，及时进行了订正。

本研究成果还得到了社会各界的关心与帮助。黄景贵、李德芳、夏锋、王和平、包亚宁、熊安静、毛志华、张治库等专家学者不吝赐教，对书稿的修改提出了许多宝贵的意见和建议；海南出版社社长王景霞、副社长卫淑霞积极推动书稿的编辑出版，在此一并表示谢忱。

本书能在习近平总书记“4·13”重要讲话发表一周年之际出版，为海南阔步走向中国特色自由贸易港贡献一分力量，我深感荣幸。习近平总书记“4·13”重要讲话视野高远、思想精深，我的学习研究还只是初步的、基础的，加之时间仓促及个人力有不逮，不足之处在所难免，敬请广大读者批评指正。

作　者

2019年5月12日于海口